Enid
Starkie

〔爱尔兰〕
伊尼德·斯塔基
著

Arthur
Rimbaud

阿蒂尔·兰波

周杨 译

人民文学出版社
PEOPLE'S LITERATURE PUBLISHING HOUSE

图书在版编目（CIP）数据

阿蒂尔·兰波 /（爱尔兰）伊尼德·斯塔基著；周杨译.
— 北京：人民文学出版社，2022
ISBN 978-7-02-017409-6

Ⅰ.①阿… Ⅱ.①伊… ②周… Ⅲ.①阿蒂尔·兰波
—传记 Ⅳ.① K835.655.6

中国版本图书馆 CIP 数据核字（2022）第 156070 号

责任编辑　卜艳冰　何炜宏
封面设计　钱　珺

出版发行　人民文学出版社
社　　址　北京市朝内大街166号
邮政编码　100705

印　　刷　凸版艺彩（东莞）印刷有限公司
经　　销　全国新华书店等

字　　数　360千字
开　　本　890毫米×1240毫米　1/32
印　　张　14.75　插页 5
版　　次　2022年10月北京第1版
印　　次　2022年10月第1次印刷

书　　号　978-7-02-017409-6
定　　价　118.00元

如有印装质量问题，请与本社图书销售中心调换。电话：010-65233595

献　给

莫里斯·鲍勒 [①]

赞赏和友谊

英格兰的诗歌研究仰赖他甚多

① 莫里斯·鲍勒(Maurice Bowra, 1898—1971),英国古典文学学者、文学评论家,曾任牛津大学沃德姆学院院长30余年。——译者注

目 录

引言 1

第一部分

第一章 父母 13

第二章 童年 22

第三章 月桂树被砍倒了 35

第四章 第一次出逃 48

第五章 受刑的心 63

第六章 痞子 76

第七章 通灵人 90

第八章 卡巴拉 98

第九章 波德莱尔 106

第十章 美学理论 112

第十一章 醉舟 122

第二部分

第一章 魏尔伦一家 137

第二章 巴黎 147

第三章 炼金术和魔法 156

第四章 地狱新郎和痴愚童女	176
第五章 精神狩猎	192
第六章 灵光集	215
第七章 大都市	245
第八章 失乐园	265
第九章 布鲁塞尔悲剧	275
第十章 地狱一季	292
第十一章 倾售	318
第十二章 羁风之人	332

第三部分

第一章 咖啡出口商	357
第二章 军火贩子	368
第三章 远征阿比西尼亚	376
第四章 殖民者	389
第五章 流放归来	405
第六章 回不去的春天	413
第七章 战败者	423

结　语	441
附录一	455
附录二	457
附录三	459
参考文献	464

引言

　　所有研究兰波的人都会很快地到达一个迷雾重重的海峡，在那里，他们的想象和直觉似乎都无法为他们建起一座穿越迷雾的桥梁。关于兰波有三个亟待解决的主要问题。第一，当评论家面临着数不胜数的矛盾和复杂性时，能否从中为诗人画出一幅正确的肖像，并且让人们能够透过这幅肖像辨认出一个作为人的诗人，而并不仅仅是拼凑出一系列松散地捆绑在一起的抽象概念？第二，《灵光集》究竟是何时写成的？是在《地狱一季》之前还是之后？抑或是有一部分写在之前，一部分写在之后？每一个观点都有其充满热情的追随者，而《灵光集》的成书时间正是当下兰波研究中最有争议的问题。第三，是否有合理的解释来说明他为何在最鼎盛的二十岁时（或者说，二十岁上下时）抛弃了文学？之前最广为人知的观点是，这一切在他十九岁时就已经发生了；但后来又有人认为他可能在十九岁之后又多写作了几年。然而，一些现代评论家又已经回归到第一种观点中。

　　尽管兰波在其他人刚开始写作的年纪就停止了创作，他仍然是十九世纪末期最伟大的法国诗人之一，并在法国殖民史上占据了重要的一席。在他信仰艺术的日子里，他曾梦想着成为先知、天使，与上帝比肩，在他停止写作时，他却首先成了一个流浪者；最终，在他不再过家家似的相信自己受神圣指令驱使后，他成了一个在索马里海岸和埃塞俄比亚做生意的粗暴商人；他可能牵扯在奴隶贩卖的生意中，并且肯定参与了非法的枪支买卖。尽管他能践行各种各样的苦行，他同时也能在彻底的堕落中放纵。

　　要调和这所有的矛盾，并将它们焊接成一个连贯的整体是很困难的。法国评论家让·卡苏（Jean Cassou）认为，这种拼凑的工作是毫无意义的。

但是，如果不在这些不同的元素中寻找联系的话，就无法真正把握本质。对一个人来说，真正的"我"是超越肉体整体性的，是一系列互不相关的品质的结合。在所有这些矛盾中，必然存在着某种共通。必然有一根线串联其中，引出他的心理特征。这一根线至关重要，如果能发现它一定会非常有趣，但这一发现又是难上加难。

兰波从二十岁出头开始的沉默似乎是一个抗拒阐释的谜题。一些评论家认为他自发地决定不再写作了；他在写下《地狱一季》时便清醒地向文学做了告别。尽管这样的解释充满了艺术层面的吸引力，但事实似乎并非如此。另有一些评论家则声称他在成人之后便不再有需要发言的观念了；与许多青少年一样，诗歌之于他，不过是青春期带来的躁动天性罢了。然而这种说法并不能解释《地狱一季》中他所承受的心灵的痛苦；他审视了过去的错误，并决定将他迄今为止所实践的艺术看作一项罪行、一种妄想；前述观点并不能解释他在抛弃文学时承受的折磨。

他的不育症（又一个批评家的发现，他将其归因于兰波性能力上的缺陷）也不能提供令人满意的解释。兰波在他最鼎盛的时期停止了写作，自此之后再没有发现任何证明他仍在写作的作品，也没有任何精神分析研究能够帮助解释他的行为。比起无私地进行观察研究，心理分析学家往往急于在定义明确、众所周知的领域中完美结案。对于大多数问题，他们都有一份"简易计算表"，而他们对于作家作品的分析往往更重精巧高明，却不甚真实。精神分析方法在艺术作品中的有效性也值得怀疑；这一方法并不能揭示对文学有启发性的东西。对于二流作品和天才作品，精神分析的评估是一样的（也确实必须是一样的）。因为精神分析无法接触文学中的卓越性，它也无法评估文学的质量。然而在分析作家作品时，产出这些逻辑严谨、精巧机灵的精神分析又往往很有诱惑力；在这种方法之下（再加上一分想象力和一分语焉不详），鲜有诗歌能够逃过变成弗洛伊德式的矛盾的命运。举个例子来说，如果用相同的方法，就连《三只盲鼠》这首天真无邪的儿歌都能被合理分析成一个代表性困扰的不幸案例。就算是最肤浅的分析都能充分地阐明，这首儿歌的作者是一个厌恶自己处子之身的青少年，又因为他在宗教信仰中受到的训练（或是来自其他原因的压抑）而将保持贞洁作为一种理想，因此他只能通过这种隐晦的形式来逃避。他在三只盲鼠中看到了自己，这是一种潜意识对圣三一（三位一体）的亵渎；他不堪重负，尝试羞辱将贞洁理想强加于他的宗教。盲鼠之所以盲目，是因为本能就是盲目的，它并不知道自己在追赶什么。儿歌中他追赶着农民的妻子，她象征着普遍的女性；是那比他更大、更强的永恒女性；是那最接近大地母亲的、自然的女性；是农民的妻子。可他胆怯、充满恐惧，他知晓自己的罪；这就引出了阉割情结。她用切肉刀砍下了他的尾巴（拉丁文中"尾巴"就是 penis[①]），因为犯罪不可避免受惩罚的后果——这是宗教教义中说的——公正就是他身体上哪一部分犯了罪便要在哪里受折磨。

但是，只有当分析者是一个真诚、睿智的观察者和研究者，且初衷并不是在先决的认知下企图将诗人框定在一个预设的、流水线作业般的模子里的情况下，才能产生一项理想而知性的兰波精神分析，并能证实其效果和成果。分析者往往在开始时就走错了方向；他了解（或者以为自己了解）关于诗人的性格和天性的一些事实，然后便强制性地让他的写作证明自己的论点，而不是利用写作来揭示诗人内在的个性。一位评论家曾通过他自己的观点来解释兰波所有的诗歌：兰波有"恋母情节"；另一位评论家则从同性恋的角度来阐释一切。这类僵化的阐释错误地对一些诗歌做了过度强调。对于兰波来说，在一段时间里，诗歌是发现未知的方法；他认为，通过打破逻辑和知性控制的壁垒，他能够成为一个从超验中接收印象的感性工具。然而，当他消除有意识的控制时，他的写作又（无意识地）展现了意识世界中隐藏的东西。他从不自知的潜意识世界中释放经验和表达经验的象征，而这些意象不仅取决于他的梦境和意愿，同时也受限于他心理上的抑制和执念。在他所有执念中最恒定也是为他带来最多不快的一个，似乎就是他在面对女性时产生的心理抑制。

[①] 即英语中的"阴茎"。——译者注

他所有表达爱情的诗歌（除了写于青春早期的以外）都反映了愁苦和踌躇。尽管他和魏尔伦的关系在一段时间内为他带来了快乐和一种释放的感觉，并与他创造性活动最伟大的时期重叠，但这段关系即便在其最初的阶段就已经为他带来了罪恶感和不满足感。最终，他仍是"一个鳏居的灵魂"①。

本书中兰波研究的中心论点是：在他最伟大的创造性活动鼎盛期，兰波相信，他就像浮士德一样，已经通过魔法的媒介获得了超自然的力量；他想象自己已经等同于上帝；最终，他相信自己的骄傲和傲慢造成了和他的力量同样大的罪恶，理应受到谴责。然而，对这位认真的学生来说，学习魔法本身是无罪的，因为它并不是那种对女巫或男巫做法的研习——酝酿肮脏的咒语。魔法是东方三博士的技艺，是一切智慧的源头，是所有伟大艺术的始祖。魔法是来自东方三博士的科学，他们是来自东方的智者；魔法是自然的科学，让人类能够最终掌握一种相对万能的能力，并因此能够以一种超自然的方式行动。但是魔法分为两种——黑魔法和白魔法；魔法师也分为两种——约瑟和摩西是好的；梅林②和背道者尤利安则是坏的。兰波最终得出结论：他成了一个梅林那样的魔法师，使用的是有罪的魔法，因此他有可能诅咒了自身，把自己推向了疯狂的边缘。在他相信自己的新艺术时，他认为诗歌是魔法中最伟大的一部分，是穿透未知而与神共鸣的手段。后来，当他开始相信自己就像路西法那样因傲慢而犯罪时，他不再把诗歌看作探索的手段；诗歌对他来说就像对所有其他人一样，是一种自我表达的载体，而他的通灵视野也不再是"灵光"，而仅仅是"幻觉"罢了。《地狱一季》诉说了这一发现的痛苦，也是他的忏悔③。《地狱一季》说明了兰波的新世界观和诗人的功能。他尝试在日常现实的物质世界和人的世界中寻找满足。但是，在看见上帝和永恒之后，物质世界中的城市和

---

① 原文为法文 une âme veuve，来自兰波的诗《最高塔之歌》："啊！千百次鳏居 / 如此可怜的灵魂。"——译者注
② 梅林（Merlin），欧洲和英国亚瑟王传奇中伟大的魔法师。——译者注
③ 原文为拉丁文 mea culpa，意为"由于我的过失"，来自天主教忏悔祷告词，表示忏悔和歉意。——译者注

民主只会令人失望。他开始相信诗歌仅仅是表达人类进化的一种形式——甚至不是最高的形式。他最后把思考转向语言和科学，转向表达形式中最抽象和客观的一种——数学。最终，他把这些全都抛开，尝试在行动中寻找对一切的完整表达。现代的英雄将是那些行动者，他的导师米舍莱① 不就这么说过吗？

兰波最大的悲剧似乎就在这里：他自觉地犯下抛弃诗歌的错误，但诗歌又是只属于他的表达方式。据我们现在所知，从事创造性活动时是他唯一感受到真正的快乐和满足的时刻；那时他相信艺术，也相信自己。但他似乎更关注诗歌对自己哲学观念的表达，而不是将其看作一门艺术。他的宗教感的天性让他寻找精神层面的确定性，哲学理论占用了他全部的时间。尽管他是一位了不起的艺术家——对一些手稿的研究也证实了这一点，尽管他可以细腻地设计艺术效果，但他总是把诗歌看作到达终点的手段，这个终点既是知性的终点，也是精神的终点。有很多这样的例子：诗人为寻找这样的哲学观念而抛弃了诗歌，他们或是挥霍了杰出的诗学天赋，或是陷入彻底的疯狂。

诗人的哲学观一般得不到文学评论家的关注。诗人所持的哲学也并不重要。好的哲学不能创造好的诗歌，差的哲学也不会糟蹋诗歌。然而，如果不理解兰波的哲学，就无法理解兰波的诗歌，因为正是他独特的哲学观启发他创作了独特的诗歌，也是这一哲学让他最终抛弃了诗歌，因为他相信有其他更好的方法来达成自己的目标。

现在很流行把兰波和那些他不可能有所了解的作家相提并论，并对他们和兰波进行比较：比如陀思妥耶夫斯基、马克思、尼采、克尔凯郭尔等等。本书无意于进行这种比较，并不是因为其自身缺乏趣味或成果，而是因为这种比较并不能让人更深刻地理解兰波本身。本书旨在展现兰波与他所处的时代背景、文学和社会传统的对抗，以及那些他所接触到的人以

---

① 米舍莱（Jules Michelet，1798—1874），法国历史学家，兰波的"通灵"和社会进步的思想受其影响。——译者注

及这些人对他所产生的影响。本书也旨在探索有哪些影响帮助形成了兰波的个性和才情。本书中尽量避免使用"来源"(sources)一词,因为对作者所谓的来源的探索是现今被过度使用的一种文学评论的形式。当然,关注作家被哪些作者所吸引、作家为何选择某些材料而不是另一些来获取灵感,总是在心理学上很有吸引力。我一直认为,如果我们能够发现兰波阅读过的一切,就能够使他作品中大部分晦涩难懂的东西变得明晰——即便在艺术性上无法明确,至少在知性上可以更好地理解。他作品中的绝大部分都在十九岁之前写成,那时他主要的经验都来自书籍。这并不是说可以通过这一点来解释一首诗的魔法,更不可能解释一种幻象。波德莱尔曾说,对艺术作品最好的评论应当是另一个艺术作品。此外,尽管将纯艺术的历程作为公式记载下来是不可能的,但即便不能用于解释大师的杰作,观察伟大画家调色盘上的色彩还是非常有趣的;观察诗人脑海中的坩埚也很有趣,看看天才的火焰如何用艺术的炼金术将粗糙的原料冶炼成稀有的金属——也许能冶炼出传说中的"点金石"①。看一看哪些出乎意料的材料能够组成一首伟大的诗篇也很有趣——也许是斯克里伯②的轻歌舞剧;也许是魔法或炼金术书里老旧的废页;也许是诗人同仁所写的段落。对这些材料疏于了解并不会减少阅读诗歌时的乐趣——诗歌的伟大蕴含于别处——但如果了解这些材料,它们就能教会我们一些与诗人的心灵有关的东西。我尝试在兰波的每一个时期中展现他知性上所关注的东西。

  本书是我关于兰波的第三本完整作品——其他两本书关注他在阿比西尼亚③的事业,其中一本用英语写成,另一本用法语写成。在本书的第二版中我得以对第一版中由于不充分、谬误的材料而造成的一些错误进行

---

① 原文为 philosopher's stone,又译为"贤者之石""魔法师之石",中世纪炼金术传说中的石头,传说能将贱金属变为贵金属;除了点金之外,传说这种石头还能让人长生不老。——译者注
② 斯克里伯(Eugène Scribe,1791—1861),法国剧作家,兰波写过一首诗《米歇尔与克里斯蒂娜》(Michel et Christine),可能来自他的同名剧作。——译者注
③ 阿比西尼亚(Abyssinia)是埃塞俄比亚的旧称。——译者注

了修改，同时也对兰波在1874年和1879年之间这一鲜为人知的人生阶段做出了进一步的阐明。但本书和先前的版本最重要的不同是，我认为兰波对魔法传说和炼金术进行了大量吸收，这一点不仅影响了他的哲学和美学信念，也影响了他的风格和意象。在本书中我对这一观点的看法并没有改变，但是我感觉到自己先前曾倾向于夸大某些特定作者，如巴朗什[①]，在他的理论形成中所起的作用；现在，我认为他可能从随便任何一个"光照派"作者和流行的神秘主义哲学资料那里获取相似的材料。

相对于前一版本，本书最大的发展在于对可获得的《灵光集》手稿的解读。对这一关键文本的全面研究终于成为可能，而我也据此对之前与之相关的写作进行了全面的修改。尽管从总体上来说我并没有改变关于《灵光集》写作时间的观点，但由于在前一版本出版后出现了关于这一问题的争执，我也对这些理论进行了讨论。在过去十二年间出现了一些关于兰波作品最精彩的研究。

在前一版本出版后，1946年出版了一本高质量、可信的兰波集，其中囊括了包括其书信在内的兰波所有作品，这也是第一次有这种文集出现。所有这些都使得对诗人进行迄今为止最全面的研究成为可能。

本书中自始至终穿插着新的观点和考量，但是第一版和第二版中使用的原始和未公开资料都是一样的——当然了，其中有一些现在已经不再是未公开的状态：来自外交部档案中的七十八卷外交通信——这些是对兰波的阿比西尼亚时期进行研究的基础；来自巴黎圣吉纳维夫图书馆的杜塞馆藏中的未公开资料——当时我未能获得文件复印的许可，只能做笔记。其中包括了一篇很有意思的文章，来自德拉艾（Delahaye）——兰波学生时代最亲密的朋友，题为《魏尔伦和兰波》。其中的一些材料（并非全文）被德拉艾用于《亲密回忆》中。这些文档中还有德拉艾写给魏尔伦和热尔曼·努沃（Germain Nouveau）的与兰波有关的书信。可惜的是这些书信

[①] 巴朗什（Pierre-Simon Ballanche，1776—1847），法国作家，法兰西学院院士，其著作中曾论述过一种诗性"通灵"的理论，但没有证据表明兰波读过。——译者注

仅留下了残页，因为文字写在图画的背面，而有意被保存下来的仅有图画而已。尽管残缺，这些资料还是帮助理解了兰波最神秘的流浪者时期，1875年到1879年。当时的他，用魏尔伦的话来说，是一个"羁风之人"（l'homme aux semelles de vent）。

我得到了来自我的朋友亨利·马塔拉索（Henri Matarasso）的帮助，他是一位热爱兰波的藏书家，让我有幸能够参考和使用他在1938年获得的所有兰波家族的资料。这些资料是他从帕泰尔纳·贝里雄（Paterne Berrichon）的遗孀那里购买的，贝里雄的第一任妻子是兰波最小的妹妹伊莎贝尔（Isabelle）。当帕泰尔纳·贝里雄开始写作这位从未谋面的连襟的传记时，他接触了每一个与兰波有联系的人，甚至包括那些与兰波仅有稀少联络的人。在阅读这些资料时，你会意识到他进行这项工作时有多么透彻、走得有多远。在传记中，由于无法明确地了解信息的相关性，他无法使用他搜集的所有材料；同时，他仅仅使用了那些能够帮助他描绘出他希望后世所见的家族形象的信息；他没有使用任何可能玷污这一美好形象的内容。但是，他也没有销毁任何信息，因此其他人也可以使用这些材料：来自已故多年的人们的书信，这些人认识在法国、亚丁、索马里海岸和阿比西尼亚的兰波。在打开这个装满了半世纪之前的纸张的行李箱时，我的情绪难以描述。这个廉价的行李箱在兰波的冒险旅途中一路陪伴着他，和他一同造访红海海岸、深入埃塞俄比亚高地。这些书信里有来自德拉艾的；有来自兰波在哈勒尔的雇主巴尔代（Bardey）的；有阿比西尼亚和索马里海岸的客户和合伙人写给兰波本人的；也有他的生意账目。这一批资料都与他人生中的最后十年有关。在这些资料中，我发现了更进一步的确凿证据，证明兰波确实在某种程度上与贩奴有所牵扯。我之前发现的来自外交部档案的报告仅仅陈述了他曾随同运载奴隶的商队的事实——这一点是很正常的，因为当时只有这些商队能得到严格的护卫。现在我发现了证据证实他本人曾尝试购买奴隶。这封信件来自梅内利克国王的瑞士工程师伊尔格（Ilg），在信中，他拒绝协助兰波通过内部渠道获取奴隶。"关于奴隶，"伊尔格于1890年8月20日写道："我无法承诺会帮助你购买他们。我从未购买过奴隶，而且我也不希望开始这种行为。就算是为了我自己，我也不会这么做。"然而，很可能兰波找到了另一个不像伊尔格那么谨小慎微的人来帮这个忙。在这些资料中也有兰波家族的文件。从伊莎贝尔写给帕泰尔纳·贝里雄的笔记（当时他正在为她的哥哥写传记）中可以看出，传记中所有的改动、缺失和矫饰都是她的责任，而不是贝里雄的错误——尽管后者一直因此遭受诟病。其中也有兰波夫人写给女儿的书信，这些信件让人更加清晰地认识这位阴沉、几乎不近人情的女性：她其实是能够展现高尚和慷慨的品质的；然而评论家一直以来都对她多有非议。这些文件中最令人悲伤的是兰波的妹妹维塔莉（Vitalie）的私密日记。维塔莉在十七岁那年去世，她的日记诉说了她和母亲在1874年夏天去往伦敦的旅行，当时她们是去看望生病的弟弟。从这本日记中可以看出兰波家族中满溢的才情，而且，阿蒂尔并不是唯一一个怀抱着成为作家的雄心的人。小维塔莉的写作天赋有一种柔和、浪漫和少女感的风格——当她初次打开日记本时她只有十五岁——很明显，她当时已经把自己看作一个小荷才露尖尖角的作家。

这些资料中的大部分已经在兰波的作品全集（*Oeuvres Complètes*）中发表，这本书由七星文库出版，编者为儒勒·穆凯（Jules Mouquet）和罗兰·德·勒内维尔（Rolland de Renéville）。这也是本书从始至终参考的版本。

我要感谢巴黎的法国国家图书馆主管于连·凯恩（Julien Cain）先生，他慷慨地帮助我获得参阅一系列手稿的权限；感谢皮埃尔·贝赫（Pierre Bérès）先生，他允许我参阅他拥有的《灵光集》手稿。我还要特别感谢我的朋友亨利·马塔拉索，他慷慨地为我提供帮助、允许我重印属于他所有的兰波肖像；这幅肖像由不知名的比利时画家耶夫·霍斯曼（Jef Rosman）所画，肖像中是在1873年7月在布鲁塞尔被魏尔伦所伤后躺在床上的兰波。这幅肖像在机缘巧合下于1947年被发现。它最大的意义在于，除了这幅肖像之外，仅有另一幅真正的兰波肖像为人所知：方丹-拉图尔

（Fantin-Latour）绘于 1872 年 1 月的《桌角》(Le Coin de Table)。耶夫·霍斯曼并不是一位伟大的艺术家，但是他所绘的肖像呈现了兰波人生中最悲哀的时刻，与本人酷似。关于这幅肖像——以及它被发现的情形——的描述载于亨利·马塔拉索所著的文章《一幅新的兰波肖像》中，发表于 1947 年 9 月 1 日的《法兰西信使》杂志。

伊尼德·斯塔基
写于牛津，1960 年 9 月

第一部分

第一章　父母

在法国北部的比利时边境上，沿着默滋河岸，坐落着曾是双子城的夏尔维勒和梅济耶尔，双城之间仅隔着一小块原野。随着时间的流逝，双子城各自发展出自己的城郊，穿过分割它们的无主之地；如今，它们共同构成了一个单位，即现代城市夏尔维勒-梅济耶尔。然而，在普法战争之前，它们是两个截然不同的外省城市，在独特性和独立性上互相较着劲。梅济耶尔在双城中历史更久，坐落于巴亚尔骑士曾守卫的灰色高墙中，是一座古老的要塞，有市级的行政级别。夏尔维勒则骄傲地在超过城市屋顶的高空中立起中世纪教堂的塔尖，公开地表达对姐妹城和对手城的不屑。尽管只有一两个世纪的历史，又承受着商人物质至上和索然无味的主要成见，夏尔维勒却从未对自己作为审慎的商人之城的地位感到羞愧。但是，对现今的我们来说，夏尔维勒在很多方面都比梅济耶尔更有魅力。夏尔维勒建于市政规划流行的时期，当时的建筑师意识到一种美感：在大面积的开放空间中穿插华丽、和谐的建筑。市中心以巴黎的孚日广场为模板而建造的公爵广场正是这一类建筑的完美代表。城市的创始人、内维尔公爵夏尔规划了公爵广场并承担了相关的费用；广场也是用于纪念公爵的最佳献礼。他的雕像矗立于铺满鹅卵石的广场中央，在市集日的时候，雕像周围会围满手拉车；在马戏团每年造访的季节，雕像周围则全是马戏团的大篷车。公爵广场是城市的心脏，以它为中心放射出整个城市的主动脉。其中有得名于公爵故宫的宫殿路，它在 1870 年不光彩地变成了肮脏的贫民窟街道佛兰德路；之后是共和国路，通过这条路穿过梯也尔路——也就是之前的拿破仑路，兰波就出生在这里——奥尔良街，现在已经改了一个不合适的名字：阿里斯蒂德·白里安街。这是整个城市最好的街道之一，两边都是花朵盛开的栗子树，看起来就像巴黎的大道一样。广场的第三面临着小森林路，路的尽头曾经通往一个可爱的森林公园，可惜现在已经改建成了一座俗气的体育场。广场的第四面是磨坊路，通往默滋河岸上的旧磨坊；那是一座高耸的建筑，风格和公爵广场相似，同样建于 1606 年。

  当一个旅行者初次来到夏尔维勒这个繁忙又嘈杂的省会城市时，他立刻就会感受到城市的魅力；一种宁静的感觉会降临到他的身上，这种宁静来自那些安静、高贵的建筑，但这很可能仅仅是因为他不需要在这些建筑丛中穿梭生存。阿蒂尔·兰波在夏尔维勒出生，他并不是一个外来者。城市的过去对他来说毫无魅力可言，更不要说那些历史建筑，公爵广场的宁静也只会让他气恼。这座城市的布尔乔亚氛围和它保守、愚蠢的内涵让他感到窒息，他也无法欣赏城市褪色的粉彩中蕴含的微妙魅力。这座城市的存在只是为了让那些为了生活煞费苦心的人觉得自己得到了宁静；它只适合那些对生活要求不高的人：他们只想在夜晚宁静的广场上喝一杯啤酒或是玩一局多米诺骨牌；他们从不过度使用自己已经变得迟缓的大脑；对他们来说最激动人心的时刻就是星期天在广场站的树荫下看军乐队演出，这种享受就足以让他们满足。这是一座只适合那些生活毫无波澜、因此也不需要隐藏什么的人，因为在夏尔维勒每个人都互相认识，人人为我，我为人人。当你在街上走着、看着路边的房子时，你会发现每家每户的窗帘都被歪歪斜斜地拉开了一点，而这些扭曲的窗帘后面是一双双好奇地窥探着的眼睛。

  然而，即便对兰波来说，夏尔维勒还是能带来一丝慰藉的，因为它坐落于默滋河的岸边。默滋河从东边流淌而来，划出梅济耶尔的边界、流过夏尔维勒；默滋河似乎不愿停留，又向北奔流过那些兰波笔下常常出现的森林、山丘和山谷，这些也是兰波时常漫步的场景。这里是起伏平缓的高原乡村和温柔但汹涌的森林，处处又点缀着一棵棵北部松树，带来一丝粗糙的美感。在河岸两边茂盛的草地中，在那似乎从白昼到夜晚都弥漫不散的淡淡雾霭中，兰波（只要他能从母亲警觉的眼皮底下逃出来）躺着、梦着，他的脑中满是图景，这些图景在未来将成为他诗作中重要的素材。

默滋河流过夏尔维勒时分成两股；大一些的一股流向奥林匹斯山，另一股流经圣墓广场，现在的名称是农业广场。在这里的滞水中，河流非常宁静，似乎全然不再流淌。在兰波生活的时代，皮匠们会让筏子在河的中游抛锚，然后把皮革挂在船身上，让它们在水中浸泡。这里的码头边总是停泊着一艘小船，用厚重的铁链拴着，皮匠们用它来往返于筏子上。在等待学校的早钟响起时，阿蒂尔·兰波会在这艘小船上一边玩耍一边想象着自己在遥远的海上航行。

圣墓广场是一个面积很大的广场，它的一面是开放的，临着河边。这个广场上矗立着公共图书馆；在兰波的时代，夏尔维勒中学也在这里，兰波曾在这里学习。圣墓广场也是夏尔维勒的尽头；一座矮墙将城市和河流分开，河岸的另一端只有山丘和森林。

阿蒂尔·兰波充满动荡和冒险的人生中，前十六年都是在这座安静的外省小城里度过的。他的父亲并不是这个大区的本地人，甚至都不是法国北部人；他是一个有普罗旺斯血统的勃艮第人。兰波的父亲用他自己的方式度过了充满冒险精神的一生，在这一点上他丝毫不逊于自己的儿子。他从最低等级的征兵一路升至上尉，并在海外服役中度过了大部分的军旅生涯。[1]他中等身量，有着和儿子一样金色的头发和蓝色的眼睛、睿智的高额头、微微上翘的鼻子和些许性感的嘴唇。1832年，十八岁的他应征入伍；由于他非常聪明，又接受过尚可的教育，很快就得以晋升为军士长。在服役九年后，他成了军官。担任中尉头衔时，他去往了阿尔及利亚。在那里，带着与生俱来的对语言的兴趣和才能（他的小儿子也继承这一点），他很快掌握了阿拉伯语；这让他在阿尔及利亚的政治工作中获得了更高的职衔；在那个时代，这对像他这样出身行伍的军官来说是很难得的。最终，他被派往塞卜杜担任一项重要的政治职务。[2]

法国占领阿尔及利亚的初期是一段英雄般的时期，在比若、卡芬雅克

---

[1] 关于兰波一家的信息均来自戈德绍（Godchot）所著《阿蒂尔·兰波定本》（*Arthur Rimbaud ne varietur*）一书。——作者原注（若无特别说明，本书注释均为作者原注。）
[2] 戈德绍著《阿蒂尔·兰波定本》，第41页。

和比多的率领下，法国军队艰苦地与摩洛哥苏丹和许许多多不断起义的部族对抗。1844年比若带领法国军队在伊斯利取得胜利时，兰波中尉就在阿尔及利亚的法国部队中；当时仅有1万人的法国军队征服了强大的摩洛哥军队，后者足足有4.5万。① 一年后，兰波中尉被指派担任政治文职；1847年他在塞卜杜任"阿拉伯办事处主任"，并保留这一头衔直到1850年他离开阿尔及利亚为止。

在他任职的第一年发生了西迪-布拉希姆起义，这让比若感到他必须采取非常严厉的手段来进行压制。这当然对当地人口造成了极大的伤害，也让那些被指派承担当地政权职责的官员举步维艰。但是，据说兰波中尉因其超群的智慧和正义感，在履行职务的同时并未犯下任何罪行。塞卜杜的管理是一项重要的职务，对摩洛哥的政策有极大的影响，因为从塞卜杜可以监视当地埃米尔的动向。兰波中尉的主要职责包括每两周寄送一份关于辖区内的政治状况、所有新闻和谣言的报告。除此以外，他也要负责在辖区内维持法律和秩序、征收税费。他的职责对责任和机密性有着严格的要求。

一直以来，我们都认为阿蒂尔是从父亲那里继承了躁动和不稳定的性情。但戈德绍书中揭示的事实却对此有截然不同的解释。恰恰相反，这位父亲似乎是一名优秀的士兵、一个值得信赖的军官，更是一位有良心的、有价值的官员。他用人道主义的方式对待治下的原住民，这一点也在他的报告中得到了清晰的展现，这一做法在他的时代中可以说是非常超前的。② 戈德绍证实，作为"阿拉伯办事处主任"，他展现了在行伍出身、未能享受教育优势的军官中罕见的行政管理能力。他的事业之成功足以让任何一个儿子为有这样的父亲而自豪。他被授予了克里米亚勋章和撒丁岛军事勋章，并在1854年被授予"法国荣誉军团骑士"的头衔。此外，他还留下了一些文学作品的计划稿。③ 包括《军中书信》(*Correspondance Militaire*)、

---

① 戈德绍著《阿蒂尔·兰波定本》，第12页。
② 戈德绍著《阿蒂尔·兰波定本》，第24页。
③ 摘自伊莎贝尔·兰波致侯安（Houin）的书信，由亨利·马塔拉索安排引用。

《军事雄辩》(*Eloquence Militaire*)和《战争之书》(*Livre de Guerre*)。在《军事雄辩》中,他似乎意在与古典时代和现代的辩士比肩,而《战争之书》则描述了他在阿尔及利亚、克里米亚和意大利参加的战役。他还将《古兰经》翻译成法文,后来,他的儿子正是在这本书的帮助下得以学习了阿拉伯语。

1848年成立的新共和国政府为阿尔及利亚的政权带来了改变;兰波中尉所在的奥尔良步兵团被召回,他也在1850年离开了阿尔及利亚。两年后,他晋升上尉,并和他所在的新兵团一起被派往梅济耶尔。

在夏尔维勒,一个星期日的下午,当他在广场上散步并聆听乐队演奏时,他偶然结识了玛丽·卡特琳娜·费莉西蒂·维塔莉·屈夫。

他为何选择了她,我们不得而知,因为她既不年轻也不漂亮;也许是她自己决定了要让他成为自己的丈夫;但维塔莉·屈夫的一生中从未有过缺乏勇气和决断的时刻。他很感性,也很孤独,当然也可能是她丰厚的嫁妆让这桩婚事因为财务原因而板上钉钉。据说她为他带来了1200英镑的现金,还有预期会再得到的1800英镑。屈夫家族手握大量自耕地,是一个实力雄厚的阿登省家族。家中的父亲让-尼古拉·屈夫在罗什有一个农场,他一直以来都在一子一女的帮助下工作,但他其实还另有一子。

在戈德绍对兰波家族史的调查出版之前,我们对这对屈夫家的兄弟一无所知,因为兰波夫人为他们的生活方式而感到深深的羞耻,她一直都隐藏着他们的存在。现在,戈德绍的调查似乎暗示了一种可能:阿蒂尔·兰波并不是从他父亲那里继承了性格中的不稳定性和放荡不羁的生活方式;这些似乎都源自他母亲的家庭。他的两位舅舅中年纪更大的那位,让-夏尔-费利克斯·屈夫是一个狂野的男子,因他在非洲的冒险经历而得到了"非洲佬"的诨名。为了逃脱因偷窃所致的追捕,他在年仅十七岁那年就失了踪;后来,在他的妹妹嫁给兰波上尉几年后,他又重新出现了;但归来的他疾病缠身,第二年就去世了,年仅三十岁。与他相比,另一个兄弟的情况更为重要:夏尔-奥古斯特·屈夫比他的姐姐小五岁,在哥哥失踪期间,他在家中和父亲、姐姐同住,并协助家族在农场的工作。据说他选

17

择在二十二岁这么年轻的时候就结婚正是为了逃避维塔莉严厉的约束管教。他的这一行为其实并不是突然为之，因为就在那一年，维塔莉也出嫁离家了。为了促成她和军官的婚事，她的父亲给了她一大笔嫁妆；为了补偿儿子因此损失的、未来的继承财产，他把罗什的农场划到了儿子的名下，打算以后和女儿一起住在夏尔维勒。当时没有人知道这家的大儿子是否还活着。于是，夏尔·屈夫就和他的妻子一起搬到了农场，但他是个懒惰的败家子，而且早就染上了醉酒的恶习；很快他就花光了本该用来经营农场的钱。此后他开始虐待妻子，这导致了她离开他回到了自己家人身边。当时再也没有什么能约束夏尔了，他完全不管农场，任其荒废。在让-费利克斯从阿尔及利亚回来时，农场已经破产了。让-费利克斯坚持要求拿走父亲财产中属于自己的一部分，而夏尔又愿意卖掉自己的股份来换一笔现金，因此大哥获得了整个农场的所有权，但他也仅仅拥有了一年的时间。他去世时，维塔莉拿到了农场的所有权，并拒绝向弟弟支付哥哥遗产中合该属于他的那一部分。不过当时的夏尔已经酗酒成性，醉得不知道周遭到底在发生什么。在花光手上的现金后，他成了一个彻头彻尾的流氓，整个乡下都以他为耻。他的姐姐就假装和他毫无关系；只要他来农场，她就要求他出示相关证件，还常常像赶要饭的一样驱赶他，将他拒之门外。有时，她会给他一小笔钱，劝他离这个地方远点。然而，尽管生活艰难，夏尔却似乎拥有健康的财富：他比外甥和外甥女都活得长久，去世的时候已有九十四岁高龄。直到生命的终点，他都保持着暴烈的个性，从未妥协。临终时，在一个宗教机构收容所里，他拒绝神甫的救济和临终圣礼，反而请求人们给他一升红酒。修女们都真心地喜欢他，尽管他有一些亵渎神明的观点，她们还是同意了他的请求。他用最后的力气抓紧了酒瓶，喝尽最后一滴残渣，然后才躺回枕头上安静地死去。

  了解了家族史后，我们就能更加轻易地理解兰波夫人为何如此严厉地对待孩子们。通过谨慎的训练和不眠不休的警觉，她希望能够避免让自己的儿子重复走上她兄弟们的邪恶之路。兰波学生时代的好友德拉艾曾对戈德绍说过："我必须承认，就算阿蒂尔的母亲像圣母马利亚那样温柔，他还是会走上历险的道路,因为他生来就是流浪者。"①

维塔莉·兰波是一个强硬、严厉的女人,尽管她有能力展现高尚和伟大,甚至有些时候还富有同情心。她相信严厉的训练对年轻人,尤其是男孩至关重要;她也坚信孩子不打不成器。她瘦瘦高高,有着农妇特有的关节粗大的双手,也为自身的地位而感到自豪。她暗栗色的头发总是柔顺地梳起,不用任何矫饰的波浪或卷发来柔化她眉毛刚硬的线条。她的眼睛和儿子阿蒂尔一样,总是诚恳地凝视他人。她的鼻子很直,有一点尖;嘴唇很薄,唇线粗硬;她的声音有一种入骨的刺耳。她对宗教很是狂热,在道德上循规蹈矩,而且偏执到近乎疯狂的程度。她承受一切,她不会回应也不反驳,也不会申诉;她刻板地朝着一个方向前进:完成她所认定的责任。她喜欢自己的孩子们,尽管她觉得不该让他们知道;她也为孩子们自豪,尤其是她最小的儿子:他是镇子里有名的神童,她对他有太多的期待。如果她能平静地接受兰波抛弃光明的未来去做一个恶棍、流浪者、一个像她没出息的弟弟夏尔一样的流氓,那她就不是人了。然而,在她硬心肠的外表之下有一颗温暖、充满感情的心,这颗心最终将自己灼烧殆尽,因为她不愿放出哪怕一丝一毫的温暖。而阿蒂尔·兰波,他对心智完整病态的追求、他的偏执、他对让步妥协的不情愿、他对流露温柔感受的恐惧,尽管他不愿承认,但这一切都和他的母亲更为相似。

兰波上尉和维塔莉·屈夫在1853年2月结婚。当年11月,让-尼古拉-弗雷德里克出生;让-尼古拉-阿蒂尔于次年即1854年10月20日出生。对一个带着两个年幼孩子的母亲来说,跟着丈夫频繁地从一个驻防地搬去另一个驻防地是不可能的,因此她和她的父亲一起留在夏尔维勒。在两个儿子之后她又生了三个女儿;最大的一个在襁褓中去世,另外两个就是维塔莉和伊莎贝尔。

阿蒂尔出生于通往公爵广场的繁忙要道上,这条路上尽是奢华的商铺,在市集日,马车会从广场一路拥堵到这里。关于他的出生,我们手中

---

① 戈德绍著《阿蒂尔·兰波定本》,第60页。

唯一的记录是帕泰尔纳·贝里雄辞藻浮夸的描写，他的措辞仿佛是拉伯雷在描写高康大的诞生一般。从这份记录来看，阿蒂尔仿佛从娘胎里生出来的那一刻就是个神童。护士给他做好清洁后，把他放在一个软垫上，然后就离开房间去取他的襁褓。她回来的时候惊讶地发现婴儿并没有躺在她放下他的地方：他翻身到了地板上，正爬向门，已经准备开始流浪的一生了。①

兰波本人很可能是这则传奇的源头，而帕泰尔纳·贝里雄是从他的朋友那里获得了信息。在他的"魔法师"时期，兰波把自己看做梅林。在基内（Quinet）的《魔法师梅林》中对这位魔法师的诞生有一段精彩绝伦的描述。在他出生的第二天，他的母亲正抱着他，同时在悲苦地啜泣——她孩子的父亲是撒旦本人——婴儿突然开口对她说话，并请求她不要再哭了。又惊又怕的她失手把婴儿摔在了地上。他毫发无损地站起来，脱下自己的襁褓，在她面前走来走去，又为她朗读一本打开的书中劝慰和鼓励的文字。②

兰波家庭的生活并非一帆风顺。上尉脾气很好，为人随和又慷慨；他想要的只是周围能有快乐的氛围和欢乐的笑脸，但他很快发现，在妻子周围很难保持快乐的心情。她在所有事情上都和他背道而驰。她对钱很小气，但他很大方；她对宗教有着狂热的信仰，而他相信思想的自由；她在道德上循规蹈矩，他却有些马虎；除此以外，她完全没有幽默感。据说她对他的态度和对孩子们的严厉如出一辙；她还曾试图消除他身上一切她认为失败的东西，以此来抵消他轻率的性格。

随着时间的流逝，这对夫妻间的争吵变得越发激烈、尖刻；毫无疑问，对父母不和谐的记忆在阿蒂尔敏感的天性中留下了持久的伤痕。他曾告诉最亲密的朋友德拉艾，他人生中最早的记忆就是父母间的一次争吵；在争吵中，他们两人一人抓着一个银碗，那是他们家少有的值钱物件，然

---

① 贝里雄著《诗人兰波》(*Rimbaud le poète*)，第 18 页。
② 基内著《魔法师梅林》(*Merlin l'Enchanteur*)，第 1 卷，第 10 页。

后把银碗砸在地上,发出的噪声在整座公寓里回响,把孩子们吓得不轻。①

老屈夫在1858年第四个孩子出生后去世,那一年阿蒂尔四岁。通过某种办法,他成功地在女儿和丈夫之间维持和平,但在他死后,这段婚姻变得无法持续。伊莎贝尔出生后,在阿蒂尔六岁那一年,他们选择了分居,从此未曾再相见。关于兰波上尉后来的人生,我们所知甚少。他在1864年从军队退休,在第戎罗马天主教堂遗迹的保护下平静地生活,直到1878年去世。他没有再在孩子们的人生中扮演任何角色,也没有参与他们的训练和成长,他再也没有见过他们。

因此,从六岁开始,阿蒂尔就完全由他的母亲一人掌控和照顾,那是一个为钱发愁、被丈夫抛弃而感到辛酸不甘的女人。在外祖父死后,孩子们很少感受到温暖和爱,男孩们也找不到能够寻求建议和同情的对象。童年的孤独和感情的缺失扭曲了阿蒂尔的性格:他觉得自己与其他男孩不同,形单影只、无人问津。

对于母亲来说,用微薄的收入养育四个孩子并非易事,也没有人为她提供帮助和建议,但她带着善妒、激情的奉献,完全投身于自己的任务中,希望能够把孩子们塑造成属于自己的艺术作品。因此,在她看来,在耶稣会士规定的人一生中最重要的那几年里,他们不该受到除她以外的任何影响;直到七岁,孩子们除了母亲外没有任何其他的老师。然而,她过度的严苛并没有消除她所看到的那些令人忧心的缺点,压迫只会带来反抗;这些缺点仅仅被掩盖了起来,在别处会再度出现、焕发新的生机。

---

① 德拉艾著《兰波》(*Rimbaud*),第17页。

第二章　童年

兰波上尉离家后,他的妻子从拿破仑路搬去了临近的一条老街波旁路上。由于收入的减少,她必须勒紧裤腰带过日子。波旁路可不像全是奢华商铺的拿破仑路;它有些脏乱破败,只有最贫穷的劳工才住在这里。对于兰波夫人这样一个对保守和庄重有病态执著的人来说,这条街道上温暖、家常的生命力只会令人反感。母亲们会站在家门口互相闲谈,从窗口朝着对街的人嚷嚷,当她们需要点什么的时候,就毫无羞耻心地向邻居伸手讨要。在维塔莉的一生中,她家的门户总是紧闭着,仅仅对极少数人开放——她确实也从未与任何人有亲密的往来——在波旁路居住了超过两年的她,总是踏着尊贵、孤傲的步伐,她的双脚从不沾染泥土,也绝不会沉沦在这条街道的污泥之中。但对她的孩子们,尤其对阿蒂尔来说,周遭的生活源源不断地带来趣味和快乐,比起过去在受人尊敬的街区生活,他们从这里获得了更多历险的机会。在母亲背过身去的时候,他会悄悄地溜出去,和穷人的孩子们称兄道弟;他艳羡他们似乎更有色彩、更叫人兴奋的生活。

> 怜悯!这些孩子是他唯一的好友,
> 瘦骨嶙峋,双眼无神,光着头,
> 他们把沾满泥巴黑黄的瘦指
> 藏在粪臭扑鼻的破衣里,
> 他们说话就像白痴一样温顺!
> 母亲要是撞见他卑劣的怜悯,
> 会惊恐万状,孩子深深的温情

在她的惊奇中烟飞云灭。

好了。她面对蓝色的目光,——它在撒谎![①](飞白 译)

但当兰波夫人发现儿子们这种不合规矩的冒险时,她开始感到焦虑,担心她的孩子们会变成和那些穷人家的孩子一样的人,学会那些无礼的做派和粗鄙的言谈。她对儿子们另有寄望,她决不允许他们成为微不足道的劳工。她认为,如果自己允许当下的状况持续下去的话,她就无法真正完成作为母亲的职责,因此她决定不计较任何成本,搬家。也许她在波旁路的流放生涯中攒下了一些钱,也许罗什的农场带来了一些额外的收入。1862年,在阿蒂尔即将满八岁时,他们离开了这条属于贫民的街道,搬进了全城最好的街区奥尔良街,那里有高雅的小饭店,有一条宽敞的大道;在春天,大道两边的栗子树会绽放怡人的花朵;在秋天,树叶会换上深深的金黄色;即便在夏天,那里的空气也十分清爽舒适。

到此为止,家中的男孩们除了自己的母亲外,从未有过其他的老师;但这时他们已经分别到了九岁和八岁的年纪,要开始去学校学习母亲不懂的希腊语和拉丁语。他们被送去了罗萨学校,阿蒂尔的第一个文学作品就是在校初期完成的。这篇作品值得一提,因为它展示了对于一个九岁的孩童来说不可思议的描写才能和洞察力,以及得心应手的语言应用。以下是这篇好几页长的小作文的开头——约七百字的长度本身对于一个这样年幼的男孩来说已经是很了不起的成就了。

> 太阳仍旧温暖;然而它已经不再能照亮地球;就像一支被放在 [字迹难以辨认] 边上的火把,只能用微弱的光芒点亮它们。所以这太阳,这地球的火把,快要灭了,只能让最后一丝微弱的光芒逃出它着火的身躯之外,却不能让那树上的绿叶、那正在凋谢的小花和那些跨越几个世纪的松树、白杨和橡树为人所见。清爽的风,就是那清爽

---

① 《七岁诗人》,《兰波全集》(*Oeuvres Complète*),第77页。

的微风,吹动树上的叶子,像溪流中的银色水流般沙沙作响,流向我的脚边。蕨类植物在风中垂下绿色的头颅。我进入梦乡,可免不了用溪水将自己洗净。我梦见自己出生在兰斯,那是 1503 年……①

考虑到作者的年龄,即便说这一段文字展现了法国浪漫主义散文的影响,也丝毫不会让它失色。

兰波夫人很焦虑,她不希望自己的儿子们浪费他们所受到的昂贵的教育;他们应当成为博学的人士,从而跨越社会阶层。她会亲自监督他们的学业,用一贯的简朴、严厉、缺少温情的方法来训练他们。有的时候,她会因为两个儿子不能毫无差错地背诵她让他们记下的、一百多行的拉丁文选而罚他们不吃晚饭就上床睡觉;这种背诵是她对一些小错的惩罚——也是对他们语言学习的督促。在这个时期,阿蒂尔不喜欢学校的作业,更憎恨母亲用巴掌和揪耳朵来冒犯他的尊严。在前文这篇作文里,他写出了自己对语言学习的看法;这些看法明确地表明,他在过小的年龄被迫接受过早的知识学习,这也可能为他后来对一切学习的憎恨提供了一部分的解释。

我不喜欢学习,就是那种阅读、写作和算数的学习。但是如果让我做家务、园艺、忙活杂务的话,好得很!——我喜欢做这些。为什么?我问我自己,为什么要学希腊语和拉丁语?我不知道。说实在的,学这些也没有用。就算学会了又能做成什么事儿?还不是什么用都没有!不,人们说了,学会这些的人能找到工作。可我不想给人打工;我想靠吃利息来获取财富。就算我想学习一门语言,又为什么一定要学拉丁语呢?没有人真的用拉丁语说话。只有一些时候报纸上会写一点拉丁语;谢天谢地,还好我不打算当记者。为什么要学历史和地理?确实,人得知道巴黎在法国,但是没人会问你巴黎的纬度是多

---

① 《兰波全集》,第 3 页。

少。再说历史,要学习迦勒底人①的生活,学习那波帕拉萨尔、大流士、居鲁士、亚历山大和其他几个因为名字长得要命而知名的人的生平,这就是一种折磨。亚历山大是不是有名跟我有什么关系?跟我有什么关系?我们真的能确定拉丁人确实存在过吗?拉丁语可能是一门拼凑起来的假语言;就算拉丁人真的存在过,他们也该让我去吃利息,把他们的语言留给自己就好。我对他们做了什么坏事,让他们这么折磨我?再说说希腊语。这个世界上根本没有人在用这门讨厌的语言!啊!saperlipotte de saperlipopette!sapristi!② 我啊,我要靠吃利息来获取财富。在同一所学校里浪费那么多年的时间就不是件好事,saperlipopettouille!要去当个擦皮鞋的,得到擦皮鞋的工作机会,你就要通过考试;你能得到的工作要么是擦皮鞋,要么是当猪倌,要么是放牛郎。谢天谢地,我可不想这样,我,saperlipouille。干这种工作,你得到的报酬是在脸上挨巴掌。别人都把你当成动物,可那不是真的。啊!Saperpouillotte。(待续。)阿蒂尔。③

但对于阿蒂尔这样性情的男孩来说,最痛苦的事就是忍受他们随时随地受到的监视;他们从来都不被允许离开母亲的视线,因为她担心一不留神就让孩子们走上难以预测的邪门歪道。在两个儿子分别到了十六岁和十五岁之前,她每天都在学校大门口等他们放学,和他们一起走回家,因为只有这样,她才能确保孩子们不会在放学路上和那些讨人厌的熟人一起游荡。④ 要是阿蒂尔想要一些独处的宁静时间来思考的话,他就得把自己锁在洗手间里,在里面一待就是好几个小时。

---

① 兰波原文是"Chinaldon",其意义不明,学者一般认为是对古代史中迦勒底一词的拼写错误。——译者注
② 这些无意义的词,其词源是拉丁语 sacristi 和变体 sacristie,大意为"老天爷啊"。这里保留原文,因为兰波把这几个词当作拟声词来使用,以表达内心的苦闷。——译者注
③ 《兰波全集》,第 4 页。
④ 德拉艾著《亲密回忆》(*Souvenirs Familiers*),第 38 页。

> 尤其是夏天,这懊丧、愚蠢的孩子,
> 非要把自己关进清凉的厕所:
> 张大鼻孔,在那儿静静思索。①

在他度过的每个沉闷的一周中的每一个沉闷的日子里,星期天是最沉闷的。阿蒂尔盼望着能像他有一次在波旁路看到的穷人孩子那样没人理睬,这样就能逃脱无聊和倦怠。

> 他害怕十二月暗淡的星期天,
> 那时,他头发油亮,靠着圆桌,
> 把截面菜绿的《圣经》阅读;
> 每晚,梦都压得他透不过气。
> 他不爱上帝;他爱那些穿着粗衣,
> 浑身乌黑的人,他见他们黑夜里
> 回到郊区。②

德拉艾曾风趣地描述了兰波一家在每个星期天的早晨出发去参加大弥撒,引得路上行人停下脚步围观这一家子列队前行的奇怪场景。③最前面的是手牵着手的两个女孩,她们戴着干净洁白的棉质手套,穿着黑色的系扣靴;接着是两个男孩,他们穿着黑色的外套和自家制作的蓝灰色长裤,戴着白色的圆领和滑稽的黑色圆顶硬礼帽,一人手中钩着一把亮蓝色的棉质雨伞。队列的最后是兰波夫人,她带着那份端庄持重独自走着,像一个军士长一般硬挺着身躯,衣装从头到脚都是一丝不苟的黑色。

母亲似乎是在大减价的时候用便宜的价格买了一卷巨大的蓝灰色布料;而两个男孩在学校里就从来没有穿过不是母亲亲手裁剪的裤子,它们

---

① ② 《七岁诗人》。
③ 《亲密回忆》,第39页。

全都来自这块似乎永远也用不完的浅蓝色哔叽布。

因为孩子们保持了恭顺的态度,而且表现出来的样子也很乖巧,母亲觉得一切都好,于是合上了书本,心情轻松地转过身去。然而她没有意识到那个用如此无辜的蓝色眼睛注视着她的小男孩正在酝酿怎样的反叛。

> 母亲合上课本,满意而自豪地
> 走了,她没看见,蓝色的眼睛里
> 充满智慧的额头下
> 孩子厌恶透顶的灵魂。[1]

阿蒂尔孩童时期最大的乐趣似乎就是阅读;和其他小男孩一样,他最喜欢的书是童话和冒险故事:费尼莫尔·库柏(Fenimore Cooper)和古斯塔夫·艾玛德(Gustave Aimard)的小说。[2] 在阅读时,他过着更加激烈的人生,那是属于他自己的奇妙人生,他周遭所有的事件都被变形和改造,与故事里的场景融合,这一切都只能在他的想象中成为现实。后来,他找回了童年的记忆,并不是以一种清晰、平常的回忆形式出现,而是变成了对一个光怪陆离的世界的记忆;当时的他无法判断他记起的究竟是真正发生过的事实,还是仅仅是他想象中的虚构事物。这使得对他以童年记忆为基础而写作的诗歌进行研究变得异常复杂,对这些诗歌的解读也变得十分困难。

尽管兰波从未见过大海,童年时的他最常梦见的就是海;对他来说,海象征着一切美丽和自由的事物。他曾在房间里,躺在母亲为家务用途而购买的长长的亚麻布上,假装他们正在航行,而他也远远地离开,来到了海上。

---

[1] 《七岁诗人》。
[2] 贝里雄著《诗人兰波》,第31页。

啊，他品尝更多的是阴森森的东西，
空荡荡的房间，百叶窗紧闭，
房间又高又绿，潮气渗人，
他读着自己不断修改的小说，
书中满是沉重的灰天，被淹的森林，
和星林里肉体的花朵，
头晕目眩，跌跌撞撞，溃逃，怜悯！
——而街区里却传来嘈杂的声音，
下面——，他独自躺在坏布片上，
强烈地向往白色的征帆！[①]

    他最喜欢去的地方是那艘停在学校附近码头边的皮匠的小船。他曾经坚持要求哥哥早晨和他一起早早出门，这样就有时间坐在小船上等待学校的钟声响起。有的时候，阿蒂尔会站在船上左右摇晃，就好像小船遭到了暴风雨一样；然后他会对着哥哥大声喊叫，让他看清楚那正拍向船尾的巨浪。有的时候，恰恰相反，他只是俯身躺着，也不准弗雷德里克做哪怕最细微的动作，因为那会破坏宁静的水面；然后，他会深深地向水下凝望，在身下的水草中他能看见热带植物和奇怪的海洋怪兽。但学校的钟声总会不可避免地响起，把他从梦境中拉扯出来。

    当弗雷德里克十二岁、阿蒂尔十一岁时，他们被送去了夏尔维勒中学。兄弟俩被安排进了同一年级，但弟弟很快就超过了哥哥。那一年他第一次参加了圣餐礼，当时他有着虔诚的宗教信仰。他心中所有的温情在家里找不到任何出口；他将这些感情投注在耶稣身上：耶稣以自己的死亡救赎他，给了他在母亲那里完全无法得到的许多的爱。阿蒂尔于是投身于践行自己的宗教信仰，他所投注的激情和狂热，与后来他投注于任何他中意的趣味相比毫不逊色。但是这份激情冷却得也很快。在参加第一次圣餐礼

[①]《七岁诗人》。

时，他着魔一般，狂热地信仰着，这份信仰是如此虔诚，让他完全做好了准备，恨不得立刻成为一个殉道者。有一天，他攻击了一群比他高大的男孩，因为他看到他们在玩教堂外洗礼盘里的圣水，还互相泼来泼去；但他们立刻反击，轻而易举地打败了他，还叫他"肮脏的卡果"，即肮脏的伪君子。

同一年，十二岁时，学校的管理层开始注意到他这个前途光明的学生。他做了一份古代史的简介，其中包括对埃及、叙利亚和巴比伦的介绍，这震惊了他的年级负责老师；据说这份简介里的解释清楚详尽，展示了一个不属于这样年少的孩子的成熟头脑。负责老师骄傲地把这份作品展示给了校长，并说道："记住我的话，这是一个神童在学者之路上迈出的第一步！"① 那时的阿蒂尔·兰波是学校里的得奖专业户，他开始崭露头角，将未能用完的激情和热情中的一部分投入到获取知识中；很快，这种激情掌控了他，让他把几乎所有其他的事情统统排除在外。②

在他到了三年级的时候，他的母亲立刻开始为他规划作为学者的光明未来。那时，她已经放弃了培养弗雷德里克成为有识之士的一切希望，因为他懒惰又迟钝，任何威胁或惩罚都不能让他学会任何知识。他带着泪，坚忍而顺从地接受一切，用他从家族中继承的偏执和智慧来反抗，直到达成目标：没人管他，让他平平静静地在自身的无知里打滚，让弟弟超过自己。那时，兰波夫人克服了自己天生不爱花钱的习性，聘请了阿蒂尔的年级老师莱里捷先生（M. Lhéritier）来给小儿子私下授课，这样他就可以把其他男孩远远地抛在身后。

这位莱里捷先生是一个黑头发的小个子男人，声音低沉有磁性，脾气急躁，对最轻微的挑衅都不能容忍，随时会暴怒；但他也是一个非常好的人，并且只要作品符合布瓦洛（Boileau）的原则，他就会对文学充满激

---

① 侯安（Houin）和布吉尼翁（Bourguignon），载于《亚登和阿尔贡评论》，1896年11—12月刊。
② 戈德绍著《阿蒂尔·兰波定本》，第87页。

情。① 他的急脾气和他能从巨大的愤怒状态中立刻转为极端的快乐的能力让他在男孩们中很受欢迎；他那些用来逗乐全班的无辜小笑话和孩子气的小把戏也很受欢迎；只有阿蒂尔没有拜倒在他的魅力之下。阿蒂尔令他感到手足无措，不知道怎么和他相处；他可以看出来，尽管这个男孩总是在他努力活跃班级气氛时礼貌地微笑着，但他不是真的开心。他从来没能成功取得阿蒂尔的信任；除此以外，他还错误地以为他那胆怯的、有保留的态度只是因为害羞。但是，他还是给兰波带来了有利的影响，因为他的谆谆教诲激发了兰波对希腊语、拉丁语和法语古典文学杰作的热爱。他是第一个鼓励这个小男孩用法语和拉丁语写作原创诗歌的人。在莱里捷私下授课的帮助下，阿蒂尔以优异的成绩结束了这一学年。②

然后，这一家人进行了兰波童年最后一次搬家；这次他们落脚在玛德莱娜河岸街，也就是今天的磨坊河岸街，就在默滋河边，离圣墓广场也不远。他们的公寓面对着那座美丽的十七世纪磨坊；从他的窗口，阿蒂尔可以时时凝视变化不息的河面和河岸对面的树林。

那时他刚刚进入青少年期，开始成为学校里的风云人物。从那些认识年少兰波的人的描述来看，在学校的最后三年，兰波似乎从来都没有在学校的朋友中不受欢迎或是感到不快，我们也知道他有几个亲近的好友，还有德拉艾和拉巴里埃（Labarrière）这两个和他密不可分的亲密伙伴。③ 兰波兄弟在学校上学的前几年确实不太受欢迎；因为穿着可笑的衣服，他们的形象比起男孩应有的样子看起来更奇异一些，此外，他们总是很害怕弄破或弄脏自己的衣服。大家认为他们性格软弱，因为他们总是干净整洁，而且他们的母亲从来不允许他们参与任何课外的交友和游戏活动。在很长一段时间里，大家都觉得他们既古板又不好接近。④ 在这之后，拉巴里埃开始和阿蒂尔攀谈，和他交朋友，还告诉其他的男孩，阿蒂尔本人和他最

---

① 德拉艾著《兰波》，第 87 页。
② 戈德绍著《阿蒂尔·兰波定本》，第 88 页。
③ 德拉艾于 1930 年去世；拉巴里埃之后死于战争中。
④ 摘自拉巴里埃与本书作者的谈话。

初的形象大相径庭,其实他是个非常有意思的人。拉巴里埃的想法在学校里很有分量;通过他的评判后,其他男孩毫无疑问地立刻也接受了兰波兄弟俩。①

很快,德拉艾、拉巴里埃和阿蒂尔·兰波成了最亲密的朋友;他们什么事都一起做,还自称为"三个火枪手"。他们互相鼓励对方做出大胆的举动,互相借书,也在课业上互相帮助。但是,拉巴里埃当时认为德拉艾的智慧比兰波高很多,他觉得后者只是个努力的"书呆子";后来,兰波作为作家名声斐然,这让拉巴里埃很是诧异。②

没有证据可以证明兰波在学校时有任何不受管教或爱找麻烦的行为。在表面上,他是一个乖孩子,一个模范生。他自己后来也说,"为了顺从捏着一把汗"③。这个极其努力的小男孩用他的模范行为迷惑老师,用他从不失败的无所不知令同学感到畏惧。但是学校里的男孩们并不讨厌他,反而依赖他的帮助,因为他们知道,阿蒂尔善良、友好,绝不会让他们失望。据说在老师背对着教室写板书时,兰波能在这短短的时间里为年级里的每个男孩写一段拉丁语诗。标题都是一样的,因为是课堂练习的作业,但是诗的内容各不相同,这样老师就不会看出来出自一人之手。很明显,阿蒂尔很享受作为全校最优秀的男生的感觉,也喜欢被人当作学习上的神童展示给别人看。在学校的光荣里,他得以纾解在家中不得不承受羞辱的慰藉,那些打向他的巴掌,那种被惩罚不准吃晚饭就上床睡觉的耻辱都得到了补偿。很多老师要么认为他过于自负,要么就认为他这样的学生不可能不自高自大,因此他们总是在他的学业中找碴,希望能发现错误和污点,好对他进行指责,可惜这一切都是徒劳。他总是认真听课,测验里也是一点儿错都没有,老师们尽管不情愿,也不得不承认他确实超过了其他同龄的男孩。④有一次,在校长热情地对一位老师赞许阿蒂尔时,这

---

① 德拉艾著《亲密回忆》,第46页。
② 摘自拉巴里埃与本书作者的谈话。
③ 《七岁诗人》。
④ 德拉艾著《亲密回忆》,第35页。

位老师用阴沉的嗓音回答道:"是!他是很聪明,但是他一定不会有好下场。"另一天,还是这位老师说:"他的眼睛和笑容里有些不对劲,我不喜欢。我还是那句话,他不会有好下场。"他不知道阿蒂尔是不是在嘲弄他,总是不舒服地觉得这个男孩一定在盘算着干坏事,但他又从来没能抓住他不检点的证据。他觉得自己必须时时刻刻观察那双蓝色的眼睛,那双眼睛饱含着批判,从教室的第一排注视着他。但是老师什么办法也没有,因为他是整所学校里最优秀的学生。①

即便他的年纪还这样小,兰波已经能够毫不迟疑地展示自己,吸引身居高位的人们的注意。十三岁时,在1868年5月8日,在没有告知任何人、也没有从任何人那里得到建议的情况下,他将一首六十行的拉丁语六步格诗寄给了皇太子,用于祝贺他的第一次圣餐礼。皇太子的教师以自己皇室学生的名义向学校的校长写了一封信,要求他公开向诗的作者表达感谢,以肯定他对此事善意的关注。

那时,兰波也开始对现代文学感兴趣;自从在莱里捷的鼓励下进行自创的诗歌写作以来,他也开始怀有成为诗人的雄心。

这一事件再次展现了他的行为和他当时性格的一致性;作为一个模范学生,他欣赏的是被权威肯定的诗歌,来自老成、地位稳固的帕尔纳斯派。以这些保守的诗歌大师的模式为基础,他开始亲自在诗歌上小试牛刀,并成功地在《大众评论》(*La Revue pour Tous*)1870年1月号上发表了一首诗作,尽管他当时只有十五岁。这首诗题为《孤儿的新年礼物》,即便它本身可能不具备永恒的价值,但对于这样年纪的一个男孩来说已经是很了不起的作品了。这首诗读起来有弗朗索瓦·科佩(François Coppée)执笔的风格,可能受到了他发表于1866年的作品《遗物盒》的影响。这首诗和维克多·雨果的《贫苦人》也有相似之处,后者于1869年9月5日在《大众评论》上重刊;与马塞利娜·代博尔德-瓦尔莫(Marceline

---

① 戈德绍著《阿蒂尔·兰波定本》,第88页。1869年,尚未满15岁的兰波被学校选拔参加学院竞赛(Concours Académique)并获得拉丁语诗歌一等奖和希腊语翻译三等奖。同年,兰波获得了同年级竞赛的全部一等奖奖项。

Desbordes-Valmore）在同年同刊的 11 月 6 日号上发表的《我母亲的家》也有相似。兰波夫人一直订阅这份刊物，阿蒂尔一定读过这些诗作。

兰波在那个年纪里最主要的知性特征在于他超凡的记忆力、高明的模仿能力和极强的自我表达。这些品质首先在他的拉丁语诗作中体现出来；别的不说，这些作品展现了他涉猎广泛的阅读量、在学童中罕见的融合词汇、创造出不平凡的词语组合的能力。[1][2]这些诗作中的一首写于他刚过完十四岁生日之后，也就是《孤儿的新年礼物》前一年，读来已经令人震动，还有些预言的意味。这首诗不是翻译，而是对贺拉斯《颂诗集》第四部第三卷中五行诗的扩写。在短短的三个小时内，还是在考试的时候，他写下了五十九行拉丁语六步格诗。诗的开篇描写了春日里的乡村景象，预示着年轻的诗人日后写作的法语自然诗歌。置身于这里的美景之中，他宣告自己可以将学校的无聊、老师沉闷的教学抛诸脑后。最后，他在河岸边躺下身来，半梦半醒之间，一群白鸽带着月桂叶做成的花冠，从天堂向他飞来。白鸽们围绕着他的脑袋飞翔，为他加冕。然后，它们带着他飞向空中，飞去它们在山间的堡垒，再将他放下。它们再次飞走，回来的时候又带来了一个月桂叶花环，戴在了他的头上。之后，天堂的门向他开启，他看见阿波罗在金色的云端飞翔，用天国的火焰在他的眉头上刻下"Tu Vates eris"（你将成为先知/诗人）——拉丁语中的"Vates"既指先知也指诗人。突然间，暖意弥漫了他的全身。白鸽们幻化成了缪斯女神，将他拥在怀中，预言第三次响起："你将成为先知，成为诗人！"她们也第三次用桂冠为他加冕。

到此为止，兰波从未展现出除了一个好学生之外的任何形象；他从未自己独立地思考，也从未质疑那些送到他嘴边的知性和精神食粮。除了按教导他的人的命令行事、赢得他们的夸赞和认可外，他似乎再别无所求。他视野的边界就是学校，那里也是唯一让他真心感到快乐的地方。家里的

---

[1] 摘自《法兰西水星》（*Mercure de France*），1930 年 4 月。
[2] 例如《学校的蠕虫》，《兰波全集》，第 11 页。

情况恰恰相反，不管是优异的成绩还是获得的奖项，他无论做什么都无法得到夸赞；没有什么能够让母亲的眼光变得温柔；什么样的成功都不能带给她欢乐，或者说，她从来没有向孩子们展现自己的欢乐。

兰波的心中在酝酿着怎样叛逆的火焰？他那双偶尔才闪现光芒的柔和的蓝眼睛后面又藏着怎样的情绪？我们不得而知。当然了，只要在学校里，他就从来不展示出任何在表面上能被看出来的叛逆征兆。这也解释了为什么他的母亲在看到他一年后变得放荡不羁时感到讶异和困惑；当时她无法理解这一切究竟是怎么发生的，因为他一直以来都是如此的乖巧、顺从和懂事，他怎么会有如此不服管教和野蛮的表现呢？但在那之前，她为自己拥有一个如此优秀的儿子而自豪，他是那么的"明事理"，从来不会惹是生非。

兰波青年初期的重大事件发生在1870年：乔治·伊藏巴尔（Georges Izambard）来到夏尔维勒中学，成了一名教师。他是兰波生命中第一个重要的影响者。

第三章　月桂树被砍倒了

伊藏巴尔很年轻，比他的学生大不了几岁，在1870年1月来到夏尔维勒中学时，他只有二十一岁。他对文学的兴趣并不仅限于理论和学术，因为他本身就是一个有些潜力的诗人，也不打算把教师作为终身职业。因此他在兰波需要文学上的鼓励和同情时有备而来，成了理解他的那个人。其他的老师只鼓励他在学习上再攀高峰，莱里捷是唯一想到去陶冶他用于写作的想象力和才华的人，但他也没有真正地理解或者喜爱这个男孩。对于其他的教员来说，他只不过是一匹高价的赛马，为了赢得7月考试的赌注而精心训练；他们利用他的头脑，却又有些惧怕他。

乔治·伊藏巴尔自己的童年就十分孤独，尽管他的身边并不缺乏感情和善意。但是他成长的过程是和其他兄弟姐妹完全分开的。养育他的是三位年长的未婚女士、他父母的远亲然德尔（Gindre）三姐妹。他的父亲是一个旅行商人，在乔治出生后不久就在一场严重的霍乱大流行中失去了妻子。然德尔女士们中的一个在乔治的母亲去世时和她住在一起；为了让他们暂时离开有丧事的家中，她带着四个失去了母亲的孩子去了她姐妹们的家。三个年长些的孩子在父亲有能力再为他们提供家庭的温暖时就回到了他的身边，但还在襁褓中的乔治太小了，无法挪动，所以他在当时就留在了然德尔女士们的家里。可他的父亲似乎从此就忘记了要来接他，最后三姐妹收养了他，他也把她们看作自己仅存的亲人。他们住在法国北部的杜埃，伊藏巴尔在那里度过了童年和学生时代。十五岁时，他通过了中学毕业会考，之后在巴黎大学继续学业，并在十八岁时获得了学士文凭。之后他便开始了教师的职业生涯，并最终在二十一岁时被任命为夏尔维勒中学最高年级的负责老师。他在比现在的兰波大那么一点儿的时候开始在巴黎学习,在那里,他被灌输了强烈的共和主义和激进派观点。在法兰西第二帝国最后的几年里,巴黎挤满了可能举事的造反派;在塞纳河左岸的每一家学生咖啡馆里都能发现谈论着阶层叛变的年轻人。和他那个时代所有的进步青年一样,伊藏巴尔对拿破仑三世政府持激烈的反对态度。

在他来到学校时,他的同事们自然也告诉了他关于学校里最优秀的学生阿蒂尔·兰波的事;虽然只有十四岁,但他在去年夏天的公开考试中打败了比他大得多的竞争者获得了一等奖,大家对他充满了期待。但是这些听说的事情并没有让伊藏巴尔喜欢上他,对于这个学生的未来他没什么热切的关注。他天生就不会赞美学校里的乖孩子;他觉得他们是吸收填鸭知识的海绵,又会阿谀奉承,只想着迎合老师,希望能得到权威的肯定和赞赏罢了。对他来说,那些想在学校和大学里往上爬、在生活的世情里往上爬的人都叫人厌恶。

然而,他对兰波的第一印象完全是一个惊喜。[1] 上班的第一天他走进教室,看见里面坐着一群粗鲁的青少年,在他们之中有一个天使面庞的小个子男孩,抬着头,用大大的、真诚的蓝眼睛望着他;他的头发用水梳过,整齐地贴着脑袋;他的指甲从来没咬过,打理得也很精细,双手交叠着放在面前的课桌上。这个小个子男孩,在十五岁的年纪看起来那样的小和纯真,不可能是他想象中那个满肚子学问的怪物。他整个人看起来就是一个乖巧的小男孩,身子相当孱弱,很是紧张害羞;因为他一旦被突然提及就会脸红。无论怎么看他都没有什么离经叛道的意愿,也不想独立去探索或体验些什么;他似乎对历险没有欲望。伊藏巴尔只有一次见过他在学校里的不当行为。[2] 有一天在上课的时候,当男孩们忙着写字和练习拉丁语诗歌时,伊藏巴尔听到从教室后排传来的呼喊:"老师!老师!兰波在作弊,他刚给邻座递了张纸条。"

阿蒂尔很可能只是像平时那样在帮助他那些头脑不太灵光的朋友。伊

---

[1] 伊藏巴尔著《兰波在杜埃和夏尔维勒》(*Rimbaud à Douai et à Charleville*),第 15 页。
[2] 伊藏巴尔著《兰波在杜埃和夏尔维勒》,第 20 页。

藏巴尔拿到了他以为是小抄的纸条,却发现那只是一张没什么问题的白纸而已。于是他把这张纸拿给全班看,为兰波洗脱罪名。兰波则是从座位上半起身,充满尊严地拿起词典挥向指责他作弊的人的脑袋,然后又带着鄙夷,用一种坚韧、顺从的态度重新坐下。这是他在学校里唯一一次暴力行为。

很快,伊藏巴尔开始在课外时间更多地了解这个害羞的小男孩,觉得有他作伴非常有趣。阿蒂尔就像一个感性的女学生等待她尊崇的女教师那样,会在校门口等他一起走路回家,为被允许帮他拿书而感激不已。那时他已经十五岁了,母亲不再来学校接他,他可以自由来去。他很高兴可以和一个在诗歌和自己的文学梦方面有精神上的共鸣的人聊天。伊藏巴尔为他打开了新世界的大门,在那里,文学是人日常生活中不可或缺的一部分,而不仅仅是毫无生机、只能在书本里找到的死物。在课外时间,伊藏巴尔平等地对待这个学生,这也是一种智识上的平等;他会和他讨论文学问题,并且不带一点儿面对同行时的高高在上的态度;他也确实感到自己也从这些对话中获益良多。阿蒂尔在家里很沉默,甚至在和朋友一起时也不爱出声;但现在他已经习惯了自由地表达。他曾经并不习惯被看作有值得关注的观点的成年人;他曾经习惯了挨揍和掌掴,它们不断地提醒着他,他只是个孩子,不能有任何属于自己的看法。在被伊藏巴尔这样对待后,他很快地成长起来,变得自信,相信自己有些值得人注意的品质,也知道了自己之前作为一个乖孩子而努力还远远不够,他的未来还有更多的可能性。因此,他对伊藏巴尔抱有深刻的感激之情,那是一种他从未对任何人类投注过的感情,唯一的例外是他在人生的最后几年在哈勒尔对阿比西尼亚仆人贾米(Djami)的感情。伊藏巴尔这样描述兰波在和他相处的每时每刻中流露出的谨慎周到:他从不会从他们的友情中占便宜,也绝不会让他陷入尴尬或不舒服的境地。

因为家中缺少温情,兰波在童年时期一直都保持着离群索居的性格;他的妹妹们年纪太小,不能陪伴他,哥哥又太过粗野。他的心智远超过同龄的男孩,这导致他真正需要的是比他年长很多岁的朋友。因此,即便是在学校里和一群喜爱他的朋友在一起时，他也总是茕茕孑立；这些朋友是他的玩伴，却不是能够分享内心世界的对象。他从来没有、也不会有能力拥有那种少年人之间特有的、温暖如动物同伴一样的亲密，那是一种像小猫们一起在窝里滚来滚去时拥有的、依靠直觉和肢体接触的亲密。他的内心深处有太多容易受伤害的东西，因此必须保护自己精神世界的隐私，不让外界入侵。但是他依然渴望一个同情他的亲密朋友，一个能够和他同住在自己内心的王国里并向他展示其美好和宝藏的朋友，一个年长但能够理解他的朋友。毫无疑问，伊藏巴尔帮助了兰波天性的萌发，他的行为对兰波很有益处。但遗憾的是，这种影响并没能够持久；一些事件很快分开了两人。他鼓励兰波独立，但也为他的反叛精神划定了界限；在他对兰波产生影响的时间里，他让兰波不会做出之后会后悔的、无法挽回的行为。对兰波来说，只要能和伊藏巴尔产生联系，他就不会那么尖酸刻薄，也能够在考虑自身的同时想到他人，并约束自身。

兰波很快就向伊藏巴尔倾诉了自己获取书籍的困难，也告诉了他为了得到新书而不得不使出的招数。他曾经常常在路过书摊时停下脚步来浏览陈列出的书籍，然后"借书"，但之后常常会因为害怕被发现而不去归还。伊藏巴尔听说了这个情况后，就把自己的书借给他，之后又让他自由借阅自己的藏书，还指导他的阅读进入新的领域。在这位新老师的指导下，兰波在希腊语和拉丁语文学中的阅读量超过了许多大学生的水平，与此同时，法语文学新世界的大门也向他敞开。在那之前，他只学习过十七世纪黄金时代的作品，其中抒情诗的内容少之又少；现在，在伊藏巴尔的藏书中，他读了七星诗社和维庸的作品，还了解了那些在自己所处的时代中被看作反叛分子、反对权威和传统的作家。拉伯雷、孟德斯鸠、伏尔泰、卢梭、爱尔维修均在此列。[①] 同时，他可以继续享受对帕尔纳斯派诗歌的喜爱。在这之前，他对帕尔纳斯派的了解大多来自已发表的评论节选。伊藏巴尔和他一样对这些诗人感兴趣，而且拥有很多他们作品的藏书。

[①] 德拉艾著《兰波》，第87页。

然而，兰波夫人对这对师生间的友谊并不满意；她不认为伊藏巴尔为她的儿子带来了正面的影响，因为他现在在家里变得不受管束。有一天，她发现兰波正在研读维克多·雨果的《悲惨世界》，她当下就认为伊藏巴尔正在教唆自己的儿子走向堕落。她给伊藏巴尔写了一封抗议信。①

先生，对您为阿蒂尔所作的一切，我心存感激。您为他提供建议、帮助他在课外花更多时间学习。您付出的这所有的关心都超出了我们的期许。但是有一件事让我很不满意；那就是，举个例子吧，就是那天您借给他看的那本书（《悲惨世界》，V. Hugot［原文如此］著）您一定比我还要了解在选择书籍给孩子们阅读时慎之又慎的重要性。因此，我只能选择相信阿蒂尔是在未经您同意的情况下拿到那本书的。让他继续读这种书一定是非常危险的。

向您致敬。

V. 兰波

学校的校长听说此事后，让伊藏巴尔去拜访这位愤怒的母亲，看看他能不能说服她平息此事。兰波夫人之前曾经对他抱怨过阿蒂尔的一个同学，他把缪塞的《一个世纪儿的忏悔》借给他，而她认为这本书是对所有道德准则的破坏，并且认为是由于校方的严重失职，才会让这种事情发生。

但伊藏巴尔的拜访也无济于事。男孩的耳朵已经因为这件事被狠狠地打了，而母亲坚定地拒绝允许他继续阅读这本书。但是伊藏巴尔不觉得自己受制于她，也没有停止把学生感兴趣的书借给他；唯一的区别是，这些书现在只能在老师住处读，不能带回家里。这种对反抗母亲专制统治的隐晦的支持在阿蒂尔的心中播下了种子，让他觉得也许反抗能够成功，也许家里的暴政不会长久，更重要的是，如果一个人能准备好承受一切令人不

---

① 摘自 1870 年 5 月 4 日的信件，《兰波全集》，第 527 页。

快的后果，那么他的父母就会对他无能为力。我们不知道是不是伊藏巴尔鼓舞了阿蒂尔内心的反抗精神。但母亲确信，伊藏巴尔要为她儿子的反抗和最后落到与所有规则分道扬镳的境地负责。

在兰波学生时代的最后一年，也是他十五岁那年，从他的笔下写出了第一批数量颇丰的诗作。这批创作始于一首前文提到的作品，于1870年1月号在《大众评论》上发表。① 毫无疑问，在伊藏巴尔的鼓励下，他后来又在学生时代结束前创作了大量的诗歌：写于3月的《感觉》、4月的《铁匠》和《神之信经》、5月的《奥菲丽娅》、6月的《吊死鬼舞会》、7月的《瓦尔米的死者》《答尔丢夫受惩》和《出自水中的维纳斯》；到了8月，在他下一个文学时期开始前，他又创作了《妮娜的巧答》《乐曲声中》和《三个吻的喜剧》。这些诗作中的很大一部分都被证明是其他作品的衍生，但第一首诗《感觉》应该是来源于他灵感和个人经验的原创作品。

> 在蓝色的夏晚，我将漫步乡间，
> 迎着麦芒儿刺痒，踏着细草儿芊芊，
> 仿佛在做梦，让我的头沐浴晚风，
> 而脚底感觉到清凉和新鲜。
>
> 我什么也不想，什么也不说，

---

① 这是兰波亲自发表的三首诗中的一首。其他两首分别是《三个吻的喜剧》(发表于《职责》(La Charge) 杂志，1870年8月13日) 和《乌鸦》(发表于《文学和艺术复兴》(La Renaissance Littéraire et Artistique) 杂志，1870年9月14日)。还有第四首诗《小可怜》发表于1878年1月的《绅士杂志》(The Gentleman's Magazine)，署名阿蒂尔·兰波。本章提到的这首诗题为《孤零》(Les Effarés)，创作于1870年9月20日，据称首次发表于1884年出版的《受诅咒的诗人》中。在英国发表的版本中缺失了第7—12行，并有一些修改，其中最惊人的就是将第一段中的 dos 修改为了 culs，这一修改很可能是为了迎合英国保守的风气（参考 E. H. W. 梅耶斯坦的书信，《泰晤士文学副刊》，1935年4月11日）。在英国发表这首诗的人身份未知，但可能是魏尔伦；魏尔伦1877年年底就在英国，并于1878年开始考虑发表兰波的诗作（参考致西夫里的书信，1878年10月27日）。如果这首诗真的是魏尔伦发表的话，那么他在1884年可能已经忘记了这回事；因为他在出版《受诅咒的诗人》时并没有提及这件事。1884年之后，在兰波仍尚在人世期间，魏尔伦在没有询问前者的情况下大量发表了他的作品。

> 一任无限的爱在内心引导着我,
> 我越走越远,如漫游的吉卜赛人
> 穿过大自然,像携着女伴一样快乐。① (飞白 译)

写于一个月之后的《铁匠》展示的个人潜力相对少一些,但对于一个十五岁的男孩来说,这部作品已经展现了他惊人的才华。这首诗让人想到夏多布里昂、米舍莱和雨果;确实,这首诗就是放在《历代传说》或《惩罚集》里也毫不违和,不会辱没了诗集。此时,兰波第一次开始挥舞革命者的自由之帽②;这首诗用语自由,修辞中摇晃着鼓舞人心的味道,即便和雨果的革命诗相比也毫不逊色。

下一首作品《神之信经》,现名为《太阳的肉身》③,仅在前一首诗完成后几天中就写成了,兰波将它寄给了邦维尔。随诗寄去的信件中透露了很多信息;它展现了年轻诗人为与帕尔纳斯派和解、为得到来自同时代学院派作者的好评(就像学校里的老师对他的态度那样)而感受到的焦虑。

> 亲爱的大师④,我们现在正处于爱之月中,而我也即将迎来十七岁。⑤就像人们说的那样,这是充满希望和梦想的季节,而我,一个被缪斯的手指触碰过的孩子——请原谅这句老生常谈的话——已经开始表达我的信念、希望和感受。所有这些都是诗歌中最实质的东西,这就是我口中的春天。如果要问为什么我会通过优秀的出版商勒梅尔向您寄来这几首诗,那是因为我爱一切诗人,一切出色的帕尔纳斯派诗人。因为诗人,**最卓越的诗人**当是一个陷入对理想美的爱的帕尔纳

---

① 《感觉》,《兰波全集》,第 41 页。
② 原文为 Phrygian cap,意为"弗里吉亚无边便帽",是法国大革命时期革命者常戴的红色帽子,当时"红帽子"也成了革命者的代称;1791 年,被软禁的路易十六批准了宪法之后,政府的印刷品中国王也戴着这种帽子。——译者注
③ 《神之信经》中还包括一个 36 行的额外段落。
④ 摘自 1870 年 5 月 24 日的书信,《兰波全集》,第 239 页。
⑤ 他当时其实只有十五岁零八个月。

斯派诗人；也是因为我仰慕您，啊！一个非常天真的、龙沙的后人，一个1830年代诗人们的兄弟，一个真正的浪漫主义者，一个真正的诗人。

就说这么多吧！这一切恐怕都非常愚蠢。但就让它去吧！两年、甚至只要一年后，我会来巴黎。报界的先生们，我也在！我也会成为一个帕尔纳斯派诗人。我发誓，亲爱的先生，我将崇拜两位女神：缪斯和自由女神。希望您读这些诗的时候不会把眉头拧得太紧。如果您能为《神之信经》在《帕尔纳斯》①里找到一席之地的话，您将带给我几近疯狂的喜悦和希望。这首诗将是所有诗人的信经。啊！疯狂的雄心！

阿蒂尔·兰波

在这首诗的副本上他写道："如果这些诗句能在《当代帕尔纳斯》里找到一席之地该有多好啊！难道它们不该是诗人们赖以生存的信仰吗？我还无人知晓，但那又有什么关系？所有的诗人都是兄弟。这些诗句表达的是信仰、爱和希望。就是这样！亲爱的大师，请您务必帮助我！帮助我再成长一点。我还年轻！向我伸出您的手吧！"

邦维尔回复并保留了兰波的来信和诗作，他小心翼翼地将它们收在自己的文件中，但他并没有为它在《当代帕尔纳斯》里找到位置。但是，这首诗确实是一篇精彩的作品，比杂志里收录的许多诗作要好。这是一首由164行组成的泛神论的信经。其中大部分与邦维尔或勒孔特·德·李勒的作品并没有本质上的不同，但相比而言出色许多。兰波成功地用令人震撼的自信笔触，从同时代的大师的作品中吸取精华，创造出属于他自己的技巧和方法。从主题上来说，这首诗的灵感可能来自维克多·雨果的《林神》和邦维尔的《众神的流放》；也有评论家声称它在很大程度上受到了卢克莱修的影响；从形式上来说，这是一篇纯粹的勒孔特·德·李勒和邦

---

① 邦维尔是《当代帕尔纳斯》（*Parnasse Contemporain*）编委会成员。——译者注

维尔式的作品。但是，诗的第一节包括了只可能出自兰波笔下的一个段落，其中充满了他标志性的天才灵光。在这一段中，他对大自然那个人化、感性的态度和他后来成熟期的诗作高度一致。

> 太阳，柔情与生命的火炉，
> 把滚烫的爱洒向狂喜的大地，
> 躺在山谷中，人们会感到
> 大地热血奔涌，业已成熟；
> 它巨大的胸膛，被一个灵魂托起，
> 有上帝般的慈爱，有女人般的肉体，
> 它充满了活力和灿烂的阳光，
> 所有的胚胎都在那里面深藏！[1]（飞白 译）

写于6月的《奥菲丽娅》受到米莱斯同名画作的启发，也有着相同的魅力。这篇作品包含着一种类似英国诗的特质，尽管兰波当时并不会英语，也不了解英国文学；这首诗用前拉斐尔派诗歌的风格写成，而这个流派要到1880年代才变得流行。这种风格如今已经不再时兴；但这不应当成为让我们忽视诗句中的高雅与和谐的理由，更不会阻止我们感知这个十五岁的学生所拥有的惊人才华和技巧。

> 星星沉睡的黑水上一片宁静，
> 皎洁的奥菲丽娅枕着长长的纱巾
> 像朵大百合，在水面上慢慢地漂……
> ——远处的树林里传来围猎的号角。
>
> 一千多年过去了啊，凄愁的奥菲丽娅，

---

[1]《太阳的肉身》，《兰波全集》，第46页。

白色的幽灵，在这黑色的长河中流逝；
一千多年过去了啊，她那甜蜜的狂恋
在晚风中低诉着她的浪漫史。

风吻着她的乳房，被河水轻轻地
摇晃着的大纱巾像花儿一样
在风中盛开，颤抖的柳丝在她肩上哭泣，
芦苇低垂在她沉思的巨额上。

碰伤的睡莲在她四周哀叹，
有时，她惊动沉睡在桤树上的鸟窝，
只听翅膀轻拍，鸟儿飞远；
——一首神秘的歌从金色的星辰上飘落。

……① （飞白　译）

写于同一个月的《吊死鬼舞会》无需赘述，因为这是一篇纯邦维尔式的作品。

与此同时，学年即将结束，考试也快要到来了。为了让兰波在7月到来时胸有成竹，师生二人都更加地努力。那一年，候选者们受到学院的邀请，根据桑丘·潘沙对自己的驴说的一段话来写一首拉丁语诗，据说兰波所作的质量之高让考官们十分惊喜。他再一次从比他年龄大的竞争者手中抢到了学院比赛的一等奖，在学校的考试中也横扫全校，除了两个奖项之外，他获得了属于这个年级的所有一等奖。②

兰波在学院竞赛中大获成功的消息传回了学校，但和同一时间惊动全

---

① 《奥菲丽娅》，《兰波全集》，第10页。
② 他获得了朗诵二等奖和历史地理四等奖。据说，如果担任老师和考官的维莱姆神甫没有驳斥他的观点的话，兰波的第二科成绩会更好；当时兰波表达了对破坏法律与秩序的一切的赞赏。兰波还获得了宗教知识、拉丁语演讲、法语演讲、拉丁语诗歌、拉丁语翻译和希腊语翻译一等奖，同时也获得了最高奖项卓越奖。

国的普法战争爆发相比不值一提。在一份名为《国家报》的报纸中，一位名叫保罗·德·卡萨尼亚克的记者在一篇辞藻华丽的文章中动员整个法国回应战争的召唤，像1792年所有党派搁置不同的政见、一起从共同的敌人手中拯救法国那样，挺身而出拯救"正在危难中的祖国"。然而，这种高尚的情怀却被以下这些词句中纯保皇派的说教所取代："目前，法兰西和她的王朝急需这场战争。拿破仑三世政府有责任为拿破仑四世政府扫除障碍，这样后者就不会因此在迈出第一步时栽跟头。"[1] 这种保皇派的情绪激怒了伊藏巴尔这样的激进派和共和派人士，他们认为第二帝国政府一无是处。兰波很可能就是在这种观点的启发下写出了《瓦尔米的死者》这首激人奋发的作品，他在1870年7月18日的第一节课上把这首诗交给了他的老师。

同一个月，在战报不断传来的情况下，兰波正为了即将和自己的朋友和老师分别而感到神伤。也是在这时，他第一次写出了愤世嫉俗又有些下流的诗作（尽管这种下流仅限于中学男生的水平）《答尔丢夫受惩》和《另一种形式的维纳斯》："美丽，丑陋，都缘于肛门溃烂。"

之后我们会发现，很明显，每当兰波面对不寻常的压力时，这种压力会通过他粗俗的言语或写作而外放出来。伊藏巴尔曾说，阿蒂尔只有在和母亲争论后才会口出污言秽语，在其他情况下他不会这样；很可能这两首诗就是他受到某种类似的、难以忍受的压力冲击的结果：因为他知道，能够从孤独和误解中拯救他的唯一的解药即将被夺走。

夏尔维勒中学的授奖仪式定在8月6日。男孩们被要求把奖金捐献给支持战争的活动，而兰波拒绝了，因为他对政府的作为很不满意——他是一个共和派。

伊藏巴尔没有等到仪式那天就离开了夏尔维勒。他在授课后就立即回到了杜埃的家中并一直待在那里，国家的动荡让他的未来变得不确定。兰波对他老师的一位朋友德维里埃尔说："伊藏巴尔先生走了，我到底该怎

---

[1] 伊藏巴尔著《兰波在杜埃和夏尔维勒》，第29页。

么办？有一点我很确定：我可忍受不了一整年都过这样的日子。我要逃走。我知道怎么写作。我要去巴黎做记者！"

年长一些的德维里埃尔问道："你觉得这么做很容易吗？"他其实也怀抱着一样的雄心，但由于年长的关系，他更为谨慎。"你要怎么孤身奋战呢？"

"嗯！那我就在路边死去好了！"男孩绝望地回答道，"我就在一堆石块上饿死吧，但是我一定要逃走！"

"我绝对不允许你这么做！"一直在一旁听着这段对话的伊藏巴尔突然插话道，"耐心地再等一年。别以卵击石！再过几天你领到的奖项会让你妈妈对你态度变软。留下来，完成你的学业，通过毕业会考。"

7月24日，兰波陪着伊藏巴尔和德维里埃尔去了车站，在火车擦身而过时，他郁郁寡欢地站在站台上。他陷入了悲伤之中，这也是他人生中第一次感到如此激烈的悲伤。

两周后，授奖仪式终于举行了。在那个炎热的8月午后，阿蒂尔·兰波在自豪的家人的簇拥下，在家乡市民赞许的目光中走过，被许多镀金边、红线装订的书册和法国政府慷慨地授予获奖者的那闪亮、封漆的纸质桂冠压弯了腰，他的纽扣眼上挂着奖牌。但这份荣誉只让他感到苦涩；在成功的簇拥下，他清楚地感觉到失败的滋味。那唯一一个点亮他生命的人，那个让他的生活充满甜蜜、赋予知识更深刻意义的人已经走了，而且可能再也不会回来。在这一刻，阿蒂尔·兰波发现自己的成就毫无意义，他鄙夷这向他泼来的荣誉。他还不到十六岁，但在这个8月的午后，他的学生时代在此终结；秋天到来的时候，他已经变成了另一个人，与他之前的生活彻底决别。

母亲则骄傲地走在他的身旁，对未来会发生什么一无所知。尽管她坚定的脸部特征让她看起来似乎对一切都无动于衷，但她内心的欢喜雀跃足以让她在为儿子造一座只供他居住的、金碧辉煌的空中楼阁。这个最好的儿子，他有那么多的可能性：他可能在学术上出类拔萃，或者可能成为有名的作家。不论他选择哪一条路，都一定能保证成功，因为他不仅展现了能够打败所有挑战者的能力，还能吃苦耐劳，也特别受教。

  如果仅仅从表面上来看，母亲的安心是没有错的。当时还没有任何东西能够预示他未来对一切束缚的挣脱。连他笔下的诗歌都保持着令人满意的水平，没有反映他的真实才华。这些诗作都很传统、保守，遵循着已经被认可的模式。它们当然都很好，对于一个十五岁的男孩来说好得出奇；但它们并没有展现精妙的模仿和真诚的独创性所能带来的力量。他的阅读量很大，也能够对阅读的内容作出很大程度的理解和融会贯通。但当时他没有别的梦想，只想成为一个获得一致认可的成功作家；他并不把自己当成一个不被理解的天才，也不认为这种身份会是一个人期望得到的结局。他接受了既定的等级划分和文学价值；他的诗歌里挑不出一点儿错处，只展现了他了不起的文学成就，但从中一点儿也看不出来他会成为法国最大胆的原创作家之一。

第四章 第一次出逃

1870年的暑假对兰波家的孩子们来说格外沉闷。他们希望能够在乡下度过夏天,但由于战争的关系,他们不能离开夏尔维勒,也不知道会不会有一天需要从家中撤离。

无所事事的阿蒂尔变得无聊和焦虑,深深的忧郁根植在了他的心里。在这样的情况下,他和母亲的关系变得比平时更加紧张,他也无法将自己的注意力从自身的孤独转向其他事情。他没有能够一同打发时间的朋友,书摊上也没有能供他翻阅的新书,因为战争打断了来自巴黎的供货。老师离开夏尔维勒前把公寓的钥匙留在了房东那里,让兰波可以随心所欲地去那里读书。那是一间掩映在奥尔良街树荫下的小公寓,在8月闷热的天气里,不失为一处凉爽舒适的避难所。兰波是一个饥渴的读者,在月底之前,他已经读完了所有的藏书,因此再没有其他什么事可以供他消磨时间了。

> 您不在夏尔维勒真是太幸运了[他悲伤地对伊藏巴尔写道[1],同时他又为自己对家乡的鄙夷感到自豪]。和其他所有外省城镇相比,我的家乡在愚蠢上拔得头筹。因为它离梅济耶尔很近,因为有上百号士兵在街上昂首阔步地走,全城愚昧无知的居民都沾沾自喜、虚张声势地大喊大叫、手舞足蹈;比那些在梅斯和斯特拉斯堡被围困着的人们夸张多了。那群退休杂货店老板套着军装的样子真是绝了!您肯定想不到那些公证人、收税员和其他大腹便便的有产阶级有多少副面

---

[1] 摘自1870年8月25日的书信,《兰波全集》,第241页。

孔，他们肩上扛着步枪，在梅济耶尔的城门前搞爱国主义游行。我的祖国站起来了，但我个人还是更希望它能坐着不动。别动手动脚是我的人生格言。我在这里格格不入，觉得恶心、愤怒、愚蠢、不堪其扰。我希望能晒晒太阳，好好地散步、休息、旅行、历险，像一个流浪者那样游荡。我尤其想要看书和报纸。现在的邮政完全没法给书摊进货，巴黎哪里管得上我们。一本新书都没有！说起报纸，我现在只有光荣的《亚登邮报》可以看，还全部出自一人之手：A.伯利亚德，他既是老板、总编，还是唯一的一个编辑。这个蠢货代表了所有人的抱负、愿望和观点，您想想这是怎样一幅场景。恶臭！我在自己的祖国，却好像被流放了。幸好我还有您的房间——记得吗，您答应给我用的——我拿走了您一半的书。我还能说什么呢？我把您所有的书都看完了，全都看完了。三天前，我只剩下《苦难》(苏利·普吕多姆）和《拾穗女》(保罗·德莫尼）了。然后就全没了！我现在什么也没有了！您的藏书，我的最后一根救命稻草，已经耗尽了……我随信附上了一些我写的诗。请在早晨的阳光下读它们，我就是在这样的情境中写下它们的。对我来说，您已经不再是老师了——至少我希望如此。

再见，快点给我回信，至少要二十五页，留局待取。

A.兰波

另：很快我会告诉您一些惊人的消息，关于我暑假后要过怎样的人生。

信中所附的诗可能是那首讨人喜欢的诗《三个吻的喜剧》，8月31日以《初夜》为标题在《职责》杂志上发表。从诗作的感觉上来说，这应该符合他的描述。[①]

[①] 这首诗曾被认为写于1870年9月，但韦伊（Weil）发现它曾于1870年8月发表于《职责》杂志。参考封丹（Fontaine）著《天才兰波》(Le Génie de Rimbud)，第118页，注1。

——她几乎脱光了衣服,
冒失的大树
恶意地把枝叶,
向玻璃窗掷去,很近很近。

她坐在我的大椅子上,
半裸身体,抱着双手。
那双好娇好美的小脚
快活地在地板上颤抖。

——我看见,色白如蜡,
一道树丛的光线
飞舞在她的笑里
她的乳上,——玫瑰红点。

我吻着她娇美的脚跟。
她突然甜甜地笑起,
笑声清脆响亮,
水晶般美丽的笑。

衬衣下的那双小脚
突然缩回:"该行了吧!"
——初次应允的鲁莽,
欢笑假装惩罚!

——可怜的小东西颤栗在
我的唇下,我轻吻她的双眸:

——她把淘气的脑袋
往后一仰:"哦,这样更好!……

先生,我有两个字要对你说……"
——我用一个吻把剩下的话
全都堵回她的心中,
她乐得哈哈大笑……

——她几乎脱光了衣服,
冒失的大树
恶意地把枝叶,
向玻璃窗掷去,很近很近。(飞白 译)

也可能是另一首一样欢乐、充满魅力的诗;《妮娜的巧答》写于1870年8月15日,诗中,一个浪漫的青年男子描述了和相爱的女子在户外度过的愉快的一天,但那个无趣的年轻女子对着欢天喜地的他唯一能作出的回答是:"那我的小职员呢?"

《乐曲声中》是兰波写于8月的另一首诗作,表达了兰波对布尔乔亚式的陈词滥调越发不耐的烦恼,以及他对于那种沾沾自喜的内容的反感。这首诗是一个很好的例子,透露着讽刺和挖苦的味道。

当只比他大不到一岁的哥哥弗雷德里克,一个高大得不像未满十七岁的小伙子,突然跑去参军,并竟然成功地被征召为志愿兵时,兰波焦躁到了极点。一天,弗雷德里克看到一个兵团在路上走过,他毫不拖延,立即跟着他们走到了火车站,和士兵一起爬上了火车。士兵们被这个胆大包天的青年人逗乐了,让他入伍做了辅助兵。他和兵团一起经历了梅斯之围,直到11月才回家。[①] "如果弗雷德里克都能从家里逃出去的话,"阿蒂尔

[①] 德拉艾著《兰波》,第25页。

本人曾这样说道,"那为什么我不可以?"于是他开始计划出逃。8月28日,也是在他给伊藏巴尔写信的三天之后,他和母亲以及两个妹妹一起在默滋河岸边的草地上散步。忽然之间,他说想回家取一本想读的书,于是就离开了他们。但当时他并没有回家,而是去火车站登上了开往巴黎的第一班车。好几个月来,他都梦想着去首都;那可是文学生活的中心所在。但是,从他的出逃计划里可以看出他孩子气的天真:尽管他已经十五岁并在学校里取得出色的成就,他依旧受到母亲所施加的训练的影响;其他的男孩可能在知性上逊色于他,他们对现实的认识却更加理性,也会做出更周详的计划。

他在兜里没有一分钱的情况下登上了开往巴黎的火车。据说,他先是用二十法郎的价钱卖掉了他获得的奖励,但这个故事的真实性有待商榷。他几乎没有时间去真正卖掉那些书本,而且他是在没有车票、也没钱买票的情况下来到巴黎的。于是他到站后就被逮捕,并被带去了警察局。

当他的母亲回到家里,发现儿子并没有回家时,不难想象这位可怜的母亲一定感到无比的焦虑和忧心;和所有面临这种状况的母亲一样,她想象了所有可能发生的最可怕的情况。她想到,会不会是当时正在快速向夏尔维勒进军的德国人把他当成囚犯抓了起来?在帕泰尔纳·贝里雄的笔下,母亲整整一夜都徘徊在夏尔维勒和梅济耶尔的街头,带着一种难以描述的悲戚寻找着她的儿子。她四处寻找咖啡馆,敲开每一扇可能知道他去向的人家的门。但是没有人曾见过他。第二天,法军在博蒙惨败,这让德军进一步推进,而她的焦虑也因此更加严重。她没有收到关于阿蒂尔的任何消息,再接下来的一周一直如此。直到他的精神溃败、勇气消散之前,人们没有听到关于他的任何消息。

9月5日,他写信给伊藏巴尔,告知他自己在到达巴黎后就因为无票乘车和没钱补票而被逮捕。由于他手头没有身份证明文件,还拒绝透露姓名和地址,他被关进了马扎监狱。在监狱体系中生活了一周后,到了临近审判的日子,当初那个强硬的逃犯消失了,取而代之的是一个被吓坏了的小男孩;那是一个从来没有离开过母亲身边哪怕一天的孩子,他从来没有按照自己的想法行事过。在给伊藏巴尔写信时,他怀着极大的痛苦;那是他最亲密的朋友,也是唯一一个他能够依靠的人;他乞求他的帮助。

亲爱的先生①,您让我不要做的那件事,我还是做了:我离开家,来到了巴黎。这起恶作剧发生在8月29日。我刚下火车就被抓住,因为没有一分钱,还欠了13法郎的火车票钱,我被带到了警察局,今天,我在马扎等待审判。唉!我像指望母亲一样指望着您!我一直把您当做自己的兄长。我以最真诚的态度求您帮我。我已经给我母亲、帝国检察官和夏尔维勒警察总长写过信了。如果您在星期三上午从杜埃开往巴黎的火车发车前还没有收到关于我的消息的话,我恳请您,坐上那班车来巴黎接我,凭这封信来监狱里传唤我,或是去公共检察官那里求他放了我,请您代理我、清偿我的债务。在收到这封信之后,请您立刻做力所能及的一切,请您给我可怜的母亲写信安慰,请您也给我写信。请您做力所能及的一切。我像爱自己的手足一样爱您,我将像爱父亲那样爱您。

您可怜的兰波

另:如果您来马扎监狱找我的话,您会带我一起回杜埃的,对吗?

在同一批信件中,伊藏巴尔还收到了典狱长的信,信中要求他前往巴黎把男孩带走。他写信向帝国检察院解释情形,还寄去了钱、请求典狱长把兰波送回夏尔维勒,或者,如果因为战争的关系无法送他回夏尔维勒的话,就把他送到杜埃来。几天后,兰波到了杜埃,尽管他感到有些羞愧可耻,但还是很高兴能够如此轻易地逃脱困境。他用耸人听闻的华丽辞藻把这段经历描绘得多姿多彩,包括他的冒险、被捕和审问的经历,到狱中

---

① 摘自1870年9月5日的书信,《兰波全集》,第244页。

后给衣服做的消毒,以及被关在牢房时感到的恐惧。既然这一切都已经结束了,他开始享受对这段经历的回顾,并从中发现了对自己天才般描述能力的释放。据说,一年后写于巴黎的《捉虱女人》这首诗所描写的正是伊藏巴尔的"姨母们"为他清除头发中在监狱里染上的跳蚤时的场景。比起认为"虱子"指的是邦维尔夫人和乔治·雨果夫人的说法,这一解释的真实性更高。① 无论如何,伊藏巴尔后来确实称他的"姨母"之一为"捉虱女人"。

既然兰波已经被找到了,当务之急就是联络他的母亲,但这在战时并不容易。信件不能直接从杜埃寄去夏尔维勒,必须从比利时绕道。因此,阿蒂尔还得在杜埃再留三个星期,和伊藏巴尔的"姨母们"住在一起。伊藏巴尔却坚持在自己写信的同时,让他用悔过和谦逊的态度亲笔给母亲写一封信,以乞求她看在他已经吸取了严格的教训的分上,宽宏大量地处置这个罪魁祸首。于是,在写完这封悔过书后,兰波又继续享受他人生中第一次离家的时光和来自然德尔姐妹的、他从未感受过的关怀。

随着法军在色当会战中失利,拿破仑三世被捕,战争也随之变了味儿。它不再是王朝的最后一搏,而变成了一个令全国担忧的问题。这一结果使许多像伊藏巴尔这样的共和派突然间充满了狂热的爱国情怀,并纷纷报名参军。伊藏巴尔的热情也影响了兰波,因此他也志愿参军,但由于年龄太小被拒绝了。伊藏巴尔当时也无法立即动身上前线——他没有受过训练,而且当时又很缺武器——他暂时加入了国民自卫军,还为兰波取得了加入同一组织的资格。因此,在三个月的时间里,兰波作为一名国民自卫军的成员,曾肩扛着扫帚和其他战友一起军训。他为没有足够的武器用于装备而感到难过,他十分关注是否能够在回家前弄到一把来复枪。他以自卫军战友们的名义起草了一份请愿书,抗议这种不公正的情形:因为武器匮乏,在危急存亡的时刻,那些已经准备好、愿意守卫祖国的人却无法用

---

① 伊藏巴尔著《兰波在杜埃》,载于《藏书家简报》(*Bulletin du Bibliophile*),1945 年。

武器装备自己。① 他的请愿书同时也用于征求谴责杜埃市长的投票；他支持帝国统治，并把武器匮乏的责任推到新成立的国防政府身上，但兰波认为地方的议员们应该为此承担全部的指责。考虑到这封信出自一个十五岁男孩之手，它的内容堪称十分惊人。

我们杜埃国民自卫军成员在此签字，我们抗议杜埃市长在1870年9月18日召开的会议中所用的信函的内容。在回复来自没有武器装备的国民自卫军的数不胜数的投诉时，市长将注意力转移到战争部长的命令上。在这封信中，他似乎在指责部长对前瞻性和灵活性的追求。尽管我们不想做一场已经获胜的斗争的捍卫者，但我们有权提请公众注意：目前的武器短缺完全是刚刚倒台的、缺乏前瞻性和灵活性的前政府的责任，是他们那仍在迫害我们的邪恶统治造成的恶果。我们必须感谢现在的运动，其正在促使国防政府为现役军队保留仅存的武器；这些部队的武器装备必须优先于我们。但这是不是说四分之三的国民自卫军都会手无寸铁、在受到攻击的情况下必须靠决心来保护自己呢？当然不是！他们并不打算继续像这样一无是处下去；必须为他们找到武器。被他们选举出来的市议员们有责任为他们采购这些武器。在这种情况下，市长应当亲自带头，就像他之前在法国许多其他的市镇中所做的那样。他的政府和他应该尝试所有可能对武器进行购买和分配的方法。下个星期天将举行市级选举，我们只会投票给那些用行动展示自己真正的关心的人。②

这封请愿书本应征集签名并开始在人们之间传阅，可不幸的是，十五岁的兰波既没有投票权，也不能在没有母亲同意的情况下继续离家。这封请愿书上只有一个签名，也就是作者本人的签名。在它还没来得及被传阅

---

① 伊藏巴尔著《兰波在杜埃》，第77页。
② 摘自1870年9月24日的书信，《兰波全集》，第522页。

之前，伊藏巴尔就收到了兰波夫人的回复；其措辞之暴烈、严酷让兰波发誓这个世界上没有任何理由能让他真的回家。伊藏巴尔对他的学生大发雷霆；男孩的回答也十分无礼；两人之间真的剑拔弩张，最后由三位年长的姨母出面才得以平息。

兰波最后还是同意回到家中。伊藏巴尔于是再次写信给兰波夫人，向她解释兰波紧张的情绪，并请求她对他宽大处理。他决定和德维里埃尔一起送他回家，确保他不会因为口袋里有用来付车费的钱而再次逃跑；德维里埃尔当时正因工作要在几天后去夏尔维勒。在收到伊藏巴尔的来信之前，她又写了一封信。

> 先生，我感到非常焦心，我不明白为什么阿蒂尔还要不在家这么长的时间。他必须明白，从收到我17日的信件之后，他不应该在杜埃再待上哪怕一天的时间。现在警察已经开始侦查他的所在了，我担心在您收到这封信之前，他已经再次被逮捕了。如果发生这种情况，那他也不必再想办法回家了，我发誓绝不会再接纳他。我完全无法理解这个孩子的疯狂，他平时一直那样乖巧安静。这种疯狂的念头是怎么钻进他的脑袋里的？谁会给他这种建议？不！我绝不相信！一个不快乐的人是无法做到公正的！请您慷慨解囊，给这个可怜的男孩10法郎，然后让他走吧，告诉他，他必须立刻回家。我刚从邮局里出来，因为这里和杜埃之间的联系被切断了，所以他们不让我寄邮政汇票。我能怎么办？我太悲苦了。希望上帝惩罚这个任性的孩子，这是他应得的。
>
> 向您致敬。
>
> V. 兰波

伊藏巴尔收到这封信后决定亲自送男孩回家。他本来也要在不久后回到夏尔维勒去清空他公寓里的家具和藏书。

然而，在从杜埃到夏尔维勒的漫长、枯燥的旅途中，没有任何事能够让兰波打起精神来。由于恐惧在家中等待着他的会是怎样的对待，他缩成一团，在车厢的角落里坐着，全程都没有张口说话。

当这个浪子被交到母亲手中后，她立刻揪住了他的耳朵把他拖回房子里，然后，她转向伊藏巴尔，对他激烈地谩骂，这让他恨不能赶快逃离此处，但又为不得不留下造成这样局面的罪魁祸首一人面对残酷的命运而感到惭愧。

事情都忙完后，伊藏巴尔离开了夏尔维勒几天。他在10月的第一周回来时，却发现兰波夫人给他写了一封信，请求他再一次为她提供帮助；她已经被焦虑折磨得快要丧失理智了。阿蒂尔又一次离家出走，而她完全不知道他能去哪里。

第一次被恶劣地对待后，伊藏巴尔厌恶一切要和她打交道的场合，但他还是同意尝试找一找这个逃犯的所在。他认识兰波所有的朋友——他们都是他的学生——于是他决定从他们身上开始调查。他首先去了莱昂·比卢亚特所在的菲迈，并发现至少他开始走上正道了。阿蒂尔确实和他在一起待了一夜，走的时候说他要去沙勒罗瓦找德艾萨尔；后者的父亲是本地一家报纸的编辑，因此兰波希望可以通过他找到记者的工作。

当伊藏巴尔到达沙勒罗瓦时，德艾萨尔告诉他，兰波几天前确实来了这儿，他当时又饿又累，疲惫不堪，希望能被挽留过夜。不幸的是，德艾萨尔的父母从看兰波第一眼开始就不喜欢他。他们很难相信一个男孩可以这样被允许在战时随心所欲地在乡间游荡，况且他看起来就像个流浪汉，怎么可能是自己儿子学校的同学呢？兰波知道他的打算无法成功，在紧张的情绪下，他变得更加不讨人喜欢：他会用粗俗的谈吐让家中的小妹妹羞红了脸，会大胆地称呼当时的知名人士为"混蛋的那谁谁，还有当叛徒的那谁谁"；于是，德艾萨尔先生决定结束他的拜访，要求儿子的这位客人离开。

离开那一家后，依旧没吃上饭的兰波游荡在步行去布鲁塞尔的路上。在一封给比卢亚特的信中，他说那天晚上他吃的唯一一餐就是从他路过的沙勒罗瓦那些房子的地下室窗户里飘出来的美味香气，来自准备端上富人餐桌的烤肉和炖菜。趁着这香味还萦绕在他鼻尖的时候,他在月光下咬了一小口他的朋友送给他路上吃的巧克力。①

伊藏巴尔已经没有了头绪,他在法国以外也没有认识的学生。令他惊讶的是,当他来到在布鲁塞尔的一个朋友家里时,他发现,尽管他曾经只有一次随意地对阿蒂尔提及这个朋友,他竟然在几天前来过这里;当时他看起来饿得只剩半条命了,他的衣服破破烂烂地挂在身上,鞋子也已经破得不成样子。他用伊藏巴尔的名字请求他们让他借宿一晚,他声称被父母送来环游比利时,让他好好长长见识,但是他不幸地花光了所有的钱。他们给他换了一身衣裳,还给了他一小笔钱。第二天他就离开了,没有告诉他们自己要去哪里。

第二天伊藏巴尔回到了杜埃,他发现自己在寻找的那个男孩正安静地坐在客厅里,在姨母们中间,像一个模范生那样,字迹工整、小心翼翼地誊抄着自己的诗。他看起来干净整洁,是那样的快乐,这让伊藏巴尔没办法给他应得的训斥;更不用说,他的姨母们非常高兴能照顾和宠爱这个孩子。姨母们告诉他,兰波是三天前到的,当她们听到铃声为他开门时,他害羞地说:"看呀,我回来啦!"这种真实的感情和简单的信任让她们心生感动。

他如此全神贯注、小心誊抄的诗都写于他在法国到比利时的流浪路上。很快,"姨母们"给他的纸用完了,她们出于节省的考虑,提议他用纸的两面来誊写;他感到非常吃惊,回答道:"但是诗人从来不会用纸的两面来写诗!"这些诗可以被看作他的第一批有个人风格的作品,第一批为独立、个人表达而写的诗;尽管他还没有把自己从既定的文学影响中解放出来,但比起学年结束前写的那些作品,这些诗作展现出了明显的进步。

虽然要忍受饥饿和困苦,但是这两星期里自由、不受约束的游荡生活似乎比兰波所度过的其他时间都要快活,这可能是他一生中最快乐的一段

---

① 摘自1870年10月8日的书信,《兰波全集》,第248页。

时光。因这段时光而创作的诗歌里没有任何辛酸或粗劣的痕迹；只有一种表达，那就是天国般的幸福、自由的快乐，和仅仅是活着就能感受到的愉悦。《我的波希米亚》就是一篇表达这种狂喜状态的作品。

> 我流浪，双拳插进空空的衣袋，
> 我的外套也已破烂不堪；
> 我在天底下走着，缪斯啊！我是你忠诚的伙伴；
> 啊呀！我梦见了这么多辉煌的爱！
>
> 我仅有的一件短裤穿了个大洞。
> ——爱幻想的小拇指，我在路途中
> 酝酿着诗句。我的客店在大熊星座上。
> ——我的星星们在空中发出呼呼的轻响。
>
> 我坐在路边，听着这轻柔的声音，
> 在这九月的良宵，我感到额际
> 有补酒一般的露滴；
>
> 我在黑夜的幻影中，一边
> 拼凑韵脚，一边拉着破鞋的袋子，
> 恰似两把里拉，一脚搁在胸前。[①]（飞白　译）

他誊写的诗歌源自不同的灵感。首先是那些以弗拉芒画派风格写成的诗，和1880年后比利时北方文艺复兴的领袖所作的诗歌相似：《害怕的人们》《狡黠的女孩》《绿色小酒店》和《橱柜》。有灵感源自政治环境的诗：《罪恶》《恺撒的疯狂》《萨尔布吕肯的胜利庆典》和《深谷睡者》。在《害

[①]《我的波希米亚》,《兰波全集》, 第69页。

怕的人们》和《深谷睡者》中，我们发现了一种恻隐之心，这也是兰波个性和作品的特征。第二首诗中的睡者是一个死在山谷中树下的士兵，兰波一定在流浪途中见到过这样的场景。除此之外，还有前文提到的《我的波希米亚》和另一首愉快、充满音乐性的小诗《梦想冬天》。

> 冬天，我们将走进红色小车厢
> 　　坐在蓝椅上。
> 我们会很舒适。每个柔软的角落
> 　　都是狂吻的窝。
>
> 你将闭上眼睛，为了不看见，玻璃上，
> 　　张牙舞爪的夜影；
> 这些脾气暴躁的怪物，流氓似的
> 　　黑狼黑精灵。
>
> 然后，他会感到脸被抓伤……
> 一个轻吻，如一只疯狂的蜘蛛
> 　　爬在你脖上……
>
> 你将对我说："快找找！"并低下头来，
> 我们将花时间去把它寻找
> 　　——它爬了不少地方……① （飞白　译）

这个时期的诗作所展示出的快乐、天真和纯粹在兰波后来的生涯中再也没有重现。

在这田园诗般的景象中——兰波誊写着自己的诗，被三位欣赏他的

---

① 《梦想冬天》，《兰波全集》，第65页。

年长姨母们簇拥着,她们坐在那里织着毛线——伊藏巴尔敲响了归家的丧钟。"我们不想出卖你,"他说道,"但是从法律的角度来说我们没有权利让你留下,因为你还未成年。"兰波立刻明白了他的意思,明白自己让这位朋友和老师陷入了尴尬的境地。他变得顺从起来,轻声回答道:"这一切我都很明白,我早就知道了。你让我做什么我就做什么。"伊藏巴尔的第一个任务就是通知兰波夫人她的儿子找到了。但这一次她没有寄来供他回家的钱,并坚持让他通过警察局的安排被带回来。伊藏巴尔去警察局和警官会面,并让他承诺在回夏尔维勒的路上善待男孩。然后他回家去接那个流浪者。他发现他脸色苍白但很顺从,臂下夹着他那可悲的一沓纸在大厅里站着等他。看到老师来了,他知道离开的时候到了;他向姨母们告别,还真诚地答应她们自己一定会好好听话。她们非常喜欢他,不愿看到他离开,因为她们从没觉得他不好相处或是麻烦棘手;恰恰相反,在友善和情感的关怀下,他再一次变成了那个像过去一样的小男孩,除了爱和理解,他什么都不想要。

在去警察局的路上,伊藏巴尔出于深厚的情谊,认真地向兰波诉说了自己对他未来的担忧,他告诉他,如果他不自己放弃机会的话,未来可能有巨大的名望在等着他,还有自己对他的期许。言谈中,他无法控制自己声音中的情感,也觉得阿蒂尔似乎很明白,也受到了感动。但他始终无法确定兰波的想法,因为每当面对情感时,这个男孩就会变得沉默和无措。

然后,伊藏巴尔把他交给了警官照顾,而这也是他最后一次见到兰波。

兰波到家后不久就给他写了信。[①]

> 先生,这封信只为您而写。在离开您后的第二天我就回到了夏尔维勒。我的母亲接我回家,现在我在这里无所事事。似乎她不打算在 1871 年 1 月之前把我送去寄宿学校。

[①] 摘自 1870 年 11 月 2 日的书信,《兰波全集》,第 248 页。

好吧！我遵守了我的承诺。但我正在周遭的平庸、乏味和腐朽中沉沦和死去。您看，我依旧坚持爱自由，还有许多像这样的事。它们都很值得同情，是不是？我本想今天就逃走，我能做到的。我有新衣服，我也能把手表卖了，然后就自由万岁了！但是我留了下来，我留了下来。可我还是想逃走，很多，很多次。就走吧！戴上我的帽子，穿上我的大衣，把手插在口袋里，出发！但我会留下，去他的，我会留下！我没有承诺这么多，但我会这么做，是为了不辜负您的感情。您对我说过的，我不会辜负您的感情。对您的感激之情，无论今天还是明天我都无法完全地表达。但是我会证明给您看的。如果要问能为您做些什么的话，我愿意为此而死。我用自己的荣誉向您保证。我还有许多话想说。

您那"没良心的"

A. 兰波

第五章　受刑的心

如果夏尔维勒中学在那个秋季学期开学的话，阿蒂尔·兰波也许就会放弃他的流浪生涯，安定下来继续学业。但"国防政府"继续打仗，学校里大部分的老师不是上了前线就是在做志愿警察。此外，大部分的学生都来自已经被普鲁士占领的地区，他们的父母忙于为征服者服务，没有时间来考虑教育这种小事。因此，只为来自夏尔维勒和梅济耶尔的学生开学被认为毫无必要；尤其是在学校自己的建筑被临时征用为医院的情况下：如果开学，还要给学生们找新的宿舍。

对于阿蒂尔·兰波来说，这样的生活让没有固定职业的他不得不变得无所事事，这对他而言是一场灾难。如果他能像自己期待的那样入伍成为一名士兵的话，一切就都好了，但十六岁的他还是看起来过于年少，因此每次报名都会被拒绝。和德拉艾一起，他大部分的时间在乡间漫步中度过，他们无止境地谈论文学，也特别关注政治。① 那一年的秋天特别长，仿佛是不愿给前线战斗的士兵带来凛冬的无情一般，天气总是那样温暖柔和。早上的时候，两个男孩会在早餐后去梅济耶尔的布洛涅森林②：圣于连森林。之后，他们会一个一个地穿过自巴亚尔时代起就不断增加的堡垒，最终到达一个名叫爱之林的小公园；在那里他们可以不受任何人打扰地谈话。公园的前面是一条通过两座高高的石墙的碎石子路；接着是一片山楂树丛和著名的椴树大道，这也是他们最喜欢的游乐场。这里曾被称作大花园，在大革命之前是一片私人产业中的一部分。在这个小花园里，远离他

---

① 德拉艾著《亲密回忆》，第 57 页。
② 布洛涅森林是位于巴黎西部的著名森林公园。——译者注

人窥视的目光,他们会在温暖的秋日阳光下躺着抽烟。① 正是在此时此地,兰波很快地收集了许多意象,它们后来成了构成《灵光集》的重要元素。很明显,这几个月中所体验的感觉对他来说很重要,他也从中发现了非凡的意义。仿佛是因为身处战争和毁灭之中,他对乡间非凡的美有了一种新的、强烈的感知,而这一切都曾被过去的他认为是理所当然的。

不久之后,当天气终于变得太冷,让人无法坐在户外时,他们在爱之林对面的花园里发现了一座用来储存工具的小木屋。小木屋挡住了无处不在的凛冽寒风,让他们能够相对舒适地长坐几个小时,一边抽烟一边像领退休金的老年人那样聊天。有时会出现烟草不够的情况,而兰波又没有零花钱,所以不得不依靠德拉艾的慷慨解囊,但后者的储备有时也只够两个人抽上一小口而已。但就算是没烟抽,他们只要嘬几口空空如也的烟斗也能满足。他们会带着书来,兰波会大声朗诵给他的朋友听,也会对自己挑选的文字做点评。他有天生的好口才——每年都能在学校的演讲比赛上获奖——而他的朗诵也总能让德拉艾感动。他所选的作品几乎全部是诗歌。尽管他最赞赏的诗人名单中已经加上了魏尔伦的名字,但当时他还没有从对帕尔纳斯派的仰慕中毕业。他对《忧郁诗篇》和《华宴集》都有了解,但战争导致《美好的歌》无法出版。兰波欣赏魏尔伦诗中自由的韵律和技巧上的创新。从《忧郁诗篇》开始,魏尔伦在技巧上的自由度已经高于除圣伯夫以外的其他十九世纪诗人。

但文学并不是两个年轻友人谈论的唯一话题,他们还会探讨政治和当下所需的迫切变革。当时对新政府的激烈批判非常普遍。在夏尔维勒,尽管没有党派,但也很流行批评新政府。在夏尔维勒,那些惋惜旧帝国的灭亡的人和认为新政府有反动倾向的共和派都在谩骂。不出意料地,当时全国各地都大规模流行着各种关于新政府官员谋取暴利、巧取豪夺的谣言,这也一直是法国政治生活的特点。仅施耐德一人就被指控从国家骗取了价值高达 40 万英镑的武器。和往常一样,有权有势的人们总被传说成叛国

---

① 德拉艾著《亲密回忆》,第 58 页。

通敌的叛徒。但所有的愤怒情绪都在火光四溅的谈话中蒸发无形,人们没有采取进一步的行动来取代这群让所有人都不满意的官员。

即便是兰波这个年纪的男孩也受到了影响;在巴黎公社中,这种出于不满的、对造反精神的普遍同情在不出几个月的时间里突然爆发。兰波开始憎恨一切形式的政府和权威,母亲严苛的管教为这种憎恨煽风点火,最终发展成了行动。他乐意接受,也欢迎一切形式的破坏,只要夏尔维勒能和他习以为常的生活一起被一扫而空地毁灭。他甚至能够不太悲伤地看着他喜爱的爱之林的树木被砍倒,用于阻止普鲁士人的进军。一瞬之间,骄傲地树立了几个世纪的树木都被屠戮般地砍倒,躺在低矮的地面上。有一天,他和德拉艾到了他们最喜欢去的老地方,发现他们最爱的两棵椴树被从根部砍倒,像受伤的巨人一样躺在地上。兰波像眷恋一个女子一样爱着爱之林,他悲伤地凝视着被砍倒的树木;然后,他的眼中突然出现凌厉的神色,他握紧拳头喊道:"有些破坏是必要的。其他树立千年的树可能也被砍倒了;还有其他带来愉悦的树荫必须被我们舍弃。是时候让斧头砍向这个社会的树根了。每个山谷都将被填平,每座高山都将被降低;弯曲的必须变得笔直,粗糙的必须变得细致。豪奢必将跌落进尘土,个人的虚荣必将被节制。尖酸的嫉妒和愚蠢的仰慕必将被取代。"[①] 即便在这样的言谈中,兰波都使用了圣经般的语言,这种语言也是后来《灵光集》和《地狱一季》的特征之一。

尽管人们做出了各种努力,普鲁士人还是越来越接近夏尔维勒和梅济耶尔。德拉艾居住的梅济耶尔在 12 月 20 日受到轰炸,整个城市燃起了大火。那一天,兰波夫人把所有孩子都锁在了公寓里,不允许任何一个冒着风险上街,因为她害怕失去他们中的任何一个;从阿蒂尔离家出走后,她每时每刻都在为他们焦心。当时,德拉艾和兰波分开两处,而兰波被痛苦折磨着,不知道朋友的下落;除了一段不清不楚的谣言说他家被烧得一点儿不剩、全家人都葬身火海之外,没有任何消息传来。一找到机会躲过母

---

① 德拉艾著《亲密回忆》,第 73 页。

亲警惕的目光，兰波就跑去了梅济耶尔，在房屋的废墟中寻找他那消失的朋友的踪迹。在那里，他在成堆的瓦砾里寻找着，一个邻居告诉他这家人全都得救了，正住在乡下的亲戚那里。兰波当时唯一的目标就是找到德拉艾，并给他带去一些能用来打发时间的书。他冒着危险来到了给那家人提供庇护的农场，还带着他最近发现的礼物：波德莱尔翻译的爱伦·坡作品集和都德的《小东西》。他把为朋友而担心的情绪和焦急都隐藏在粗鲁、爽朗的快乐之下，也不允许他为自己受到的关心表达感谢。兰波就是这样一个人：和他的母亲一样，他很少用外放的方式表达情感，当别人想要感谢他或表达感激时，他总是感到手足无措。

之后，普鲁士军队来了，并且占领了夏尔维勒和梅济耶尔，而兰波和德拉艾则带着轻蔑的讥笑走在他们中间。但结局将至，巴黎包围战也即将结束。普鲁士的占领持续了135天，那一年的冬天尽管来得有些晚，却是多年来最严酷的一个寒冬。巴黎人被包围战搅得疲惫不堪，对国防政府心生厌恶，空气中已经开始弥漫着革命的味道。作为巴黎公社中最麻烦的成员之一，国民自卫军在小酒馆里大肆饮酒。那里的葡萄酒依然充足，取代了供应不足的食物，但并不能压抑人们的怒火，也无法平息动乱。1月6日，巴黎的墙壁上出现了第一张红色海报。关于和德国签订停战协定的谣言在城市中传播；1月22日发生了一场暴乱，但这也是最后一次针对投降的抗议活动。停战协定在1月27日签署，第二天，不受欢迎的国防政府下台，把位置让给即将在波尔多选举出的国民议会。随后，让秉持共和派倾向的巴黎感到恐惧和震惊的事发生了：所有外省，除了几个大城镇以外，都坚定地把票投给了右翼保皇派。梯也尔和俾斯麦开始就和约进行谈判，2月19日在凡尔赛形成了和约的初步条款。当和约的内容为人所知后，巴黎人憎恶地将新政府的行为称为叛国，关于首都会开始挑事儿的谣言也不胫而走。军火库中出现武器被盗变成了寻常事，从武器厂偷窃旧式的武器更是家常便饭。出于对未来动乱的恐惧和想从围攻战的威胁中逃跑的愿望，凡是能离开巴黎的有产阶级家庭都去投奔了外省的亲戚。据说当时有10万人离开了首都，但这一缺口很快被补上了：从外省涌入了一群头脑发热的青年和把巴黎看作唯一能与反动势力抗衡的机会的人们。随这些人一起蜂拥而至的还有一群群饿得半死、衣衫褴褛的厌世的复员军人，还有那些什么国籍都有的流氓和冒险者，他们就像以吃腐肉为生的乌鸦一样，总是闻出病躯和死尸的味道。他们像秃鹫一样盘踞在每场革命的上空，聚集在一起，想着能不能在遍地的混乱里为自己谋取些什么，或是趁他们不幸的国家沉溺在痛苦中时获利和探求机遇。爱尔兰人、意大利人、波兰人和阿拉伯人都打着帮助法国夺回自由的旗号涌入巴黎，但他们只会带来更多的混乱，最终，法国还是要遭受折磨、承担损失。

国民自卫军此时开始寻衅滋事，并打算组织造反。他们打算在 1 月 29 日在巴黎市政厅建立军事独裁，但当局通过探子发现了他们的计划，自卫军的领袖们被逮捕，并被判处监禁。然而，尽管当局不断出力打压，国民自卫军变得越发强大，尤其是那些来自工人阶级大区的营级部队，因为当时属于有产阶级的营队正在自发解散中。他们还成立了一个委员会：国民自卫军中央委员会，巴黎很快感受到了他们的威力，警察也在他们的面前连连受挫。从成立伊始，委员会就受到来自国际社会主义组织的强烈影响，他们认为自己有义务指导公民/选民，从而使得"工人阶级和生产者在代表国家时具有平等的地位"。[①] 委员会计划成为一个类似苏维埃的组织，并能够最终在国家政府中无所不能。

国民自卫军活动的消息传到了外省，正是那时，兰波决定要再次前往巴黎，这一次是为了帮助他的祖国争取自由。一年前在杜埃的时候，他曾是国民自卫军的一员，此刻，他很可能希望能够立刻加入巴黎的自卫军。他对离开夏尔维勒的渴望愈加强烈，因为学校事实上已经重新开学了，而母亲希望他能回去继续学业。2 月 15 日，学校在一个由政府租用的废弃剧院里重新开始授课，因为之前的医院还没有把学校的建筑给腾出来。三个火枪手中的两个，德拉艾和拉巴希埃出于对未来职业生涯的焦虑而勤勉、顺从地回到了学校里；兰波夫人希望她的儿子也能这么做。但他对朋

---

① 耶利奈克（Jellinek）著《1871 年的巴黎公社》（*The Paris Commune of 1871*），第 91 页。

友们的行为嗤之以鼻,并决绝地宣称他不会再回学校,在法国面临危难的时刻,还有其他更加重要的事等他去做,而且他可没有那种登台表演的才华。最后一句话暗指的是学校当时所在的建筑。[①]他卖掉了自己的手表,并在2月25日离开家前往巴黎。当时他手头的钱只够付火车票,于是他身无分文地来到了首都。他不知从哪儿得到了著名讽刺画家安德烈·吉尔(André Gill)的名字和住址,由于他天生的冷静个性,并且极度缺乏世俗的知识和经验,他在没人知道的情况下未经通知就来到了画家的工作室。吉尔当时不在家,但通往他房间的门从来都不上锁。兰波走了进去,由于旅途的疲倦,躺在长沙发上,很快就睡了过去。过了一会儿,吉尔回来时发现的就是这副模样的他。打开自己的房门后,他站在玄关上,惊奇地看见自己的沙发上睡着一个缩成一团的肮脏身影。他的第一反应是觉得自己一定遭了贼——但是哪个小偷会来偷一个穷画家的工作室呢——他于是又看了一眼,发现那只是个孩子。他摇醒了熟睡的男孩,说道:"你是谁?你来这里做什么?"被突然叫醒的兰波迷糊地坐起来,揉着眼睛回答道,他是来自夏尔维勒的阿蒂尔·兰波,是个诗人,他来巴黎是为了谋生。他的年纪和迷途孩童般的样貌打动了吉尔。吉尔很善良,给了他10法郎,这也是那天他所有的钱,并劝他回家去找自己的母亲。兰波把10法郎装进了口袋,但他没有回夏尔维勒,而是在巴黎的街头游荡,寻找工作,寻找能帮助他、建议他如何谋生和救助祖国的人。[②]他试着联系了革命领袖维尔麦希(Vermersch),他当时住在波德莱尔位于圣路易岛的旧公寓里尝试模仿波德莱尔的诗歌。但最终,兰波没能和他见面。[③]在返回夏尔维勒途中他写了一封信,信中没有提到在巴黎遇到任何重要的人或是做了任何有意义的事;他只提了在书摊看见的新的、让人兴奋的书籍;他列出了长长的书单,但似乎只读了其中的一本,那是他用所剩无几的钱买的,格拉蒂尼的《红铁或新惩罚集》。他在巴黎待了两个星期,我们不知道他是如

---

① 德拉艾著《亲密回忆》,第108页。
② 勒佩勒捷(Lepelletier)著《魏尔伦》(*Verlaine*),第253页。
③ 参阅兰波致德莫尼的书信,1871年4月17日,《兰波全集》,第149页。

何度过了这段时间,只知道他忍受了极端的贫穷和困苦。他似乎是在没有一个人帮助的情况下在巴黎的街头流浪。当时不是去巴黎的好时候,有点钱的人都离开了,城市里也没有多余的食物。兰波吃的是夜里从垃圾桶里捡来的残羹剩饭、街上找到的面包屑或是从路人手中乞讨来的吃食。因为没有固定的居所,到了晚上,他就睡在桥底下、房子的门口和河岸边停着的驳船上。后来,他在《地狱一季》中写道:

啊!衣衫褴褛,雨水浸坏了面包,酗醉,把我钉死在十字架上的千万种情爱!……我又看见我的皮肉污泥浊水和黑热病侵蚀蹂躏,头发、腋下生满蛆虫,心里还有更大的蛆虫在蠕动,我躺在不辨年龄、毫无感情的不相识的人中间……我也许就死在这里了……可怕的回忆!我憎恨贫穷。①(王道乾 译)

2月26日,在俾斯麦的强迫下,当和约初稿起草,梯也尔和巴黎的冲突一触即发,当时兰波就在巴黎。和约的条件比梯也尔预料的更加严苛。割让阿尔萨斯-洛林和50亿的赔款已经够糟糕的了,但普鲁士军队对巴黎的占领要求是对法国最后的侮辱,决不可饶恕。2月25日,国民自卫军中央委员会在主要报纸上发表了前一天会议通过的决议。"只要看见普鲁士人进入巴黎,每一个自卫军成员都会立即携带武器前往集合地,并从那里出发行军,抵抗敌军侵略者。"②

26日,当梯也尔在凡尔赛签订和约时,4万名男女在午夜走上香榭丽舍大道。但这只是虚惊一场,并没有造成什么影响。但中央委员会机关办受到了来自第一国际的更明智的影响。他们建议不要抵抗,因为那只会招来外国士兵对城市的破坏。他们指出,如果攻击普鲁士人,只会让法国反动派坐收渔翁之利,因为这会"让社会主义改革溺死在血染的海洋中"。③

---

① 《永别》,《兰波全集》,第228页。
②③ 耶利奈克著《1871年的巴黎公社》,第93页。

尽管人们热情继续高涨,机关办执行了委员会的整体决定。28日,机关办和第一国际联合发布了一张黑边海报,禁止抵抗活动,并命令对侵略者展开和平抵制。这一命令的影响力非常大,当普鲁士人在3月1日进入巴黎、在香榭丽舍大道上行军时,他们所受到的攻击仅仅是流浪儿的嘲弄而已。人们安静、悲哀地怒视着他们。没有一家商店或咖啡店开门;没人对他们说一句话。他们像麻风病人一样被孤立了起来。3月3日,当他们离开时,为净化被侵略者玷污的土地,凯旋门燃起了巨大的篝火。

中央委员会在当时已经确实成了控制整座城市的革命联合组织。[①] 就在那时,梯也尔计划废除国民自卫军的武装,这也是巴黎公社运动的导火索。国民自卫军真在准备帮助巴黎抵抗新的独裁政府。首都的情况开始变得振奋人心,但兰波出于某些不为人知的原因离开并返回了夏尔维勒。他为了见证和协助抗争而来到巴黎,但当斗争到了关键阶段时,他却离开了,究竟是什么说服了他,让他离开首都?理解这一点至关重要。一些评论家声称,他在巴黎公社运动开始后又回到了巴黎,但很难验证这件事的真实性。选举于3月26日开始,巴黎公社于28日正式在市政厅成立。自此,法国存在两个政府:一个是当时正在凡尔赛执政的波尔多议会选举政府,另一个则是巴黎公社。由凡尔赛政府发起的第二次巴黎围攻战开始于4月2日。从一封信[②]中,我们得知兰波从3月10日到4月17日和5月13日以后的时间里一直都在夏尔维勒。当然他可能在4月17日到5月13日期间又去了首都;围攻战开始后想要进入巴黎很困难,但也不是完全没有可能。德拉艾坚称,兰波在巴黎公社运动期间去了巴黎,他在4月加入了那里的反抗军,并一直到凡尔赛政府占领巴黎后才离开。[③] 这一说法的最后一句有着客观上的错误,因为凡尔赛政府直到5月22日才进入巴黎,而在5月13日,兰波就已经回到了夏尔维勒。德拉艾可能是弄错了日期,他所陈述的还是有可能是事实的。但也可能是他把兰波在巴黎公社运动前

---

① 耶利奈克著《1871年的巴黎公社》,第93—99页。
② 摘自致德莫尼的书信,1871年4月17日,《兰波全集》,第249页。
③ 德拉艾著《兰波》,第13页。

的动荡时期对巴黎的造访混淆成了他在巴黎公社运动中前往的巴黎，毕竟德拉艾的书是在这些事件发生半个世纪后才写成的。兰波没有提及任何在巴黎公社运动期间前往巴黎的经历，但在一封信里，他提到了之前那次造访。除此以外，在一封 5 月 13 日写给伊藏巴尔的信中，他写道："狂怒在催促着我奔向巴黎的战斗，那里有许多工人正在死去，而唯一让我留下的原因就是此刻，我在给您写信。"他提到了自己新的文学理论，这些文字读起来不像出自一个刚刚归家、并像人们声称对抗争的幻想破灭的兰波笔下。① 在下一封信中，他写道："你不回信那就太可恶了，迅速回信，因为我也许过一个星期就到巴黎去了。"② 这两封信都不像是一个不到一周前刚回家、对巴黎公社充满厌恶的年轻人所写下的文字。

如果兰波确实在巴黎公社运动期间来到了巴黎，那么这些事件一定没有给他留下深刻的印象，而且他无论如何也不可能在首都待了超过一周的时间。他在巴黎的时间被严格限制在 4 月 17 日和 5 月 13 日之间，还要算上步行单程六天的往返时间。他不大可能在 4 月 17 日，也就是他给德莫尼写信的那一天，开始这趟旅程；他也更不可能在从巴黎回来的第一天就在极端疲劳和幻灭的状态下写下"通灵人书信"中的第一封信。此外，他似乎也不可能在刚以反抗军的身份参加完抗争的情况下，还保持着平静的头脑，并在 5 月 13 日和 15 日的信中清晰地阐明他的文学理论。

德拉艾一直宣称兰波在 5 月 13 日给伊藏巴尔的信中附上的《受刑的心》是在他从巴黎公社运动中回来以后写的，而且诗中所写的正是他在巴比伦路的军营中遭受的对待：据说他当时受到了士兵们的攻击。有许多人都附和德拉艾的说法，但并没有证据能够证明这一观点。但是，也不能排除这首诗其实指向的是他早些时候，在 2 月底对巴黎的造访。当时他一贫如洗，在城市中流浪，四处寻找能住一晚的地方，而且大多数晚上他都在军营里和士兵们或国民自卫军一起。可以确定的是，这首诗来自非常辛

---

① 参阅戈德绍著《阿蒂尔·兰波定本》，第 167 页。
② 摘自致德莫尼的书信，1871 年 4 月 17 日，《兰波全集》，第 253 页。

酸、痛苦的经历，给他留下了不可磨灭的印象；这一经历是发生在3月还是5月，是在巴黎公社运动之前还是之后，这些都不甚重要。也许正是这样的经历让他在3月初回到了夏尔维勒，尽管当时巴黎的一切都在呼唤他留下。可能是某次意外的经历震撼并吓坏了他，让他想要回家寻求庇护。尽管他一生都厌恶自己的家乡，但每当外界的环境变得难以忍受时，兰波都会回到家乡寻求庇护。读者一眼就能看出来，大量的经历让《受刑的心》有别于所有他早期的作品。这首作品第一次表达了深刻的感受，那是他天性中一道深深的伤口，这个裂口很小，却贯穿他全身的经络，逐渐扩大成《地狱一季》中全盘失守的崩溃。

直到此时，尽管他在知性上很成熟，但从人生经验上来看，兰波依旧是个孩子；他被小心翼翼地保护着，看不到生活丑陋的那一面。确实，和所有想象力丰富的孩子一样，他有很多关于爱和激情的思考，但这也仅限于文学上。从写于1871年4月之前的诗中，可以很明显地看出他还没有任何性经验，对性也不甚好奇；即便在他的想象中，一切依旧还保持着纯真的孩子气。伊藏巴尔是唯一一个触动过他情绪的人，但他对老师的感情是羞涩的，并且未曾完全表达，可能他自己也没有真正理解这种感情。在他十六岁造访巴黎时，他纤细的身形、白皙的皮肤和泛红的金色头发让他看起来像个女孩。他可能就是在那时初次体会了性的经验，其残酷和出乎意料让他震惊和愤怒，令他整个人对性产生了不同寻常的厌恶，并对其充满了抗拒。尽管这次经验带给他的震撼和嫌恶足以让他逃离巴黎、回到家中隐藏自己受到的伤害，但他的反应并不仅限于抗拒而已。这不仅是一次不愉快的经历；它所造成的嫌恶已经严重到让他无法勃起；他对性的厌恶不止是那种不置可否的无感，甚至他的感官也遭受了伤害。这次天翻地覆的经历猝不及防地让他看到了性的真实面目，以及它能对他造成的影响；也揭示了他之前对情感的想象是多大的错误。他的经历打碎了他，也开示了他；回到夏尔维勒后，他完全变了一个人，再也回不到从前的自己了。

这次经历可能是兰波前半生中最重要的事件，如果他这个人（而不仅仅是他的作品）被拿去做精神分析的案例的话，那么心理学家一定会把这一事件看作他心理发展的一个转变节点,并会把他后来的适应困难和痛苦归结于此。在这一经历之后,我们才看到了厌恶生活的兰波,他无法接受生活的原貌,渴望逃离现实——逃回依旧天真纯洁的童年过往中;或是逃往没有淫欲和罪孽的超验世界中;抑或逃向他自己创造的那个除了美以外什么都没有的世界去。他清楚地意识到了自己身上发生的巨大变化,也知道自己早期那些基于衍生经验的诗作都是错误的。在写给德莫尼的一封信中(信中附上了《受刑的心》的第二版《小丑的心》),他写道:[1] "您必须烧了它们,因为我希望您这么做,我认为您会像尊重一个死去之人的遗愿一样尊重我的愿望;把我在造访杜埃时愚蠢地交给您的所有诗都烧了!"

《受刑的心》是兰波个人经历的产物,比起最终的标题《被窃的心》,第一版的标题更能真实地体现这首诗所呈现出的感觉。他寄给伊藏巴尔的是诗的第一版,还附上了这样的文字:"这可不是什么意义也没有!(Ca ne veut pas rien dire!)"[2] 这些文字说明这首诗对他来说很重要,并且他担心老师不会认真看待这一作品。在同一封信中的前文里,他说道:"我请求您,别用您的笔或脑袋给它过度打分。"

受刑的心 [3]

> 我忧郁的心在船尾垂涎……
> 我的心被粗烟丝(Caporal)[4] 覆盖。
> 他们在那里喷射汤汁。
> 我忧郁的心在船尾垂涎……
> 在士兵的嘲弄中
> 他们发出阵阵讥笑,
> 我忧郁的心在船尾垂涎,

---

[1] 摘自1871年6月10日的书信,《兰波全集》,第258页。
[2] 参见《欧洲评论》,1928年10月。卡雷(Carré)在《文学生涯书简》(*Lettres de la Vie Littéraire*)中错误地转写成了"Ca ne veut rien dire!"。
[3] 在此保留了一些和第一版不同的部分。
[4] Caporal = 粗烟丝。

我的心被粗烟丝覆盖。

勃起的阴茎（Ithyphalliques）① 和二等兵（pioupiesques）②
他们的凌辱如此堕落；
清晨他们开始作画
勃起的阴茎和二等兵
噢，魔法的流水（abracadabrantesques），③
带走我的心，将它洗净；
勃起的阴茎和二等兵
他们的凌辱如此堕落！

当他们抽完了所有的烟草（chiques），④
噢，被窃的心，怎么办？
那就要像酒神一般宴饮
当他们抽完了所有的烟草；
我的胃会上下翻腾
如果我的心被吞噬！
当他们抽完了所有的烟草，
噢，被窃的心，怎么办？

但伊藏巴尔没有意识到在他的学生身上发生了什么；他不能理解这首诗，也不知道它对兰波而言有多重要。正如他所说，他仅仅把它当作一场极为下流的恶作剧，这些诗句让他感到恶心。他不希望摆出老师反对学生的态度，但还是决定给这个学生一些有实际意义的教训。他觉得这样的做

---

① Ithyphallus = 勃起状态的阴茎。
② Pioupiou = 二等兵。
③ Abracadabra = 能够治愈疾病的咒语。
④ Chique = 一堆烟草。

法可以显示自己的开明和耐心,差一点就能完全融入学生里了。他用一篇对兰波作品的戏仿①回复了他,其中不乏技巧和高明的构思,但对他学生所遭受的折磨一无所知,全然没有对原诗的理解。"你看,"他对自己的成就很是自豪,在随诗附上的信中写道,"人人都能做到和你一样的荒唐。"②

兰波很可能因此而受到了深深的伤害:那位迄今为止一直给予他同情、让他全心信任的朋友竟然缺乏对他的理解。此时此刻,当他正面临人生中最大的危机时,伊藏巴尔竟然只能报以讥笑和嘲弄。可以确定的是,在此之后,兰波彻底对伊藏巴尔关上了心扉,对他再无信任。之后他仅仅给这位旧日的朋友写了一封冷静、实际的信,信中没有任何温情,也没有亲密和信赖的迹象。之后,当他计划再去巴黎时,当他不想再像乞丐那样流浪,而是希望能找到赖以谋生的工作时,他写信求助的对象不再是伊藏巴尔,而是德莫尼。在写给伊藏巴尔的最后一封信中,他没有提到自己刚完成的一大批诗作。这一段曾占据兰波童年最深刻情感的亲密友谊在此终结。

---

① 伊藏巴尔的诗见本书附录一。
② 摘自书信,载于《欧洲评论》,1928年10月。

第六章　痞子

兰波在 3 月 10 日回到了家中，当时他的心理状态十分动荡、充满了悲伤，这一点也在他肆无忌惮的行为中有所体现。他以前从来没有像现在这样难以相处过，也从来没有像现在这样好斗和无礼。他决定要竭尽所能地侮辱所有人，并让他的家人声名狼藉。他拒绝洗澡，还让他那肮脏的鬈发长到及肩的长度；他会在晚上喝"开胃酒"的时间，在夏尔维勒人最多的街头来回游荡，穿着脏衣服，蓬头垢面，双手插兜，抽着一根烟斗；他那漏嘴朝下抽烟斗的方式是人们眼中最粗鄙不堪的。有一天，一个想羞辱他的小聪明给了他三便士，让他去把头发给剪了。但兰波嘲弄似的对他鞠了一躬，然后在这位捐赠者的眼皮子底下，走进了一家烟草店，又买了一些粗烟丝。后来，在巴黎公社运动开始后，他会在城里最主要的商店前走来走去，对店主们喊："小心点！你们的好日子快到头了！旧日的秩序已经战败了！"

一个月后，在 4 月 12 日，夏尔维勒中学终于在属于自己的建筑里开学了。[1] 由于外省的生活已经恢复了正常，兰波夫人恳求儿子回去和朋友们一起继续学业。他再一次拒绝了，并不想再跟学习扯上任何关系。他在一家本地报纸《亚登进步报》谋得了一份卑微的工作。[2] 这份工作让他能够暂时平息"乌鸦嘴"（他给母亲起的不雅外号）的怒火，这个外号来自维克多·雨果那首冗长的形而上的诗，用来形容母亲那喋喋不休、一股宗教味儿的唠叨。但在他就职五天后，报纸就停刊了，他又一次陷入了无所事

---

[1] 戈德绍著《阿蒂尔·兰波定本》，第 170 页。
[2] 摘自致德莫尼的书信，1871 年 4 月 17 日，《兰波全集》，第 249 页。

事的境地。

当其他男孩在学校上课时,他却在闲混;他穿着脏衣服,又厚又长的头发上戴着一顶破帽子,嘴里衔着烟斗,带着轻蔑的讥笑看着学校窗户里那些为书本花费力气的学生。在去隔壁图书馆的路上,他会想拖拉多久就拖拉多久。[①] 他每天都像这样叫人讨厌地出现,学校的老师、学生和校长都认为他给男孩们带来了很坏的影响,也让学校的名声蒙羞,但他们对他也没什么办法,因为他没有违反任何法律。此外,校领导们也很后悔去年把那么多奖都颁给了兰波,今年再也没有哪个学生能像他一样为学校折桂了。一想起他们在过去的阿蒂尔·兰波身上投注了多少期望,他们就会直叹气。

但兰波当时享受着虚伪的欢迎;很多他的熟人都迫不及待地鼓励他继续这种肆无忌惮的行为。他每天的大部分时间都在咖啡馆里度过,等着来一个慷慨的人请他喝酒或是给他一把烟草,他的回报则是尖酸的讽刺和幽默的小聪明,这是他最近发掘出的才能,听他说话的人也往往觉得他十分有趣。在需要表现得玩世不恭或猥琐放荡时,他已经忘记了当初会让他动弹不得的腼腆和羞怯;过去的他只有在谈论那些真正感动他的事物时才能克服舌头打结的毛病。外省城市里那些咖啡馆的主顾很享受他那些亵渎教会和神甫的发言;他们尤其喜欢看他猥亵的言辞和天真、孩子气的外表之间那强烈的对比。他们随时都会花钱请他喝酒,因为他们知道,在一品脱啤酒或一杯白兰地下肚后,他的状态更好,出言也更加无所顾忌。在给伊藏巴尔的信里,他吹嘘道:"我现在玩世不恭,靠别人供养,到处找能靠得上的老傻子或是学校里的朋友。只要我能想到的,不管是言辞还是行动,不管多肮脏下流,我都能给他们来上一段,他们'用酒或姑娘'(en bocks et en filles)来回报我。"大部分评论家都误解了最后这句话,将它解释为当时兰波有狎妓的行为。但是"filles"一词并不只有"妓女"的意思,它其实也是白兰地的一种计量单位。[②] 因为他们都坐在咖啡馆里,他的朋友们更

---

① 德拉艾著《兰波》,第31页。
② 参见封丹著《天才兰波》,第21页。

可能用酒水来为他的淫邪故事买单，而不是给他用于狎妓的钱。

兰波当时正努力摆脱一切他曾经奉为圭臬的束缚，无论是精神、肉体还是道德层面皆是如此。曾与他同校的同学路易·皮尔昆提到，有一天晚上，在杜特姆咖啡馆，兰波激烈地攻击了被他称为"入侵者"的那种人，"入侵者"指的是那些在生活中对其他更有能力但又更谨慎周到的人造成妨碍的人。"那群垃圾必须被清除，"他凶狠地说道，"无论要付出什么代价！如果要杀人我都不会犹豫，看着他们成为我的受害者承受痛苦，我会得到最大的快乐。"

整整二十五分钟他都没有停下对人类中大部分人的谴责；他声称他们都应该在缓慢的折磨中死去，他的话语中充满了最坚定不移的信念。

这是兰波一生中最为暴烈和污秽的时期，他的言语和诗歌也展现了他沉沦其中的、猥亵的视野。德拉艾提到，[①]他甚至会编造关于自身的淫邪故事，让他自己在故事里做出禽兽般令人作呕的行为；当本来和他一起坐在咖啡店里的人因此而起身离开时，他会感到无上的喜悦。其中有一个故事是他最喜欢讲的，而且每次讲的时候他都会加入一些新的细节：关于他如何引诱在街头游荡的无主妓女回家，以及他和她们在一起时所做的那些勾当。

但所有这一切都指向他那可怜的内心世界的动荡；所有这些暴烈、猥琐的行径似乎都源于他内心深处的一片废墟，那是一道深深的伤口。他在巴黎所遭受的震撼好像割开了一个已经发展了好几个月的脓包，这种震撼突然之间让他第一次必须和自己面对面。自从十五岁的他在上一个夏天离开了学校，在近一年的时间里，他都在一种精神紧张的状态下生活。他目睹了帝国的崩塌和发生在家门口的战争；他的家乡遭到了轰炸，而他也变得恐惧，担心他最亲密朋友的安危；他失去了唯一一个曾赢得他全部信任的人的陪伴。他人生中所有稳定的部分都已离他而去，所有的规矩都被放开；他曾离家出走，并在极端贫困的情况下在巴黎生活，也遭遇了给他人

---

① 摘自德拉艾的笔记，藏于杜塞文学馆。

生留下最深的烙印的经历。所有这一些都足以破坏一个人心理上的平衡，即便那个人是一个比兰波更加健全的青年。

他的天性中最中心的部分其实是纯洁和天真，而且他向往着绝对的完美；他感官上的敏感性此时已经被他所遭遇的丑恶所伤害，因此他开始反叛。突然之间，他感到自己不再能够承受生命的负担，生命中固有的情况让他不堪忍受，对此他做出了激烈的还击。他从来都没有从那次震撼的经历中完全恢复，这种影响在日后让他无法接受生命的原貌。在这之后，生活对他而言只是一场暴行。在他内心的空虚中，在所有这些他憎恨、鄙夷的人类中，他所能找到唯一的安慰就是彻头彻尾的厌恶。因为他无法用理性来支持自己的反叛和自己无意识中对生命的拒绝，他特有的报复方式就是沉沦在肆无忌惮的行为中，从某种程度上来说，就是羞辱所有在人生旅途上最肮脏下流的一段路上认识他的人。他对个人纯洁的放弃仅仅是他不快乐的心理状态的进一步展现。他在这段时期所作的《仁慈的姐妹》生动地展现了他的痛苦。

> 那个青年皮肤棕红、两眼放光，
> 二十岁的美好身躯自然赤裸，
> 头带铜环，沐浴月色，
> 想必被波斯的某个精灵崇拜过。
>
> 冲动中隐含黑色的纯情，
> 得意于初次的醉心，
> 有如初夏的夜雨，年轻的海浪，
> 倾向那钻石的温床；
>
> 那个青年面对这世界的丑陋，
> 心中激荡着强烈愤怒，
> 心怀永久而深刻的创痛，

于是他渴慕仁慈的姐妹。

但没有什么能将他带回舒适和宁静之中，女人或爱，抑或是学习，甚至大自然之美都不可能做到这一点。文学和公正，以及其他所有的力量都无能为力；他能期望的只有死亡那最终、也是最可怕的怀抱。

就让他相信远大的目标，相信
巨大的梦想或远行，穿越真理之夜，
让他以他的灵魂与病弱的四肢呼唤你：
噢，神秘的死亡，噢，仁慈的姐妹！[1]（王以培译）

兰波用最残忍的方式，在毫无准备的情况下，面对他曾经为之震惊、恐惧和困扰的性问题。在这之前，他只考虑过爱情；这种情感从他内心中流淌、放射出来，但他还不需要一个接受它的容器。他早期的爱情诗包含了极大程度的纯真。他想象自己的爱情将会最终把他引向某个女人，就像那些他阅读、欣赏的诗人——邦维尔或勒孔特·德·李勒那样——一个像古希腊雕塑一般不辨性别的女人。但从来没有哪个女孩曾瞩目于他，或是认真地对待他。他太害羞了，而且看起来太像一个孩子，他有着玫瑰色的双颊、鬈曲的头发和青少年特有的沙哑、游移不定的嗓音。但此时他的感官已经被唤醒，他的身体渴望着满足。为获得经验，他曾做过一次可悲的尝试，但他的做法太过笨拙，最终还是失败了。皮尔昆提到，[2]在1871年的5月，兰波在信中向他说起和一个比他年长的女孩的幽会，女孩是地方法官的女儿。他让她在夏尔维勒的广场和他见面，但她不是自己一个人来的；她的女仆陪着她，按他自己所说，他则是像"七万六千只刚出生的小狗"一样愚蠢和害怕。那个女孩残忍而冷漠；她拿他取笑，嘲弄他孩子气

---

[1]《仁慈的姐妹》，《兰波全集》，第85页。
[2]《回忆》，刊于《文学生涯书简》，第154页。

的外貌、害羞的态度和破旧的衣服。

他还提到了另一个女孩,但我们连她的名字都不知道,而她存在的证据也是最站不住脚的。德拉艾说,兰波在1871年2月去巴黎时,这个年轻女孩陪伴着他,也正是因为这个女孩,兰波才写下了《元音》这首十四行诗。如果这个女孩确实存在并且陪着兰波去了巴黎的话,那么他们一定保持着非常纯洁、完全柏拉图式的关系,因为据说在到达巴黎后她就离开了他返回家中。

皮尔昆进一步提到,有一天晚上,他和兰波一起坐在夏尔维勒的杜特姆咖啡馆里,聊天中他对兰波说道:"怎么样?你的感情进展如何?有没有那个女孩的消息?"他说兰波突然用一种极度悲伤、痛苦的眼神看着他,并回答道:"请闭嘴吧!"然后,他把头埋在胳膊里,坐在桌边哭了起来。九点的时候他站了起来,说:"我们走吧!"在距离城市大约一英里的森林边缘,他和朋友握了手,便不再发一言,独自穿过森林走了。之后四到五天的时间里,他都没有见过皮尔昆。皮尔昆认为兰波依然在想着造访巴黎那段时间的那个女孩,但他也可能是在想另一个女孩。兰波的自尊心一直都像一个尚未愈合的伤口一样,他没有对抗羞辱的武器;当他有了这一段和女性有关的苦涩经历后,出于厌恶,他转而反对整个性别,并发誓他鄙视一切女性。"噢!我的小情人,我恨透了你们!"他在一首诗中如此写道。[1] 这一时期他诗作中的大部分都在表达对女性充满执念的厌恶,那是一种针对所有女性的病态憎恨。

女人的肉体对男人来说不过是一种暴虐和羞辱。他在《仁慈的姐妹》中写道:[2]

> 然而女性啊,尽管你满心温柔怜悯,
> 但你不是,永远也不是仁慈的姐妹,

---

[1] 《我的小情人》,《兰波全集》,第74页。
[2] 《仁慈的姐妹》,《兰波全集》,第86页。

那莹莹秋波，阴影笼罩的美腹，
那纤纤玉指，美妙绝伦的双乳，全都无济于事。

双眸巨大的盲女仍在沉睡，
我们全部的拥抱只处于一个原因：
是你将乳房悬于我们头顶将我们哺育，
我们轻撼着你美好而庄严的温情。

你将仇恨、麻木、衰弱，
和你往昔遭受的种种踩躏，
全都归还了我们，噢，在无辜的夜晚，
有如每月一次的鲜血涌流。

但凡他能够获得自然寻常的经验，他之后的生活都可能变得截然不同。由于他面对女性时总是失败——后来他写道"狂欢纵欲，与女人交好，对我是禁止的（王道乾译）"[①]——他可能转而思考爱情的其他形式，并对他在巴黎的经历抱有执念。此时在他的写作中，我们第一次发现了对罪恶这一问题，以及在天使和恶魔之间抉择的痛苦的表达，这是他一直以来无法解决的冲突。冲突存在于欲望和他早期的信条之间，也存在于他对完全独立和表达的向往和外部教条、传统道德之间。兰波当时还无法走上属于自己的道路，并忽视那些想要压迫他的力量；他感到自己必须先破坏掉这些力量。由于教会是横亘在他追求我行我素、遵循自我道德法则的路上最大的障碍，因此他对教会的攻击最为猛烈：它就像一个压迫羊群的牧羊人一样，为了获得永久的顺从而让自己的属民保持愚昧。

孩子应该尤其感谢这座房子

[①]《坏血统》，收录于《地狱一季》，《兰波全集》，第209页。

这个给予他们幼稚关怀和愚昧驯化的家。①

他在蒲鲁东的书中读到过"上帝为恶!",在他知性发展的这一关键时刻,这句话反复地在他发热的头脑中回响。也是在这段时期,他会在夏尔维勒公园里的椅子上涂画:"去他妈的上帝!"后来,出于极度的傲慢和自尊,他想象自己能够砍倒象征着善与恶的大树,让树根枯萎,从而抹去这自基督教诞生以来就开始存在的善恶冲突。但在当时,他还只是迷失了方向,他的叛逆期和不确定性结合在一起,他和自己的较劲也在《初领圣体》一诗中有所体现。从这首诗中也能清楚地看到,他的叛逆在很大程度上与性意识有关。对青春期和青年烦恼的展现,比这首诗更好的并不多见。这首诗通常被看作兰波作品中最叛逆、最有亵渎意味的一首,但也可能是这个时期最精美也最有力量的一首诗作。它描写了一个小女孩在初领圣体前夜的心理状态;在她的想象中,贞洁、虔诚的想法和下流的念头混合在一起,而她那正在苏醒的性欲则在对救世主基督的爱中找到了发泄的出口。

> 模糊的、不知羞耻的好奇心
> 惊醒了她那蓝色的贞洁之梦,
> 她惊讶于那天国的长袍之间
> 是基督遮挡裸体的麻布。
>
> 她渴望,多么渴望,可她的灵魂陷入悲戚,
> 把额头埋进枕头里低泣,
> 若能延长这温柔的神圣闪电,
> 她如此渴望……——阴影已罩满房屋和大地。
>
> 这孩子已经不耐,她心如乱麻,舒展

---

① 《初领圣体》,《兰波全集》,第88页。

>   背脊,拉开蓝色的床帏
>   为了让清新的空气吹进屋里
>   吹进被里,向着她焚烧着的胸脯和小腹。
>
>   她醒来时——已是午夜——窗棂洁白
>   面前是月光照亮的窗帘幽蓝如梦;
>   幻觉俘虏了她星期日的天真
>   她梦见红色。她流下鼻血。

无法入眠的她于是下楼走进外面的庭院中,那里空气清新,星空在她头顶黑暗的天空中闪烁明亮的光芒。

>   她在茅厕里度过自己圣洁的夜晚,
>   向着蜡烛,屋顶的洞中流动白色的空气,
>   某根沾满黑紫色的野葡萄藤,
>   缠绕着邻家的院落,坠下。
>
>   天窗成了一颗带着活生生光亮的心,
>   庭院中低垂的天空,用红金色,
>   镶嵌了窗棂;散发洗衣水臭气的石子路
>   被黑色睡眠的墙影笼罩。

接下来,兰波想象她已进入老年,正在回望初领圣体的前夜,他让她哭泣:

>   我也曾年轻,而基督玷污了我的气息;
>   他让我厌恶,直到那厌恶没过咽喉!
>   就让你吻我羊毛般浓密的头发,

> 让你为所欲为……啊! 来啊,这是为了你们好,
>
> 人们啊! 你们不知道那最多情的女人
> 她,没有怀抱卑劣恐惧的良知,
> 最淫荡又最悲哀的女人
> 我们对你们的冲动通通都是错误!
>
> 我的初领圣体早已过去。
> 你的吻,我再也无法感受;
> 我的心和我那曾被你的肉体怀抱的肉体
> 上下遍布着基督不洁的吻痕!

诗的结尾,面对造成这所有的欺骗和无意义的苦难的基督,诗人发出了反抗的呐喊。

> 基督! 噢! 基督,你这偷走生命力的永恒窃贼,
> 就连上帝,他在两千年中也屈服于你的苍白,
> 禁锢于大地之上,出于羞耻和精神中的恐惧,
> 或是欲绝的悲痛,女人们恭顺地向你俯首。

此时,孤单和寂寞变得愈发难以忍受,因此,他思念起了一年前还拥有的、与伊藏巴尔之间那充满共鸣的友谊。伊藏巴尔在学校的位置已经被一个来自洛桑的逃难者顶替,他的名字叫爱德华·沙纳尔。他是一个高大的男人,留着蓬乱的金色络腮胡,有一双善良的蓝色眼睛,他的面庞总是透露出只有天性极度单纯的人才会有的那种宁静。他非常喜爱文学,认为对美的追求可以净化低层次的人类本能,让自身意志更加坚定。他很确信自己的品位,但不拘泥于传统或一成不变,他的教学方法在他的那个时代可以说有一定的启蒙性了。他并没有像其他同事那样让学生们钻研一段

文字并做出评论。他的目标是将对文学和美的爱灌入他们心中,因此,他会用他那精心调整过的醇厚嗓音为他们朗诵他最喜欢的十五、十六世纪诗人的作品,这些作品都不在考试的范围内。对于把单纯、直接的个性看作最大优点的兰波来说,沙纳尔身上有很多地方都会让他心生仰慕,但可惜的是,在男孩最需要一个既能欣赏又能信赖的朋友时,他们二人却未能见面。德拉艾对这位新老师充满了喜爱和夸赞,当时他并没有意识到这让他的朋友心生嫉恨。之后的某天,兰波在小树林中散步时,突然遇到了正独坐着的沙纳尔;他很想上前去搭话。他觉得这位老师可能可以帮助他解决心中的困惑和痛苦。然而当他试着说话时,他的舌头仿佛被粘住一样张不开口,平日里的羞涩控制了他;他在沙纳尔的座椅前走来走去,想要鼓起勇气来,可他还是不敢与他攀谈。但凡沙纳尔抬头看他一眼,也许他就能找回勇气,然而这位老师正忙着思考:他只是继续抽着烟斗望向远方,全然没有注意到面前站着的青年。丧失了勇气的兰波于是放弃了他的计划,沉默地走开了。①

但此时的兰波并不是完全无所事事的状态。他在图书馆里花很长的时间阅读哲学、魔法和神秘文学的书籍。他的诗歌理论和关于诗人的功能的理论也在循序渐进地发展。他同时也会阅读他能找到的一切被视作不道德的文学作品:颠覆文学、撒旦文学等。这也是他开始探索波德莱尔作品的时期。他被波德莱尔的现实主义、反教权主义和他想象中对撒旦主义的爱所吸引。据说,图书管理员很不喜欢他看这一类的书;他认为这些书很不适合一个十六岁的男孩,于是拒绝把其中的一些借给他。兰波为了讽刺他而写了尖酸刻薄的讽刺诗《坐客》,这也是他最有原创性的诗作之一,其中的意象和词汇十分独特,在法语文学中难得一见。

这一文学时期从1871年3月中旬兰波从巴黎返回时开始,一直到同一年的秋天结束,其间兰波的创作十分活跃。在最初的几个月中,他创作了一大批猥亵、暴烈的诗歌,这些作品源自他从巴黎回来时心绪不宁的

---

① 德拉艾著《亲密回忆》,第136页。

心理状态。4月和5月时，他创作了《坐客》《受刑的心》《巴黎重繁》《巴黎人战歌》《我的小情人》《蹲》《七岁的诗人》和《晚祷》。6月，他创作了《教堂的穷人》和《仁慈的姐妹》；7月创作了《初领圣体》和《与诗人谈花》；9月创作了《醉舟》。尽管不能完全确定作者就是兰波，但《长袍下的心》①可能也是这一时期的创作，其风格和概念与这一时期的其他诗歌相似。如果这首诗确实出自兰波笔下（可能性很高），那么它一定是在这一时期创作出来的。这一时期展现出的痛苦状态和后来在《爱的沙漠》中表达的很相似。

值得注意的是，与不久之前的《孤儿的新年礼物》，甚至是之后的《害怕的人》相比，在这一时期的诗作中已经可以看到兰波向现实主义的转变。之前他所实践的是科佩式的感性现实主义，但现在，他更偏爱波德莱尔那种不加修饰、残酷的现实主义。《教堂的穷人》所绘的图景也是波德莱尔式的。这首诗描写了一群在教堂里停留的穷人：他们就像被关在木质栅栏的牲畜一样，他们的呼吸在冰冷的空气里变成了蒸气。他们快乐又谦卑，就像被殴打过的狗一样，很高兴能暂时躲过外面的寒冷，很高兴能什么都不想，只是沉重地坐在那里；女人们很高兴能够从醉酒的丈夫身边逃开，得以在完成上帝因世界初始时他人所犯罪孽而强加给他们作为赎罪的六天劳作后，能够稍事休息。他们就坐在那里，双目视而不见，口中甚至不会念出哪怕一句祈祷。

外面饥寒交迫，有人大吃大喝。
这很好。又过了一个小时；还是莫名的病苦！（王以培译）

诗的结尾呼应了波德莱尔的《圣彼得的背弃》。

---

① 由阿拉贡和布勒东发表于1924年，原题为《长袍下的心或一个神学院学生的内心私语》(*Un coeur sous une soutane ou Intimités d'un Séminariste*)。

所有人都流露出乞丐的愚昧信仰，
向着耶稣喋喋不休地诉苦抱怨，
耶稣在高处梦想，在苍白的玻璃上脸色蜡黄，
早就远离了瘦骨嶙峋的罪人和肥胖的恶棍，

远离了肉香和织物的霉味，
远离了行径拙劣的阴暗闹剧；
——而祈祷声声，说得天花乱坠，
神神叨叨殴打话语带着迫切的口吻，

当太阳从圣殿沉落，满面春风的贵妇人
身着庸俗的绸裙，来自富人区，
——噢，耶稣！——这些肮脏的肝病患者，
将她们干枯的手指浸入圣水盆里。（王以培译）

《巴黎重繁》描写了兰波所见到的，在德军对巴黎的围攻战结束后涌入巴黎的乌合之众。尽管这首诗可能受到了一些来自勒孔特·德·李勒的《巴黎之祭》的影响，但更多的影响还是源于波德莱尔对巴黎的描述：巴黎就像一个妓女，尽管她充满了罪恶和弱点，他还是无法不爱她。

这一时期的诗作证明兰波最终还是将自己从帕尔纳斯派的影响中解放了出来，在此之前，他的诗歌中最主要的灵感都来自帕尔纳斯派。

在他通过这些诗歌发泄心中积郁的同时，他的内心世界也发生了重大的转变，而他的"通灵人理论"也日趋成熟。尽管这一理论在5月13日和5月15日的书信中已经被大致列出，但在完成上述诗歌创作之前，他都没将这一新的诗学理论付诸实践。① 根据他的理论，诗歌应当不仅是

---

① 我们无法得知这些诗的具体创作时间。兰波常常用他抄录这些诗的时间，而不是真正创作的时间来注明日期。

破坏偶像，也不仅是对既有价值观的破坏；诗歌有其正面的信念，也有精神层面上的功能。这些诗作正是这种心灵和精神状态的产物，在他寻找新价值的道路上不可或缺；它们也是他精神上的烦恼的产物，是清除脓肿、排出脓液的最后一步。它们是被反复酝酿出的作品，打破所有风化、教条、传统道德那陈旧的枷锁，从而让新的成果能够于新的基础之上崛起。在新的理论能够起作用之前，所有的东西都必须被抛弃；然后，当所有的过去都被扫除后，兰波就不再创作那些或猥琐或亵渎的诗歌了。诗歌就此成了探索无限的方法；诗歌属于精神世界和神秘世界。

第七章　通灵人

尽管兰波心灵中最肤浅的一部分被亵渎和淫秽所充斥,尽管在并不宽裕的条件下,他表面的生活看似极尽堕落,但在灵魂的深处,他寻求从这个与他背道而驰的世界中逃脱;他寻找一个能让他全神贯注的理想世界,忘记那些他无法接受的现实。他寻找某种能够抓住他、让他超越自身之外的东西,某种能够突然之间赋予一切事物灵光、赋予他周遭肮脏破败的事物意义的东西,某种甚至能够明确自证其必要性、能够把淤泥变成黄金的东西。在面对它的贫民窟和妓院、它的妓女和皮条客、它的悲惨和恶毒时,波德莱尔曾这样描述他所面对的巴黎:

> 因为我能从一切中吸取精华;
> 你给我淤泥,我把它变成黄金。①

兰波无法接受这样一种可能性:周遭那些让他恶心作呕的肮脏破败并没有进一步的意义和用处。在他童年最早的时期,他渴望上帝,并曾认为自己已经找到了他。之后他背弃了上帝,并因为把他认作权威和独裁的象征、认作对自身自然发展的阻碍而厌恶他。于是,他为嘲笑和唾弃曾经崇拜的形象而感到快乐,但把偶像踩在脚下并不能让他有所收获;他对绝对存在的渴望仍不能得到满足。他需要一些其他的东西:某种能够将绝对真理、绝对完美和绝对幸福的感知归还与他的东西。波德莱尔"哪儿都行,

---

① 摘自《遗作集》。诗句来自一首诗的草稿,波德莱尔有意将它们用作《恶之花》第二版中的一部分。

只要在这个世界之外!"的痛苦呐喊,此时正回响在兰波荒凉的内心深处。他感到自己必须找到某种方法来与自己和解,他必须抛弃自身天然的倾向和欲望,或是为它们的存在找到恰当的理由。他不满足于做一个自我放纵的罪人,因为软弱而在未来哀叹自己从高洁之处的堕落。在他看来,心灵的绝对自由就是至高的善,对既有事实的反抗、对存在条件本身的反抗,此时正引领他对超现实主义的追求。通过对另一个世界的发现,他尝试从日常存在中逃离;在那个世界中,他对现实仅有一些模糊的感知,在那里,他不再被事物寻常的面貌所束缚。诗歌将不再是自我的表达,不再是他对周遭污秽的反应,也不再是自身的终结;它将成为探索超验的方法和进入超验的载体。文学将具备一种预言性的意义,与神秘主义紧密相连,成为一种最可靠的方法,用来把握那些不可言喻的东西。诗人自身将成为一个媒介、一个不自知的工具,某种力量会通过他的双唇被诉说出来。他将能够飞升、超越可见的现实,去探索超越这个世界的隐秘现实,并将其反映出来;他将成为永恒心灵的影子。兰波脑中充斥着这些新的视野,他忽视了甚至仿佛忘记了自己的政治观点,或者说,他认为牺牲掉这些政治观点是有必要的。正是这些"观念"让他留在夏尔维勒时充满了愤怒,催促着他奔赴巴黎的战场——那里有无数的工人正在死去。①

此时的兰波开始受到一种全新而又重要的影响,来自夏尔·布列塔尼;兰波在夏尔维勒的咖啡馆里厮混、寻找免费烟酒时与他结识。夏尔·布列塔尼是一个奇怪又充满个性的人,他是一个海关官员,同时又是一个业余小提琴手和一个并非没有才能的绘图员,除此之外,他对魔法和神秘学也有所涉猎。他是一个健壮、敦实的中年弗兰芒人,声音爽快、响亮;他的笑声更是嘹亮。那是一种在他的胸腔里翻滚的笑声,像火山爆发一样,这让他看起来十分天真无邪,但又充斥着一种令人愉快的机智和色情的意味。他有一张长着浓密络腮胡的方脸,因此他总喜欢想象自己的长相和亨利八世相似,但事实上,他看起来更像那种好脾气的资产阶级,就

---

① 摘自致伊藏巴尔的书信,1871年5月13日,《兰波全集》,第251页。

像鲁本斯和乔登斯的弗拉芒派画作中那些对着我们微笑的人。他享受生命中美好的事物：酒、女人、他的烟斗和文学；但他又绝不受任何这些事物的限制。和夏尔维勒其他的布尔乔亚市民相比，他是一个异类，尤其不同于那些会在星期天坐在广场上观看乐队演奏的官员；兰波也在《乐曲声中》一诗中讽刺过那些人。夏尔·布列塔尼因其亵渎宗教的观点和尖锐、暴烈的反教权主义而臭名昭著。他是当时少数几个不仅仅是利用兰波来纵容自己败坏的道德，而是在知性上对兰波进行鼓励的人之一。对他来说，肉体层面的生命至关重要，但感官的满足并不应当被看作一种对心灵层面生命的忽视。他平等地对待兰波，也确实很享受和他一起消磨的时光；他会为他尖酸的笑话和讽刺而大笑，并鼓励他继续，让他感到自己是一个非常大胆而有智慧的人。他对自己的财政状况有清晰的认识，和他在一起时，兰波总能得到免费的酒和烟草。在晚上，兰波会和布列塔尼还有其他几个差不多的好友一起，在杜特姆咖啡馆坐上好几个小时，畅饮啤酒，为下流的笑话开怀大笑；只要布列塔尼在场，他们就一定会说这种笑话。他一直被告诫远离这种生活，因为那是通往永恒毁灭的享乐之路，但对现在的他来说，这一条路通往至高的善，能够开发他的才能，让他忘记那曾让他手足无措的羞涩、让他毫无虚伪的羞耻，肆意表达自我。曾经的他在别人面前总是舌头打结，但现在能够在喝完一杯啤酒后用前所未有的流畅言辞来自我表达，为喜欢和他一起打发时间的伙伴们逗趣儿。他变得很有名，人们都知道他的机智和不饶人的讽刺。此时，他脑中出现了一种理论：无论如何，道德败坏也许是一个很有价值的工具，能够打破将人类精神捆绑于物质世界的锁链；布列塔尼也鼓励他深化这一信念。德拉艾说，如果布列塔尼生在中世纪，那么他有可能是一个恶魔学家，或是一个炼金术师，而且他很有可能被当作巫师，被绑在木桩上烧死。他相信魔法、神秘学、心灵感应，并对它们进行研究。正是他启发了兰波对这些学科的兴趣，并从自己的藏书中借书给他，或替他向其他人借相关的书籍。在这一时期，他对兰波的影响之大、之重要不可估量，而兰波也选择和他一起度过最多的时间，不是在杜特姆咖啡馆，就是在他的公寓里。他会为兰波演奏小提琴，或为了给他逗趣儿而展示他最近为夏尔维勒教会要员们而作的讽刺画；他会聆听他的诗作，对它们批评、褒赞或苛责；尽管他个人的品位更倾向于淫秽诗或是那些对上帝和教会进行亵渎的诗，但他对兰波诗的评价总能展现出带着赞赏的理解。对兰波来说，他不仅是一个鼓励他的年长好友，更是一个真诚的、相信他有无限可能的仰慕者。而且，由于他认识许多文人，他也准备让兰波的名字能够跻身于他们之中。[1] 很快，他对兰波的影响开始完全取代了伊藏巴尔。兰波在5月13日给前任老师写去的信中也确实有一定程度上的讽刺和轻蔑的意味；似乎是对他在斗争继续的情况下竟如此简单地回到教职中去的嘲讽。"行！您如今又做老师了！"他写道，"人对社会是负有义务的，您曾经这样对我说过。您已经进入教师行列，您现在是走上坦途正道了。"[2] 他无法抗拒震惊老师的诱惑，向他描述自己正在过的那种乞讨酒水、用下流故事回报、寄生虫一般的生活。这封信中展示了一种微弱的厌烦情绪，以及想要伤害他人的欲望。"到头来，你只考虑你自己的艺术理论下的主观诗歌。你固执地决定回到学术的食槽里觅食——原谅我这么说你——证明了这一点。但你最终只能洋洋得意、自我满足，你什么成就都没有，因为你不会真正地想要成就任何事。更不用说你的主观诗了，它们永远都是为赋新词强说愁，让人食之无味。和很多其他人的希望一样，我希望有一天能看到你在诗歌理论中加入客观诗。"

在布列塔尼的影响下，兰波此时开始阅读新的内容。他不再仅仅对文学进行研究，也开始研究神秘主义哲学、魔法和卡巴拉[3]，他贪婪地咀嚼这些书籍，投入的热情和渴望绝不比过去对其他研究的少。他自己并没有提及，因此我们不可能精确地了解他具体读了哪些东西。我们知道他身无分文长物，因此无法买书，但他从公共图书馆和布列塔尼那里借了很多的书，布列塔尼也会替他从其他渠道获取书籍。因此，仅仅查看夏尔维勒公

---

[1] 德拉艾著《亲密回忆》，第144—149页。
[2] "通灵人书信"，《地狱一季》，王道乾译，第71页。——译者注
[3] 卡巴拉（Cabala），犹太教的神秘主义哲学。——译者注

共图书馆的藏书并认为那就代表了他全部的阅读量,是远远不够的。

一位评论家在一项创新的研究中提出,兰波"通灵人理论"的实质内容来自印度哲学,这一研究也证明,兰波不过是又一个其理论与佛教教义高度一致的东方哲学家罢了。[1] 兰波的确常常熟稔地提到东方,认为它是所有智慧的中心,并认为这个世界正因为向西方看齐而失去自身的灵魂。但是,并没有来自他笔下作品的证据来证明他对东方的了解已经超越了一个普通文人很可能从杂志文章中获得的基本常识。兰波当时十六岁,除了法语、拉丁语和一部分希腊语外,他并不懂其他的语言;他没有足够的钱来买书,他依赖一个外省城市的市立图书馆来借书,因此他获得珍本、内容深奥的书的可能性是极低的。他对学习的态度和他的年龄一致,是一种学生对自己通过阅读二手材料而成功掌握一门学科的幻想;如果说除了十九世纪法国文学中能学到的内容以外,他还掌握了其他关于印度宗教思想的知识,这一点很难令人信服。细看之下,他对东方哲学的了解其实很模糊、流于表面,不超过拉马丁《文学谈话》(*Cours Familier de Littérature*)中包含的内容,后者中有一大部分关于东方文学和哲学的内容。除此之外,东方也是许多帕尔纳斯派诗人获取诗歌灵感的主要来源。比尔努夫(Burnouf)的佛教史、《利格经》、《罗摩衍那》、《薄伽梵歌》和《薄伽梵往世书》的译本引领诗人们用一种不同的方式来认知现实,使他们将世界看作美丽的梦幻泡影,再无其他。兰波可能是在阅读一些被他视作文学导师的帕尔纳斯派诗人的作品时,学习了一些关于东方哲学的知识。

与此同时,一些评论家宣称,兰波深入地研究了神秘主义和光照派哲学,这一观点似乎更能站得住脚。然而,在研究兰波关于神秘学和光照派哲学的文本后,再次证明他这方面的知识也并不深入,仅包括他在阅读某些十九世纪作家作品时所学的内容,而且(在这一阶段他的文学理论中)对这些内容他也只是片面地采用。那些吸引他并为他所用的、属于神

---

[1] 罗兰·德·勒内维尔(Rolland de Renéville)著《通灵人兰波》(*Rimbaud le Voyant*),第46页。"古希腊文学让他接触到了东方形而上学。柏拉图带领他走近神秘学,而神秘学正是从东方传播到希腊的。要理解诗人的个性,必须结合这些因素来考虑。"

秘学范畴的想法,可能来自一些和他同时代的作家的作品,或者来自夏尔·布列塔尼对他说过的话。进一步来说,浪漫主义和后浪漫主义思潮所受到的来自神秘主义哲学的影响,比至今人们所能想象的还要深远。韦雅特(Viatte)[1]对前浪漫主义文学的神秘学来源做了全面的考察,但由于他在1820年中断了这一研究,因此剩下的工作还有待后世作者来完成。在《雨果和他同时期的光照派》中,他也从这一方面对雨果进行了考察;德尼·舒拉(Denis Saurat)在《维克多·雨果的宗教信仰》中也揭示了诗人的哲学受到了以卡巴拉为基础的影响。这一方法也可以有效地应用于对其他作家的研究。即便是巴尔扎克那样唯物主义的现实主义作家,在如《塞拉菲达》和《路易·朗贝尔》这样的作品中,也能看出神秘主义哲学在十九世纪作家中渗透和影响的程度。事实上,只有在掌握了炼金术相关知识的情况下,我们才能够真正理解钱拉·德·奈瓦尔。韦雅特的研究证实了光照派原则在十八世纪法国的影响力,以及它是如何继续对如约瑟夫·德·迈斯特(Joseph de Maistre)、巴朗什、塞南古(Senancour)和夏尔·诺迪埃(Charles Nodier)这样的早期浪漫主义作家造成影响的。在1820年左右发生了第二次斯威登堡主义浪潮,当时,莫埃(Moet)首次用法语翻译了这位瑞典哲学家的全部作品。这一波浪潮平息后,在1840年后,勒波依·德·古伊(Le Boys de Guay)的译本又再次引起了人们的兴趣;波德莱尔正是在这一时期受到了他的观点的影响。但是还有其他比斯威登堡更受大众欢迎的光照派作家,其中最著名的有昂方廷神甫(Père Enfantin)、皮埃尔·勒鲁(Pierre Leroux)、荷勒·沃隆斯基(Hoené Wronski)、埃斯基罗斯(Esquiros)和埃利法斯·莱维(Eliphas Lévi)。可以确定的是,兰波在使用神秘学理论时,并不需要深入钻研其中的哲学;对他来说,只要阅读同时期特定几个作者的作品就足够了。

  对于兰波研究和总体的十九世纪研究来说,都应认识到神秘学理论在某些作者中的盛行与弗洛伊德主义和马克思主义理论在今天作者中的盛行

---

[1]《浪漫主义文学的神秘学来源》(*Les sources occultes du romantisme*)。

是一样的；尽管其中很多人从未读过出自这两位思想家笔下的任何文字。波德莱尔就对拉瓦特（Lavater）、斯威登堡和约瑟夫·德·迈斯特十分感兴趣——更不用说像荷勒·沃隆斯基这样非主流的作者了——可以说，他的宗教观和美学观在很大程度上是通过这类研究形成的。

因此，我们可以认为，兰波可能仅从阅读波德莱尔的作品中就能够吸收许多神秘主义思想，并将其应用于所有的美学实践中。确实，兰波"通灵人理论"的实质在很大程度上受到了波德莱尔作品的影响，在发展这一理论时，兰波志在继续前辈未竟的事业。然而，两位诗人之间也存在着一个巨大的不同点。对于波德莱尔来说，一切的本质仍受制于天主教，因此他把神秘学理论嫁接到天主教的原教旨之上。兰波则希望回到基督教诞生之前的日子，在那里不存在善与恶的矛盾。但他发现——这也是他人生悲剧的一部分——人就是（据他所说）自身洗礼的奴隶；这一点无法抹杀；人类无法回到没有对罪孽的意识的日子里去；人类无法根除知识之树，因为它的根茎早已枝繁叶茂地渗透了人类存在的全部。波德莱尔接受原罪的教条，并尝试用神秘主义哲学来解释上帝和永恒的意义。兰波却拒绝一切。出于傲慢和骄傲，他希望能够凭借自身来改变一切，为自己铺路，独自走向永恒；他希望能够硬闯进永恒的所在，而不是——像波德莱尔认为重要的那样——通过长久的耐心和努力来赢得飞升的奖励。为达到这一目的，他最后甚至准备好借助魔法的力量——这事实上是一种不通过自身努力，而是依赖药物和暗示的宗教形式——来获取上帝的视野。后来，在他不断发展自己作为通灵人的角色时，他愈加依赖魔法和炼金术的理论与象征符号——然而，即使在这一阶段，我们对于他是否求助于黑暗魔法这一点依然存疑。他绝不可能读完了戈德绍所列出的夏尔维勒市立图书馆中所有的拉丁语和法语藏书。[①] 也没有证据证明他确实从那里借阅了书籍。对魔法感兴趣的普通人——像布列塔尼这样的人——随手可见的架上书籍已经足够理解他的观点——当然也包括"通灵人理论"在内。如弗兰克

---

① 戈德绍著《阿蒂尔·兰波定本》，第255—256页。

（Franck）1843年的作品《卡巴拉的历史》，尤其是埃利法斯·莱维的作品，它们在第二帝国最后的几年中深受大众欢迎：1856年的《高等魔法的信条与仪式》、1860年的《魔法史》和1861年的《伟大奥秘的钥匙》。除此之外，波德莱尔的作品也应在其列。兰波的诗学理论中没有任何不能在这些作品中找到的内容。

那些希望把兰波看作所有时代的继承者的人，会觉得这种认为兰波的思想仅仅源于不超过半个世纪前的说法是一种冒犯。然而，我们必须记住，兰波仅仅用了很少几个月——也就是几周——的时间来构建他的文学理论。自他2月底到3月10日在巴黎的时间开始，只有从3月开始到5月第二周不到两个月的时间，而且没有任何证据表明在普法战争之前他就已经对神秘学或是任何诗学理论产生了兴趣。

另一方面，那些希望相信他的理论完全来自他内心意识的人会认为，对兰波的原材料来源和可能借用的观点的展示是对他原创性的污蔑。然而，独创的能力似乎很少与天才的文学才华相伴相生；精彩的想法往往来自不受关注的作者，他们随手将这些想法扔在路旁，而伟大的作家会将它们拾起。所有伟大的作家都曾抢劫过勤劳蜜蜂的蜂巢；矛盾的是，也可以说天才即是妙手行窃的才能。

对兰波来说，从文学而不是生活中获取材料是很自然的。当时他还未满十七岁，对他全部的生活来说，其中最波澜壮阔的部分都来自书本；对他来说，文学的世界比现实中的世界更加亲切。他有一种同化事物的独特能力，他的想象和记忆则是储藏了丰富的文学、哲学观点的宝库。通过从各种资源中有意和无意的借用，他创造出了只属于自己的东西。

第八章　卡巴拉

　　卡巴拉是所有光照派和神秘主义哲学的基础，它是希伯来传统的集合，用于解读旧约圣经（据说亚当是第一个获得它的人），并在后世中口口相传，偶尔会有书面的形式。卡巴拉有时被称为高等魔法，其本源并不明确。关于它是否起源于亚历山大学派，或仅仅是中世纪的发明，我们不得而知。可以确定的是，在西欧，每当教会的力量变得衰弱时，它就会异军突起——在文艺复兴时期、十八世纪末期和1830年后法国实证主义兴起时皆是如此。在这些宗教受到质疑、变得不确定的时期，人类内在对神秘主义的需求就会以这种形式呈现出来。弗兰克对卡巴拉做出了最为深入的研究，他认为，卡巴拉与柏拉图哲学毫无关联，因为在他宣称为卡巴拉兴起的时代，柏拉图在巴勒斯坦并没有人知晓。他还认为，卡巴拉也不是亚历山大学派的产物，因为他相信，卡巴拉出现的时期更早，并且在把卡巴拉看作神圣真理时的犹太人对希腊文明展现出了回避和轻蔑的态度。在他看来，这一传统的建立远远早于耶稣的诞生。然而，卡巴拉中与某些波斯教派信仰的相似之处让人相信，卡巴拉很可能受到琐罗亚斯德教和迦勒底人宗教很大的影响，犹太人曾与迦勒底人一起被流放了七十年；而琐罗亚斯德曾在犹太人时代在巴比伦的首都授道。琐罗亚斯德所授的教义后来在公元前549至前539年间又传播到了印度，这一事实也揭示了卡巴拉和一些印度信仰之间毋庸置疑的相似之处。[①]

　　因此，卡巴拉是所有神秘学和光照派学说的核心，它的影响见于许多其重要传人的作品中，包括皮科·德拉·米兰多拉（Pico della Mirandola）、

[①] 弗兰克著《卡巴拉的历史》，第338—390页。

罗伊希林（Reuchlin）、帕拉塞尔苏斯（Paracelsus）、波艾姆（Boehme）、罗伯特·弗拉德（Robert Fludd）、斯威登堡、帕斯夸利斯（Pasqualis）等。共济会就是最大的欧洲卡巴拉联合组织。

卡巴拉主义者都认为，宗教是人性最深层次的需求，对上帝神性的思考是人类最高的职责。

兰波并没有接受或利用卡巴拉全部的信条和教义，没有证据可以证明他对即便是面向大众的相关文本做出过深入的研究，或是不同教派的教义中的不同方面有浓厚的兴趣。对卡巴拉事无巨细的完整理解对于他的年纪、他那些新闻记者般的学习态度来说都是不可行的，但是从前文所述的那些大众书籍中，他学到了一些广泛的观点和原则，对他来说，这已经很有价值和成效了。

卡巴拉和所有光照派教义的核心主张是获取力量以探索创世的秘密和谜题，尤其是揭示和解释上帝的神性。在卡巴拉的教义中，上帝谱出至高的旋律，而人类只是这一旋律的和声，也就是说，人类仅仅是神圣和弦中的一个音符，但完美地应和、丰富着旋律，[①] 上帝，古神之古神，是唯一的神，既是已知又是未知，既与所有其他一切分离、不同，又与他们同在。一切都与他调和，而他，在他的时机到来时，与一切调和。他既有形又无形，但可以以所有一切存在着的、他赋予其存在的东西的形态而存在。古神之古神，已知和未知，是矗立于世界之上的灯塔，人类只能通过照在其身上眼上的、来自上方的光来知道他的存在，那光芒如此光明灿烂，任何以他神圣之名所称之名都无法超越这炫目的光芒。[②] 最终，当最高的生命到达时，在神圣之神圣中，所有的灵魂都被至高圣灵联结在一起，彼此互为完整。在那里，一切都变成了完美的整体，完美的和谐；迄今为止散落、分离在世界表面上的一切都合为一体。于是，生灵不再不同于造物主；同一的思想将给予生机，同一的太阳放出光明。于是，与上帝达成完

---

① 莱维著《魔法史》。
② 弗兰克著《卡巴拉的历史》，第178页。

美和谐的人类灵魂将统治整个宇宙,它所有的命令都会由上帝履行。①

一直以来,太阳都是这一和谐整体的象征,因此也象征了完美的爱。但太阳本身并不能被感知,能被感知的只有来自太阳的光和热。各个时代的神秘主义者都认为太阳代表了我们所处的宇宙系统中的能量。斯威登堡认为,上帝就像天堂中的太阳一样,因为他就是一切精神存在的神圣之爱,就像世间万物因太阳而得以生息。神圣之爱照耀着我们,就像阳光那样温暖而明亮。②在兰波的作品中,可以看到他对太阳这一意象有特别的感情,在《浪子》中,他提及了自己意图在和魏尔伦的关系中所扮演的角色,他写道:"事实上,我满怀精神的赤诚,力图将他带回到太阳之子的原始状态。"(何家炜译)

无论是通过自身的努力,还是通过魔法的捷径,当一个人达到成为太阳之子的状态时,他会发现自身的自然之力翻了十倍,而他自身也会在某些时候成为上帝那样的、独立的造物主。因为人类是将上帝与其创造的生灵联结在一起的锁链上的一环,也是最大、最重要的一环。他站在分割两个世界的最前沿。他是提升较为低等的生灵和上帝的影响最深入地渗透的道路之间的媒介。在他自身之中,他将世界中三个自然王国的精华联结在一起,他是自由的,不像其他被创造出的生灵那样不自由,他的思想、来去都是自由的,他就是上帝本身的象征。③

莱维号召未来的诗人们奋起,不再根据人类的梦想,而是根据上帝的法则和数学来重写神曲。④但未来的诗人将仅通过成为通灵人,让自己与永恒之力的法则达成完整的和谐,就能够完成这一目标。如果他能够成功做到这一点,那么他将与宇宙的永恒创造之力融为一体;他自己将成为上帝那样的造物主。⑤他将为自己的存在带来剧变,由于这一剧变,他将能够看到别人无法看见的东西。如果一个人能够学会开发自身固有和潜在的

---

① 弗兰克著《卡巴拉的历史》,第 252 页。
② 斯威登堡著《天堂及其奇观和地狱的所见所闻》。
③ 法布尔·德·奥利韦(Fabre d'Olivet)著《人类史》,第 1 卷,第 26 页。
④ 莱维著《伟大奥秘的钥匙》,序言(三)。
⑤ 莱维著《魔法史》,第 8 页。

力量，那么就不会有任何他无法理解的东西。因为万物的知识对于人类来说，和对上帝来说是一样的，仅仅是一片厚重的黑暗帷幕，挡住了他的视线，让他无法看见、理解事物。兰波在《地狱一季》中写道："最后，啊，幸福，啊，理性，我把蓝色，那实际是乌黑的蓝色，从天空分出，于是，我的生命化作了自然之光的金色火花。"（王道乾译）如果人能够蜕去人类的利己主义和人类个性，并学习使用他的能力，那么他将能够用灵光点亮黑暗、获得宇宙的宝藏。在他学会与神圣之爱的力量和谐共进之后，将没有什么能够战胜他意志的力量。他将成为一个"光明人"（illuminist），而"光明人"一词意味着享受和拥有灵启的人。通过持续的自我培养和对人性中利己主义的消灭，灵魂将变得有资格接受灵启，成为光明的指挥者。古代的哲学家声称他们所教授的是他们自己发现的真理；但他们错了，因为是上帝选择了他们，让他们成为传播其思想的工具。

当通灵人进入光明中，将他脆弱的意志放在和永恒意志直接沟通的位置上时，他就能引导箭矢一般的意志，并将宁静或混乱注入其他人的灵魂中；他将能够和其他通灵人远距离沟通。[①] 最终，他将能够听到最远处的声音，他自己将成为宇宙和那唯一的声音，成为超脱日常的谴责和非难、超脱一切的、伟大的造物主。无论他曾犯下怎样的罪孽，曾做出怎样邪恶的行为，任何指责都无法触及他，因为上帝说过："我是宇宙之灵魂，在我之中，善与恶互相纠正、互相中和。任何对此知晓者都无罪孽，因为他无所不在。"[②] 邪恶和罪孽不过是善的条件和开端。[③] 兰波在《地狱一季》中写道："我呀！我呀，我自称是占星术士或者天使，伦理道义一律免除。"（王道乾译）

然而，必须注意的是，这种光明的状态不应该被想象为一种个人的快乐，这一点对于理解兰波十分重要。接纳这一奥秘必须付出的代价就是遭

---

① 莱维著《魔法史》，第61页。
② 莱维著《魔法史》，第76页。
③ 莱维著《伟大奥秘的钥匙》，第32页。

受折磨。"工作就是受折磨，"莱维写道①，也许他当时所想的正是工作一词在法语中的来源，也就是拉丁语中的折磨，"每一次忍受的悲苦、每一次遭受的折磨，都是成功的进步。比那些不知道如何承受磨难的人，遭受诸多折磨的人拥有更丰富的生活。"他又说道："不能又不愿受折磨的人将倾覆于灾祸中！"②兰波曾在他自主地让自身遭受"打乱所有感官"时曾写道，诗人所承受的折磨是那样的惊人，"在不可言喻的痛苦折磨下，他需要保持全部信念，全部超凡的力量，他要成为一切人种最伟大的病人，最伟大的罪人，最伟大的被诅咒之人——最崇高的博学之士"。③

但经受这些折磨是值得的，因为开始这一切的、知道如何利用自己的能力的人，将是自然之王。他可以用信仰统治天国，用科学统治尘世；他可以驱使折磨和死亡。④他超越所有痛苦、所有恐惧，灾难无法打败他，敌人也无法征服他。他不需要经历死亡，就可以与上帝面对面自由地对话。他掌握着他人的健康和生命，他可以随自己的意志为人们带去苦难或死亡。他知晓过去、现在和未来的道理，手中握着起死回生的奥秘和通往永生的钥匙。⑤他的力量无穷无尽，因为他已经成了上帝的同伴。现在，他已经是一个堂堂正正的造物主了，他的力量延伸至整个宇宙；他可以触及天空中的鸟、水中的鱼和森林中的野兽。⑥要达到最终的状态，人类必须已经学会如何全面地了解自己，开发他固有的品质，培养他自身特殊的才能和特点。⑦莱维认为，人类的第一要务就是理解自身，理解自己身上正在发生着什么，并了解自身经验的重要性。当一个伟大的天才进行预言时，他实际上只是在回忆起自己曾体验过的一种感觉，因为未来就存在于过去中，而过去亦存在于未来中，万物皆存在于他之中。⑧

---

① 莱维著《伟大奥秘的钥匙》，第265页。
② 莱维著《魔法史》，第36页。
③ 摘自致德莫尼的书信，《兰波全集》，第253页。
④ 莱维著《伟大奥秘的钥匙》，第79页。
⑤ 莱维著《高等魔法的信条与仪式》，第79页。
⑥ 莱维著《魔法史》，第542页。
⑦ 莱维著《魔法史》，第92页。
⑧ 莱维著《魔法史》，第544页。

最终，艺术将会和科学一样精确，哲学会像数学那样，不可避免、不容更改地表达。符合真理的想法，也就是那种和永恒的存在一致的想法，是现实的科学公式，它们将以和数字一样严格的方式，形成最精准的比例和等式。除了懒惰和无知外，不可能出现其他错误，因为真正的知识是不会犯错的。于是，宗教再不会恐惧进步，因为它自身就会找到方向、指引前方。①美学将成为科学的一种，并不再受限于时髦的品位和心血来潮的臆想。美是唯一的、真理的光，这一光照的来源将能够通过精确无误的计算而得出。诗歌也将不再是邪恶的，诗人将不再被看作柏拉图希望从理想国中驱逐的危险的妖术师。他们将成为演奏理性的音乐家，计算和谐的数学家。②

但要到达这一快乐的状态，人性必须对自我有新的、改变过的认知，并舍弃一切自基督教诞生以来就盛行于世的个人主义哲学；莱维认为，这一错误的认知正是西方诗学失败的根源。这一理论在兰波的美学学说中占据着核心的地位，也是最重要的信条。那种陈旧的对上帝的认识正在快速死去，它孕育出的文明也正在走向灭亡；莱维认为③，我们可以寄希望于未来的一天，那时将会看到我们那些野蛮人一般的先祖所供奉的上帝，在比他们更具智慧的子孙那里被视作恶魔。诗人带着更新、更具真理性的认识，他们将成为未来人类的天使，也就是他们的信使。兰波在用"天使"一词时，似乎更可能是想表达它接近"信使"的内涵。真正的诗人是上帝的使者，不敬他们的人将无法获得天堂的祝福。④迄今为止的一切都是错误的，它们将重生，变为永恒和完美。过去艺术中的一切仅仅是模糊地画出了轮廓，它们将合为一体，绘出完美的永恒。⑤诗歌崇高的目标将是以神代人、以因代果，用永恒的认知代替尘世中一直以来被误以为思想的那些转瞬即逝的幻象。

---

① 莱维著《魔法史》，第551—552页。
② 莱维著《魔法史》，第581页。
③ 莱维著《伟大奥秘的钥匙》，第16页。
④ 莱维著《魔法史》，第90页。
⑤ 莱维著《魔法史》，第559页。

然而，未来的诗人若要表达这些永恒、持久的真理，就必须不能满足于现在的语言；现在的语言仅仅是方言罢了，它们无法用于理解超越其自身来源地的事物。帕斯夸利斯的学生、神秘主义哲学家圣马丁（Saint-Martin）认为，未来将会出现一个黄金时代，它的标志就是会出现一种所有人都可以使用的单一的语言。在所有神秘主义哲学家的作品中，语言本身的重要性被一再强调：通过其声音和本质，语言独立于其逻辑性的内涵。在研究兰波的诗歌和他对这一原则的采用时，必须意识到这一点对兰波诗歌所谓的晦涩特征的影响。神秘主义思想家认为语言本身就包含着一种神秘的象征主义，往往藏于形成一个单词的不同字母之中，而每个数字中也包含着隐秘的意义。卡巴拉的整体意义包含在大师们所称的三十二条道路和五十五道门中。三十二条道路指的是三十二个想法，它们附属于十个数字和二十个希伯来语字母表中的字母。数字一代表至高之力，二代表至高智慧，三代表直觉的知性，四代表善意，五代表公正，六代表美，七代表胜利，八代表永恒，九代表丰饶，十代表现实。同样的，每个字母也有确切的意义。第一个字母的意思是父亲，第二个是母亲，第三个是自然，第四个是权威，第五个是宗教，二十个字母中每一个都是如此。

令人惊讶的是，在神秘主义理论中，女性占有崇高的一席之地，兰波可能从莱维的《魔法史》和《女性的解放》中借用了观点，在他的"通灵人书信"中，兰波描述了女性在未来的诗歌中所扮演的角色，这也是他唯一一次用理想主义的口吻来谈论女性。"语言成就人类，"莱维写道①，"但只有当它成就女人时，世界才能真的得到拯救。宗教的母性天赋将教会人类慈悲之精神的崇高之美，理性于是便能与信仰和解，因为理性能够理解并解释自我牺牲带来的甜蜜的喜悦。"他又写道："女性是和谐的女王，因此她必须是未来重生运动的领袖。女人在爱的标准中占据比男人更高的地位，当爱来到面前，女人将成为宇宙之女王。"②

---

① 莱维著《魔法史》，第 348 页。
② 莱维著《女性的解放》，第 57 页。

以上内容简单地概括了吸引兰波的神秘主义哲学，他从中吸取了一些材料，用于构建自己的诗学理论。但是，这绝不是卡巴拉的全部，也不是兰波诗学的全部；但对兰波美学理论的深入研究将会揭示上述理论对兰波的诗学观产生了怎样深入的影响。

第九章　波德莱尔

可以肯定的是，兰波在这一时期所接受的最大的文学影响来自波德莱尔，他不仅影响了兰波的诗歌，也影响了他的美学理论和对人生的态度。波德莱尔是第一批因其艺术创作的复杂性而将艺术变为人生的完整画卷的诗人之一，在他的艺术创作中，高级与低级混迹一处，理想与失败等同；灵与肉、美梦与梦魇同时存在。他作品的这一特征深深吸引着兰波。

波德莱尔成熟期的作品首先是其追求精神价值和精神现实的表达。他的美学理论与他的精神信仰紧密相关，我们必须了解其中的一个才能真正理解另一个。诗歌和批评是他艺术天性的两面，是同一经验的两种呈现。他认为所有的艺术创造都源于精神层面的活动，是实现超验的尝试。这种经验的一种表达就是诗歌中（几乎无意识）的结晶；另一种是（有意识的）对经验本质的沉思，以及关于其呈现形式的论述。他相信，用斯威登堡的话来说，物质世界中的万物都是精神世界中事物的应和，仅仅是天国之美不完美的映像罢了。这一隐秘的、神秘的关系将物质世界中的事物与精神世界联结在一起，这就是所谓的"应和"（correspondences）。对于我们来说，除了通过其象征进行间接的观察外，是不可能看见精神世界中的事物的。这些象征是自然的语言，这是一种象形的语言，横陈于我们面前却未经解读，或者说，未经完美解读。斯威登堡认为，伟大的思想家是那些能够超越事物的外壳看进其内在的人，是能够破解神秘象形符号的人。因此，所有真正的艺术都必须成为憧憬完美之美的表达，但它只能是这种美的象征，是它不完美的映像，其价值仅仅依赖于诗人精神力发展和神性力量的程度。波德莱尔十分确信，只有到达了很高精神力境界的艺术家才能发现意象、隐喻和类比来充分地对他们的幻象进行描绘。他相信，天才不在于创造力,而在于接受力。艺术家不应该承担翻译或解码破译以外的职责。

和大部分与他同龄的诗人不同,兰波完全明白这一面在波德莱尔的艺术创作中的重要性。"然而窥察那不可见、谛听那不可闻并不等于去再现死去的事物的精神,鉴于这一点,只有波德莱尔才是第一位通灵人,诗人之王,一位真正的上帝。"[①]之后,兰波想象自己正追随着波德莱尔的脚步,尽全力去人为提高自己的接受力。

对波德莱尔而言,"应和"理论不仅仅是精神信仰的教条;同时,它也和他关于所有艺术成为一个整体的认知紧密相关。所有艺术——无论是音乐、绘画还是诗歌——都寻求与永恒之美互通,永恒之美隐晦地孕育在自然事物之中,隐藏着自己的存在;每一种艺术都通过其自身惯用的方法和语言来表现永恒之美的形象,但在每种艺术中,对永恒之美的体验是一致的。音乐家会说,色彩和芳香以声音的形式触及他内心深处的意识,因为物理学家宣称听觉即内在的视觉,而对音乐家来说,内在的视觉和音乐性的视觉比任何其他都更加完美。当然,在将所见翻译成他惯用的形式即声音的语言之前,音乐家并不能完全理解其中包含的重大意义。波德莱尔梦想着对所有艺术进行融合,从而完整、完美地表达同时对所有感官有吸引力的美。兰波对美的认知在理论的层面上比波德莱尔走得更远,尽管在实际层面对艺术的移形换位(transposition d'art)上,他并没能达到波德莱尔的成就。波德莱尔尝试在诗歌中对音乐进行模仿,不仅是复制甜美乐章中和谐的声音,更是为了让诗歌能够和音乐一样,对心灵产生暗示和启发。评论家常常提到兰波诗歌中的音乐性,并在这一点上将他和波德莱尔相提并论。然而,兰波诗歌中的音乐性和波德莱尔大相径庭,甚至可以说是风马牛不相及。把两个诗人放在一起比较的评论家似乎认为音乐对于听觉器官来说仅仅是温柔的抚慰,而不是刺耳的震撼。但是,音乐不仅是一段段叫人愉悦的声响,波德莱尔诗歌中的音乐性也不仅仅是文字的和谐。在他写下"诗歌通过一种韵律与音乐相通,比起任何古典学说,这种韵律

---

① 摘自致德莫尼的书信,1871年5月15日,《兰波全集》,第251页。

在人类的灵魂中扎根得更深、更远"①时,并不是说诗歌应该满足于复制甜蜜的音乐旋律,也不是说诗歌应当成为标题音乐,就像我们的祖母们十分喜爱的《布拉格战歌》(Battle of Prague)那样。他的意思是,一首诗应当有唤起读者心灵的力量,无论用什么样的方法,通过和谐或不和谐的诗句,音乐的感受应当在诗人心中被唤醒;诗歌应该有音乐所具有的那种比所有其他艺术都更加伟大的、发人深省和暗示的力量。他认为音乐中有魔法的力量,能够创造出心理上的"精神状态"(états d'âme)。

诗歌的音乐性是最深层次的表达,因此,我们无法用集合了一系列元音、辅音和美妙、和谐声音的数学公式来计算。许多美丽、和谐的诗句——尤其在维克多·雨果的诗中——其实并没有深刻的音乐性,也不具备音乐那令人回味的力量,这些旋律在诵读出最后一个音节的同时就会消逝,就像演奏钢琴时,当延音踏板被松开,音乐也会戛然而止。诗歌的音乐性与想象力和心灵联结的关系,远比和单一声音的关系要来得紧密。兰波的诗歌毫无疑问地说明,他的听觉对无论纤细或崇高的声音都十分敏感,他的诗句虽然不是让人回味无穷的音乐,却充满了旋律性;但他也从未给出证据来证明伟大音乐对他的影响,也没有证据表明他对暗示和发人深省的力量有任何感受,尽管后来他确实认为伟大的音乐有可能作为一种独立于逻辑意义之外的抽象语言而存在。他似乎并没有意识到音乐也是艺术的一种,事实上他对诗歌之外的艺术形式都知之甚少。除了每个星期日夏尔维勒广场的管乐演奏和夏尔·布列塔尼的业余演奏之外,他可能并没有聆听过任何其他的音乐。如果有人要求他说明音乐对他的意义的话,他的回答可能是:音乐是清晨鸟儿的歌声,是正午热浪下亚登森林里清泉的呢喃,是夜晚的风穿过街道时的叹息。这种答案对于音乐家来说是远远不够的,也不能让波德莱尔满意。

波德莱尔一再强调梦的价值和做梦在艺术创作中的重要性,他也试验过多种方法,试图引发和提高自身做梦的能力。"做伟大的梦,"他说道,

---

① 笔记,《遗作集》,第17页。

"并不是每个人都拥有的天赋。梦是一种神圣、神秘的力量。人类通过做梦与他周遭的黑暗之梦沟通。"① 为了能够经常与他周遭的黑暗之梦沟通,兰波寻求毒品和酒精的帮助,希望能通过它们来达到做着伟大之梦的永恒状态。对他来说,波德莱尔在《人造天堂》中描绘的梦境和视觉就是诗歌真正的精髓。他自身的经验告诉他,即便是少量的酒精都有足够的力量让他松开打结的舌头,让他忘我、忘记自身的局限,让他能够更自由地写作;他也好奇自己在能获得更强烈的刺激的情况下,会达到怎样的高度。波德莱尔对海吸希②中毒的抒情描写让他丧失了理智。

于是,海吸希像魔法的颜料一样涂抹整个人生;它用伟大的庄严涂抹一切,澄清一切深奥的东西。锯齿形的风景,难以捉摸的地平线,被暴风雨那凄惨的青灰色描的惨白或是被夕阳全部的火热点燃的城市风景,——空间的深奥,关于时间奥秘的比喻,——如果你被赶紧剧院里,那就是演员的舞蹈、手势或表演,——如果你的目光落在一本书上,那就是你看到的第一句话,——最终,一切:生灵的普遍性以一种从未被发现的光荣立于你的面前。语法,那尘封的语法本身,便转化为发人深省的巫术;文字重生了,带着无穷庄严的实词,被如透明衣衫那样的形容词像盔甲一样包裹着,而动词,它们是行动的信使,让句子动起来。音乐是懒人和在各种苦劳中寻找歧路的深刻思想家们熟悉的语言,它向您诉说着您自己,为您朗诵您人生的诗篇:它与您是一体的,您融化在它之中。它诉说着您的激情,并不像许多个波澜不惊的晚会那样模糊不明,它详尽又确定,每一个韵脚的律动都代表着一个您灵魂熟悉的行动,每一个音符都成为一个单词,这一整首诗像一部被赋予生命的词典一样进入您的脑中。③

---

① 《野孩子》(*Le Génie Enfant*),收录于《人造天堂》。
② 印度大麻制成的麻醉型毒品。——译者注
③ 《神人》(*L'Homme Dieu*),收录于《人造天堂》。

兰波会把这种沉醉于毒品中的状态看作有价值的成就并非偶然；在这种状态下，他所有的感官都变得更加灵敏、更能接受不同的感受。他的双眼能看进无限，他的双耳能听到普通状态下无法捕捉的声音。即便是接下来的幻觉状态都十分宝贵，当永恒的事物一个个逐渐地变成奇诡的形状；当声音变化为色彩，当色彩似乎开始以音乐的形态持续，而音乐本身又变成了一系列的数字。一个声音突然对着瘾君子叫喊——哎呀！那是他自己的声音。尽管兰波并没有特别关注这几句波德莱尔急迫地加上的话语——那是他自己的声音对他说道："你现在有权把自己看作超越所有人类的存在；他们中没有一个人能感知或理解你的所思所想和你所感受到的一切；他们甚至无法理解他们在你心中激发起的善意。你是过路人不识的王，你将生活在坚定信仰的孤寂中。"[①] 兰波特别关注的是对这些话的回答。"这所有一切被创造出来都是为我，为我，为我！因为我，人性被奴役、被牺牲、被献祭，——来成为我的食粮，满足我那永不餍足的对感情、知识和美的渴望。不会有人感到讶异，做梦者的脑中洋溢着终极至高的思想。我已成神！"

这一段落让兰波身临其境；对于许多后世的作家来说，即便他们无法对这些文字真正的意义和结论的重要性做出比兰波更深刻的理解，他们也一样能在阅读这段文字时身临其境。无论真理多么令人难以下咽，波德莱尔都对其顶礼膜拜。他无法接受人造天堂，也不能接受通过把好处塞进守门人手里的方式走后门进入天堂。他也许会玩弄、试验事物，但他绝不会在考虑它们真实的本性和内在价值时犯错。波德莱尔的真意包含于道德结论之中，将它称之为道德的人就是波德莱尔自己。对他而言，尽管他尝试过毒品，也享受这一经验，但吸毒从根本上来说是和自杀一样不道德的行为。他也确实将吸毒看作一种慢性的、稍微有一点道德的自杀。"事实上，对受到惩罚必须经历智力退化和死亡的人类来说，擅自篡改其存在的基本条件、用他周遭的环境（它们本是被用来维持平衡的）打破平衡、干

---

① 《神人》，收录于《人造天堂》。

扰他的寿命并用一种新的不可避免的死亡来代替它，这些都是禁忌的行为。……任何拒绝接受生命的条件的人都是在出卖自己的灵魂。"[1]

这就是兰波不同于波德莱尔的地方；他无法接受人类生命的条件，意图通过自身来做出改变。波德莱尔警告他的读者，让他们对在毒品的影响下所接收到的视觉图景保有戒心，他告诉他们，当一个人完全清醒时，当他走出毒品那华而不实的陷阱时，这些图景远没有当初那样美好。他自己就曾好奇，是否能够从毒品中获得精神上的收获，他是否能够让毒品成为一种思想的机器，成为创作的有用工具。在这种可能性下，尊严、光荣和自由意志的牺牲似乎也不是那么沉重的代价。然而，他最终得出结论，认为这种牺牲是徒劳的，因为毒品能向人们展示的不过是那些已经存在于他们心中的东西罢了。

兰波时刻准备着为了这种试验、为了探索而牺牲自己；艺术家的角色要求他在最大程度上做出自我牺牲，波德莱尔不是这么说过吗？由于他一直以来毫无节制的性格，他准备好赴死，并牺牲一切在当下对他有利的东西。他时刻准备着比波德莱尔走得更远。波德莱尔是一名基督徒，他并不愿意牺牲自己的灵魂，尽管他内在的软弱可能不可避免地导致这一牺牲。他绝不会自愿牺牲作为人类的个性、诚信，那是他最终的救赎。对兰波来说，人类的个性、灵魂和救赎并不值得这样的珍视，这种所谓的价值不过是陈腐、过时的利己主义的余孽。怀抱着烈士的激情和自我牺牲的意志，他时刻准备着牺牲掉这一切，并不为他肉体或精神上的存在留下任何东西。他希望能够从波德莱尔半途而废的地方继续前行，无论要他付出怎样的代价，他都要走进永恒中去。

> 投入深渊底层，不管"地狱"或"天国"？
> 深入"未知"的国度，去搜新猎奇！[2]（辜振丰 译[3]）

---

[1] 《道德》(*Morale*)，收录于《人造天堂》。
[2] 波德莱尔《航行》，收录于《恶之花》。
[3] 本书中的《航行》中译本摘自辜振丰译《恶之花》，2019年，上海三联书店。

第十章[①]　美学理论

在兰波酝酿美学理论时，他还只是个从未完整写出任何作品但前途光明的年轻人。即便是他最具原创性的诗作，也还是带有受到他所仰慕的作家们影响的痕迹。在他的美学理论成型后，他开始脱离所有文学和个人的影响——来自伊藏巴尔、德拉艾、布列塔尼以及来自所有人和所有事的影响，从而能够发现他内心深处真正存在的东西，并真正地成为他自己。从这一刻开始——可惜他无法获得同时代人的欢迎——他再也无法被同化了。可以想象，如果他在这一发展初期就进入巴黎的文化圈，他很可能获得成功。但他的骄傲和自负，也是他这一时期最有代表性的特征，让他对任何外界的影响和限制都极不耐烦，他无法容忍文学界那些抓住帕尔纳斯派的规则不放手的活化石，于他而言，帕尔纳斯派已经被放逐，像垃圾一样被丢弃了；他也无法容忍那些在波德莱尔去世四年后仍无法完全理解和欣赏他的人。每每和这些人碰面时，他决不轻饶、毫无顾忌地展示他的轻蔑。

在"通灵人书信"中，兰波将这些观点用最初在脑中形成的形式和盘托出，也包括他的困惑；他并没有精心计划、安排它们；他的理论没有得到清新、强势的表述，因此也并不具备说服的力量。这一美学理论包括在1871年的两封书信中；一封是5月13日写给伊藏巴尔的信，另一封是5月15日写给保罗·德莫尼的信。在这些书信中，他只是草草地记录下脑中出现的想法，这些想法并没有构成一个完整的整体。这两封信以其自身

[①] 除另标注外，本章中所引用的"通灵人书信"和《地狱一季》的中文内容均摘自王道乾译《地狱一季》，1991年，花城出版社。——译者注

的内容构成了关于兰波的《诗艺》①的初稿和要点。大部分评论家认为,寄给伊藏巴尔的信是初稿,而两天后的第二封信才是完整的版本。然而,进一步的研究揭示事实并非如此。毫无疑问,第二封信的内容比第一封丰富得多,视野也更广阔,但在形式的松散上和第一封信并无二致。很可能在写完第一封信后,兰波又有了新的、有意义的想法,因此他在并没有精心设计的情况下将它们加进了写作的材料中。与第一封信相比,第二封信确实给人一种写得更着急的感觉。

兰波从卡巴拉、魔法相关的书籍和神秘学作者的作品中获得了发展美学理论的材料;从波德莱尔那里,他发现了通灵人应当学习的模板。根据他的想象,摆脱道德束缚和偏见的自由以及对毒品和酒精的依赖,是让波德莱尔成功的关键,它们帮助他挣脱了束缚人类精神的镣铐。他知道这一切也为波德莱尔带去了巨大的痛苦,但他已准备好让自身也接受这样的痛苦,只为成为一位伟大的诗人。他并不知道——波德莱尔写给母亲的书信当时还未公开发表——波德莱尔对自身弱点的恐惧和他为消除自身的邪恶而经受的折磨。

为了让兰波的美学理论更加明晰,本书对他分散的观点进行了整理。如果他自己有机会创作《诗艺》的话,他一定也会对这些想法进行梳理整合。

为了说明他的观念,兰波回顾了有史以来世界诗歌的历程;和神秘学思想家一样,他认为真正的诗歌只存在于古希腊人之中。"所有的古诗都归于希腊诗歌",因为只有古希腊人理解诗歌创作的原则。他读过柏拉图的作品,因此应该熟悉下面这段摘自《伊安篇》的段落。

> 凡是高明的诗人,无论在史诗或抒情诗方面,都不是凭技艺来作成他们的优美的诗歌,而是因为他们得到灵感,有神力凭附着。科里班特巫师在舞蹈时,心理都受一种迷狂支配;抒情诗人在作诗时也是

---

① 《诗艺》(*Art Poétique*)是魏尔伦阐述其诗歌创作理念的一首诗。——译者注

如此。他们一旦受到音乐和韵节力量的支配,就感到酒神的狂欢,由于这种灵感的影响,他们正如酒神的女信徒受酒神凭附,可以从河水中汲取乳蜜,这是她们在神智清醒时所不能做的事。抒情诗人的心灵也正像这样,他们自己也说他们像酿蜜,飞到诗神的园里,从流蜜的泉源吸取精英,来酿成他们的诗歌。他们这番话是不错的,因为诗人是一种轻飘的长着羽翼的神明的东西,不得到灵感,不失去平常理智而陷入迷狂,就没有能力创造,就不能作诗或代神说话。[①]

兰波认为,在古希腊人之后,诗歌仅仅是娱乐和消遣。诗人不过是书写者、仆人、官吏,比只会涂鸦的人好不了多少。古希腊时代发展到浪漫主义运动,只有文人和蹩脚的诗匠,却没有真正的诗人。诗歌无非是押韵的散文、社交的游戏,是许多世代的蠢材们的成就,因为诗歌在基督教诞生时就已经死亡了。唯有拉辛是伟大的——至少他有成就伟大的潜力——但他还是受限于自身狭隘和僵化的文学形式。但是,浪漫主义运动为这一令人哀叹的情况带来了改变,这些后来的诗人在不自觉的情况下获得了通灵的视觉。兰波认为,迄今为止,对浪漫主义诗人最重要一面的研究是不完美的。而应该由谁来研究他们?不该是评论家,因为他们顽固守旧、只遵循陈腐的文学传统;也不该是作家自己,因为他们灵感本身的特征使他们无法做出评价。他们怎么能够完全地理解自己所唱之歌的意义呢?"歌曲本身很难称为作品,也就是说,歌者很难唱出并理解其中思考。"[②]因此,浪漫主义诗人是不自觉的通灵人。"他们心灵得到教养系出自偶然,尚未熄灭但已废弃的火车头有时也可以在轨道上开动一阵。"[③]拉马丁也曾是通灵人,但他被陈旧的形式所扼杀;雨果则过于顽固,但他后来的作品中也有几分"通灵"。那么阿尔弗雷德·德·缪塞又如何呢?兰波和波德莱尔一样,对他极尽轻蔑,对法国式的品位也充满了讥讽,因为正是这种品位

[①] 里德(Read)在《超现实主义》一书中引用了乔维特(Jowett)的翻译,第31—32页。
[②][③] 摘自致德莫尼的书信,1871年5月15日,《兰波全集》,第251页。

将缪塞推上了大诗人的位置。"对于我们饱尝痛苦、抱有理想的几代人来说,缪塞更是百倍地可厌,——他那种天使般的懒散更令人反感!啊!他的故事和小喜剧,味同嚼蜡!什么《夜歌》!《罗拉》,《纳穆娜》,《酒杯》!一律是法国式的,也就是说可憎到了极点……缪塞那种看似动人的爱情!色彩艳丽的画面,铺排过甚的诗句,如此而已!人们将长时间地品味这种法国式的诗,但只是在法国。任何一个杂货店伙计也能解出一句罗拉式的呼语,任何一个神学院修道士在小记事簿中秘密藏有五百条诗韵。这种感情冲动可以使十五岁的青年春情发动;十六岁的青年人就以心中默诵这类韵文为满足;到了十八岁,甚至十七岁时,任何中学生都能搞出罗拉的那一套,可以写出一首罗拉来!有的中学生也许还为此而丧生。缪塞什么也写不出来:纱窗帘之后便有幻象,他却闭眼不看。……好看的死人也死了,今后大可不必用我们的厌恶去费力地再让他复活了!"

在这之后,兰波写到了波德莱尔。"然而窥察那不可见、谛听那不可闻并不等于去再现死去事物的精神,鉴于这一点,只有波德莱尔才是第一位通灵人,诗人之王,一位真正的上帝。不过,他曾经生活在过于艺术化的环境之中,而且他那被人极力赞扬的形式也是褊狭平庸的:创造未知要求新形式。"

兰波坚持,成为一个真正的诗人的唯一方法就是成为通灵人,成为抢夺天堂之火的盗火者。[①]诗人必须成为一位先知,他的心灵能够穿透永恒、刺破掩盖永恒的现实之面纱。[②]然而,除非抛弃关于什么是人类和个性的旧观念,否则诗人便不可能成为先知。[③]兰波写道:"如果不是因为那批老混蛋对于'自我'所见无他,只是曲解的意义的话,我们也无需去扫除那亿万具骷髅朽骨,自从无限久远的时间以来,他们不知已积累有多少盲目的智力产物,同时还自命是这些产物的作者!"[④]神秘学理论中,思考者是作为自主活动的原始思考的对象。认为个体的作者创造出属于他自己的作

---

①② 参见巴朗什著《俄耳甫斯》(*Orphée*),第283页。
③ 参见莱维著《伟大奥秘的钥匙》,第16页。
④ 摘自致德莫尼的书信,《兰波全集》,第251页。

品的观念既陈腐又充满了谬误。作者仅仅是永恒之声的载体,他自身无足轻重,因为他仅仅是在无意识地代他人发声表达。"说我在思考,那是不正确的。应该说,人们在思考我。"①诗人无从得知他为何被选中;他无权左右这件事,这件事的发生也不以他的意志为转移。兰波又写道,这和铜不需付出任何努力就会被制成小号、木材在别无选择的情况下被做成提琴是一样的。②兰波多次重复这一句话:"我即他人。"琴弓一拉就会演奏出歌曲;但提琴本身什么也没做,可音乐就是从其中迸发出来。诗人也是一样,另一个存在演奏着他,他在创造和谐的同时也无意识、自动地创造出他体内的乐音。他着了迷,聆听着自己不自觉创造出的旋律。"我参与我思想的诞生;我看到它,听到它。"③但他并不比我们其他人更了解这旋律究竟是什么,又缘自何方。

但诗人可以通过自己的努力成为一块可以被制作成天国的提琴的木材。为达到这一目标,他必须打破构成人类个性、让人与众不同的一切,以及所有组成自我的利己主义。他必须将其打破,就像犁打破土壤那样,他必须将所有的习惯、偏见斩草除根,因为看不见的世界之中只有在这样的土壤里才能繁衍生息。所有能帮助达到这种遗忘自我的状态的手段都是好的;毒品、酒精都可以;所有能让人类灵魂飞升离开肉体凡胎、进入永恒的东西都是好的。所有能瓦解理性的控制的东西都是好的;所有可以让感官从日常桎梏中解放出来的东西都是宝贵的。就算这些手段是有毒的,又有什么坏处呢?就算它们不可避免地会带来精神错乱,那又有什么坏处呢?它们是滋养土壤的肥料,正是肥料中有毒和腐烂的物质让美丽的花朵得以盛开。兰波认为,正是因为如此,诗人必须让自己堕落、退化,这样才能打破日常的限制,打破约束和训练在人性周围建立起的一切堤坝。"诗人通过长期的、广泛的、理智思考的过程,打乱所有感官,使自己成为通灵人。"他必须经历一切形式的爱和疯狂,才能保留它们的精髓。他从波

---

① 摘自致伊藏巴尔的书信,《兰波全集》,第 251 页。
② 参见巴朗什著《社会制度论文集》(*Essai sur les Institutions Sociales*),第 331 页。
③ 摘自致德莫尼的书信,《兰波全集》,第 251 页。

德莱尔那里学到了用这些方法来引发梦境的价值,但在这一点上,他和前辈分道扬镳。即便在最离经叛道之时,波德莱尔始终保持着对罪孽的认知;但兰波并不认为放浪形骸就代表了恶;他确信自己超越了罪孽,无法被触及。后来,在回望这一时期他犯下的错误时,他说道:"我呀!我呀!我自称是占星术士或者天使,伦理道义一律免除。"①

但对兰波而言,选择恶的人生并不会带来自我放纵的快感;相反地,它会让人堕入地狱。放任自己道德败坏只会给他带来折磨,他需要极大的勇气才能继续下去。然而,纵观他的一生,可以看到他有能力在肉体和精神上做出自我牺牲;他时刻准备着在他认为需要的时候让自己变得支离破碎。此外,这种折磨也是他美学理论中不可或缺的一个部分。"在不可言喻的痛苦折磨下,"他写道,"他(诗人)需要保持全部信念,全部超凡的力量,他要成为一切人中最伟大的病人,最伟大的罪人,最伟大的被诅咒的人,最崇高的博学之士。"②这是贯穿兰波整个艺术生涯中的目标:成为"最崇高的博学之士"。有趣的是,魏尔伦在写到几个诗人时——兰波就是其中之一——就称他们为"受诅咒的诗人"。

折磨的概念并非来自人人皆知的"黎明前的黑暗"这一说法;兰波从波德莱尔那里借用了这一概念。波德莱尔不是说过"痛苦的肥料"(la fertilisante douleur)和"不可或缺的痛苦"(l'indispensable douleur)吗?莱维也在《伟大奥秘的钥匙》写过相同的内容。就算个体的诗人要受到折磨、迷失自我,那又怎么样呢?他跌倒在路旁又有什么坏处呢?兰波说道:"就让他因这些闻所未闻、不可名状的事物而惊跳、而死去吧。"其他的诗人会在他之后到来,从他垂落的手中接过火把,"从这个人沉陷的地平线上"③继续前行。

兰波认为,人类渴望着这一新的诗人的崛起。"让我们先向诗人们要求新——观念和形式的新。所有的能手自以为很快就能满足这样的要

---

① 《永别》,收录于《地狱一季》;莱维著《魔法史》,第76页。
②③ 摘自致德莫尼的书信,1871年5月15日。

求，——远非如此！"① 诗人的主要任务不仅仅是进入超越现实的世界，他还要收集起各个时代中来自全知全能的意识的所有想法。迄今为止，人类仅仅在无意识中收集了这些想法中的一小部分。他的任务则是要有意识地"为我们时代中所存在的未知定量"②。要做到这一点，他不可避免地将超越自己的时代；他将引领世界拥抱进步所带来的胜利；他将成为"进步的促进者"。③ 即便在当下的世界里，他也会参与到未来的生活中。在这一点上，兰波的观点与卡巴拉的教义十分接近。和许多光照派人士一样，他相信，无论是通过魔法还是自然的方式，只要能让人进入永恒的存在，一切手段都是正当的。

诗人唯有在掌握一切关于他自己和自身能力的知识，以及如何以最佳的方式使用它们时，并在他能够完全地开发自身固有的力量和品质时，才能到达最终的、与神并肩的顶点。唯有在他灵魂的土壤得到完整的开垦后，他才能到达永恒。④

在诗人抵达至圣之所时，他不该在自私、受到神圣祝福的宗教沉思中感到满足；他必须和其他人分享他的幻象。⑤ 他掌管人类和所有低等生灵，他也有责任解放女性，让她们也能参与到探索的事业中。兰波认为，女性将是未来的伟大诗人。⑥ "这样的诗人将出现！女人无止期的被奴役状态一旦被粉碎，一旦自为自立地生存，男人——至今还是这样可恶——一旦给她以解脱，她也将是诗人！女人也将找到未知！她的观念世界是不是与我们的观念世界有所不同？她将发现奇异的、不可测度的、令人厌恶的、美妙的事物；我们将接受这一切，我们将接纳这一切。"

但是，诗人所拥有的、来自另一个世界的所见是不可能用日常而陈旧的语言来表达的；因此，必须找到一种新的、可以表达不能言喻的东西

---

① 参见巴朗什著《社会制度论文集》，第 97 页。
② 参见巴朗什著《社会重生论文集》(*Essai de Palingénésie Sociale*)，第 172 页。
③ 参见巴朗什著《俄耳甫斯》，第 283 页；莱维著《魔法史》，第 552 页。
④ 莱维著《魔法史》，第 82 页。
⑤ 莱维著《魔法史》，第 42 页。
⑥ 参见莱维《女性的解放》，第 57 页；《魔法史》，第 348 页。

的语言;这种语言不受逻辑、语法和句法的束缚。兰波大声疾呼:"要找到一种语言!而且,每个单词都代表一种观念,包罗万象的普遍语言必将到来。"[1] 神秘主义哲学家巴朗什也持有这样的观点。[2] 在巴朗什的观念里,语言不仅仅是表达具体想法和与其他人沟通的工具。他认为,语言从最开始就被赋予了一种超人的直觉。人们对现代语言的使用让我们无法理解祖先们在每一个词汇中注入的价值:本来,每一个单词都足以代表其所称事物的完整形象。语言之中包含着某种属于其自身的"灵光",但我们现在使用的那些死板的符号是不能传递任何信息的。最早的圣歌仅用名词和形容词谱写而成,其中不包括任何动词,因为它们的存在是没有必要的。从某种程度上来说,这也是兰波希望在他的诗歌中实现的目标:简化语言、省略并非真正精华的部分、重新给予每一个词汇其本身曾具备的完整意义。因此,他的诗歌往往很难理解,其中的含义有时也难以捕捉,因为我们已经失去了用上述方式来感知语言的能力。神秘学思想家一再强调每个单词的意义,因为他们相信,语言和整体观念是完整地融合在一起的,因此,在使用一种恰当的语言时,就不再需要解释性的语句和词组了;只要完美地选择一个单词,它就能够独立地、清晰地表达作者想要传达的概念。兰波为自己能够发明这种新的语言而感到自豪。"我自庆利用本能的节奏发明一整套诗的语言,这种诗的语言迟早有一天可以直接诉诸感官。我保留转述权。这首先是一次习作,我写下无声,写下黑夜,我记录了不可表达。"[3] 尽管兰波的尝试失败了——他也明白自己的失败——他的实验证明,诗歌的定义既不是作品的主题,也不是其形式;诗歌是心灵或灵魂的一种状态——后来的象征主义者将其称为"精神状态"——这种心灵或灵魂的状态会为自身找到最恰当的表达。兰波认为,这种新的语言"综合

---

[1] 此处修改了王道乾先生翻译的版本,兰波法语原文中的"un langue universel"和本书中英语原文"a universal language"指的是万能、普遍的语言,而不是译本中的"宇宙语言"。——译者注
[2] 参见巴朗什著《社会重生论文集》,第172页。
[3] 《言语炼金术》,收录于《地狱一季》,《兰波全集》,第219页。

了芳香、声音、色彩,概括一切,……使心灵与心灵呼应相通。"① 在《元音》中,我们能看到他对实践这一理论的尝试。

此时兰波希望创造的文学将不再依赖于变幻莫测的品位和潮流;它将必然永久保持稳定,因为它的创作基于永恒不变的价值,它的法则就像数学一样恒久不变。"永远充满了'数'与'和谐',这些诗写出来将能传诸后世。——实质上,这仍然有些类似希腊诗。"② 柏拉图式的理念应当是所有艺术最终的主题;这种理念永恒不变,并非那种转瞬即逝的个人情感。

兰波很可能读过一篇关于叔本华的文章,发表于 1870 年 3 月的《双世界评论》(La Revue des Deux Mondes)中,这是第一批以法语发表的关于这位哲学家的文章之一;叔本华也对后来法国的象征主义运动造成了深刻的影响。③

> 可以说 [叔本华写道],理念是所有艺术的对象。事实上,建筑和音乐,雕塑和绘画,最后还有诗歌,都在寻求对理念的表达,只是通过各自不同的艺术形式罢了。艺术和哲学有许多共同点,两者之间有着紧密的联系;艺术仅存于对事物不含私心的静思默想,以及让这种静思默想占上风的能力;天才的精髓便在于此。能做到这一点的人就摆脱了庸俗现实的制约,不再为小便宜和琐碎的想法分散注意力。

兰波相信,还没有出现能够达成这一功能的诗人,因为人"还没有觉醒,或者说还没有进入最充实的伟大的梦境。作者、创造者、诗人,这样的人还从未出现!"但是,这一天一定会到来的,在诗歌和创造力上被压制了两千年的人类将会在巨大的动荡中挣脱精神奴役的枷锁。兰波有着不为人知的愿望,他希望自己也许能够成为那个伟大的诗人和解放者。但是,当

---

① 参见巴朗什著《俄耳甫斯》,第 240 页。
② 摘自致德莫尼的书信,1871 年 5 月 15 日。
③ 夏勒梅尔-拉库尔(Challemel-Lacour)著《德国的当代佛教徒》(Un Boudhiste Contemporain en Allemagne)。

时的他也很清楚地知道，自己的诗学体系尚未完成。在和德拉艾的对话中，他会说出一些未完成的语句，而他的朋友只能对它们有一些模糊的理解；这些半完成的观点也显示了他当时对自己真实想法的困惑，并且他仍在探索理想的途中。[①]"当时我只能摸着石头过河，"他曾这样说道，"用语言来表达新的感官和更加强烈的感受！我看见了、感受到了，但我还没办法让它们都成形，也不能用我想用的方式来表达。我必须感受更多、看见更多。当一个人能完全掌握一种新的、更丰富的语言时，他的青春应该也已经流逝了，他的感官、感受力也会变得迟钝。必须要唤醒它们！用药物、用芳香！用西比尔[②]服下的毒药！"

他对诗学理论的领悟来得太快了，在仅仅几个星期的时间里就已经完成，他都没有时间来验证它们，也没有用诗的工具来实践它们。除此以外，他也没有机会来尝试那些他认为必须使用的方法来让自己进入接受超凡的通灵人状态；距离他"打乱所有感官"的目标还有很长一段距离。像他这样一个住在外省小城里、连买寄信用的邮票的钱都没有的人，又怎么可能获得那些最稀有、昂贵的毒品呢？他又怎么可能去体验一切放荡不羁、无耻下流的生活形式呢？母亲希望通过不给他留一分钱的方法来让他尽快浪子回头，回归到合理的生活和未来道路上。由于他没有机会来实践自己完整的诗学理论，我们可以合理地推断，上一章中提及的诗歌都属于他更早期的文学创作阶段，它们并没有满足通灵人理论中提出的条件，尽管其中有一些创作于理论形成之后。我们有理由将《醉舟》也归入这一类别中，将其看作他青少年时期的最后一首作品，也是该时期最伟大的诗作——如果不是他整个文学生涯中最伟大的作品的话。通灵人诗歌始于他抵达巴黎之后，可能包括被魏尔伦誉为他笔下最伟大作品的《精神狩猎》。不幸的是，我们无缘得见，因为这首诗的手稿在魏尔伦离开他的妻子时就丢失了。

[①] 德拉艾著《亲密回忆》，第62页。
[②] 西比尔（Sibylle）是古希腊神话中的女预言家。——译者注

第十一章　醉舟[1]

诗学理论的酝酿和成形对兰波的创造力造成了强烈的刺激；前述章节中提及的所有下流、亵渎的诗歌都创作于4月和6月之间。他在7月写下了可能是所有诗作中最欢乐、最狡黠的一首：《与诗人谈花》。这首诗在措辞和意象上都具有惊人的原创性，和他4月所作的《坐客》有一些相似，但前者多了些幽默、少了些苦涩。在写给邦维尔的信中，他附上了这首诗，从这一点上我们可以看出，与前一年写给文学导师的信相比，这位青年在文学自信和独立性上成长了许多。之前的他作为一个帕尔纳斯派的虔诚追随者，下笔谦虚谨慎；当时的他和上学时的那个男孩一样，急于讨好他人，并时刻准备着让自己与任何年长者交予他的东西同化。现在的他则截然相反，他的态度和风格都包含着一种桀骜不驯、高人一等的味道——我们在他5月13日写给伊藏巴尔的信中也能读出这种桀骜不驯和高人一等的感觉。他毕竟是一个通灵人，因此，无论对方如何有名气，他也不需要卑躬屈膝。他在信中署名为阿尔希德·巴瓦（Alcide Bava）——他在这一时期很喜欢"巴瓦"这个词[2]，而阿尔希德是赫拉克勒斯所用的名字之一，这位英雄完成了清扫奥革阿斯的牛棚这一伟大功绩，而兰波的目标正是清扫文学中肮脏不堪的奥革阿斯的牛棚。[3]

先生，亲爱的老师！[4] 您还记得1870年6月收到的一封来自外

---

[1] 本章中《醉舟》的中文内容均摘自飞白译《醉舟》，2019年，人民文学出版社。——译者注
[2] 法语 Baver = 流口水。
[3] 戈德绍著《阿蒂尔·兰波定本》，第223页。
[4] 参见1871年8月15日的书信，《兰波全集》，第262页。

省的信吗？那封信里有一首我写的一百或一百五十行的六步格诗，题为《神之信经》。您十分慷慨地回复了我。随这封信奉上的这些诗来自同一个傻子，署名为阿尔希德·巴瓦。——原谅我！——我现在十八岁了。①我将永远爱邦维尔的诗歌。去年我只有十七岁。我有进步吗？

阿尔希德·巴瓦
阿蒂尔·兰波

兰波这样做其实冷酷又无礼——他可能并非有心如此——因为他给邦维尔寄了一首嘲弄帕尔纳斯派对待花的态度的诗。邦维尔特别喜欢插瓶花；比起园艺家，他只能算得上一个花艺师。②从没有哪个诗人像他那样把那么多的花朵放在窗前，那么多山茶花、紫罗兰，还有更多的百合花——诗歌界从没有享受过那么多百合花的香甜。在诗中，兰波站在帕尔纳斯派的高度上肆意嘲笑着百合花、玫瑰和紫罗兰。他将百合花称作"狂喜的灌肠剂"，将紫罗兰称作"黑仙女甜味的浓痰"。

从4月到9月他离开巴黎，正是在这一时期的诗歌中，我们发现兰波在措辞上大胆的试验，采用至今从未在诗中用过的词汇——琐碎的词汇、科学专用语、下流话和口语化的表达。这一时期的语言也影响了包括拉福格（Laforgue）在内的下一代诗人，通过他们，也影响了几乎包括所有国家在内的现代诗人。魏尔伦并不欣赏这种古怪的措辞和语言的伎俩，在他的影响下，兰波放弃了这一形式上的原创性。在《灵光集》这一构思和技巧都堪称最成熟的作品中，这种古怪的语言特征在意象、语法和句法的使用中几乎不可查。

此时，开始感到自信的兰波认为是时候再去文化中心巴黎试试自己的运气了；也许在那里他可以得到人们的欣赏和理解。这一次，他不想再像

---

① 其实他当时只有十六岁零九个月。
② 库隆（Coulon）著《兰波和魏尔伦的内心世界》（*Au Coeur de Rimbaud et de Verlaine*），第133页。

上一次那样穷困潦倒；他希望能够养活自己，能够找到一份既能支付生活费用又能允许他继续写作的工作。于是，他向伊藏巴尔的朋友德莫尼寻求建议。他的书信让我们看到，当时的他依然年轻、尚未定型；此外，信中也展现了他对自身还不确定，也不知道自己在巴黎究竟能做些什么。尽管这个无助的青年还没满十七岁就已经创作出了法语诗歌中最杰出的作品，他依然让人心生怜悯。

  先生[1]您让我再一次请求您！那我就请求您！这是我那一曲完整的悲歌。我尽量冷静地表达自己，但我没什么冷静的经验。出于您已经知道的原因，我已经脱离正常生活一年了。我被囚禁在亚登乡下这个不能用语言来描述的鬼地方，谁也见不着，被一项顽梗不化、神秘、可耻又荒谬的工作消耗着；我的回答只有沉默、粗暴的问题和庸俗的训斥，我表现着自己完整的尊严，但还是让我那像"七十三个戴着钢盔的捕头"一样的母亲下决心做出了最坏的决定。她想要强迫我永远留在夏尔维勒卖命。"你必须在这个日期之前找到工作，"她说道，"不然我很快就会让你滚出去！"我拒绝过这种生活，我没有给出任何理由——这么做太可悲了。直到今天我还可以拖延这个最终行刑的期限。她甚至开始希望我能离家出走。于是，因为我没有经验，也没有谋生的本事，很快我就被扔进了少管所，再也没人能打听到我的事了。他们就这样用令人恶心的方法堵住了我的嘴。但这一切都很简单。除了信息，我别无所求。我已经准备好去工作了，但必须是自由地、在我热爱的巴黎工作。您想想，我像一个步行流浪汉一样身无分文地来到巴黎，我能干什么呢？您曾对我说过，只要愿意做一天挣十五个苏的工作，人人都能到这里来，干这样那样的工作，过这样那样的生活。那么，我请求您，告诉我哪种工作不会占用太多的时间，因为沉思需要大量的自由时间。如果我要去巴黎，那我必须能做到经

---

[1] 致德莫尼的书信，1871年8月28日，《兰波全集》，第262页。

济独立。您不觉得我很诚恳吗？我还要再三申明这一点，真是奇怪。以下是我想出来的计划，也是我觉得唯一合理可行的计划，我换一种方法来告诉您。我充满了意愿。我正在用一个人所能拥有的最大限度的智慧和悲惨向您诉说……因此，由于我不知道您会如何回答我，我就不多做那些冗长的解释了。我准备好了，我会信任您的经验和善良，在我收到您的书时就有幸感受到了这些。收到一些我自己写的诗的样本，您不会不高兴吧？

我们并不知道德莫尼是如何回复的——如果他确实有回信的话——但兰波最终去往巴黎并不是因为他的帮助或建议。

最终，由于没有人愿意帮助他，一天，布列塔尼对他说："你为什么不给保罗·魏尔伦写封信呢？"他还给了他一封介绍信。[①] 兰波为此感到无比雀跃，因为他认为魏尔伦是"通灵人"波德莱尔的继承者。他立刻写了一封信，附上了几首由他和德拉艾用最漂亮的铜板体抄录下来的诗。信寄到时，魏尔伦不在巴黎，但在回家后他发现了这封信，并立刻在回信中赞美了这些诗作，同时也指出，自己对兰波使用的措辞和意象持保留意见。他并不喜欢其中一些粗俗的表达和琐碎的俚语。他告知兰波，有可能他会受邀来巴黎，但同时也说他希望能先咨询一些当时著名作家的意见。之后，他把这些诗拿给了菲利普·伯蒂（Philippe Burty）、夏尔·克罗（Charles Cros）和莱昂·瓦拉德（Léon Valade）。和他一样，这几位作家都为兰波那充满原创性的诗学天才所震撼。受到这一赞誉的鼓舞，魏尔伦决定把兰波召来巴黎。"来吧，亲爱的、伟大的灵魂，"他写道[②]，"我们呼唤您，我们等着您。"魏尔伦有着一贯的慷慨和善良的内心，因此他不仅仅满足了这个年轻的外省诗人受邀前往巴黎的愿望，他还给他寄了买火车票的钱，并邀请他住在自己和妻子的家里。兰波在第二封信中对魏尔伦说：

---

① 德拉艾著《兰波》，第41页。
② 魏尔伦致兰波的书信，1871年9月，《兰波全集》，第265页。

> 我计划写一首长诗,但我无法在夏尔维勒工作。因为没钱,我来不了巴黎。我的母亲是个寡妇,而且她十分虔诚。她只会在每个星期天给我十生丁的钱,用来买教堂里的一个座位。[1]

出于迸发的热情和希望,兰波确实在离开巴黎前创作了一首长诗;这也是他唯一的一首长诗:《醉舟》。

兰波在从来没有亲眼见过大海的情况下创作了《醉舟》。这首诗中大胆的词语组合、为达到目的而创造新词的原创性、对意象和隐喻的选择与《与诗人谈花》如出一辙,但《醉舟》并不是一首讽刺诗;它的灵感来自深刻的情感和精神体验。诗中每一行都有自己的魔力,像一颗颗宝石,独立于语境之外,令人回味无穷。这样的诗句有:"在海浪——死者永恒的摇床上。""我还见过人们只能幻想的奇景!"还有:

> 照着海浪向远方滚去的微颤,
> 像照着古代戏剧里的合唱队!

"一个吻缓缓地涨上大海的眼睛""我怀念着欧罗巴古老的城垛",都是如此。诗中还有很多其他例子。

这首诗是对早期作品《七岁诗人》[2]的完善,那时的他躺在亚麻布上,假装自己正在海上航行,想象着自己在遥远的海上得到了向往已久的自由;但他知道这一切都只是梦。但现在,他得到了魏尔伦的邀请,有希望将这个梦变为现实;他终于能够从幼年时期开始一直渴望得到的、完全的自由。

《醉舟》的开头符合兰波一贯的风格,来自他阅读过的作品,此处有

---

[1] 1871年9月的书信,《兰波全集》,第265页。
[2] 《兰波全集》,第78页。

一系列的作品可以被看作这首诗的"来源"。他在创作这首诗时的想象似乎特别受到两部作品的影响，这是两本第二帝国末期十分受年轻人欢迎的书：富吉尔（Fugier）的《海洋世界》和米舍莱的《大海》——我们知道，兰波曾如饥似渴地读过这两位作家的作品。前者是兰波获奖所得的特别版本，用红色和蓝色装订，内含大量的插图。很可能是兰波在1869或1870年获得大量奖项时所得的奖品。

富吉尔和米舍莱都在书中用图画般的语言生动地描写了海底的奇妙野兽——飞鱼、海马，还有许多从水底看起来像魔法之花一样的各类海洋生物。磷元素奇异的化学反应激发了两位作家的想象力。富吉尔笔下的船像犁地一样在海上航行，借助的是一个由各种有机体组成的燃烧物质；因此，它的颜色是蛋白石黄混合着绿色，但只要有一点儿动静，它就会变得光彩夺目，在深红、橙色、绿色和天蓝色之间转换。这艘船在乘风破浪时就像一团在海上前行的耀眼火焰，像闪电一样从船体中迸发出来。

广阔无垠的大海里充满了闪着磷光的生物，它们在水面上漂浮嬉戏，就像燃烧着的火焰中闪闪发光的微粒一样互相追逐、赶超。米舍莱将磷燃烧时巨大的火尾比喻成银河，它柔软的白色光芒不断地增强，变成燃烧着的硫磺的颜色，发光的生物在其中沿着自己的轴不断旋转或像火球一样翻滚——先是蛋白石一样的黄色，然后变成绿色，接着迸发出发光的红色和橙色，最后变成沉静的蓝色。与此同时，地平线上，一波波流光在舞蹈，它们多姿多彩、无边无际，它们透明的身躯慢慢地越过大海，好似默剧中的演员一般。这一描述让人想起兰波的"那儿虹霓绷得紧紧，像根根缰绳套着海平面下海蓝色的群马"，还有他笔下的海浪"闪耀着长长的紫色的凝辉，照着海浪向远方滚去的微颤，像照着古代戏剧里的合唱队"，就像"磷光歌唱家的黄与蓝的觉醒"。

米舍莱笔下的海上风暴让天空变得厚重而黑暗，就像一个巨大漏斗，而船就在漏斗的底部，仿佛被困在深不见底的火山中央。船的上方有一个小小的口子，露出一丝光亮，仿佛正在缓慢地将船吸到天空和大海之间的半空中。兰波也描写了"一个个灼热的漏斗在空中挂"。

我们可以想象，还是小男孩的兰波仔细地读着这些有趣的书，书中有美丽的插图，为他的想象插上翅膀，让他能看得更远。但他在写《醉舟》时还忆起了其他。还有许多其他的作品都对这首诗的创作产生了影响——儒勒·凡尔纳的《海底两万里》、雨果的《海上劳工》、爱伦·坡的《亚瑟·戈登·皮姆的故事》和《莫斯可漩涡沉溺记》都在此列。可能还包括更多其他的作品。然而，即便把所有影响这首诗的作品拼凑起来，都无法解释《醉舟》。这首诗的伟大完全出自兰波自身。

开篇中启程的场景当然来自波德莱尔的《航行》；兰波也希望自己能从波德莱尔停下脚步的地方开始继续前行。《航行》中保留了真实世界上的地区，也遵从了对"那种永恒罪孽之烦闷的场景"的思索。无论波德莱尔在世界上游荡时去到了何处，他所遭遇的都是相同的事物，是带着不同色彩但完全相同的事物。

> 从旅行中获得的知识多么悲辛！
> 今日世界，划一而狭隘，不管今日、
> 昨日，总是目击自己的形象，
> 倦怠沙漠中的绿洲，令人畏怖！

仅仅在诗的最后他才开始考虑超越世界边界。在最后一次的旅行中，他不能回头，于是便在黑暗的海上航行；他的心中充满了渴望，希望在能够通过最后的旅行到达一片净土，在那里，他可能找到让心灵感到平静和满足的东西，从而抚慰他心中无法从这个世界得到满足的渴望。

> 啊！死亡，老船长，时间到了！起锚吧！
> 这国度让我们倦怠，啊，死亡，起航吧！
> 虽然天昏海暗，如同墨水，
> 你知道，我们心房，灿光满满！

注入你的毒液，振奋我们，
趁着熊熊烈火焚烧脑海，
投入深渊底层，不管"地狱"或"天国"？
深入"未知"的国度，去搜新猎奇！

兰波拒绝被这个世界上的烦闷无聊和约束所捆绑。他理解令人作呕的事物、理解反叛，但从来不能理解烦闷无聊。他是一个通灵人，因此他必须立刻乘着他那疯狂的小船起航——因为这是他的权利——航向未来的王国。时不我待，他必须在此时此地丈量天堂的高度和地狱的深度；此时此刻，在现世的生命中，他必须看见一切、听见一切、体验一切；他不愿等待自己蜕下人类外壳的那一天。他将看见不可见的、表达不可表达的。"我还见过人们只能幻想的奇景！"他没有耐心，必须逃离；他要洗刷掉自己身上来自这个世界的污秽。

绿水渗透了我的杉木船壳，——
清甜赛过孩子贪吃的酸苹果，
洗去了蓝的酒迹和呕吐的污迹，
冲掉了我的铁锚、我的舵。

从此，我就沉浸于大海的诗——
海呀，泡满了星星，犹如乳汁；
我饱餐青光翠色，其中有时漂过
一具惨白的、沉思而沉醉的浮尸。

这一片青蓝和荒诞，以及白日之火
辉映下的缓慢节奏，转眼被染了色——
橙红的爱的霉斑在发酵、在发苦，
比酒精更强烈，比竖琴更辽阔。

至此，醉舟没有方向，只能飘走，除了诗人之外所有的船员都已死亡——此刻的他感受到了那贯穿他一生的孤独——疯狂的探险拉开了帷幕。醉舟跟着冲击礁石的惊涛，随波逐流了几个月的时间；它漂到了那些无人知道的岛屿，诗人看见天边的彩虹，像巨大的缰绳一样套着海平面下水做的马群。海面缓慢地起伏、泛起涟漪，像威尼斯百叶窗的开合一般闪耀着光泽时，大海的波浪也闪着磷光，海浪的泡沫变成花朵。

> 我见过夕阳，被神秘的恐怖染黑，
> 闪耀着长长的紫色的凝辉，
> 照着海浪向远方滚去的微颤，
> 像照着古代戏剧里的合唱队！
>
> 我梦见绿的夜，在炫目的白雪中
> 一个吻缓缓地涨上大海的眼睛，
> 闻所未闻的液汁的循环，
> 磷光歌唱家的黄与蓝的觉醒！
>
> 我曾一连几个月把长浪追赶，
> 它冲击礁石，恰像疯狂的牛圈，
> 怎能设想玛丽亚们光明的脚
> 能驯服这哮喘的海洋的嘴脸！

上文中的最后一节是一个很好的例子，展示了兰波创造性的想象力，以及不同来源的意象是如何融合成一个单一场景的。在《亚瑟·戈登·皮姆的故事》中，爱伦·坡将风暴欲来的声音比作一群受惊的野水牛奔逃的声音。水牛奔逃的场景——"疯狂的牛圈"——让兰波想起了繁育斗牛的卡马格地区（Camargue）。在卡马格地区一个位于罗讷河入口的岛屿上，坐落着市镇滨海圣马利亚（Saintes-Maries-de-la-Mer）。根据传说，这是三位马利亚——雅各的母亲马利亚、马利亚-莎乐美和抹大拉的马利亚——和她们的黑人仆从萨哈、拉撒路和圣麦西蒙在海上漂流后登陆的地方，她们随波逐流的命运和兰波在《醉舟》中描写的很是相似。当他在诗中写到马利亚们"能驯服这哮喘的海洋的嘴脸"时，也许他想到的正是这三位马利亚。

"三位马利亚"节——5月25日——的庆祝正是一场至关重要的斗牛。节日庆祝的是她们从地球上四个分区前来朝圣的举动，而她们的黑人仆从萨哈也是吉卜赛人的圣人。

最终，兰波笔下的醉舟和米舍莱笔下的船一样，仿佛正在被"灼热的漏斗"向上牵引，离开这个世界，悬在天堂和地球之间的半空中。在诗将要结束时，在他将要奔赴永恒时，水流突然倾泻而下，天空中的漏斗消失了，他被水卷入，又落到了真实世界之中——这也是波德莱尔最爱用的手法——诗的结尾无意识地对诗人的命运做出了预言，昭示着他梦境的虚无。

> 可是我不再哭了！晨光如此可哀，
> 整个太阳都苦，整个月亮都坏。
> 辛辣的爱使我充满醉的昏沉，
> 啊，愿我龙骨断裂！愿我葬身大海！

如果他必须返回地上，如果他必须从这个世界上的水中找到满足的话，那么他所求的只有来自他童年的水，让他的心灵回到少年时代，那时的他在默滋河上乘着一艘脆弱的纸船航行，那是他唯一拥有的工具，能载着他的梦航向永恒。

> 如果我想望欧洲的水，我只想望
> 马路上黑而冷的小水潭，到傍晚，
> 一个满心悲伤的小孩蹲在水边，

> 放一只脆弱得像蝴蝶般的小船。

他知道，狂野的旅程已经结束，他必须从日常的现实中寻求安慰。

> 波浪啊，我浸透了你的颓丧疲惫，
> 再不能把运棉轮船的航迹追随，
> 从此不在傲慢的彩色旗下穿行，
> 也不在趸船可怕的眼睛下划水！

这首诗是兰波艺术创作的巅峰之作，也是法语诗歌最伟大的杰作之一。

德拉艾在《亲密回忆》中告诉我们，此时的兰波正尝试在一份名为《东北》的报纸上发表自己的作品，这份报纸由激进党派于1871年7月1日创办。报纸的编辑是亨利·佩兰（Henri Perrin），他在伊藏巴尔离开后曾短暂地接任夏尔维勒中学的教师工作。兰波给他寄了一些滑稽诗，但佩兰没什么幽默方面的天赋，因此并不喜欢这些诗，还觉得兰波在嘲弄他，所以拒绝将其发表。

《东北》报上没有署名为兰波的作品，但儒勒·穆凯认为，其中一篇署名为"让·马塞尔"、标题为《沛德雪夫勒男爵来信》的文章就出自兰波笔下。在他1949年版的书的引言中，他给出了令人信服的理由。这篇文章的日期是1871年9月9日，发表于9月16日。文章中辛辣的讽刺和戏谑和兰波笔下的诗歌《坐客》《巴黎重繁》以及他的散文《长袍下的心》如出一辙，很难相信当时的夏尔维勒还有任何人能以这种风格写作。文章中有好几个段落都带有兰波个人化的幽默特点。

> 现在，我们需要休息；这是我们应得的，人们总想让我们少休息一些。我们重整了军队，轰炸了巴黎，镇压了暴动，枪决了暴徒，审判了他们的领袖，建立了政权，愚弄了共和国，准备了君主制的统治，还制定了几条迟早要被我们修改的法律——我们来凡尔赛可不是

为了制定法律的！阿纳托尔，我们在做立法者之前，首先是人。我们没打干草，但我们至少要获得丰收。①

尽管兰波只有十六岁，但这篇文章中通篇展示的幽默和技巧已经可以和比他年纪大很多的作者一较高下。

然而，这篇文章发表时，兰波正在去巴黎的途中——或者已经抵达了巴黎。魏尔伦的邀请让他欣喜若狂；他认为自己已经在首都开始了通往盛名的事业，在这里，他将和当时最伟大的诗人们亲密无间地交往。但在他充满胜利的喜悦踏上旅途时，紧张的情绪突然控制了他。巴黎会怎么看待他？他们见到他本人后会不会失望？德拉艾尽全力鼓励自己的朋友，但他还是充满了恐惧。他知道，因为这一年母亲都拒绝给他买衣服，他的着装看起来很是破旧。他不确定在社会上该如何表现，也知道在他最希望自由发声、给听众留下好印象时，羞怯会突然遍布全身。他更知道，当人们期待他闪亮登场、发表自己的观点时，他会变得手足无措、舌头打结。

出发去巴黎是兰波文学生涯中一座重要的里程碑，我们也必须了解他离开夏尔维勒时的心理状态——当时的他精神上受到了极大的鼓舞，也很成熟，但同时，他也彻底地缺乏对世界的经验和了解。尽管他的理论已经成形，但他距离"打乱所有感官"还有很长的距离。他没有钱买毒品——无论在怎样的情况下，想在夏尔维勒这样的市镇入手毒品都是十分困难的——他曾享用过的酒精也仅限于他从朋友和熟人那儿蹭来的而已。要说他和妓女们是否有过交际，除了在给伊藏巴尔的信中那句被误读的话之外，没有任何直接的证据证实这种关系的存在。在1871年9月他出发去往巴黎时，兰波很可能没用过任何超过《受刑的心》中描写的性经验，后者唤起了他对性的好奇，让他在不满足中感到着迷，也启发了他创作亵渎、下流的诗歌，但这一时期已经结束了。

---

① 《沛德雪夫勒男爵来信》(*Lettre du Baron de Petdechèvre*)，苏珊·贝尔纳（Suzanne Bernard）编《兰波作品集》(*Oeuvres de Rimbaud*)，加尼耶兄弟出版社，第138页。

第二部分

第一章　魏尔伦一家

兰波在1871年的秋天来到巴黎，当时魏尔伦和妻子的父母一起住在蒙马特的尼科莱街。由于被怀疑同情巴黎公社，他丢掉了公务员的工作；但是，造成他被辞退，或者说不再被新政府续任这件事的部分原因，很可能是由于他工作不力，且有纵欲的恶名。在动荡的战争和革命时期，他回归了单身汉的生活，并且再一次开始酗酒。为了让他远离这种诱惑，他的母亲让他和玛蒂尔德·莫泰·德·弗勒维尔（Mathilde Mauté de Fleurville）结婚。此时的他只能挣些外快，再加上年轻妻子的嫁妆；他们的经济状况已经无法继续维持布尔乔亚式的舒适生活了，而当时玛蒂尔德已经怀上了孩子。因此，这对年轻的夫妇搬去和莫泰·德·弗勒维尔一家同住，他们在蒙马特一条安静的街道上有一栋带花园的小别墅。

玛蒂尔德·魏尔伦很高兴能够再次回到这个被她依旧看作自己家的地方；比起和丈夫一起过波希米亚人一般的生活，她更喜欢在父母的家中过轻松、享乐的日子。在回忆录中，她带着一种幼稚的自豪感，字里行间充满了对这栋豪宅的赞美：一楼有两间大客厅和一间餐厅，全都面对着精心修剪过的花园；父母和她同母异父哥哥的房间在二楼，三楼则留给了"新婚夫妇"。房子里还有一间藏书室和一间客卧。[①]

莫泰·德·弗勒维尔一家并没有合法的贵族血统，但也是受人尊敬、富裕的资产阶级家族。尽管并没有记录，但他们的财富很可能来自生意上的成功；他们在姓氏中加入"德"这个助词，让它听上去像贵族的姓氏，因为这才和家族的财富相称；这种做法在第二帝国时期很常见。莫

[①] 魏尔伦前夫人（Ex-Madame Verlaine）著《我的一生回忆录》。

泰·德·弗勒维尔先生在年轻时取得了巴黎大学的法学学位，但他从未从事法律相关的职业；他的女儿对勒佩勒捷（Lepelletier）把好友魏尔伦的岳父称为"公证员"而耿耿于怀。她自豪地表示①，她的父亲一生中连一分钱都没有挣过，"他什么都不用做，可以随心所欲的生活"。在战争和巴黎公社运动结束后，他生活无忧、受人尊敬，在蒙马特舒适的家中和妻子、家人生活在一起。

莫泰·德·弗勒维尔夫人熟稔于艺术，也结交了很多艺术家，为此，她感到十分自豪。她第一次婚姻中的儿子，夏尔·德·西夫里是一名轻音乐作曲家，在当时小有名气，她自己也是颇有名声的音乐教师。在1871年，年轻的克劳德·德彪西当时就是她的学生。她也很为自己的女婿保罗·魏尔伦骄傲，他在当时最顶尖的文化圈里评价很高，前途光明，她也曾听到声名显赫的帕尔纳斯派诗人和学者对他赞誉有加——她对那些受到过表彰的荣誉人士信任不疑。她很高兴能把女儿嫁给这样一个杰出的文化人，也愿意忽略他那些不检点的传闻；她认为那只不过是一个年轻的巴黎人身上不可避免的野性罢了，只要坚忍强硬就可以在婚后消除这些瑕疵。她喜欢把自己看作一个艺术赞助人，一个鼓励、发掘未成名的年轻艺术人才的人。当魏尔伦说起在外省的文学地平线上正冉冉升起一颗璀璨的新星时，她充满了兴趣。她认为这是一个好机会，她可以在这个年轻诗人成名前就表明是自己发掘了他；她想象自己对着未来的仰慕者和观众，告诉他们是自己从贫穷和困惑中拯救了著名诗人兰波，是她敞开了自家的大门让他得以从此出道。她的女婿说，兰波的身上有超越维克多·雨果的潜质。正是她建议保罗邀请这位年轻的朋友来她家借住的；当时，她并不知道自己正在引狼入室。她听说他很年轻，因此她期待着看到一位长着波提切利画笔下天使面容、年轻版本的阿尔弗雷德·德·缪塞。浪漫主义运动为公众塑造了一个诗人应有的固定形象。其中知名的有夏多布里昂的画像：他用梦幻般的眸子望向大海，风吹过他的鬓发，簇拥着他贵气十足的

---

① 魏尔伦前夫人著《我的一生回忆录》，第59页。

眉头。其他知名的形象还有年轻的拉马丁,他像天神一般高贵优雅;还有德·维尼,他看起来一丝不苟、与众不同。但人们最喜爱的还是阿尔弗雷德·德·缪塞穿着文艺复兴时期侍从服装的画像。

莫泰·德·弗勒维尔夫人并不希望这个当代诗人能与她青年时代的诗歌诸神相抗衡,但她期待他至少能看起来非同凡响。就算他长得不像西班牙贵族出身的埃雷迪亚(Hérédia)那样高贵,至少也得像马拉美那样看起来像一个令人尊敬的学究。她完全没有想到,当她第一次见到兰波时,发现他的样子和高贵、知名的人士一点儿也沾不上边;她拒绝相信一个像兰波这样外表的人能做出什么好事来。她只在林荫大道下的长椅上见到过这副样子的人;战争爆发以来,警察们变得很松懈,不再约束这些流浪汉。她家里从来没有接待过这样的人。

兰波的造访从一开始就是一场灾难。魏尔伦和夏尔·克罗去火车站接他,但由于一些失误而错过了他。对于在乡下长大的兰波来说,走点路并不要紧,因此,在发现没人来接他后,他便独自步行前往蒙马特;他风尘仆仆、带着一身汗抵达了目的地,让莫泰·德·弗勒维尔夫人和她的女儿吓了一跳。玛蒂尔德永远都无法忘记她和母亲当时的惊愕:这个乡下青年走进会客厅时,她们正坐在那里等待魏尔伦带着他一起回来,好奇着他的模样。但她们看到的却是一个粗鲁的农民青年,双手粗糙、双颊泛着风吹日晒导致的红晕。那时他刚刚开始抽条,去年的旧衣服已经不合身了;衣袖无法遮住他骨节粗大的手腕,那条著名的灰蓝色裤子的裤腿也吊在他母亲亲手织就的蓝色棉袜上方。除此之外,他还看起来肮脏不堪;他的头发就好像从没梳过那样根根竖起,他的领口拴着一根肮脏的绳子当作领带。最可怕的是,他身边没有任何行李,没有牙刷,没有梳子,连换洗的衣服都没有。[1]

一直以来,兰波都对周遭的氛围很敏感,这种敏感难以解释,就像是动物的直觉;此刻,他很快就知道自己给别人留下了什么样的印象。他立刻感觉到,在这对母女教养良好的礼貌态度下藏着对他的敌意和否定。魏

---

[1] 魏尔伦前夫人著《我的一生回忆录》,第180页。

尔伦和克罗从火车站回来时，母女俩正试着招待兰波，准确地说，应该是在尝试克服巨大的困难以完成她们这种上流人士的社交义务——她们并不在意客人是否得到了周到的招待。

当看到坐在会客厅里的不过是个孩子时，魏尔伦也无法掩饰自己的惊讶。他本以为来人应该超过二十岁，和他年龄相仿。撞进他眼中的却是一个长腿的男孩，他的头发散乱，举止笨拙；他仿佛是个还在长身体的少年，不知道怎么去活动自己粗笨的四肢，也不能控制变声期粗哑的嗓音。在这个骨瘦如柴、笨手笨脚的青春期少年身上，他看到了一张孩童的面孔；双颊圆润粉红，还有一双他所见过最纯净、最凌厉的蓝色眼睛。他坚称这一时期的兰波长相俊美，还对他十六岁时美丽无比的脸庞做了描述。相形之下，玛蒂尔德·魏尔伦和其他许多说兰波粗鲁、丑陋的人仿佛充满了偏见和恶意。

第一天的晚餐是一次巨大的失败。魏尔伦夫人和莫泰·德·弗勒维尔夫人那明快、毫无意义的谈话让兰波手足无措，而他当时也还没习惯和女性在一起的场合。她们不断向他抛来无止境、无意义的问题，问他的旅途如何，他未来的计划是什么；她们还带着巴黎人高高在上的傲慢态度，询问他对法国外省生活的看法。兰波对这个话题的看法是绝对不能在任何讲究礼仪的场合中说出来的。夏尔·德·西夫里像一个典型的巴黎人那样，用脆利的声音喋喋不休，这也让兰波感到厌烦；很快，他就不再掩饰自己对主人们的轻蔑。如果那顿晚餐进展顺利的话，他会发现夏尔·克罗其实很同情他，但当时他感到很不自在，也很困扰；因此，当克罗向他抛来关于美学原则和文学理论的问题并公开分析他的作品时，他感到更加不安。兰波觉得十分疲倦和困惑，而且他从来也不是一个能顺畅地和人谈天说地的人；此时，他舌头打结、陷入了阴沉的静默之中，只肯用只言片语来回答那些对他来说相对善意的问题。他看起来很粗鲁，情绪也不太好；但事实上，他陷入了比人生中其他时刻更加深沉的悲哀、痛苦和失望中。

后来，在回顾这一晚上发生的事时，魏尔伦只能想起兰波发表的一段观点，和文学毫无关联。晚餐时，房间里有一条小狗，它是莫泰·德·弗勒维尔夫人最宠爱的宝贝,是一条被打扮得漂漂亮亮并受到无限溺爱的小可爱;但它脾气很好,也很乖巧。当时,小狗在人们脚下跑来跑去,求他们分一点食物给它,也想得到人们的关注和抚摸。兰波当时很是古怪;他很快感到烦躁,于是居高临下地看着那条可爱的小东西,用极尽轻蔑的口吻说道:"狗都是自由主义者!"[①]

随着晚餐的进行,兰波也变得越发笨拙和无礼。晚餐结束前上咖啡时,他做了一件让在场的女士们又惊又怕的事:他从口袋里拿出脏兮兮的烟斗,跷起了二郎腿,像在一个低级酒馆里那样把胳膊支在桌上,让臭不可闻的烟草味充斥着整张餐桌。

那个夜晚本该因振奋人心的文学谈话而无休无止地进行下去,然而事实上,它很快就草草结束了。莫泰·德·弗勒维尔夫人宣布,由于兰波旅途劳累,他一定不想继续留在这里聊天;因此,在晚餐结束后不久,她很快就给出了各自回房休息的信号。

在做客期间,兰波一直无法摆脱第一晚失败的阴影,他也没有继续努力向女主人证明自己;事实上,他的观点和举止都无底线地触怒着她。他决心为她对他的厌恶提供更充分的理由。有一天,当魏尔伦回到家,他发现自己的朋友正在屋子前面的石子路上伸开四肢躺着,一边享受着十月的阳光一边抽烟。任何从这条街上路过的行人都能看见他,住在这一受人尊敬的街区的人们则站在一边诧异地盯着他。这个地区很快充斥着关于莫泰·德·弗勒维尔夫人家古怪的客人的传言;人们一致同意,她会让自己的女婿和这种小流氓为伍确实是一件怪事。传言越来越广,这条街区每一栋房子的管理员都知道了他的事。

莫泰·德·弗勒维尔夫人坚信是兰波腐蚀了她的女婿,是他怂恿他败坏道德、公开地进行反叛。她这么想其实并不公平,因为从某种程度上来说,魏尔伦对婚姻的不忠从兰波来巴黎前就已经开始了。毕竟,魏尔伦比

[①] 魏尔伦著《关于兰波的新笔记》(*Notes Nouvelles sur Rimbaud*),《鹅毛笔》(*La Plume*)杂志,1895年10月。

他年轻的朋友要年长十岁；他从青少年时代起就在拉丁区四处游荡；青年时期的他被指有鸡奸行为，在和玛蒂尔德·莫泰·德·弗勒维尔结婚时他就已经是一个真正的酒鬼了。婚姻初期，由于新婚生活和年仅十七岁的妻子带来的新鲜感，他在岳父严格的管束下暂时安定了下来。但在认识兰波之前，他就已经感到已婚人士所谓的体面很是乏味，尤其是后来妻子怀孕后身体变得非常脆弱，让他偏好纵欲的感官无法再享受肉体的快感，而这种快感正是一直以来让他还能忍受婚姻束缚的重要原因。更加接近事实的情况应该是，他帮助兰波完成了他"打乱所有感官"的目标。毫无疑问，兰波是一个聪颖的学生；他鼓励了年长的魏尔伦，让他做出更为大胆的举动，并煽动他对抗家庭的约束。那时的魏尔伦知道，就算是他最不讲理的行为都会得到支持，他再也不用独自面对来自严厉的岳母的指责，因为现在兰波首当其冲成了被非难的对象。

1871年10月30日，乔治·魏尔伦出生。在接下来整整三天的时间里，一切都很顺利。魏尔伦表现得和任何一个自豪的年轻父亲并无二致。他每天晚上都回家吃饭，整晚都陪伴在妻子身边。第四天，做一个模范丈夫的压力让他一心向好的决心一下子土崩瓦解了。他到凌晨2点才回家，整个人都处于重度醉酒的状态。酒精，尤其苦艾酒，是他永远渴求的毒药；醉酒归来的他脑中充斥着污秽，并对每一个见到的人语出威胁。回到家后，他径直去了妻子的房间，拒绝了她让他回自己房间休息的哀求。产褥护士受到了惊吓，威胁要去找他的岳父母来帮忙，但玛蒂尔德不想打扰他们。接下来，尽管受到了抗议，他还是在妻子的床上躺下，穿着出门时的全套衣服，脚上的靴子也没脱下来；他把满是污泥的脚放在玛蒂尔德脸旁的枕头上，就这样很快进入了酩酊大醉的睡梦中。第二天早上，当莫泰·德·弗勒维尔夫人来看女儿时，她惊恐地看到女婿还穿戴整齐地睡在那儿。玛蒂尔德还提到，当时，一贯善良宽容的母亲变得出离愤怒。①

同一时间，老莫泰·德·弗勒维尔结束了乡间的狩猎聚会回到家中。带

---

① 魏尔伦前夫人著《我的一生回忆录》，第184页。

着家中男主人的威慑力，他立刻做出了决断。他激烈地质问着家里的女人，为什么会容忍这种不端的行为继续发生，还说他决不能容许这个外来的闯入者在他家里待着。他告诉女婿，必须立刻给这个讨人厌的朋友另寻住所。

兰波离开后，玛蒂尔德在收拾客卧时发现枕头上爬满了她从未见过的小虫，这让她又惊讶又恶心。但她的母亲明显更有经验，她告诉她那是虱子。玛蒂尔德把这一发现告诉了自己的丈夫，希望能让他对这位朋友感到恶心，但保罗只是对着她大声地嘲笑，还说兰波喜欢在头发里留着这些寄生虫，以便把它们扔向街边路过的神甫。[1]

但兰波没有在原地等着被莫泰·德·弗勒维尔一家赶出去，也没有等魏尔伦为他另寻住所。他自己决定逃跑，也没有告诉任何人他要去哪儿——这也十分简单，因为除了身上穿的衣服外，他一无所有。但魏尔伦觉得自己对他有责任，出于他的善心，一想起他那身无长物的年轻朋友在巴黎街头举目无亲地独自游荡，他就感到非常烦恼。因此他在能想到的地方四处寻找，但并没能成功找到他。几周之后，他才偶然在街头遇到他，当时的他改变之大让魏尔伦非常惊讶。他曾经那种田园生活带来的健康气息已经完全消失了，取而代之的是苍白的面容和深陷的双颊；他衣衫褴褛，身上到处是寄生虫。离开蒙马特后，他试着找工作，但一无所获；为了不至于饿死，只要有机会，他什么不三不四的营生都做过，其中一项就是在街头兜售钥匙链。[2]这段时间他的生活就和上一次来巴黎时一样一贫如洗。魏尔伦为他的窘迫而落泪，请他饱餐一顿后，把他带到了夏尔·克罗和安德烈·吉尔那里，让他们在能找到长久的解决方案之前先照看兰波。[3]魏尔伦接着找到了泰奥多尔·德·邦维尔，后者对未成名的穷苦艺术家十分慷慨，有口皆碑。邦维尔记得这个年轻诗人的名字，他曾两次从夏尔维勒给他写信。他为兰波在自己所住的房子里租下了没有家具的阁楼，房子位于布奇街，就在圣日耳曼大道旁边；他的母亲为阁楼添置了最

---

[1] 魏尔伦前夫人著《我的一生回忆录》，第 185 页。
[2] 帕泰尔纳·贝里雄著《兰波的一生》，第 154 页。
[3] 帕泰尔纳·贝里雄著《兰波的一生》，第 140 页。

紧要的几件东西。从邦维尔的幼年起，他的母亲邦维尔夫人就一直照料着自己的独生子，她鼓励、培养了他在诗歌上的天赋，为自己比儿子那不幸的朋友波德莱尔的母亲更出色、更理解孩子而感到自豪。此时的邦维尔已经接近五十岁，是当时最杰出的诗人之一，但她仍然给他令人嫉妒、无微不至的照料。外省来的年轻诗人还只是个身无分文的孩子，赤手空拳地在冷漠的巴黎城中打拼，这让她想起童年时的儿子，心下不免有所触动。

她和她的儿子让兰波得以有瓦遮头，但为他提供食物的则是夏尔·克罗——这一信息来自一封写给普拉德尔（Pradelle）的信，属于贝雷斯（Bérès）资料的一部分，日期为1871年11月6日。最后，几个作家一起出了三法郎一天的钱供他开销。这些钱并不能让他变得富裕、自我放纵，但至少能保证他不被饿死。

兰波却没有在布奇街久留。据说，邻居们向邦维尔抱怨家中住客的行为，因此他被要求离开此处。据说当他穿着爬满寄生虫的肮脏衣服，头一次走进新的房间时，他无法允许自己把这样一间舒适、干净的居所弄脏。于是他脱下所有衣服，赤身裸体地站在打开的窗边，把这堆肮脏的衣服全都扔到楼下的通道上，这让住在街对面的人感到十分惊恐。

据说他就是在这里写下了《捉虱女人》，灵感来自发生于一年前的一件事。不考虑主题本身，这首诗中那些极为精致的诗句有一种激发人心的力量，让人想起波德莱尔的一首诗：

> 鲜红的痛痒溢满孩子的头上
> 在寻求白色的朦胧梦境时，
> 两位美丽的大姐走近他的床边
> 她们有着银色的指甲，十指纤纤。
>
> 她们让孩子坐在敞开的窗边
> 碧波荡漾的空气里盛开着缭乱的花朵
> 孩子厚厚的头发沾满露珠，被分开了

用美丽而又可怕的纤纤玉指,指甲在搔抓

孩子在倾听可怖的气息奏成的歌
玫瑰花蜜发出甜蜜的香气
在孩子忧伤的叹息声中歌儿断断续续
浮上唇边的是恶心,是接吻的欲望?

香气四溢的沉默中,眨巴着睫毛
孩子悄悄地倾听,充满了懒散的醉意
她们的手指在华美的指甲下抖动
是一只只小虱子崩命的声响

懒怠的醉意爬满了孩子的头颅
那是充满狂奋的口琴的呼吸
顺着缓缓的爱抚孩子的心中
不断涌出潸然泪下的欲望又悄然释去。

离开布奇街后,兰波和作曲家卡巴纳(Cabaner)一起住了一段时间,他睡在作曲家的沙发上。卡巴纳的住所在异乡人酒店,就在离奥岱翁街不远的拉辛路上。卡巴纳是一个非常心不在焉、精神恍惚的人,他从来不知道、也不在乎有多少人在他的房间里过夜。除了艺术之外他从不考虑其他,连普鲁士军队围攻巴黎这件事,他都只是模糊地知道一点点。巴黎第二次被凡尔赛政权围攻时,他说道:"什么!德国人又来了?"然后,他发现听他说话的人脸上都露出了惊奇和厌恶,于是他又说道:"天哪!都围攻了这么久了,我想着这会儿也是该换别的国家来干这事了。"①

他的身形很瘦弱,几乎是个纸片人,他的脸上似乎只有一丛随风飘动

---

① 德拉艾著《关于兰波和魏尔伦》,未发表手稿,藏于杜塞文学馆。

145

的柔软胡子和一双似乎在梦中的大眼睛。魏尔伦曾经说他是"喝了三年苦艾酒后的耶稣"。①

在兰波和卡巴纳住在一起时,德拉艾来见过他,这也是自他离开夏尔维勒后他们第一次见面。德拉艾在酒店里肮脏的小房间里找到了他,周围是一群文人,而他在沙发上躺着,明显是睡着了,完全不知道周围有哪些人。突然之间,他伸了个懒腰,揉着眼睛坐起来,然后做了个充满厌恶的鬼脸。他刚经历了一场海吸希带来的昏睡,这一体验让他很是失望。他本打算躺下、享受最美妙的通灵幻象,但他看见的只是一群黑白色的月亮互相追逐,它们的速度各不相同,穿过整个天空。这应该是他第一次体验毒品带来的幻觉;当时的日期是1871年11月。

德拉艾于是再一次打量了自己学生时代的朋友,他意识到在巴黎的过去两个月中他身上发生了巨大的改变。他长高了许多,他不再是个小男孩,而是一个高挑瘦长的青年,他的瘦弱让人感到难以忍受的痛苦。他看起来肮脏不堪,瘦削的肩膀上挂着满是皱褶的二手大衣,看上去比他的尺寸大了好几码,头上还戴着一顶被打扁了的灰色旧毡帽。德拉艾的内心深处还是一个体面的资产阶级,此情此景让他很是震撼。

在卡巴纳尽到地主之谊后,兰波在接下来几星期的时间里辗转于不同的工作室,在任何愿意收留他过夜的人那里寻求一夜的庇护。但魏尔伦最终还是给他在蒙帕纳斯大道附近的一条小路康帕尼-普雷米尔街(Rue Campagne-Première)上租了一个房间,今天这条路上有很多的艺术家工作室。1872年1月,兰波搬进了这间房间,一直住到3月他回到夏尔维勒为止。这间房间"充满了日光和蜘蛛的声音"②,也是多次见证了兰波和魏尔伦一起寻欢作乐的场所;这种行为最终导致兰波被逐出首都。5月再回来时,他住在王子先生街(Rue Monsieur-le-Prince)和位于维克多-库赞街(Rue Victor-Cousin)十分肮脏的克吕尼旅馆,距离索邦大学不远;他在那里一直住到7月,之后便和魏尔伦一同去了布鲁塞尔。

---

① 德拉艾著《关于兰波和魏尔伦》。
② 魏尔伦著《诗人与缪斯》,收录于诗集《今与昔》。

第二章　巴黎

巴黎让兰波很失望，因为他没能如愿在文学界获得肯定。即便是魏尔伦那些觉得自己像波希米亚人一样放荡不羁的好友们，也绝不会接受兰波自愿沉沦其中的那种堕落。此外，在第二帝国末期、第三共和国初期和十九世纪九十年代的波希米亚人彼此之间也多有不同。随着时间的推移，肮脏和贫困的生活方式被看作天才的标志，因此有许多"世家子弟"开始不洗澡、自甘堕落，希望能以此为刺激，追求他们自身所不具备的天才。波德莱尔却恰恰相反，无论他的处境有多么窘困，他都一直为自己每天要在梳洗间待上至少两个小时而感到自豪。有一回，他对母亲大发雷霆，因为她提出贫穷的生活可能导致了他人格上的劣化。如果波德莱尔活到九十年代，他一定会以自己的贫穷为傲，认为这是一种光荣。1871年，文学依然受人尊重，享有很高的地位。作家们认真地对待自己的职业，认为自己是掌握真理的人，并且有义务协助在普法战争和巴黎公社运动中遭受重创的法国"重塑道德观"。几年之后，出现了一种奇怪的现象，1875年，仅仅出于对作者道德品质的考量，魏尔伦的诗被拒绝收录于《当代帕尔纳斯》第三辑。1875年，当他还在英格兰时就听说诗集会再出一卷，因此提交了一部分他所作的诗歌以求被收录，其中的一些漂亮的诗收录于后来出版的《智慧集》。但是，在《当代帕尔纳斯》第二辑已经出版、第三辑尚未出版的时间里，魏尔伦与兰波产生了关联，又发生了布鲁塞尔事件的审判和后续判他入狱的判决。因此，编委会拒绝收录他的诗。[①] 编委会的成员是三个他之前的好友：邦维尔、科佩和阿纳托尔·法朗士。邦维尔和

---

① 参见魏尔伦致布雷蒙（Blémont）的书信，1875年10月27日。

科佩投了弃权票，他们为此感动自豪，认为这一举动是他们宽宏大量的证明；但事实上他们仅仅把所有的决定权都留给阿纳托尔·法朗士一个人罢了。他却完全没有顾忌，对朋友的感情、宽容和恻隐之心统统没有影响到他，他在投票的纸条上写道："这位作家不配被收录，他的诗也是我们读过最差的。"①

阿纳托尔·法朗士的这种做法证明，他既不是一个忠诚的朋友，也缺乏欣赏魏尔伦诗作中最杰出的作品所需的敏感。因此，《当代帕尔纳斯》第三辑中没有包括任何出自魏尔伦笔下的作品。

兰波在巴黎结识的文人都持有和阿纳托尔·法朗士相似的观点，也遵循相似的原则，因此，他们不可能认可他那缺乏道德标准的观念、肮脏的外表和没有责任心的行事方法。此外，他们也不可能忍受他的傲慢，因为他们认为他没有傲慢的资本。兰波本人也没有努力去掩饰对他结识的所有人的不屑，他也没有粉饰太平，而是直接地摆出事实：他认为他们的艺术理论早就老掉牙了。和他们相处时，他永远带着一脸的讥笑和蔑视。

战争和巴黎公社运动并没有对当时巴黎的文学界及其美学理想做出太大的改变。帕尔纳斯派的艺术观依然盛行，就像在第二帝国时期一样。作家和艺术家言必称对美的崇拜，而美对他们来说意味着和谐和宁静。他们尤其崇拜人体之美，特别是女性的肉体；不是库尔贝和马奈画中那种现实主义的美，而是一种无性征的脱俗之美，不会唤起任何低级的欲望。他们称之为"和谐的裸体"。可以想见，兰波的《另一种形式的维纳斯》中的"美丽，丑陋，都缘于肛门溃烂"并不是写来取悦这些人的。尽管波德莱尔在1867年去世，除了少数几个像魏尔伦这样的诗人做出不完美的解读外，他的作品当时依然没有得到人们的理解和欣赏。其他诗人的目光聚焦在过去，他们认为真正的美源于过去，因此不能接受波德莱尔关于美的新观念：城市化的美，让城市里的男女取代男神和女神；用狭窄的贫民窟街道取代嫩绿色的林中空地；用公寓房取代古典风格的宫殿。他们和波德

---

① 参见《亲笔手稿》(*Le Manuscrit-Autographe*)，1928年3—4月。

莱尔唯一的共同点是都尊崇完美的作品。勒孔特·德·李勒是当时巴黎诗人的领袖，但完美无缺、俊美的埃雷迪亚和冷酷、单音调的诗句才是最有代表性的。从埃雷迪亚的作品中，我们可以清晰地看到，诗歌通过浪漫主义革命而获得的自由已经几乎丧失殆尽。根据帕尔纳斯派对诗歌的标准，就算是毫无内容的诗歌也可以被谱写成最高级的作品，这也不可避免地导致了诗歌的破灭，因为真正的诗歌只需要由"纯语言和流动的韵律"构成。帕尔纳斯派的诗歌也被称作高明、巧妙地陈列的小摆设。对于这些作家而言，兰波那充满生命力、个人化的艺术形式是没有吸引力的。他们中的每一个人都坚决否定他的观点，认为他的理论混乱不堪，语法和句法也错漏百出。他们的态度不仅是出于对兰波的讨厌和否定，也是人类固有的直觉中对改变的恐惧。所有年长、声名显赫的诗人都排斥他，包括勒孔特·德·李勒和邦维尔；即便是科佩、埃雷迪亚和卡蒂尔·孟戴斯（Catulle Mendès）这样把自己看作进步派的年轻一代诗人也不接受他。魏尔伦是唯一仍然对他这位朋友的能力有信心的人，但他的看法并没有什么影响力，因为人们相信兰波用恶魔之眼对他下了咒、迷惑了他的心智。

然而，也有奇妙的巧合：前一年的11月，一位和兰波多有相似、同样充满个人主义和革命性的诗人在巴黎去世。伊西多尔·迪卡斯（Isidore Ducasse），他的笔名是洛特雷阿蒙（Lautréamont）。他去世时年仅二十四岁，没有名气，也无人发掘。但时至今日，他所作的《马尔多罗之歌》为超现实主义作家和画家提供了一片寻找灵感的沃土。洛特雷阿蒙的想象力丰富多彩又奇诡无比，很多地方与兰波相似，但他的视觉缺乏连贯性，他自身的艺术家气质也不如兰波。也就是说，尽管他的想象力绝不逊于兰波，他在赋予想象中所见事物实体的形态、与读者沟通和剔除非必要、冗余的元素方面的能力却不如兰波。他不知道该如何从向自己涌来的众多幻象中做选择，他也从未学会如何从残渣中淘洗出黄金。从同一首诗不同的草稿中可以明确地看到兰波那准确无误的艺术感受力，这些诗通常都有好几个不同的版本。如果把《地狱一季》未经加工的草稿——流传至今的只有两份残本——和他拿给出版社的终稿相比较的话，可以从他的修改中窥见他的创作方法。在第二版中，他精简、删改了自己的作品，把那些只有充沛的情感但一无是处的空谈删除，只留下得到完整表达的内容。

可惜的是，兰波没能和与他持有相同文学理论的洛特雷阿蒙会面。洛特雷阿蒙在1869年感受到的艺术需求和抱负与1871年的兰波如出一辙，他写道："在我写作时，知性的空气中流过令人激动的感觉；唯一的问题就是我能不能鼓起勇气，面对面地看着它。"他在《诗》中描述的美学理论和兰波在"通灵人书信"中阐述的理论也有一些相似之处。但是，兰波在构建自己理论之前不可能已经知道洛特雷阿蒙的作品。《马尔多罗之歌》的第一篇由私人印刷于1868年，当时没有引起关注；完整作品于1869年由拉克鲁瓦（Lacroix）出版，但由于洛特雷阿蒙拒绝根据出版社临出版前提出应该考虑政治环境的意见而做出修改，最终一本都没有卖出去。之后，普法战争爆发，诗人也在战争结束前去世。

兰波从未迎合与他相识的文人们；相反，他觉得自己反正也没能成功，于是尽全力让自己变得更加惹人厌烦。面对那些善意对待他的人，他不出一句感激之语，生怕他们只是出于怜悯才这样做；怜悯对于自尊心极强的兰波来说是最不能接受的。由于缺乏善意和同情，他对所有人都毫不留情，肆意地伤害每个人最脆弱的感情。在魏尔伦的好友勒佩勒捷失去他挚爱的母亲时，兰波深深地伤害了他；他看到勒佩勒捷对路过的葬礼脱帽致意，就说他"在向死神致敬"。每一个见过兰波的人都认为他的行为以他的年龄来说实在是太过具有攻击性了。他们觉得这不能因为他是一个来自外省的笨拙乡巴佬就有了借口，他的傲慢无礼对比他年长的、更值得尊敬的人来说实在是难以忍受。在诗人们碰头的地点克吕尼咖啡馆，如果别人朗诵的诗句不能取悦他，他就会伸开四肢躺在座位上装睡，或是发出厌恶、讥讽的哼哼声。[①] 只要他张开嘴，那一定是要说出一连串革命性的看法，让他的听众感到不适，如鲠在喉。当时巴黎公社运动刚过去六个月，那几个星期里可怕的回忆在每一个巴黎人的心中都灼烧出了深深的印记。

[①] 德拉艾著《兰波》，第44页。

他成了害群之马，对像阿尔贝·梅拉（Albert Mérat）这样善良、温柔的诗人来说更是如此。梅拉本来也会被画进方丹-拉图尔的《桌角》①，但他在最后一刻拒绝被画，并表示他不愿意让后世看到自己和这个年轻的小痞子阿蒂尔·兰波为伍。据玛蒂尔德·魏尔伦说，最后是一瓶花代替了他的位置。后世的人们并没有觉得这是很大的一桩损失，因为现在还有谁能记得温柔的梅拉呢？事实上，这幅画里至今还为人所知的名字只有两个：保罗·魏尔伦和他那不受人待见的朋友。②

此时的梅拉刚出版了他的诗，题为《偶像》，是一首赞美女性肉体美的十四行诗。魏尔伦和兰波为它写了一篇毫无敬意的戏仿之作，收录于《痞子诗集》(Album Zutique)中，题为"屁眼的十四行诗"。这首诗极尽下流色情，很可能是导致梅拉对兰波抱有敌意的主要原因。③

据说，兰波之所以与阿尔贝·梅拉为敌，是因为他是少数几个在他来巴黎之前欣赏的诗人之一。他曾说过，现代文学只有两位"通灵人"：保罗·魏尔伦和阿尔贝·梅拉。④

一天，在文人聚会的"粗人"晚餐会上，兰波大肆玷污了自己的名誉，这使得他再也不被邀请参加这一活动。晚餐会定期在波比诺剧院的咖啡馆举行；参加者都是当时的重要作家，包括邦维尔、埃雷迪亚、科佩和魏尔伦，兰波则是作为魏尔伦邀请的客人参加过几次。但那天晚上，在晚宴即将结束时，让·艾卡德（Jean Aicard）正在朗诵一些自己的诗作，当时已经酩酊大醉的兰波在每一句诗的最后都接上一句"他妈的"，他的声音很响亮，在座的每一个人都听得见。一开始，宾客们认为他总会感到厌倦，会停止他的行为，于是便假装不知道他在说什么；但很快，他们再也无法忍受，尤其是因为他的声音越来越大，甚至盖过了其他诗人的声音。摄影师卡雅（Carjat）开口让这个肆无忌惮的男孩保持安静。兰波傲慢地

---

① 现藏于巴黎卢浮宫。
② 画中描绘的作家：瓦拉德、布雷蒙、艾卡德、戴尔维利、佩莱坦、魏尔伦和兰波。
③ 参见斯塔基《方丹-拉图尔的桌角》，收录于《法国思想》(The French Mind)，第318—326页。
④ 摘自致德莫尼的书信，1871年5月15日。

回答，没有任何人能让他闭嘴；卡雅粗暴地摇晃了他，告诉他必须保持安静，否则就要揪他的耳朵。兰波此时已经完全脱离了控制，他抓住了魏尔伦的剑杖，朝卡雅刺去，如果在场的人没有制住他并从他手里夺走剑杖的话，他一定会对卡雅造成人身伤害。闹剧之后，宾客中的一个人把他送回家，让他好好睡一觉解酒。①

那一晚的闹剧之后，人们决定再也不允许他参加任何与社团相关的晚餐会。

兰波于是越发变得自我孤立，他把自己关在自己那快速成长的心灵世界中，那里闷热异常；在这样一个密闭、不透气的空间里，他的自尊和傲慢得到了快速的膨胀，比他内心中其他东西更快、更大。他总是独自一人发呆，沉浸在永不停歇的静思默想中，这让他比从前更清晰地意识到自己的原创力，意识到自己超越他人，也意识到他理念中最精华的说服力。他成长得很快，惹恼了身边所有的人和事。如果他能做一个趋炎附势的人，那么他就会隐藏自己对别人的厌恶，转而奉承那些他认为不如自己的人，但他从不掩饰自己的轻蔑；很快，所有的文人都离他而去。除了魏尔伦外，还有一个人也认可他的原创性和潜力：莱昂·瓦拉德（Léon Valade）。在写给他的朋友、评论家埃米尔·布雷蒙（Emile Blémont）的信中，他描述了兰波对初到巴黎的他的影响。②

> 你没能来上一次的粗人晚餐会，实在是错过了一个大好的机会。那天出现了一个神奇的诗人，还没满十八岁，他是魏尔伦一手发掘的，魏尔伦就是他的施洗者约翰。他的手很大，脚也很大，面孔特别孩子气，就像一个十三岁的孩子一样，还有深蓝色的眼睛！他的性情中野性多于羞涩。这样一个男孩，他的想象力兼具巨大的力量和你做梦都想不到的腐蚀力，他让所有的朋友都对他既着迷又恐惧。戴尔维

---

① 勒佩勒捷著《魏尔伦》，第 261 页。
② 摘自 1871 年 10 月 20 日的书信，发表于《法国和外国书信年鉴》(*L'Almanach des Lettres Françaises et Etrangères*)，1919 年 1—3 月。

利（D'Hervilly）说："看呀，他就像耶稣来到圣师之间。"大师却答道："他更像是撒旦！"我很快就找到了更精妙的说法："那就是撒旦来到圣师之间。"我无法向你诉说这位诗人的生平，但你只要知道他刚从夏尔维勒来，并且决心再也不回家，这就够了。来吧，这样你就可以读他的诗，并作出你自己的评价了。

如果不是命运的里程碑总是悬在我们的脖颈上，我就会宣布，我们在此见证了一位天才的诞生。这是我深思熟虑后得出的结论，我花了三个星期的时间来思考这件事，这绝不是一个转瞬即逝的念头。[1]

然而，兰波逐渐脱离了巴黎文学圈，只和魏尔伦、外号为伽弗罗什（Gavroche）[2]的艺术家福兰（Forain）和里什潘（Richepin）为伍，这些人都和他一样野性和反社会。他一天中大部分的时间都和这些人一起坐在布尔米西咖啡馆里喝苦艾酒，他的生活几乎处于永无止境的醉酒状态中。也是在这段时间里，魏尔伦把从父亲那里继承来的资产挥霍殆尽，其中大部分都用于和兰波一起寻欢作乐。被咖啡馆关门打断的纵酒狂欢会在兰波位于康帕尼-普雷米尔街的房间里继续，在那里，他们会继续大喝大闹到第二天日上三竿的时候。

毫无疑问，此时的魏尔伦和兰波终于成功达成了"打乱所有感官"的目标。"这儿有一个喝酒的地方我很喜欢。"他在给德拉艾的信中写道[3]，"苦艾酒学院万岁！虽然服务员的态度很差。那是最精美、最容易轻颤着的衣衫——由冰川上的艾草，苦艾酒诱发的醉意。"

但他并非没有意识到酗酒对他的身体造成的损害——尽管他认为劣化是必要的——因为他还加上了一句："但这是为了之后能在一团糟里入睡！"

---

[1] 1872年，这封信的收件人应该是《文学和艺术复兴》杂志的编辑，兰波的诗作《乌鸦》曾于1872年9月14日在这份杂志上发表。
[2] 源自维克多·雨果笔下《悲惨世界》中的"野孩子"。
[3] 1872年6月的书信，《兰波全集》，第269页。

兰波和魏尔伦在对待酗酒和纵欲的态度上有很大的不同。魏尔伦只要有感官上暂时的满足就足够，他也从来不问这是为了什么。但在成长中受到清教徒极大影响的兰波，却认为纵欲是一种必要的美学和精神原则，因此这对他来说并不仅仅是自我放纵而已。相反地，在他倒置的禁欲主义中，它成了一种自我修行、自我鞭挞的形式。这就是他永远穿着的刚毛衬衣①，也是他永远背负着的鞭子，沾满了他流下的鲜血。仅仅是感官的满足并不能让他感到愉悦，这一点是单纯、不爱自省、无忧无虑的魏尔伦所不能理解的。在《渴之喜剧》中，兰波这样描写醉酒的状态：

> 我多想，我宁愿
> 在水塘里腐烂，
> 在可怕的油脂下，
> 近旁有树木摇荡。②（何家炜　译）

对他而言，纵欲的人生是一次漫长的殉道，但这也给他带来了如同宗教殉道者一样的狂喜；为了达到崇高的状态，他愿意牺牲自己的尊严、健康和纯洁。在研究他这一时期的诗歌时，我们可以看出，这种牺牲、殉道的状态也伴随着一种胜利、飞升的状态，后者当然依赖于前者的实现。后来，当他意识到这种殉道形式的徒劳时，他对肉体的严厉走向了另一个极端：他甚至不允许自己享受最为正当和必需的安逸。此时的他成了一个遭受折磨的受害者，这也解释了他为何在最堕落、邪恶的时期里却依然有着一张纯净无比的脸庞，从卡雅当时为他拍摄的照片里也能看出这一点；他的眼睛和眉毛中有一种摄人心魄的精神性的美感。"他的双眼，"德拉艾说，"是我见过最美的，在他认真时，它们传达出勇气和无畏，似乎时刻准备好做出任何牺牲；在他微笑时，它们又传达出孩童般的温和；并且总是深

---

① 中世纪苦修士所穿的服装，通过对肉体的折磨达到悔改的目的。——译者注
② 《渴之喜剧》之三，《兰波全集》，第127页。

不见底，带着叫人讶异的温柔。"①

兰波的天真无邪和纯净中有一种铂金般的品质，任何堕落放纵都无法腐蚀他。"所有的恶都在他的生命中经过，"里维埃（Rivière）说道，"但对他而言，这只是一种净化。"于他而言，纵欲是一种教条，是一项宗教般的目标，就像通往德行的路一样崎岖。我们难免会猜测他是否时有后悔，并怀念自己曾经那洁白无瑕的纯真，怀念当初在空旷的亚登省度过的无邪时光。那时他不知恶为何物；那时他总在高山和河流之间漫游；那时他还没有接受如此沉重的负担。我们能感觉到，他也渴望休息；在他强加于自身的殉道之路上，他的精神如此疲劳，他希望有人从他的唇边拿走那苦涩的酒杯。但只要他相信自己的理想，他狂热的信仰就不会允许自己变得脆弱。

---

① 摘自德拉艾未发表的手稿，藏于杜塞文学馆。

第三章　炼金术和魔法

众所周知，兰波在研究神秘主义哲学时，对炼金术和魔法的书籍也十分感兴趣。他自己就曾宣称，他通过使用魔法而达到了无上喜乐的状态——"无人能避开的幸福，我作过神奇的研究"——魔法也是他用于达成"打乱所有感官"的手段，这也是他美学理论中重要的目标。

但夏尔维勒市立图书馆的图书管理员认为这些书不适合他的年龄，也不允许他读这些书；他还认为，对这类文字的兴趣只是出于下流、色情的坏品质。

但在十九世纪，对那些为有进步思想和精神自由而自豪的人们来说，巫师、魔法师和女巫已经不再被看作邪恶的化身。兰波是米舍莱的读者和拥趸，应该已经从他的《法国史》中描写中世纪的部分和《女巫》里了解到，女巫和巫师在解放人类思想和精神中扮演了十分重要的角色。米舍莱宣称，正是他们率先对科学和数学进行了研究，教会才对他们进行迫害，因为教会认为这种知识十分危险，可能会导致温驯的羊群开始反叛、寻找自由。他认为，教会才是拖延基督和撒旦之间和解的元凶。他认为，撒旦代表着知性上的好奇心，并进一步宣称，化学、物理和数学都是撒旦的发明。撒旦也是最伟大的魔法师——他在此处用的词本意就是指东方三博士，也就是来自东方的智者的继承者——正是他用知识和探索的火炬，在混乱的黑暗中点亮了生命之火。他也是伟大的老师、伟大的治愈者，正是他发明了——除了化学、物理和数学以外——医学。魔法师和女巫们是第一批医者，他们因探索和发现而被教会迫害，因为疾病、无知和肮脏被教会视为上帝给人类的考验。米舍莱认为，文艺复兴的先驱并不是像亚伯拉（Abelard）这样的教会伟人，而应该是那些被蔑视、鄙夷的巫师和女巫，因为只有他们为人类思想的解放做出了真正的贡献。

因此，当兰波开始研究魔法和炼金术时，他并不觉得自己在作恶，而是感到自己身上负有崇高的目标。他旨在帮助和解放他人。他在《地狱一季》中说道："我必须帮助其他的人。"

炼金术师不只是为了自己，也是为了其他人，为了让珍贵的存在变得更完美，才接受了来自永恒之树的果实。他的目的不只是让自己获得道德上的完美，也是为了获得神秘的精华，创造出无法被腐蚀的东西。因此，就算他的肉体和精神被毁灭，就算他要遭受折磨，也不算什么——他一定会像那些在他之前的先知一样被迫害——而他必须准备好好接受他指派给自身的殉道之路。炼金术师说，没有黑暗就没有光明，没有不完美就没有通灵的完整。罪孽和折磨都是必须的——没有折磨带来的不完美，也就没有向上的前进。

魔法的真实目的——如埃利法斯·莱维所说[①]——是对"中心点"的征服。到达这一点的人们是科学的"神通"，他们掌握了来自这个世界和所有其他世界的宝藏。大自然也听从他们，因为他们所愿即自然的法则，他们就是自然本身，他们已经到达了真正的神之王国，那是卡巴拉的圣所。他们依靠自身，通过某种方法，获得了上帝般的全知全能。兰波相信，他也能够有幸到达这一层次，他也可以撕破掩盖神秘的面纱，然后就可以将生命化作"自然之光的金色火花"。[②]自然遵从他的命令，他可以发明新的花朵、新的世界和新的色彩。他想象自己将被赋予让基督和撒旦和解的力量，并砍倒善恶之树，从而带来普惠众生的爱和兄弟之谊。在《灵光集》中，他说道："我们得允诺要把善恶树埋葬在阴影里……以便让我们获得纯粹的爱。"[③]

没有证据能够证明兰波对魔法的使用究竟指的是什么。他似乎并没有尝试过邪恶的黑魔法——恶魔学、暗物质、女巫的午夜狂欢，或是任何

[①] 莱维著《魔法史》，第528页。
[②] 《言语炼金术》，收录于《地狱一季》，《兰波全集》，第222页。
[③] 《醉之晨》，收录于《灵光集》，《兰波全集》，第176页。

其他下流的仪式。也没证据证明他对这些感兴趣，受到吸引。他应该也没有在试验炼金术方面十分活跃，也并不信仰文学中的炼金；他只是阅读过炼金术相关的文字，并受到其精神意义的影响。他似乎对魔法的哲学关照更感兴趣，而不是受到其色情或亵渎内容的吸引；正是炼金术的宗教性和其中的神秘符号学，让兰波获得了灵感和启发，他从中提取出了意象和暗示，极大地提升了诗作中令人回味无穷的力量。他在炼金术的文字和词典中发现了取之不竭的符号和神话传说，这些为他的作品添加了神秘的色彩和不易被发掘的深度。

在酝酿"通灵人书信"时，他的目标是创造出一种新的诗歌形式，并成为一种新的诗人。于是，艺术方面的关照变得更为重要。此时他对——象征性的——"点金石"的寻找于他而言比作为艺术的诗歌更为重要。此时，诗歌于他而言，相比于一门艺术，更是一种魔法的实践，它将帮助他抵达超越现实世界的区域。因此，对他来说，他的理念变得比任何东西都还要重要；对智慧和一种哲学观的寻找，比仅仅追求美来得更为重要。这也揭示了为什么他在后来放弃了诗歌；当时他认为，要达到他的目标，还有比诗歌更快的其他方法。

炼金术的科学目标是制造出点金石或是贤者的黄金，为了这一目的需要而使用一些特定的材料。对大部分人来说，炼金术仅限于将劣质的金属变成黄金。为达到这一目标，作为原材料的金属需要被分解为它的组成部分，并经过火烧、提纯、混合和在恰当的阶段进行固定，才能提炼成黄金。炼金术师宣称他们的做法和自然神秘的运作是一致的，使用的也是相同的材料。赫尔墨斯·特里斯墨吉斯忒斯（Hermes Trismegistus）是第一位炼金术师——因此，炼金术又叫神通术或赫尔墨斯秘义，也是以他而命名。

炼金有七个阶段或步骤：煅烧、腐化、溶解、蒸馏、升华、组合和最终的固定。这些步骤在过程中通过正确的进行，产出不同的色彩，这些色彩可以证明试验会正在令人满意地开展中：其中有三种主要的颜色。首先是黑色——代表蒸馏和腐化——黑色的出现说明试验状况良好，煅烧已经成功地分解了各种物质。接下来是白色，代表着净化；第三个颜色是红色，代表完全成功。其中也有一些过渡色，包括了彩虹中所有的颜色。灰色是从黑过渡到白时的颜色；黄色是从白过渡到红时的颜色。有时，即便有红色出现，也不一定能提炼出黄金，这种情况下，据菲拉勒蒂（Philalèthe）所说，[1]红色会继续变成绿色，保持一段时间后再变成蓝色。此时必须注意不让它变回黑色，否则整个过程都要从头再来一次。如果成功的话，蓝色之后就会出现黄金，那是贤者的黄金的颗粒。有时黄金会以颗粒状出现，有时则是液体，又叫"可饮之金"，是让人长生不老的灵药。整个过程有时也会被描述为有四个时期，或四个季节。

这些色彩本身就是炼金术师们可以阅读和理解的语言和缩写；其中还有很多意象、隐喻和寓言来进行表达或识别。十八世纪的本笃会修道士名杜姆·伯尼蒂（Dom Pernety）认为所有的古埃及和古希腊传说其实都是通过寓言的形式在描述炼金术的试验。[2]另一方面，也有一些人宣称炼金术的试验并没有超越象征性的目的；对点金石和贤者的黄金的追求，仅仅象征着灵魂对完美的追求和对获得全知全能的视野的追求；人类对纯真和救赎的向往蕴含于所有炼金术相关的作品中。杜姆·伯尼蒂编纂了一本炼金术符号的辞典，题为《炼金秘术辞典》，也是诗歌意象的宝库。

这里就要提到兰波那首著名而又引起争议的诗《元音》，因为它很可能写于他来巴黎之前，或是在抵达巴黎不久后，当时他正开始研究魔法和炼金术。在象征主义运动中，这首诗被赋予了超越他所有其他作品的超群地位，也是勒内·吉尔（René Ghil）细致严谨的"言词演奏法"（Instrumentation Verbale）的出发点。

现今很流行的一种观点认为，这首诗是兰波的一个恶作剧，他只是在读者面前故弄玄虚罢了。很多人，包括他的朋友伊藏巴尔，都从未相信这首诗确是他诚实的创作。伊藏巴尔之前就曾错误地把《受刑的心》看作一

---

[1] 兰格·德·弗雷斯诺伊修士（Abbé Lenglet du Fresnoy）著《赫尔墨斯秘义史》（*Histoire de la Philosophie Hermétique*），海牙，1742年。
[2] 《埃及希腊寓言集》（*Les Fables Egyptiennes et Grecques*）。

个品位低劣的笑话。但对兰波的研究越多，我们就越能够相信他并不像人们想象的那样常常误导公众，其实他的诗歌——尤其是这首十四行诗——都是认真创作的结果。在《地狱一季》这一真诚性毋庸置疑的作品中，他批评了当时被他看作自身最大的错误和妄想的想法，他宣称："我发明了元音字母的色彩！"①

关于色彩与声音相连的这一看法，并不是什么惊人的新发现；巴朗什、霍夫曼（Hoffmann）、戈蒂耶和波德莱尔——甚至包括巴尔扎克——都描写过色彩和声音的相同之处，并指出有可能通过刺激一个特定的感官来对另一个感官产生影响。据观察，感官的混乱对那些出于幻觉状态或因某些毒品产生幻觉的人来说更突出。此外，自那时起已经有科学证据证明在这种状态下，人对光的感官中心可以通过接受形象来进行刺激，这种形象并不需要通过视网膜，而是通过听觉器官来接收。病人能够确实地看见没有实体存在的东西。这种感官的混乱可能是由药物中毒或性病引起的。通过想象自己看见的东西，人可以真实地听见它的存在；兰波对绝对存在抱有激情，对他来说，只差一步就能够相信，这种视觉和听觉之间的紧密联系可以被塑造成一种公式。在他创作这首诗时，他不太可能已经验证过自己的理论，或是准确地知道自己到底在做什么样的尝试。很明显，这首十四行诗中并没有严密的逻辑应用。只有非常简单、固执的人才可能像勒内·吉尔在他的《论作品之方法》中那样全力以赴。

有一种理论认为，兰波在创作这首诗时采用了他小时候用的一张字母表。提出这一主张的文章包含了——在其他的方面——许多不值得在此进一步讨论的错误观点，②但这一理论有可能是正确的，因为在第二帝国时期确实存在着一张在法国儿童中极为流行的单词表。③它可能是兰波创作这首十四行诗的起点。字母表的前六页都献给了元音——每页一个元音——每个元音都有不同的色彩。元音中只有一个与兰波笔下的元音不相符——

---

① 《言语炼金术》，收录于《地狱一季》，《兰波全集》，第 219 页。
② 《新法兰西评论》(*La Nouvelle Revue Française*)，1934 年 10 月 1 日。
③ 字母表已经于 1904 年 11 月 1 日在《法国水星》上发表，无删减。

字母E。兰波认为它是白色的，但在字母表中，它是黄色的。可能在兰波小时候所用的字母表中，这个字母褪色过于严重，因此在兰波的记忆中它是乳白色、旧象牙色那样的白色。如果这张字母表确实是兰波创作这首诗的起点的话，那么关于它的记忆很可能存在于诗人自己并未察觉的潜意识中。

然而，还有另一种可能性更高的解释。这首诗作于他学习魔法的时期，因此其中的一些意象可能来自炼金术的理论。

诗中所用的颜色符合正确的炼金步骤，可以用于制作长生不老的灵药、贤者的黄金。在兰波的诗句中，第一个出现的颜色是黑色。它象征着溶解和腐化——根据炼金术师们的说法——把化学物质分解为它们各自的组成部分，从而在无杂质的状态下提取炼金所必须的元素。在腐化、溶解或是只剩遗骸——这一阶段的名称还有很多——的状态下，黄金已经隐藏于其中，但还无法被看见。下一个阶段，颜色会逐渐变浅，直到变成白色，进入纯净的状态，任何外部掺杂的元素都已经被消除。接下来出现的是红色，此时，如果炼金术师的运气够好，那么黄金也会随之出现。但是，根据菲拉勒蒂的说法，炼金试验并不总能快速地获得成功，红色会变成绿色，然后保持这个状态好几天的时间，然后再变成蓝色。这是最后的颜色、最后的奥美加[①]，在它之后黑色会重新出现，我们必须小心避免这一情况的发生，否则整个步骤又要从头再来一次。如果在过程中能够保持正确的温度和湿度，那么在风信子蓝出现后，黄金就会开始现身；那是最纯粹的黄金的颗粒，和普通的金属黄金截然不同，那是贤者的黄金、完美的黄金，是延年益寿的万能灵药。

　　　　A黑、E白、I红、U绿、O蓝：元音们，
　　　　有一天我要泄露你们隐秘的起源：
　　　　A，苍蝇身上的毛茸茸的黑背心，

[①] 奥美加即希腊字母 Ω，位于字母表最后，象征终结。

围着恶臭嗡嗡旋转,阴暗的海湾;

E,雾气和帐幕的纯真,冰川的傲峰,
白的帝王,繁星似的小白花在微颤;
I,殷红的吐出的血,美丽的朱唇边
在怒火中或忏悔的醉态中的笑容;

U,碧海的周期和神秘的振幅,
布满牲畜的牧场的和平,那炼金术
刻在勤奋的额上皱纹中的和平;

O,至上的号角,充满奇异刺耳的音波,
天体和天使们穿越其间的静默:
噢,奥美加,她明亮的紫色的眼睛![①](飞白 译)

在这首诗中可以看出,兰波在暗示诗人其实是炼金术的使用者,而"A"是黑色,召唤出溶解和腐蚀的意象。对应炼金术中白色象征的是字母"E"和"雾气"一词;和元音"I"连在一起的意象来自杜姆·伯尼蒂的《炼金秘术辞典》,专属于到达红色阶段的炼金试验。绿色是维纳斯的颜色,而她也诞生于大海之中——因此,诗中也有碧海"神秘的振幅"一句。最后终于出现了蓝色,那是在黄金现身前最后的悬念,它吹响了胜利的号角。在炼金术中,成功炼出的黄金常常被看作获得上帝视野的一个标志。兰波笔下的"眼睛"仿佛也指向神性。在收录于《灵光集》中的《繁花》一诗中,蓝色的眼睛也暗示上帝的视野:"一位蓝色巨眼、雪般形体的神灵。"这一神秘的形象在收录于同一诗集中的《美之存在》里再次出现。

上述两个灵感来源可能共同启发兰波创作了这首十四行诗。从对字母

---

① 《元音》,《兰波全集》,第103页。

表的记忆中,他得到了给每个元音字母配上不同色彩的想法;从炼金术理论中,他借用了色彩出现的顺序和内涵。

在他的作品中,兰波使用了许多炼金术的符号和隐喻——其中有许多都包括在《炼金秘术辞典》中。但他并没有像很多古代炼金术师那样用这些符号和隐喻来伪装炼金术试验,而是把它们用于营造一种印象:神秘无所不在,但又隐藏自己的身影;他还把它们用于唤起一种心灵状态。他用炼金术中的术语来指代情绪:从第一阶段黑色代表的忧郁转化到第二阶段的白色,再到代表极致的欢乐和狂喜的红色。这些炼金术的阶段可以被赋予许许多多的意象——其中大部分都是诗歌意象——对它们进行感性的使用——无论是单个意象还是组合的意象——就能让他写出一句令人回味的诗行,或是短短一段的"灵光",成就他作品中最伟大之美。

> 中国墨汁迷人的味道在加剧,黑色粉末轻轻落在我的长夜。——我调弱吊灯的火光,跳到床上,而当我从阴影一角转过身来,我看见了你们,我的姑娘!我的女王![1](何家炜 译)

这一段落呈现了一种意象与和谐之美,它并不依赖于意义;如果我们加入炼金术的解读,这一段落中的美感也会变得更加强烈。"墨汁"一词象征着黑色,也是炼金的第一阶段:溶解;这是一段忧郁与希望掺杂在一起的时间,因为黑色的出现证明试验正有效地开展,炼出黄金——上帝的视野,也就成为可能。兰波用了"中国墨汁"这个词,因为中国墨汁是所有黑墨水中黑色最深的一种。于是,他调弱了灯光,跳到床上,让自己彻底沉浸在新的视觉中。最后,在黑暗中,"姑娘"和"女王"出现了,这也是炼金术对正在向最终完成的灵药转变的颜色的称呼,而最终的灵药也代表完整的上帝之视野。

在另一首诗中有这样的意象:"我久久看着落日浸洗于忧郁的金色

---

[1] 《灵光集》,《兰波全集》,第178页。

中。"浸洗"一词字面上的意思就是"洗",单独看来并不包含任何美感,但这一整个诗句却充满了和谐和令人回味的力量。如果我们知道"浸洗"(lessive)一词同时也指炼金术师所掌握的、用于净化和洗涤金属的神秘物质的话,诗的美感又会得到进一步的提升。这种神秘的物质又被称为金丹(Azoth),这个词对炼金术师而言有着重大的意义,因为它由希伯来语、希腊语和拉丁语中的第一个和最后一个字母组成:希伯来语中的 aleph 和 thau、希腊语中的 alpha 和 omega、拉丁语中的 a 和 z。它也是炼金术真理的字母组合,是代表绝对存在的完美标识。只需要在"浸洗"中加入黄金——也就是火的力量——炼金术师就可以开始向"大成"(Grand Oeuvre)进发了。这一切为这一美妙的诗句带来了一丝弦外之音。

《泪》[①]这首诗在美感上和前述诗作不相上下,但又包含着一种新的意味,需要我们了解,这首诗可能指向炼金术师的"可饮之金",那是液体的黄金、万能的灵药、让人长生不老的饮料,这种药水只有在让人大汗淋漓的情况下才能完全生效。

> 在青青的瓦兹河我喝到了什么?
> ——无声的小榆树,无花的草地,荫蔽的天空!
> 我离开亲切的茅屋举起黄葫芦瓢畅饮,
> 是黄金水喝得人热汗涔涔。

但这首诗创作的时间是在诗人感到灰心和悲伤、无心开怀畅饮、更无意于在人世间享受长生不老的时期。

> 我哭,我看见黄金——竟不能一饮。(王道乾 译)

炼金术中的意象还被用于暗指一种精神体验,在《最高塔之歌》和

[①]《泪》,《兰波全集》,第125页。

《哦，季节，哦，城堡》中便是如此；在《灵光集》的《醉之晨》中也是如此，这些诗歌会在后续的章节中讨论。

在《蛮子》《神秘》《繁花》和《美之存在》中，意象来自魔法和炼金术的书籍，尽管我们不能确定它们所象征的真正意义，但很可能连诗人自己都不甚清楚，也并不在意，因为这些诗歌——就像音乐一样——自身就有发人深省的意义，与词语的逻辑意义并不相关。它们具有暗示的力量，却并不指明其意义。《繁花》的标题可能会让人吃惊，因为诗中提及的花朵只有毛地黄和玫瑰两种，但对于炼金术师来说，"花"指的是金属中纯净的物质，是事物的精神内核。

从金的阶台，——在绸带，灰纱，绿绒以及像阳光下的青铜一样泛黑的水晶圆盘之间，——我看到毛地黄在银丝、眼睛和头发织就的地毯上开放。

撒满黄金碎片的玛瑙，支撑着绿宝石拱顶的桃花芯木柱，一束束白缎和红宝石细杆，簇拥着这朵水之玫瑰。

如同一位蓝色巨眼、雪般形体的神灵，大海和天空将一簇簇娇嫩茁壮的玫瑰吸引到大理石露台上。[①]（何家炜　译）

这首诗中包含了大量来自炼金术的意象；色彩和珍稀的宝石象征着炼金的各个阶段：炼金术书籍的绿绒色、提纯过程中的白色、炼金大获成功的红宝石色。诗中还提到了玫瑰——维纳斯的象征。在诗的最后，升起了一个在《灵光集》中反复出现的形象：代表自然中所有元素完美结合的神，纯白无瑕，他的纯净被炼金术师称为"神圣的完美净化"。这一形象在《美之存在》(Being Beauteous)中又一次出现。诗的标题似乎是对诗中第一句里"Etre de Beauté"——虽然并不精准——的翻译；这一不完美的标题却包含着一种神秘、奇妙的暗示力量，作者本人应该也是无意为

[①]《灵光集》，《兰波全集》，第 186 页。

之。这首诗中炼金术的主题比《繁花》更加明显。"美之存在"应该被看作炼金试验完成的标志,象征着被成功制造出的点金石。"猩红发黑的伤口"也是炼金术中的意象。杜姆·伯尼蒂认为,奥维德在使用从"黑色的伤口"流出毒液的意象时,他其实是在描写炼金术在腐化阶段中出现的黑色。兰波在诗中提到的"生命的三原色"应该也是指黑色、白色和红色这三种在炼金术中尤为重要的颜色。这首诗让我们留下这样一种印象:正在发生的事件转瞬即逝,但其中的意义又过于深刻,诗人也无法完美表达。

雪色前一个身材高挑的美的造物。死亡的呼哨,低沉的音乐涟漪,使这具可人的身躯鬼魂般升起,扩展,颤动;鲜丽的肌肤里爆裂出猩红发黑的伤口。生命自身的颜色在加深、起舞,在台上围绕着幻象渐渐消散。而震颤加升,并低低噤叫,带来狂怒的滋味,承受着死亡的呼哨和嘶哑的乐音,被我们身后远远的尘世抛在我们的美之母身上,——她在后退,她站起来了。哦!我们的骨头又披上了一具情爱的新肉身。[1](何家炜 译)

这样的"美之存在"呼应着爱伦·坡笔下亚瑟·戈登·皮姆的所见:在他就要被瀑布吞噬时,一个纯白色、像雪一样的超自然生物出现在他的眼前;这本书由波德莱尔翻译成法文。在亚瑟·戈登·皮姆和他的同伴们靠近瀑布时,他们被不详的黑暗所笼罩;但此时一道明亮的强光从乳白色海洋的深处升起,迅速地沿着船的舷侧滑动。他们几乎无法忍受那阵雨般凝在他们身上和木筏子上的白色粉末,但这道光降落下去,融化进了水中。此时,瀑布的顶端已经隐入高空中,变得模糊不清。可见水帘上裂开一道道宽大但转瞬即逝的豁口,其中可见许多朦朦胧胧、飘忽不定的幻影。一阵阵非常猛烈但却无声无息的狂风从豁口刮出,撕裂海面。然后在他们的面前出现了一个披着裹尸布的人影,其身材远比任何人都要高大。

---

[1]《美之存在》,收录于《灵光集》,《兰波全集》,第173页。

人影皮肤的颜色像雪一样纯白。人影从世界最远的极限处升起，来自永恒的边缘；那是一个万能的、母亲一样的存在，是一位女神，这和兰波笔下只要看一眼就能让"我们的骨头又披上了一具情爱的新肉身"的"美之母"非常相似。

兰波的试验是为了寻找精神层面的黄金，而不是现实存在的真金白银。我发现，他表达全能神之体验时的措辞和神秘主义哲学家如出一辙。埃利法斯·莱维认为，至高之力的"逻各斯"——这是他对逻辑和理的称呼——即是上帝！[1] 无法被触及的理性用光明照亮一切黑暗和怀疑。它通过智者的嘴被诉说，也会化身成生灵，被称为肉身之逻各斯，"伟大理之化身"。因此，"一理式"（Une Raison）即是上帝。兰波也以此为题写出了下面这首诗：

致一理式

你的手指一击，鼓就发射出所有的音，于是开始了新的和谐。

你的脚步一开，即是新人类的崛起和他们前进的步音。

你的头颅转动：新的爱！你的头颅回转：——新的爱！

"改变我们的命数，祛除灾祸，现在就开始"，那些孩子向你唱道。"无论身处何地，机运和祈愿，培育其实质"，人们向你要求。

你已永久地到来，并将无所不往。[2]（何家炜 译）

此时的兰波可能已经将自身看成魔法师梅林，他的灵感来自基内所写的《魔法师梅林》。[3] 影响他的并不是这本书中的理念或是它那枯燥单调的

---

[1] 莱维著《精神科学》（*La Science des Esprits*），第 13 页。

[2] 《灵光集》，《兰波全集》，第 175 页。

[3] 玛格丽特·克拉克小姐（Miss Margaret Clark）在其所著的《兰波和基内》一书中试图证明基内对兰波造成了极大的影响，并且兰波从基内那里借用了许多思想。我并不完全同意她的论述，我认为二者的相似之处具有偶然性，并且这些相似之处在同时代的任何作家那里都能找到。兰波和基内的思想和想象都截然不同，克拉克所选择的两者的小段摘抄在语境上的重要性也绝不可同日而语。我认为唯一的例外就是《魔法师梅林》：几乎可以确定兰波读过这本书，并从中借用了许多理念。

伪浪漫情节,而仅仅是其中记录的魔法师生平。基内笔下的象征主义缺乏想象力、过于写实,他本人也没有什么宗教情感;很明显,他并不相信自己所说的故事,仅仅是在用一种传统的寓言形式来表达他想象中法国的命运而已。但这部由两卷构成的田园诗中包括了许多传说中的情形和琐碎的细节,它们对兰波来说非常有用处;他认为自己正在从事的事业和梅林是一样的。

梅林是一个有德行的基督徒女人和撒旦所生的儿子——我们在兰波的第一本传记中所看到的关于他出生的记载,和梅林很是相似。兰波夫人一直以来都让她的孩子们认为自己身上不好的品行都来自父亲。在一个孩童的想象中,父亲可能就代表了撒旦,而母亲则是那个有德行的基督徒女人。梅林通过母亲感受到天堂的召唤,通过父亲则感受到了地狱。上帝还是撒旦,究竟谁会获得最终的胜利呢?他的身体里有两种性格在交战。有一天,他听见父亲和母亲在讨论他的未来。他的母亲希望他能够成为一个善良的基督徒,但他的父亲却希望他能够吃下善恶树,也就是智慧树上的禁果。听到这一切的梅林于是打断了他们,并说道:"我要做魔法师!"

于是,梅林成了一个拥有众多才能的魔法师。他可以根据自己的意志来发明新的花朵、动物和昆虫。兰波追随着他的这种才能,认为自己也获得了一样的力量。这些力量通过梅林的魔法之戒附身于他。有一次,在旅途中——兰波后来也模仿了这些旅行——他来到了一个地方,那里正是今天威尼斯所在的地方,但当时那里只有一大片海边沼泽地。他爱上了一个渔家女,因为魔法之戒的力量,他可以实现她的愿望。他为她建造了世界上最美丽的城市,那里有怡人的广场、运河和最华丽的基督教堂,圣马可大教堂。但她并不满足,她说自己想要一艘大到能够装下整个国家的船。为了实现她的愿望,他造出了威尼斯旗舰(Buccentaure),"用黄金、白银和丝绸装饰",和兰波在向人生的魔法阶段告别时在天堂中所见到的船很相似。

但这些礼物依然无法让渔家女满足。当他问她什么能让她快乐时,她回答说想要他的魔法之戒。他把戒指从手指上褪下来拿给了她。拿到戒指后，她把它扔进了大海里。此时的魔术师"孤身一人、赤身裸体，在被遗弃的海岸边哭泣"。兰波在收录于《灵光集》的《童年》中写道："我也将是那个被弃在大海高处的防波堤上的孩子，那个沿着小径走去、额头触天的仆童。"[①] 后来，在他认为自己的所作所为犯下了罪行、确信自己的力量正在衰退时，他想起了那沉没于海底的戒指；也许他能找回那枚戒指，重新获得他曾掌握的力量。在《地狱一季》的《言语炼金术》的初稿里，他写道："大海，魔法之戒在闪光的水面下"（la mer, *anneau magique sous l'eau lumineuse*），他把这些词加了斜体，来说明它们对他而言的重要性。在《地狱之夜》中，他说道："我什么本领都有！……要我也消失隐去，潜入水中去寻找那个指环[②]吗？要吗？我可以变出黄金，拿出疗救百病的药石。"[③] 这段话让人不免认为他确实有进行过炼金术的试验。

梅林的妻子，也是他永恒的伴侣，是一个名叫薇薇安的妖精，他们在一起研究了许多魔法的书籍——这是他们最主要的工作——并一起习得了魔法的咒语。在这之后，他们会吟唱一些短歌，这并不是什么高雅、复杂的音乐，而是像民谣那样的短歌，和兰波笔下的短歌有一定程度的相似。[④]

> 爱之初！
> 万物皆有神！
> 结局突然来到，
> 痛不欲生，
> 要么死，要么全忘掉！

不幸的是，兰波和梅林不同，他没有找到自己的薇薇安，最终，他依旧是一个"鳏居的灵魂"。

---

① 《童年》，收录于《灵光集》，《兰波全集》，第175页。
② 指环（*anneau*）的原文为斜体，王道乾译本根据中文阅读习惯把斜体改成了下划线。——译者注
③ 《地狱之夜》，收录于《地狱一季》，《兰波全集》，第215页。
④ 基内著《魔法师梅林》，第1卷。

作为撒旦之子的梅林无法接受自己的父亲将永远是黑暗和邪恶之王。他曾得到许诺,有一天他将能改变自己的父亲。他的愿望最终得到了实现,于是我们看到了一个幽默的画面——这种幽默是无意识的——撒旦来到修道院忏悔自己的罪孽,并和已经成为天主教修道士的潘[①]一起在那里了却残生。兰波在其精神层面的自尊最强的时候,也曾想象过自己能有一天解决善恶之间永恒的纷争。

兰波初到巴黎,开始对自己的魔法之力感到自信时,他的身上出现了巨大的变化。他的自信突然之间增加了,同时他的傲慢、自满也开始突然萌芽。在孩童和青少年时期,没有人觉得他的存在举足轻重;他完全生活在母亲的掌控之下;她会推搡他、扇他巴掌,甚至会把他锁起来。从幼年开始他就一直被告知:他完全不重要,只是一个必须按别人说的话去做的孩子;别人比他更知道什么才是对他好。他从来都没被允许拥有过任何零花钱;他也从未有过任何机会去陶冶,甚至只是简单地去培养一点点个人情操;他只剩下用非法的手段从书摊"借书"这一种方法来满足对阅读的渴望。他没有真的拥有过任何东西,连隐私都没有——只有他偷偷跑出去藏在郊外的树林里时,才能有一点点属于自己的私密时光。现在,这一切都已经过去了。现在,忽然之间,这种窘迫的境地——对于青少年兰波的自尊心来说是极大的羞辱——终于成了过去。现在的他拥有许多别人无法夺走的东西;他是被选中的人,与众不同,天国所有的区域都为他敞开了大门。他会成为全能的神的喉舌。由于周遭的人不认可他的重要性,他的自尊心变得更强;他会想象自己是那在旷野中回响的神圣之音,但那些未开化的畜群什么都听不见,他就像圣女贞德那样遭人们迫害。他和浮士德一样,不再把自己看作一个平常无奇的魔法师;他认为自己是和上帝并肩的神。"我自信已经取得超自然的法力"[②],他在《地狱一季》中这样说道。和浮士德一样,他认为自己已经成了神性的象征,他的力量已经超越了智

[①] 潘(Pan)是古希腊神话中的牧神,人头羊身,头上有羊角,生性残暴淫乱,被很多人认为是撒旦早期形象的来源。——译者注
[②] 《永别》,收录于《地狱一季》,《兰波全集》,第229页。

天使，他正享受着上帝的生活。当时的兰波是如此傲慢、自豪，尽管后来的他认为这种状态源于毒瘾导致的妄想和狂妄。魏尔伦清楚他的傲慢，并在《爱之罪》(Crimen amoris)一诗中描写了一个说他会把自己变成上帝的年轻男子——他比孩童大不了几岁；他还描写了这种妄自尊大带来的报应。很明显，诗中的青年就是在1871年秋天与魏尔伦初识的兰波，当时他只有十六岁。

魏尔伦在《狱中记》中写道①，《爱之罪》写于他在布鲁塞尔被拘留的期间，当时他正在接受因为打伤兰波而被判处的第一段刑罚。这首诗写于1873年7月或8月，距离审判只有仅仅几周的时间。几个月后，他在11月给他在狱中时的文学代理执行人勒佩勒捷写信，告知他自己都写出了什么——有几首诗，其中就有《爱之罪》，据他说，这首诗在兰波手里。②兰波很可能深受这首与他关系紧密的诗感动；他小心翼翼地做了一份副本给自己留着，这也是这首诗唯一流传下来的版本。③十年后的1884年，魏尔伦出版了这首诗经过大量修改的版本，收录于《今与昔》中。兰波保留的版本在很久之后才得见天日，于1926年1月9日发表在《费加罗报》上。儒勒·穆凯在《魏尔伦讲述的兰波》中把这首诗的两个版本印在同一页上。荷兰的兰波研究者丹尼尔·德·格拉芙(Daniel de Graaf)对两个版本进行了比较，得出结论认为兰波不仅仅是抄录了魏尔伦的诗，他也是第一个版本的作者，之后，魏尔伦对他的作品进了修改。这一研究的结果包括在他所作的题为《〈爱之罪〉的真实作者》的文章中，④但他的观点并不是十分有说服力。确实，和第二个版本相比，第一个版本和兰波的风格更为相似，但造成这一点的原因有很多，不仅限于兰波是原作者这一种可能性。1873年7月距离布鲁塞尔悲剧并不是很久，在那之前，魏尔伦和兰波

---

① 魏尔伦著《狱中记》(Mes Prisons)，第6章。
② 1873年11月的书信，收录于穆凯著《魏尔伦讲述的兰波》(Rimbaud raconté par Verlaine)，第107页。
③ 收录于布扬·德·拉科斯特(Bouillane de Lacoste)著《兰波和〈灵光集〉的问题》(Rimbaud et le Problème des Illuminations)，第107页。
④ 发表于《人文科学评论》(Revue des Sciences Humaines)。

过从甚密，比起兰波不在他身边、影响也渐渐趋弱的十年后，他那时受到兰波的影响更多。如果这首诗确实不是他自己所作的话，那魏尔伦也不太可能做出把诗寄给兰波、给自己的母亲做一份副本、再让勒佩勒捷去读这首诗这样的行为。我们并没有充分的理由把魏尔伦的名字从他最出色的作品中抹去。亚瑟·西蒙斯的说法可能更接近真相，他认为[①]如果魏尔伦没有读过兰波的《醉舟》的话，就不会有《爱之罪》这首诗。同时，他补充了一个不那么戴有色眼镜的观点：正是兰波的伟大作品启发了魏尔伦；由于他已经成功地帮助魏尔伦成了伟大的诗人，现在他可以离开了。

在埃克巴坦（Ecbatane）——诗中的场景所在地——的一座金光闪闪、垂挂着丝绸的宫殿中，七宗罪正在欢宴。宽敞的大厅中回响着轻柔无比的音乐声，俊美的年轻恶魔、青少年时期的撒旦是宴会的主人，他们高举着七宗死罪。在他们周围，仆从们献上食物和酒，在远处，合唱的混合之声——这些声音有男有女——像海浪一样响起。这些邪恶天使中最美丽的那个只有十六岁，独自站在一旁，正双目含泪地做着梦。穿着丝绸华服的他独自站着，是那样的俊美，眉头上是一顶花冠。人们在他周围大肆舞蹈，却没有用处；他的兄弟姐妹们、所有的撒旦都想要让他高兴起来，向他张开双臂欢迎，想从那压垮他的悲伤中唤醒他，但也毫无用处。他拒绝了所有的恳求，只会皱着他那愁云密布的眉头，回答道："哦！就让我一个人静静吧！"然后，他温柔地亲吻他们，快步逃离；他们看见他爬上最高的城堡的尖顶，他站在那里，手中拿着一支燃烧的火炬。他高高地挥舞着火炬——天空看起来仿佛黎明突然而至——他们听到他深沉、温柔的嗓音，混合着火焰的噼啪作响，他高升喊道："我将成为创造上帝的那个！"

然后，他开始解释自己将如何终结善恶之间悲剧的矛盾。"我们已经受苦太久了，"他喊道，"天使和人类，都因为善与恶之间永恒的冲突。哦！你们这些所有的罪人和圣人啊，为什么固执地挣扎？我们为什么没有

[①] 亚瑟·西蒙斯（Arthur Symons）著《文学象征主义运动》（*The Symbolist Movement in Literature*），第 76 页。

像技艺超群的艺术家那样,让我们的作品成为唯一的品德?够了——太多了——这过于平衡的挣扎!你们心知肚明,你们称为善与恶的两者之间并无分别,在它们之中除了苦难别无他物。我将打破这不正常的争斗!再也不会有地狱,再也不会有天堂。只有爱应该存在。让上帝和恶魔消逝!我告诉你们,只有快乐应该存在!耶稣认为自己把这两者的平衡把握得那么好,我对他的回答,就是我将为全能的爱牺牲地狱。"

在他说出这些话时,他将手中的火炬扔了出去;火焰向前方喷涌,开始吞噬宫殿。熔化的黄金像溪水一样流走,大理石柱裂开,整座建筑变成了壮丽的火焰熔炉。所有的年轻撒旦都开始在吞噬一切的火焰中歌唱;他们明白一切、听之任之,他们合唱的声音在暴风雨和肆虐的火焰中升腾。但那个男孩骄傲地站立着,他的双臂抱在胸前,正对着自己喃喃地说出某种祈祷,他的声音消失在歌声的声浪中。他的双眼紧盯着天堂,这所有的毁灭都是他为终结善恶而献上的祭品。

了解当时兰波心中的想法和计划的人,一定明确地知道魏尔伦肯定常常听兰波这样说话。这些理念也包括在《醉之晨》中。魏尔伦也知道这位年轻的诗人在自己的使命中投注了多少爱与慈悲,因此,他将诗命名为 Crimen Amoris——爱之罪。诗的结尾,傲慢、年轻的撒旦被毁灭。突然之间,被黑暗遮蔽的天堂射出一道闪电,歌者和歌声于是戛然而止。[1]

> 双臂伸向天空,仿佛朝着自己的兄弟,
> 唇边绽放着笑容,他高高地站着,
> 直到一阵可怕的雷鸣声响起……
>
> 献祭不被接受,
> 某种强大而公正的力量,
> 代表被冒犯的天堂,必须

---

[1] 这里采用了这首诗的第一个版本,因为风格和兰波更为相似。

作出公正的裁决，施加他应得的惩罚。

那高高的宫殿，曾有一百座高塔，
在这浩劫中不剩一丝痕迹，
却因一场伟大的神迹
只留空梦一场。

然后，暴风雨褪去，夜的静谧像柔软的衾被一般降临大地。深蓝色的夜空中有一千颗星星，宁静如天国般的乡村在天空下延伸，树枝在风中摇曳，宛如天使在挥舞翅膀。溪流在石子铺成的床上流淌，唱着温柔的歌曲，猫头鹰在平静的空气中翱翔，充满了神秘，仿佛在祈祷着什么。轻柔的雾霭像祝福一样围绕着这一片宁静，一切都沉浸在喜悦之中。之前的灾祸和痛苦早已被忘怀。

夜莺在悲伤地低语，
应和着溪水的轻响；
这乡村是如此圣洁的一片国度，
令人忍不住在芦苇丛中跪倒，

在鹅卵石上，在道路的砂石中，
在不朽的天空下一切都如此温柔，
只为赞美他所有的造物，所有，
仁慈的上帝会从邪恶中拯救我们。

这首诗清晰地呈现了魏尔伦眼中巴黎时期的兰波。在他眼中，那时的兰波就像路西法一样希望能够成为与上帝等同的神，也承受了路西法所承受的失败与惩罚。同时，通过其他的记录，我们也可以明确地看出，当时其他在巴黎的作家对兰波也有相同的印象，这也解释了为什么每当他们谈起兰波时都很难分辨他究竟是基督还是恶魔。其中一个作家有一天这样说道:"看呀,他就像耶稣来到圣师之间!"另一个则答道:"他更像是撒旦!"

后来,兰波像浮士德一样,坚信当时狂妄自大的自己盗取了并不属于他的力量,因此被推向了疯狂和毁灭的边缘。

第四章　地狱新郎和痴愚童女

抵达巴黎时，兰波处于一种狂热的精神振奋之中，他对性的好奇心被唤醒，感官被刺激，但尚未获得满足。他毫无经验，但愿意甚至渴望学习，但这种好奇心中混杂着痛苦和不安——在他思考或描写爱时，这种痛苦和不安就会显现出来。近几年发现的一首写于他刚到巴黎不久时的诗《纪念一个老愚人》(Les Remembrances du Veillard Idiot)[①] 中也体现了这种煎熬。即便在其未完成的状态中，这也称得上是一首杰作，但比起《灵光集》，这首诗更接近"痞子"时期的风格。

> 哦！没有人
> 像被恐吓一样，如此时常地陷入苦恼！
> 现在，请赐予我宽恕：
> 因为我深受被感染的感官所害，
> 我肆意犯下青春的罪行！
> 然后！——允许我对主直言！——
> 为什么青春期姗姗来迟，为什么
> 阴茎总是坚硬、又太经常为我做决定！为什么
> 小腹下的树丛生长得那么缓慢？而那数不清的恐惧
> 总像黑色的碎石一样阻碍我的欢愉？
> 我被宽恕了吗？
> 天父，

[①] 《兰波全集》，第116页。

哦，这童年！……

除此之外，还有《爱的沙漠》[1]，这是一篇十分有趣的散文诗作品，大部分人都认为创作于1871年，但这篇作品的风格和本章中讨论的时期更加相似，并且和夏尔·克罗于1872年9月21日发表在《文学艺术复兴》上的一篇散文诗有些相似。这种相似主要在风格层面上，因为两首诗的精神内涵是截然不同的。自从兰波来到巴黎，他便与克罗过从甚密，因此他很可能在这首诗发表前就已经读过了。布扬·德·拉科斯特认为，《爱的沙漠》的手稿是兰波1872年所写的作品，而不是1871年。[2] 此外，兰波也是在那一年把这首诗交到福兰手中的。

致读者[3]

这里的文字系出自一位青年，年轻"人"的手笔，他生长于何处不知，不论何处都行；没有生身之母，也没有家乡故土，人所知的一切他全无所计虑，任何道德力量他都远避，就像许多可悲的青年人曾经做过的那样。不过，他，他是这般烦恼苦闷，这样困扰惑乱，以致只有走向死亡这一条路，正像陷入那可怕的致命的羞耻心一样。因为不曾爱过女人，——尽管血气充溢！——他也毕竟有他的灵魂和他的心，他的全部力量，他是在奇异可悲的谬误中成长起来的。梦幻于是接踵而至，——他的爱情！——来到他的眠床之上，来到街头，而且接连不断，又各有结局，甘美宁静的宗教敬畏之情由此滋生——或许人们可能还记得传说中伊斯兰教信徒持续不断的睡眠，——而他是勇敢的，还受过割礼！但是，这种奇异的痛苦有一种令人不安的威力，因此应该竭诚祝愿我们中间这个迷途的灵魂，这个一心求死的

---

[1] 《爱的沙漠》中文内容摘自王道乾译《彩画集：兰波散文诗全集》，2012年，上海译文出版社，其中第一部分和第二部分的顺序按本书原文做了修改。——译者注
[2] 《兰波全集》，第148页。
[3] 《兰波全集》，第162页。由于此处引用主要出于心理学而非文学方面的论述，因此采用英语版本。

人,应该此时此刻就获得应得的庄严慰藉!

第一部分

这一次,是在城里见到的"女人",我和她说了话,她和我也说了话。

我这是在一处不见光的房间。有人告诉我说她来到我这里:我在我的床上见到她,完全属于我,不见一线光!我非常震动,大为激动,因为这是在我家族的家宅里:焦急兼痛苦!我穿得破破烂烂,我,可是她,上等社会衣装,她自愿委身;她该给我滚!无名的痛苦,我把她抱住,她跌下床去,几乎身裸体露;无法说的软弱无能,我也跌落在她身上,黑暗中我拖带她在地毯上滚。家里的灯在隔壁房间一间间变得红光闪闪。女人这时消隐不见。我哭出的泪水上帝要我流的也没有这么多。

我走出家门去城里,没有目的。疲惫啊!我湮没在沉沉无声的夜和幸福遗失之中。这就像冬夜,一场大雪必定闷死了世界。朋友我向你们呼救:她在哪里,朋友的回答都是虚假。我来到她每天夜晚都要来的玻璃门前;我在沉陷地下的花园中匆匆奔走。人家把我斥退,把我赶走。对这一切,我只有号啕大哭。最后,我还是往下走,走到一个充满灰尘的去处,我坐在木架上,我让我身体里所有的泪水连同这一夜倾泻一尽。——我的衰竭由此永远滞留不去。

我明知她有她每天的生活;我理解善意的周期将比一颗恒星行程遥远。她没有再临,将永远不会再来临,我崇拜的女人,她毕竟曾经来过,——这我自始就不曾料到。——真是,这一次,我哭得比全世界所有小孩哭泣还要多。

第二部分

一点也不错,是那里的乡野。是我家父母乡村的居舍:是那个客堂间,大门的上方是焦黄的羊角,还挂着兵器和雄狮盾牌。晚餐,专有沙龙一间,里面点着蜡烛,摆着酒,还有乡下细木护壁板。餐桌非常之大。还有女仆!有那许多,我记也记不清。——还有我的一位旧友,是教士,一身教士穿着,现在:那是为了好更加自由一些。我还记得他那间紫红色的居室,窗上糊着黄纸;还有他的书籍,深藏密敛不使人知,早已抛到大洋里泡烂了。

我么,我是被遗弃的没人理,这乡野无边无际,就关在这房屋里:在厨房里看书,在家主面前弄干我衣上的泥,坐在客厅里闲谈漫语:上个世纪一早一晚挤牛奶喃喃低语让我感到激动,激动得要死。

我这是在一间很暗很暗的房间:我在干什么?一个女仆走近身边:我可以说这是一只小狗①:她虽说生得娇美,还有一种我说也说不清的母亲那样的高贵:纯洁、知心,多么迷人!她紧紧攥住我一个手臂。

她的面貌我甚至全都忘记:那不是让我记住她那令人难忘的手臂,我两个手指捏着她臂上肌肤揉来搓去:也不是她的嘴,好比我的嘴噙住一次小小的朦胧的模模糊糊的失望,是有一件什么东西不停地在被毁去。我把她推倒在靠垫和船上帆布堆成的箩筐里,在墙角暗处。只记得她带白花边的衬裤,其他都已忘记,记也记不起。——后来,绝望啊,隔板模模糊糊变成了树下阴影,我沉陷在黑夜情爱的悲哀之下销毁不继。[以下残缺]

从兰波潜意识自我的深处升腾出了这些他已经一半忘却或全部忘却了的儿时回忆,其中包含了这首诗中那些描述性的细节;这些回忆此时出现在了他心灵世界的表面上,并与他当时的痛苦融为一体。

在他的美学理论中,女性拥有高贵尊崇的地位;然而,现实中的他似乎怀抱着这样一种信念:他认知中的女性是可恶、丑陋的,而爱和其他一切一样,需要得到修正。这不一定是说唯一剩下的选择就是同性之爱,需要修正的其实是性别之间的关系。对他造成冒犯的是女性身上的物质至上

---

① 许多评论家和翻译家将"chien"(狗)按字面意思来理解,认为这体现了诗人大胆的象征主义表达。我更倾向于认为这个词的意思接近其在19世纪时常被使用的意思:"小鸭子"或者"小可爱"。

主义。在《地狱一季》中的《谵妄（一）》里，他写道：[1]

> 我不爱女人。爱情还有待于重新发明，你知道。女人什么也不行，一心只想取得一个可靠的位置。位置到手，心和美就都抛开不顾：只剩下冷冰冰的蔑视，婚姻的养料，当今就是如此。

他以超越罪孽和谴责为目标去体验一切；他的感官当时还未浮出水面，一切仅限于头脑中的想象——但欲望的强烈程度不容置疑——但他已经准备好开始这一切，准备好进行"那最后一次神圣的遗忘"。他在自我发展遭遇危机时遇到魏尔伦纯属偶然，尽管这很可能是他一生中最为激烈的情感体验——可能也是他人生中唯一一次被激情所扰——他似乎并非生来就是同性恋者，并且他一直都无法在这段关系中摆脱负罪感和自卑的折磨。毫无疑问，和魏尔伦在一起时，兰波在一段时间里体验了完整的肉体和精神层面的狂喜，也得到了从一切限制中解放出来的自由。这种深层次的体验一开始对他而言是一种刺激，在他感到幻灭、把这种体验看作一种负担之前，他叹道："怎样的恼恨，'爱躯'和'甜心'的时分！"[2] 正是在他对魏尔伦的激情最为丰沛的时期，他创作了文学生涯中绝大部分的作品，同时，在这一时期，他对自身和自己的艺术理论都深具信心。另外一个毫无疑问的点是，当时他也受到了魏尔伦深刻的影响。从笔迹学的角度来说，他在那时的笔迹和早期手稿相比，显得更游刃有余、充满自信，这一点也是他从和魏尔伦的交往中获得的；同时，他的笔迹也变得与那位亲密友人的笔迹一模一样。[3] 伊莎贝尔曾经错把魏尔伦的笔迹当成自己哥哥的笔迹，后世的评论家也犯过相同的错误。现在，巴尔图（Barthou）馆藏中大部分据称是兰波的手稿都被公认为其实是魏尔伦所作。

魏尔伦生性懦弱而又狂暴，他热衷有悖常理的癖好，肆意尝试各种

---

[1]《谵妄（一）》，收录于《地狱一季》，《兰波全集》，第 215 页。
[2]《童年》，收录于《灵光集》，《兰波全集》，第 168 页。
[3] 参见《法兰西水星》，1936 年 11 月。

形式的自我放纵。他就是奥斯卡·王尔德口中所谓的"双性迷恋者"（bi-metallist）——男女都会让他动情——也有一些关于他早年间进行各种"历险"的流言蜚语。在他和兰波初次相见时，由于妻子脆弱的身体状况，他的肉体欲望十分饥渴；此外，他对一夫一妻的婚姻感到疲倦，在这位新朋友的身上，他找到了心灵的伴侣。和其他同龄人不同，兰波当时已经准备好尝试所有形式的性满足，毫不畏惧纵欲的报应——无论是肉体上还是精神上——他也不被偏见所束缚。初识魏尔伦时，他完全没有相关的经验，但愿意尝试、善于学习，因为他一心一意想要达成赋予自身的任务——他的殉道之路——这位学生很快就超过了他的老师，并最终带着优势对后者产生了无限的影响。

兰波是通过魏尔伦才开始了放荡堕落的生活，但很快他就开始引领老师，带老师走入了自己不会探索的境地；他也和他一起堕入恶习的深渊，这也是魏尔伦自己不会去做的事。魏尔伦很快就被说服，认为和兰波一起的生活值得他牺牲至今所珍惜的一切，他无法想象没有兰波的生活。和这位新朋友一起，他觉得自己逃离了一切限制和阻碍，尤其是他常常感受到并任其摆布的强大的罪恶感。有一次他说道："我诅咒我自己！"如今的情形却恰恰相反，他可以用最冠冕堂皇的立场来捍卫自己的过失；过去的他只认为过失是自己的弱点。如今，他被一个比他更强大的人所说服，他所有的欲望都是合理的，放荡纵欲的人生是诗人最强的动力，因此他可以为所有最下流的行为找到借口。对他来说，兰波首先是一个天使，为他打开了束缚自己的监狱的大门；但后来，兰波又成了诱惑他吞下智慧树禁果的恶魔。

在他们关系的初期，两个人在彼此之间找到了完美的幸福和成就感，仿佛这段关系是对他们过去在其他地方所受折磨的补偿。对兰波而言，和魏尔伦在一起时体验到的欢愉和在文学创作中获得的喜悦，是对他选择踏上可怕的殉道之路的奖励和自然的结果，因此，他也准备好并愿意为这些快乐付出。

我们无法确切地证明魏尔伦和兰波之间有鸡奸的行为，或者说，他们之间的关系仅仅是情感和浪漫友情的一种暴烈的形式,在肉体行为上并没有那么极端。魏尔伦与兰波反目,开枪打伤他后在布鲁塞尔被捕,当时的医学报告说,他的身体上有近期进行主动和被动鸡奸行为的痕迹。他也确实应该被判处严格的刑罚——他获得了意图伤害罪的最高刑罚——这一报告中列出的事实证明了这一点。但现在有一些医学人士称,这种所谓的检查得出的事实结论并不可靠。[1] 然而,这种怀疑的态度似乎并不够严谨。除此之外,如果我们把魏尔伦所写的诗歌当作进一步的证据来看,那么任何有正常判断能力的读者都不会怀疑他们确实有过鸡奸的行为。

毫无疑问,二人都很享受他们所体验到的肉体的极致欢愉,而魏尔伦生性单纯,他并没有尝试在写作中掩饰这一点;他希望所有人都知道这件事,并分享他的喜悦。但这种渴望也伴随着对后果的恐惧——这是婚姻在他身上留下的痕迹——他总是在诗中添加一笔转折,让他的意图看起来不再那么明显;他能够驾轻就熟地看似展示了一切,却又让读者怀疑是否准确地理解了他想表达的意思。然而,对于任何不适特别顽固、不愿承认事实的人来说,他想表达的意思再明确不过了,但也有一些评论家——如方丹纳斯[2]——成功地对那些读来颇具色情意味的诗歌做出了天真无邪的解读。

在《洛蒂和艾拉邦迪》(*Laeti et Errabundi*)中,[3] 魏尔伦描写了他们那"用超过最野性的方法满足的激情"、远离女性和"最后的偏见"的自由,他将兰波称作"我那光彩夺目的罪!",他也提到了在康帕尼-普雷米尔街的那间见证了他们多次寻欢作乐的房间:

> 哦,单独的卧室,逃离沮丧的圆锥,
> 单独一个,你知道!但毫无疑问,多少个新婚之夜

---

[1] 波什(Porché)著《真实的魏尔伦》(*Verlaine tel qu'il fut*),第 416 页。他引用了如下的医生评语:"关于男性生殖器官或鸡奸的争议在今天没有任何可以证明的医学或法律层面的价值。"

[2] 方丹纳斯(Fontainas)著《魏尔伦和兰波》(*Verlaine et Rimbaud*)。

[3] 收录于《平行集》。

将在此开垦处女的夜晚,从此。①

还有《虔诚的信徒》(*Le Bon Disciple*)这首诗,是在魏尔伦在布鲁塞尔被捕后从兰波的随身记事本里找到的,毫无疑问,这首诗中所写的正是他们二人之间的关系。最后一段如下:

你,嫉妒的你给我信号,
[啊!]我在这儿,我的全部都在这儿!
我爬向你,尽管那并不值得!
——爬上我的背,骑我吧!②

方丹纳斯却从这首诗中读出了象征的品质,认为诗中描写的其实是大天使米迦勒和撒旦的战斗,以后者最终的失败告终。③

除了用淫秽的意义来揣测和解读《这些激情》(*Ces Passions*)这首诗之外,任何的解读最终都被证明是愚蠢的天真和徒劳的诡辩。④

当玛蒂尔德·魏尔伦通过法律手段要求和丈夫保罗·魏尔伦离婚时,她提出的主要理由之一,就是他被指与一个年轻的男子,阿蒂尔·兰波,有不道德的行为。她的律师断言,原告已经获知这两人之间有禽兽不如的不道德行为。⑤据说,律师看到了兰波写给魏尔伦的信,信的内容足以提供证据证明这一指控。但这些信并没有被用作对魏尔伦不利的证据,因为最后仅是肉体伤害的指控就已经足够给他定罪了。不幸的是,这些书信后来被玛蒂尔德·魏尔伦销毁了,因为她不希望它们有一天会落入自己年幼的儿子手中。⑥ "这些信里很多的内容,"她写道,"我甚至不愿意在此

---

① 《诗人与缪斯》,收录于《今与昔》。
② 《虔诚的信徒》,收录于穆凯著《魏尔伦讲述的兰波》,第21页。
③ 方丹纳斯著《魏尔伦和兰波》。
④ 参见附录(二)中所载的诗。
⑤ 参见《法兰西水星》,1927年2月。
⑥ 魏尔伦前夫人著《我的一生回忆录》,第213页。

重复!"

没有文学爱好者会不为这些珍贵书信被销毁而感到惋惜。除了信中可能有能够证实魏尔伦和兰波之间关系的内容外,这些书信也许可以展现兰波的精神状态,以及他在自己文学生涯最重要的阶段所怀抱的艺术观点,当时他的诗歌创作正在颠覆时期。他不可能没有和他的朋友谈到那些他刚创作完成的诗歌,而这些诗正是他所有作品中最出色的。玛蒂尔德·魏尔伦坦承,自己销毁了三十到四十封兰波写给魏尔伦的书信。① 现在,这一时期的书信只剩下兰波在1872年6月写给德拉艾的信,下一章中会引用其中的内容。这封信的文笔之美让人不禁更加惋惜那些被销毁的无价的书信。

巴黎文学界所有人都坚信魏尔伦和兰波之间的关系不会长久,即便是那些和他们关系很好的朋友也是如此;关于这个问题,人们从来不作他想。一天晚上,在科佩的一出戏剧的首演之后,巴黎的文人们齐聚一堂,这两位亲密的朋友在幕间休息时走进了剧场的休息室。他们的手臂环绕着对方的肩膀,让其他观众感到又惊恐又厌恶。魏尔伦的密友勒佩勒捷在为一份日报撰稿的关于那次首演之夜的文章中写道:

> 科佩戏剧的首演之夜,在一群文人中间,我们看到诗人保罗·魏尔伦向一个充满魅力的年轻诗人张开怀抱,那就是兰波小姐。②

兰波和魏尔伦都激烈地否认了这些流言蜚语,虽然这很可能只是出于谨慎和自我保护的考虑。魏尔伦常常重复这句话:"我们不是这么想的。"而兰波曾说过,他绝不会为了这种不入流的指控而点头哈腰地否认。

---

① 我曾尝试通过另一种途径获得这些通信。我猜测律师曾编制了一些文件,并将它们和其他文件一起保存,以供出庭之用。但直到1974年,我始终无法参考案件的法律报告。我猜测这些文件可能仍然保存在律师的事务所里;后来我才得知,这位律师的儿子(也是一名律师)居尤-西昂斯特(Guyot-Syonest)在退休时已经把事务所里的所有文件都销毁了。

② 魏尔伦前夫人著《我的一生回忆录》,第185页。

无论他们之间的关系究竟如何，最初，他们都感受到了巨大的快乐和成就感，以及文学上的启发；但最终，这段关系让他们感到痛苦、悲伤和噬心的嫉妒，这一切也是这种关系必然会造成的结果。在关系出现裂痕时，只有同样性别的两个人才能对彼此造成如此深刻的伤害，并正中对方最脆弱、最无法忍受痛苦的地方。《地狱一季》中题为《地狱新郎和痴愚童女》的章节清晰地描述了这种剑拔弩张的情况所导致的痛苦与折磨。很多人都认为这一章是对魏尔伦和兰波关系的描绘。但有一些评论家认为这种解读是不正确的，地狱新郎和痴愚童女正是兰波性格中互相矛盾的两面，它们在共同挣扎；根据他们的观点，这一章是诗人与自己灵魂的对话。可以列举出很多令人信服的理由来支持这一观点，但是，要接受它就是真相还是很困难的；这并不是因为我们相信兰波和魏尔伦之间有着不道德的关系，而这一章又恰恰题为《地狱新郎和痴愚童女》，而是因为，上述此观点如果成立的话，那么《地狱一季》的章节规划就变得毫无意义，这一章本身与整部作品的一致性和关联也就荡然无存。兰波把章节用数字分为《谵妄（一）》和《谵妄（二）》，又把第一部分的标题拟为《地狱新郎和痴愚童女》，第二部分题为《言语炼金术》，他这么做必然别有用心。很可能他希望能够通过第一部分来证明肉体的谵妄是多么的虚无，再用第二章来证明文学谵妄的徒劳。在其他方面，《地狱一季》有着条理清晰的严谨规划。关于《谵妄（一）》的另一种解释，也就是认为那是兰波和自己灵魂的对话的观点，会带来一种新的认识，却在整部作品现存的结构中格格不入。如果这两章的结构互不相同，并且这两章毫无关系的话，也许这种解读就更能站得住脚了。无论如何，这一章节描绘了一幅两个诗人之间关系的暗示性图景，大大帮助我们理解当时二人的心理状态。它也展示了兰波因其强大、暴烈的性格和超群的智慧，而最后在与魏尔伦的关系中占据了多大的优势。兰波巧妙地通过魏尔伦的双眼来描绘他自己的形象和他那震惊自己这位密友的行为，他也描写了这种关系必然会导致的困惑和痛苦。在这一章中，他证明了自己不仅有强大的自我分析能力，还——非常罕见地——能够明确了解自身的能力；他了解自己的品质和缺陷，和他人眼中的自己一致。无限伤怀的、愚蠢的童贞女是对当时的魏尔伦精确的刻画，她为失去之前的纯洁而悲泣，请求上帝的宽恕，但又不愿意尝试结束这一她认为是一种羞辱和罪行的状态。这正是魏尔伦本人的悲泣和哀嚎；他总是告解自己的罪，总是为自己的懦弱而伤怀，最终，这些都超过了兰波所能忍耐的极限。

"不错，我从前是很规矩很严肃的，我生来不是为了变成骷髅白骨！……他那个时候，差不多还是一个孩子……他那种种神秘的温柔体贴诱惑了我。顺从了他，我就把我为人的责任忘在脑后。这是什么生活哟！真正的人生根本不存在。我们也没有真正在人世活过。他去哪里，我也跟去，应该这样。他常常对我发怒生气，我啊，可怜的灵魂。魔鬼！——是一个魔鬼，你知道，那不是一个人。"

但魏尔伦越发地依赖兰波；他渴求着他的爱，如果不能得到爱就会感到又饥又渴，无法餍足。"他的吻和拥抱让我不再向往天堂！"他说道，"但如果我想要天堂，那也是一个黑暗的天堂，否则我宁愿永远承受贫穷、耳聋、哑巴和盲目。他的关怀已经成了我的必需！"

一开始，兰波对他和魏尔伦之间的关系抱有巨大的期待。他希望他们之间能达成完整的和谐和理解，两人能够完美地融为一体。他对魏尔伦的爱和魏尔伦对他的爱都应该成为对万物最完美的解释。他会用感人、美妙的话语告诉他，自己曾梦见将他变回"太阳之子"的原始状态。只要他对自己对密友的爱有信心，对他来说就一切都好，他也会对自身和自己的力量感到自信。

但魏尔伦并不能一直理解他、跟随他的脚步，也无法和他一起进入他的世界。有的时候他无法入睡，就会在半夜站起身来，困惑地看着熟睡中的兰波，好奇他为什么那么想逃离现实，就好像他们一同经历的那些欢愉对他而言还不足够一样。"也许他是对的，"他有时也这样想过，"他说他掌握着能够改变世界①的秘密。"但他并不能真正地相信这一点,因此他又加上了一句:"哦!不,他只是认为自己掌握了这些秘密,但他其实还在寻找它们的路上!"

有时他会试着想象,如果兰波真的改变了世界,那将会是一幅怎样的景象。他会对自己说:"也许他真的在和上帝对话。"后来一段时间,他会试着去跟上兰波对幻象的描述,绝望之下,他说道:"我懂了!是的,我懂了!"但兰波很清楚这不是真的,只不过是说出来取悦他的话而已。他也不做回应,只是耸耸肩。魏尔伦怎么可能真的理解他所见到的东西呢?魏尔伦只会哭泣,为自己从神的恩典中被放逐、为自己犯下的罪而哀叹。他怎么可能理解作为神的快乐和超越罪孽的体验呢?

狂喜逐渐燃烧殆尽,兰波开始感到幻灭,最终产生了厌恶,这段关系只剩下味同嚼蜡的部分。他对自己和魏尔伦的关系走向失败的自觉、对这段经验的虚无的自觉,都是他精神层面上失败的一部分,也部分导致了他最终的崩溃。

随着爱情逐渐消失,他的性情也受到了影响。兰波个性中虐待狂的特征也开始显现。于是,他以伤害魏尔伦为乐,他会对一切他那单纯的朋友天性不喜的东西表达爱慕,假装自己比现实中更愤世嫉俗、玩世不恭。他会嘲弄一切魏尔伦喜爱、珍视的东西;于是后者常常会因绝望而落泪,此时他便会用愤怒和厌恶来对待他,并对他进行辱骂。

这种施虐获得的真实的快乐让他乐于通过向美德施加残酷、让光荣背上骂名的方法来恐吓魏尔伦。"我是斯堪的纳维亚人的后代,"他曾大声喊道,"我的先祖们曾在自己四肢上穿孔,并饮下自己的血。我会割伤自己的全身,我会在全身都文上文身,因为我想像蒙古人一样丑陋。你等着瞧吧!我要在街上嚎叫,因为我想要因愤怒而变得疯狂!"

有的时候,当他处于一种狂野的情绪中时,他会和魏尔伦打架,并

---

① 《地狱一季》中的原文是 changer la vie(改变生活)。王道乾译文:难道他手里真掌握着改变生活的秘密?因关联到下一段的首句,此处仍按本书原文(change the world)译出。——译者注

伤害他的身体。有一次，在"死老鼠"咖啡馆，他当着许多朋友的面对魏尔伦说道："把手平放在桌上，我要做个试验。"当他的朋友遵从他的要求时，他从口袋里拿出了一把小刀，戳伤了那双因对他充满信赖而平放在他面前的手。魏尔伦立刻起身离开了咖啡馆，但兰波追着他来到了街上，再一次用小刀戳伤了他身体上多个地方。①

但没有什么能让魏尔伦改变并离开他那心爱的朋友。

有时在兰波喝醉后，他会躲在他们住的房子入口处附近黑暗的角落里，等魏尔伦回家时就跳出来吓他，他的双脚从来就不怎么安分。他会对他诉说自己想做的犯罪行为，还会详细地描述自己最后会怎样让对方血流成河。

有的时候，在对魏尔伦的厌恶让他性格中的残忍到达极限时，相反地，他会为自己的铁石心肠而感到悔恨，于是他们和好如初，其中饱含的激情和他们吵架时如出一辙。他会在一段时间里用令人难以承受的善意说出温柔、简单却极有感染力的话语。当他看着他们所在的下流酒吧里周围的人时，他的双眼会饱含泪水。"悲哀的蠢牛！"他会这样称呼他们。他会带着最大的温柔，小心翼翼地扶起那些失去意识、躺在沟渠里的醉汉，他对他们抱有一种母亲对孩子的温柔怜悯。

兰波在对待魏尔伦时喜怒无常，间或对他施虐；他在善良和残忍之间反复变化，这种关系似乎注定会唤醒创作的动力，这种喜怒无常也在《地狱新郎和痴愚童女》的独白中有清晰的体现。

随着魏尔伦和兰波之间关系的发展，魏尔伦和妻子之间也变得矛盾重重。她指责兰波教唆和腐蚀她的丈夫，让他变得不道德；因为自从他开始和兰波交往，他就变得不修边幅；他每天都一直戴着一条肮脏的旧围巾和一顶软毡帽，而不是她心中一个莫泰·德·弗勒维尔家的女婿应该戴的丝绸帽。他常常一整个星期都不换衣服，也不擦鞋。②她记得有一天晚上特

---

① 波什著《真实的魏尔伦》，第 183 页。
② 魏尔伦前夫人著《我的一生回忆录》，第 184 页。

别可怕,那是科佩的戏剧作品《被弃的女人》首演的晚上,当时保罗穿着前一天晚上入睡时穿的衣服出现,让他们所有人都蒙羞。当时在场的文人都戴着白色领带和看歌剧专用的帽子,他和他们都很熟悉,在场的女士都优雅地闪闪发光,她们用羽毛、珠宝和低胸晚礼服装饰自己。他却穿着肮脏、起皱的西装,头上戴着那顶软帽,脖子上围着那条肮脏的围巾,脚上蹬着没擦干净的鞋,就这样走进了休息室。比他更声名狼藉的兰波则是招摇地依偎在他的肩头,当时他没有别的衣服,只能穿着破破烂烂的浅灰色大衣(因为比他的身形大了好几码,所以晃荡在他身上),戴着一顶不成型、泛着油光、褪色的帽子。无论怎么看,这一对好友当时展现的形象都是极其恶劣的。

在兰波的陪伴下,魏尔伦开始酗酒,喝的比他身体所能承受的还多,因此他很少有清醒的时候。苦艾酒是他们最主要的饮品,对魏尔伦来说,苦艾酒就是毒药,总能引出他心中潜在的残忍性情,让他对身边最近的、手无寸铁的人发泄,而这个人就是他的妻子。她会在床上无眠地躺着,恐惧地等待他回家;只要听到他上楼的脚步声,她就能判断出他回来时是醉着还是清醒的状态。① 那些他醉酒回家的晚上,他固执地认为自己必须一把火烧了她父亲存放武器的柜子;这个柜子就在她隔壁的房间,那面墙正靠着她的床。她会充满恐惧地躺在床上——毕竟她当时只有十八岁——听着喝醉的丈夫踉踉跄跄地上楼的脚步声。

没有什么能够为魏尔伦对待妻子的行为辩护。然而,对于魏尔伦这样脾气的人来说,她也是最让他气恼的那种妻子。她为自己的自制力感到自豪,在被打一边脸时会温和地把另一边脸也转过来,任他打骂。她曾经这样说过:"我从不开口回嘴。"但这只会给她丈夫那无名的愤怒火上浇油,让他成为完完全全过错的一方。但凡她做出任何报复的行为,和他共担一些不能控制自己坏脾气的骂名,那么他最终还是会对她更好一些的。但她总是默默地承受一切;和默默忍受、被打了一边脸再把另一边转过来的行

---

① 魏尔伦前夫人著《我的一生回忆录》,第 195 页。

为相比，没有什么更能激起一个人心中最恶毒的一面。

"每当他喝醉后回来，"她写道，① "他都会低声辱骂我，但我从来没有回过嘴。有的时候他会打我，我也从来没有反抗过。我从来都没有觉得愤怒或不甘，我只是感到彻骨的悲伤。"

一天晚上，他对她说："我要烧了你的头发！"然后他点燃了一根火柴，把它放在离她的头很近的地方，据她说，她没有做出任何阻止他的行为。幸运的是，火柴在烧了她散落下来的发梢后就灭了。又有一次，他一拳把她的嘴唇打到开裂；还有一次，他用一把尖刀抵住了她的喉咙，然后又割伤了她的手和手腕。

兰波怂恿魏尔伦继续酗酒和纵欲，他说服他相信，这个世界上最滑稽可笑的就是顾家的男人，而且这种循规蹈矩的做法只能让一个男人的精神受到腐蚀。为了让他和妻子对立、仇恨她，他使出了浑身解数，因为他无法原谅自己来到巴黎那晚她对他的羞辱。兰波和他的母亲一样，没有原谅他人的能力。

与此同时，兰波搬出了莫泰·德·弗勒维尔家。正如我们所知道的，直到1871年12月底魏尔伦为他在康帕尼-普雷米尔街租下一间房之前，他辗转了许多住处。圣诞节期间，魏尔伦离开巴黎去拜访亲戚，直到1月13日才回来。之后就发生了他和妻子之间最恶毒的一次争吵，这也导致了两人的分居。他到家时，她正躺在床上，因为她还没有完全恢复健康。晚餐结束后，他立刻上楼进了她的房间。他愤怒地说了些话，然后开始抱怨咖啡难喝，还说他要和朋友们一起去咖啡馆喝上一杯给人喝的咖啡。由于他当时距离清醒的状态远得不是一点点，她非常害怕，并没有回答他，但这种长久的忍受、耐心的宽容让他感到羞耻，让处于醉酒状态的他陷入了狂暴的状态，他对她喊道："是你的冷静让我变得这么疯狂，现在我要一次性永远地结束它。"②

---

① 魏尔伦前夫人著《我的一生回忆录》，第195页。
② 玛蒂尔德·魏尔伦在分居请求中引述了魏尔伦的这一说辞。参见《法兰西水星》，1927年2月。

于是他抓起还在襁褓中的儿子，把他扔向墙上；他能够活命完全是因为身上的襁褓足够厚实。接着，他抓住了妻子，用指甲抓伤她的双手；然后，他把她扔到床上，开始掐她的脖子。她的父母听到她呼救的声音，冲进房间里，花了很大的力气才把两人分开。

　　第二天，他没有回家吃晚餐，但还是在午夜时分回到了家中。他又一次造成了混乱，离开家时，他说自己再也不会回来。他扬言说自己会和他母亲住在一起，但实际上他去了康帕尼-普雷米尔街，和兰波住在一起，那里也是《诗人和缪斯》中描写的寻欢作乐的场景所在，这首诗收录于魏尔伦的诗集《今与昔》。

　　她的父亲此时坚持要求她申请分居，并写信给魏尔伦向他告知此事。魏尔伦则对自己的所作所为感到恐慌，他的态度变得温和驯服。他双眼含泪，乞求玛蒂尔德的原谅，并承诺一定会做出改变。她答应在康复之后会回到他的身边，但有一个条件，那就是兰波必须被送回夏尔维勒，并且她的丈夫不能再与他有任何联系。魏尔伦爽快地答应了她所有的条件，并成功地说服了兰波离开巴黎一段时间。[1]但是，在他走后，魏尔伦并没有遵守对妻子的承诺，而在夏尔维勒的兰波为自己成了一个无足轻重的女人一时之念的牺牲品而感到怒火中烧，他给玛蒂尔德写了一封信，但后来被销毁了。然而，他并不是纯粹自发地写了这封信，这封信是在魏尔伦的鼓励下寄出的；他给了兰波可以确保书信寄达的住址，还乞求他保持一段时间的耐心、对自己保持信心，他还承诺说，分居几个星期他就能修补好自己的婚姻，然后他们就能再次在一起、永不分离了。[2]

---

[1] 穆凯著《魏尔伦讲述的兰波》，第19—21页。
[2] 摘自魏尔伦1872年5月致兰波的书信，《兰波全集》，第268页。

第五章　精神狩猎

据我们现在所知，在 1872 年 3 月离开夏尔维勒和同年 9 月抵达英格兰之间，兰波创作了最后一批韵诗。毫无疑问，他当时正处于一个创作力极强的时期，《精神狩猎》(*La Chasse Spirituelle*) 也被认为是这一时期的作品。魏尔伦认为《精神狩猎》是兰波最伟大的作品，其理念和表达之美超越了所有他之前的作品，充满了"陌生的神秘和最奇怪的心理洞见"。[1] 基于应该是在同一时期所作的《灵光集》中的神秘诗歌，我们只能惋惜现在无法阅读这一杰作，那是一部宛如《天国的猎犬》[2]一般的作品——也许会是他迄今为止仅仅被偶尔表达的才华最完美的结晶。

兰波的许多作品都是在过去的二十到三十年间被发现的。全世界的兰波研究者最希望能重见天日的就是《精神狩猎》。因此，1949 年，当一篇有相同标题的文字在《法兰西水星》杂志上发表时，人们感到非常欣慰。然而，希望转瞬而逝，因为这篇文章只是一个噱头，实际上由两名学生伪造：阿喀基亚·维亚拉（Akakia Viala）和尼古拉·巴塔耶（Nicolas Bataillet）。[3]

兰波在这一时期创作的许多诗歌作品都注明日期，但不幸的是，并不是所有作品都如此。其中，《回忆》的日期信息尤为珍贵，因为这是他在形式上最具原创性的作品之一；尽管它是以法语诗歌最传统的格律亚历山大体写成的，但这依然是在技术上最超前的兰波作品。诗中的儿时回忆更

---

[1] 魏尔伦著《被诅咒的诗人》(*Les Poètes Maudits*)。
[2] 《天国的猎犬》(*The Hound of Heaven*) 是英国诗人弗朗西斯·汤普森（Francis Thompson）的诗作，出版于 1893 年。——译者注
[3] 参见布勒东著《现行罪》(*Flagrant Délit*)；莫里塞特（Morrissette）著《了不起的兰波仿冒犯》(*The Great Rimbaud Forgeries*)。

像一种联想,而不是对事实准确的罗列;这首诗的美感在于意象,而非押韵的和声,因为独立的"e"不发音,这让整个韵律变得有些蹩脚;但诗中的视觉冲击力会让人联想到印象派的绘画作品。

回　忆

一

晶亮的水;如孩子咸咸的眼泪,
阳光下突然冲进女人的白体;
在少女们蔽身的墙脚
成团的丝绸,洁白的百合,焰形小旗;

天使们的嬉闹;——不……流动的金水,
摇晃着草臂,漆黑,沉重,尤为清凉。
阴森的草,在把蓝天叫做床顶之前,
就已把山冈和桥拱的阴影称作床帘。

二

啊!潮湿的方砖吐出透明的水泡!
河水用苍白无尽的金光装饰备好的床铺。
女孩草绿的裙子已经褪色
变成杨柳,自由的飞鸟从那儿纷纷跳出。

温暖的黄眼皮,纯过金路易
驴蹄草——你的夫妻誓约,哦,妻子!——
短暂的正午,在灰色的暖天
可爱的红日嫉妒暗淡的镜子。

三

夫人笔直地站在附近的草地上,
干活的小孩们在那飘落;她手执

女用阳伞；踩着小花，得意洋洋；
孩子们在鲜花盛开的绿草地
读着红皮书！唉，他，就像是
在路上分道的千百个白衣天使，
从那远离高山！人走了以后，
河水又冷又黑，郁郁地流！

四

惋惜净草茂密鲜嫩的手臂！
惋惜神圣的河床中春天的月亮！
欢喜河边荒芜的小道，当八月的夜
萌发了这些秽物，那又该多悲伤！

现在，就让小河在墙脚哭泣吧！
那上面杨树的呼吸是唯一的和风。
然后是灰色的一片，没有反光和源泉：
一个渔翁在忙着，船儿一动不动。

五

这愁水中的玩物，我无法抓到，
哦，静止的小船！哦！胳膊太短！
纠缠我的黄花，灰水亲近的蓝花，
这花那花，我一朵都摘不到。

啊！翅膀从柳树上抖下的灰！
久遭折磨的芦苇上的玫瑰！
我的小船，总是不动；它的铁链
落在这无边的水底，——哪块泥上？[①]（飞白　译）

[①]《回忆》，《兰波全集》，第121页。

充满了精神信仰和神秘色彩的《灵光集》很可能也创作于这一时期。但这个问题留待下一章再讨论。

离开巴黎时,兰波充满了沮丧和悲伤。他知道自己没能在首都的文学界大获成功,他也意识到几个月前离家时怀抱的远大理想现在只是一团破碎在他脚下的废品。他并不是以征服者的姿态衣锦还乡,而是像个失去信用、被放逐的先知。没有人理解他所传达的信息,他受到了迫害,但这也是所有伟大先知和魔法师的命运。这也是圣女贞德的命运。在《地狱一季》中,他写道:"我看到我面前站着激怒的人群,行刑队也站在我的面前,因为我为他们所不理解的灾祸痛哭,而且我还要宽恕!——像贞德那样。"(王道乾译)他为了他人而牺牲自己,让青春被奴役,他的生命也因利他主义而被浪费:

> 青春虽不羁
> 却受尽牵制,
> 细微又轻巧
> 失却我生命。[1](何家炜 译)

他被悲伤和无力感所笼罩,开始对世界上的善和他所钻研的炼金术的价值产生怀疑。

> 这千百个问题
> 又分条条细枝
> 最终只能导致,
> 狂醉疯癫不已。
>
> 世界是邪恶的;

---

[1] 《最高塔之歌》,《兰波全集》,第131页。

是否吓你一跳！
活下去，于烈火中
投进晦暗的不幸。①（何家炜　译）

在赏心悦目的《泪》中也有这种悲伤和丧气的体现。在诗中，他看到饮下"可饮之金"，即贤者的黄金，获得永生的可能，但他却不觉得渴。②

远离了飞鸟，畜群，村女，
榛林围着一片石楠丛沃土，
午后柔绿的薄雾中我屈膝俯身，
有什么可以供我掬饮？

在青青的瓦兹河我喝到了什么？
——无声的小榆树，无花的草地，荫蔽的天空！
我离开亲切的茅屋举起黄葫芦瓢畅饮，
是黄金水喝得人热汗涔涔。

我打制一块古怪的旅店招牌。
——一阵风暴从天空隆隆驰过。
黄昏，林中溪水消失在纯洁的沙地上，
上帝之风向着池水吹拂冰雹。

我哭，我看见黄金——竟不能一饮。（王道乾　译）

同样的悲伤情绪在《加西河》中也有体现。③

---

① 《黄金时代》，《兰波全集》，第133页。
② 《泪》，《兰波全集》，第219页。此处引用的是兰波在《地狱一季》中所用的版本。
③ 《兰波全集》，第125页。

陌生的山谷里，加西河
　　　　默默无闻地流淌：
乌鸦声声把它伴陪，
　　　　天使悦耳的真嗓：
冷杉剧烈地摇摆
　　　　当阵阵风儿吹过。

旧日的战争，里赫的花园，
　　　　已访问过的城堡，
全部都与它们讨厌的神秘一起流走：
　　　　就在河边人们听到
流浪的骑士熄灭的爱情：
　　　　但愿风儿宜人清新！

让行人看看这些栅栏：
　　　　他会走得更勇敢。
令人愉快、亲爱的乌鸦，那是
　　　　上天派来的森林卫士！
把狡猾的农民从这儿赶走，
　　　　他缺肢断腿真够受。（飞白　译）

兰波被切断了和意气相投的伴侣的联系；在沉闷的家乡，他开始思考爱和孤单的问题。没有人会再来爱他，没有女人可以给他安慰。"狂欢纵欲，与女人交好，对我是禁止的。"他在《地狱一季》里说道，"我一个同伴也没有。"（王道乾译）面对女性时，他总是感到某种壁垒或限制。在《地狱一季》中《言语炼金术》的初稿里，他写道："让所有童贞睡去！我远离了碰触！奇异的童贞！"

根据魔法的学说①，当一个男子由于自发的守贞或其他原因而拒绝或被拒绝和女性发生关系，那么他就是一个鳏居的灵魂。兰波同样认为自己也是这样一个灵魂。在《最高塔之歌》中，他写道："啊！千百次鳏居／如此可怜的灵魂"（何家炜译）——这首诗在《地狱一季》中被再次引用，接在一段对童贞的精彩讨论之后——诗中也提到，他生命中唯一的女性就只有圣女马利亚。

大部分我们已知写于这一时期的诗歌都体现了痛苦和孤独的情绪，以及兰波对自己注定孤单的命运的接受。

《米歇尔与克里斯蒂娜》就是这样的一首诗。这是一首需要深思熟虑地审视的作品，因为标题中的两个人名仅在诗的最后一行中出现。

这首诗的前三段描写了一场暴风雨和它所带来的破坏。山顶的羊群、牧羊犬和羊倌都自发地从风暴肆虐的高处逃跑，到下方的山谷中寻找"更安全的蔽身之处"。

如果太阳想离开这河岸就让它滚！
快逃，闪亮的洪水！这里有路荫。
暴风雨豆大的雨滴首先痛击
摇曳的柳树和古老的宫院，

成百的羔羊啊，牧歌中黄色的士兵，
快从水渠和瘦弱的欧石南里
逃跑！平原，沙漠，远天和草地
都成了暴风雨红色的梳妆台！

黑色的狗，外套被淹的棕肤羊倌，
快逃离闪电密集的时辰，

---

① 莱维著《高等魔法的信条与仪式》，第1卷，第261页。

> 金色的羊群啊，当黑影与硫磺来此畅游，
> 设法逃入更安全的蔽身之处。（飞白　译）

但诗人并不想和羊群、牧羊犬和羊倌一起躲在蔽身之处中，因为他正沉浸于对暴风雨的想象中。

> 可我，上天啊！我的魂已出窍，
> 红色的冰天之后，
> 我仰望头顶的云层
> 像铁路在辽阔的索洛涅上空飞奔。（飞白　译）

索洛涅是卢瓦尔河谷沿岸的沼泽平原。兰波从来没有去过这个地区，却用了这样一个意象，这一点似乎有些奇怪。但在这里，他指的可能是他家乡罗什河流沿岸的田野，当地人也把那条河称作"卢瓦尔河"（La Loire）或"阿卢瓦尔"（L'Alloire）。① 这与他常用的艺术创作手法一致：用不加解释的典故为诗歌平添神秘的色彩。

之后，诗中的图景开始变化；自然风暴的意象被拓展到战争的场景中，并与之融合。暴风雨——战争——带来了宛如"几千颗野生种子"的狼群，让他们在古代欧洲游民会聚的陆地上肆虐。

> 古老的欧洲是游民会聚的底盘，
> 这暴风雨施威的庄严之午
> 带来了几千头狼，千颗
> 野生种子，也没忘掉草藤。（飞白　译）

"草藤"象征着这种植物——旋花（convolvulus）——对庄稼带来的

---

① 高芬（Goffin）著《兰波活着》（*Rimbaud Vivant*）。

毁灭性影响。暴风雨——抑或是战争——让野草摧毁庄稼的情况变得更为有利。

暴风雨最终消逝,月亮开始照耀光辉。出征的战士们骄傲地骑在马上,冷静地离开战场。一切都归于平静。

> 然后是,月亮!到处都是陆地,
> 红红的脸膛,头朝黑天,士兵们
> 慢慢地骑着他们苍白的战马!
> 石块在这群傲者的脚下卡卡作响!(飞白 译)

诗人化身为骑马离去的士兵之一,诗也在此结束。

> ——我将看到黄色的森林,明亮的山谷,
> 蓝眼的妻子,红颜的男人,啊,高卢,
> 复活节洁白的羊羔①,在他们可爱的脚旁,
> ——米歇尔与克里斯蒂娜,——基督!
> 田园诗的结束。(飞白 译)

此处是全诗唯一一次提到米歇尔与克里斯蒂娜。在最后一节中,很明显,年轻的男子正在好奇,自己是否会再次见到法兰西秋日的森林和美丽的山谷,那在逾越节被犹太人吃掉、用来庆祝族人成功逃离奴役的羔羊,是否会为庆祝他的安全归来而被宰杀。"逾越节的小羊"这一意象和女子的名字一起暗指耶稣基督:"上帝的羔羊,免于罪孽。"也许兰波甚至还想到了那句弥撒中会用到的祷文:"上帝的羔羊,除去世人罪孽的!怜悯我们,赐我们宁静!"在创作这首诗时,他很可能感受到了自身对怜悯和宁

---

① 此处飞白译本与法语原诗和英译本有差异,原诗中的"Agneau Pascal"和英译的"Paschal Lamb"指的并不是复活节的羔羊,而是犹太人庆祝上帝让他们跨过红海、逃离埃及人的奴役的逾越节所用的羔羊。——译者注

静的渴望。这些典故和暗示的意义似乎很明确，但是"蓝眼的妻子"和"红颜的男人"是谁？米歇尔和克里斯蒂娜又是谁？他们的名字正是诗的标题，这说明他们对这首诗的整体而言一定具有一些意义。

斯克里布（Scribe）有一部轻歌舞剧的名字就是《米歇尔与克里斯蒂娜》，也许这就是这首诗创作的起点。后来，兰波在《地狱一季》的《谵妄（二）》里是这样解释他的创作方法的：

> 我已经习惯于单纯的幻觉：那分明是一座工厂，我却看到一座清真寺……还有妖鬼魔怪，还有种种神秘；一出歌舞剧的标题在我眼前展示出种种令人恐怖的景象。
>
> 然后，我用词语的幻觉解释我各种具有魔力的诡辩。（王道乾 译）

轻歌舞剧《米歇尔和克里斯蒂娜》在第二帝国时期非常流行——尤其是在外省，轻喜剧歌剧演唱家奥当斯·施耐德（Hortense Schneider）因出演这一作品而开始受到关注，她也是奥芬巴赫（Offenbach）、梅尔哈克（Meilhac）和阿莱维（Halévy）作品最著名的演绎者——兰波不可能不知道这部歌剧。《米歇尔和克里斯蒂娜》是一出情感丰富的小型歌剧，并没有什么伟大的内涵，它讲述了这样一个故事：波兰士兵斯坦尼斯拉斯从战场上归来，下山来到山谷中寻找他在上战场时路遇并爱上的克里斯蒂娜。他找到了她——当时她已经成了自己过去做女仆的酒馆的老板——她答应会嫁给他，于是他开始计划与她一起过田园生活。然而，他发现她真正爱着的人是米歇尔，一个常常脸红的、单纯的乡下青年——也许这就是兰波为什么称他为"红颜的男人"——他们也是相爱的，于是他大方地解除了婚约，还她自由。他重新回到了军团，在路过村子时，他相信自己一定会在随后的战争中死去，但他还是恳求主人们为他在炉边留一个位置，万一他能活着回来呢？歌剧的结尾呈现了米歇尔和克里斯蒂娜快乐的田园生活。这一对爱人象征着相爱的人之间完美、简单的幸福。

在诗歌的最后,兰波表达了悲伤、憧憬的情绪;出于某种原因,他清楚地知道自己与普通人的幸福无缘。他的悲伤和波兰士兵回到暴风雨和战争的压迫中时如出一辙,他们都感到孤独,并彻底抛下了简单的幸福。

于是,在孤独中,对所有让生命变得值得珍惜的东西关上心门的兰波表达了他的憧憬,他希望能回到过去的时光,那时的他有能力去爱和享受爱。

最可珍爱的时间,
快来,快快到来。(王道乾 译)

他憧憬着能够作为蔽身之所的高塔,和梅林之塔一样,那是一座在公正之上建起的高塔。梅林曾说:"我住在魔法师之王的华丽高塔中。在塔里,我无需惧怕任何来自黑暗之人的背叛。我的高塔建在公正之石上,谁能将它撼动?"[1]

最高塔之歌

青春虽不羁
却受尽牵制,
细微又轻巧
失却我生命.
啊!愿时光重来
好心心相印。

我自思量:放下,
便无人见你身影:
也不要去许诺

---

[1] 基内著《魔法师梅林》,第2卷,第294页。

那无上的欢情。
什么也不能阻挡，
你庄严的退隐。

我曾如此耐心
而今彻底忘却；
忧虑和痛苦
飞去云霄外。
而污秽的渴意
染黑我的血脉。

有如那草场
交付给遗忘，
延伸，开花
有乳香和黑麦草
凶残的嗡鸣声
是成百的脏苍蝇。

啊！千百次鳏居
如此可怜的灵魂，
它只存一个形象
是我们的圣母！
可有人祈福
向圣女马利亚？

青春虽不羁
却受尽牵制，
细微又轻巧

失却我生命。

啊！愿时光重来

好心心相印。（何家炜　译）

与此同时，尽管魏尔伦对妻子作出了承诺，但他还是常常和兰波通信。这些书信就是后来玛蒂尔德·魏尔伦销毁的兰波书信。魏尔伦当时正在计划瞒着妻子和她的家人，把他的朋友带回巴黎。他哀求兰波为他做主，让他不再受任何其他人的支使。"给我写信，打听打听我的责任，你知道的，我们曾经一起过的那种生活；快乐、痛苦、虚伪、愤世嫉俗，这一切都是应该的。我是你的，全都是你的——你明白吗？你回来以后，就得立刻抓住我不放手，紧紧地抓住我，没有一丝颤抖犹豫——你最擅长这么做了。"①

后来，魏尔伦给兰波寄了买车票的钱，恳求他立刻回来；他为他描绘他们在一起放纵、堕落的未来，说兰波可以从他家族的愤怒中拯救他。

兰波在1872年5月回到了巴黎，魏尔伦帮他租了一间房，一开始在王子先生街，后来搬去了维克多-库赞街上的克吕尼旅馆，离索邦大学不远。于是，他们重新开始了酗酒、流连酒馆、讨论文学的生活。

兰波在巴黎再次得到了鼓励和启发，他从沮丧和忧郁中解脱，重新获得了对力量和狂喜的感觉。他又创作了一批诗歌，包括《她是舞女》《永恒》和《哦，季节，哦，城堡》。这些诗的主题都是忧郁，和不久前他在夏尔维勒的创作一样，却表达了喜悦和成功，因为那是他相信自己已经获得了完美的狂喜，掌握了"幸福之理"，并已经抵达了魔法王国的圣所，在这里，他可以驱使一切力量。在《地狱一季》的《谵妄（二）》中，他写道：

---

① 魏尔伦1872年4月致兰波的书信。现存的英语翻译均未能传达原文独特的风格，故此处引用法语版本。

最后,啊,幸福,啊,理性,我把蓝色,那实际是乌黑的蓝色,从天空分出,于是,我的生命化作了自然之光的金色火花。我采用尽量滑稽迷狂的手法表达我的狂喜。(王道乾 译)

波德莱尔在《人造天堂》里描写了吸食海吸希的欢愉所引起的表达狂欢。在创作《永恒》时,兰波的狂喜也达到了相似的表达层次。

找到了!
什么?永恒。
那是融有
太阳的大海。

我不朽的魂灵,
察看你的意愿,
纵然只有黑夜,
白昼也如火炽。

所以你脱弃
人类的赞许,
共同地奋起!
你任自飞去……

——从来没有希望,
也没有 orietur。
科学和坚忍,
苦刑准有份。

没有明天,

炭火如锦缎，
你的热忱
便是你的义务。

已经找到！
——什么？——永恒。
那是融有
太阳的大海。（王道乾　译）

　　帕斯卡尔在经过了许多漫长的夜晚与自己的灵魂缠斗之后，终于获得了确证和喜悦，于是他把这些经历记录下来，在他死后，人们发现他把这些记录藏在身上距离心脏不远的地方。兰波似乎也是如此，在许多漫长的夜晚的凝视后，他终于也抵达了相同的狂喜状态。他会在自己位于王子先生街的小房间里整夜写作和阅读——《灵光集》中有一首题为《长夜》的诗篇——在他于1872年6月写给德拉艾的信中有一个优美的段落，对他守夜的习惯也有记录。这一段落的写作水平堪比波德莱尔的《巴黎的忧郁》。[1]

　　　　现在我都在夜里工作。从午夜开始，一直到凌晨五点。过去的一个月都是如此，就在我那王子先生街的房间里。我的房间俯瞰着圣路易学校的花园，窄小的窗下有巨大的树木。凌晨三点，蜡烛柔光摇曳：树上所有的鸟儿都在齐声叫唤；做完了！工作结束！我看着树和天空，沉浸在清晨第一个不可言喻的小时里。我看到学校的宿舍，那里鸦雀无声。但街上已经断断续续地传来板车悦耳的旋律。——我抽着烟斗，往地砖上吐痰，我的房间在高处的阁楼上。凌晨五点，我下楼去买面包。对我来说，这是一天中最适合去酒商那儿喝醉的时间。我返回家

---

[1] 1872年6月的书信。

里吃一些东西，然后在早上七点阳光开始处理地砖下藏着的跳蚤时，我就上床睡觉。无论是夏天的第一个清晨，还是十二月的冬夜，这一切总让我在这里感到快乐。但现在我有一间漂亮的房间，还有一个无边无际的院落，不过其实只有三平方米那么大。——在那里，我整夜里只喝水。我看不见破晓，我也不睡觉，我快要窒息了。就这样！

如果想对这封信的意义有完整的理解，我们必须配合另两首诗一起阅读：《哦，季节，哦，城堡》和《灵光集》中的《醉之晨》。以这封信中的内容为背景，可以从这两首诗中读出更为丰富的内涵。我们不能确定《灵光集》的写作时间，但《醉之晨》写于1872年5月；而在这封日期为1872年6月的书信里，兰波描述了前一个月里发生的事件。《醉之晨》应该就是写于这些帕斯卡尔式的夜晚的工作和冥想之后，诗中描写的是一种对超人的狂喜近乎歇斯底里的表达。在不连贯的词语中找到宣泄的出口是一种喜悦，但与逻辑分析相比，这种临时起意的不连贯更生动地体现了诗性和精神性体验。这首诗只可能写于对兰波来说诗中一切即现实生活的时间：

哦，我的善！哦，我的美！残暴的号角吹响，我可不会踉踉跄跄！美妙的拷刑架！为闻所未闻的作品欢呼，为美妙绝伦的肉身欢呼，为这第一次欢呼！它始于孩童的笑声，并以此终。这毒药将留在我们全身的血脉里，尽管号角转向，我们重返原先的不谐。哦，眼下，这可真是我们应得的苦刑！我们虔诚地汇集起它向我们的灵与肉所做的超凡承诺：这承诺，这痴狂！优雅，科学，残暴。我们得允诺要把善恶树埋葬在阴影里，放逐暴虐的诚实，以便带给我们极其纯粹的爱。这由几阵恶心开始，随即结束，——因它未能用这永恒把我们就地擒获，——香销之时，它亦结束。

孩童之笑声，奴隶之谨慎，贞女之严厉，神色之恐惧，还有此间种种，今宵的回忆好为你们祝圣。这始于粗野不堪，而今终以冰与火的天使。

神圣的迷醉，短短一宵！而这只是为了你赐予我们的面具。我们肯定你，这方法！我们不会忘记昨天你荣耀了我们每个人的年岁。我们信仰毒药。我们知道每天都奉上我们整整一生。

现在到了**刺客**的时辰。(何家炜 译)

在法语中，炼金术师称他们所用的金属为"肉身"(corps)，根据炼金的纯度，金属也被分为"完美的肉身"和"不完美的肉身"。在诗的开头，当兰波以炼金术师的口吻提起"美妙绝伦的肉身"，他指的可能就是金属的完美；而"闻所未闻的作品"可能就是炼金术中指已完成的炼金试验的"大成"。[①]诗中，他第一次达到了"大成"，于是希望他的自尊、敬畏和喜悦不会让他被冲昏了头脑。"残暴的号角吹响，我可不会踉踉跄跄！"上"拷刑架"是一种中世纪的刑罚，在此处，它是诗人自身所受折磨的象征；这是一种经由魔法的折磨，因此也是"美妙的拷刑架"。极致的痛苦是兰波美学理论中的一部分；这是为获得最终的胜利而必须付出的代价，是一个人被选中接受凯旋的证明。兰波为自己被这种折磨所选中而感到快乐和自豪，为被看作有价值而感到高兴。他所拥有的快乐将永远属于他，即便有一天魔法会消逝，他也要回到过去不和谐的状态中，"重返原先的不谐"。但他曾因受折磨而体现出价值，因此他将继续享受被赋予他的超人的允诺，那是一个令人难以置信的允诺：要将善恶树砍倒，永远深埋在黑暗中。此时的他可以赞美、祝福每一个不眠之夜，因为它们将他引向了这一崇高的体验。"今宵的回忆好为你们祝圣。"他的方法终于得到了肯定，他所有的时代都被荣光笼罩。炼金术师们相信，制造点金石或黄金——或者说是它们所象征的完整幻象——包括四个时代，每个时代都有在炼金过程后出现的代表性的颜色。第一个时代是土星，它的颜色是黑色；第二个是木星，它的颜色是白色；第三个是金星，它的颜色是黄色；第四个是火

[①] "作品"(oeuvre)在炼金术中的概念通常是一个阳性名词，因此最后一个阶段为"大成"(le grand oeuvre)。但一些炼金术师则使用作为阴性词的"oeuvre"来代表炼金术的所有分支，而不仅限于最后一个阶段。

星，它的颜色是红色。"时代"一词的使用尤其象征意义，和"季节"一词一样，这一点会在后续和《哦，季节，哦，城堡》一诗一起讨论。他对毒药的信心是正确的。现在，他可以献祭自己的日常生活了。"刺客"的时辰业已来到。兰波在此处对"刺客"一词的使用有着特别的内涵。他很可能指的是1020年在开罗创立的法蒂玛教派，米舍莱在《法国史》中对此有过记载。[①] 教派的创始人是哈桑·本·萨巴哈，其誓约为绝对、无条件的服从。教派的成员是占星师和医生，他们同时也是职业杀手。他们不可以拒绝履行义务，也曾经参与过复杂的政治暗杀任务。如果一个成员无法完成任务的话，其他的成员就会一个接一个地前去，直到任务完成——无论会招致怎样的后果。在出任务之前，杀手们会被赐予海吸希——根据波德莱尔的说法，"hachichin"和"assassin"[②]两个词也由此而来——出于吸毒后迷幻状态的杀手们就会漠视痛苦和死亡——无论是他们自身或是别人的。米舍莱进一步告诉我们，教派的领袖宣称自己即是伊玛目，是人们所期盼的弥赛亚，是阿里精神的化身。兰波在使用这个词的时候，他的用意包含了以上所有内容。

《醉之晨》是兰波第一次也是最完整的一次对精神性体验的表达；其精髓以一种更简化的形式在《哦，季节，哦，城堡》中被再次提炼。[③]

四季的概念在炼金术的教条中十分重要。它指的并不是日历上寻常的四季。四季在"哲学容器"中更替，而季节正是让灵药变得完美所必经的阶段，如此才能制造贤者的黄金。每个季节都是必经的阶段——每个季节都有自身的特点——炼金术的一年无法用时间的更迭来测量。每一次黄金被制造出来，就代表度过了一年，然后整个流程就要重新开始。四季中有些阶段比其他的更长。冬天是炼金术年的第一个季节，也是黑色代表的时代；它也被称作黄金时代、土星时代，这一点在前一章中已经有所涉及。这也是溶解的阶段，并且——据炼金术师所说——也需要腐化——这样元

---

① 米舍莱著《法国史》，第2卷，第138页。
② 前一个词"吸食大麻者"，演化出后一个词"刺客"。——译者注
③ 并没有证据支持帕泰尔纳·贝里雄采用"幸福"（Bonheur）作为这首诗标题的做法。

素才能够被分解，从而可以最终提炼出完美的黄金。从黑转灰、再从灰转白的季节就是春天。而完整的白色通过黄色变成粉色的季节则是完整的夏季；之后，当颜色变成红色时，炼金术的秋天就到了，这也是一年中至高的顶点，此时，魔法的果实、贤者的黄金被收获储藏。这就是完美的灵药。

兰波在诗中常常使用"城堡"一词，这也是一个对他很重要的意象。亚登省内有许多著名的城堡，其中有一座就在夏尔维勒附近，名为"仙女城堡"(Le Château de la Fée)。据说这座城堡最初是为了传说中会使用魔法的罗马皇帝"叛教者"尤利安而建。① 但在这首诗中，这一意象比在其他的作品中有更完整、深刻的内涵。兰波似乎是想把它用作一个进一步的象征，来表达他获得精神上的黄金的完美体验。这一内心中建起的城堡和圣特蕾莎笔下内心幻境中的殿宇很相似。能有幸进入圣所、享有完整和完美的狂喜的人都是如此。在灵魂幻境中的城堡里的圣特蕾莎描述了神圣婚姻那不可言喻的状态，以及随之而来的新生命的降临。上帝存在于灵魂之中，灵魂也与上帝合二为一。内心的城堡中有天国般的喜悦，为遭受巨大精神折磨和苦难的人提供慰藉。圣特蕾莎的作品于1859年被翻译成法语，兰波很可能也读过。他比她更快抵达了内心世界的城堡，因为他使用了魔法的咒语而不仅仅依赖祈祷的力量。

然而，在不知道这些外部细节的情况下，读者也可以欣赏这首诗。

哦，季节，哦，城堡
哪个灵魂无过错？

哦，季节，哦，城堡，

无人能避开的幸福

---

① 梅拉克（Meyrac）著《亚登的传统、习俗、传说和神话故事》(*Traditions, Coûtumes, Légendes et Contes des Ardennes*)。

我作过神奇的研究。

哦，幸福万岁，每当
高卢公鸡啼唱的时候。

可是！我再无欲望，
我的生命充满了幸福。

这魅力！攫取了灵与肉，
并把一切精力驱逐。

从我的话里弄懂了什么？
从这话飞逃隐没！

哦，季节，哦，城堡！（飞白　译）

　　兰波通过魔法获得了这种幸福——"无人能避开的幸福，我作过神奇的研究"——他在公鸡啼唱的破晓时分为它吟唱赞美，因为他守过了漫漫长夜才得以获得这完整的幻象。此时正是1872年的夏天，通过魔法获得的幸福似乎是值得为之感激，并为之吟唱赞美的。后来，当他后悔自己的做法时，他相信通过魔法追求到的幸福成了他的诅咒，它诱惑他，最终令他死亡。他把幸福看作一条大蟒，"它的利齿，对死来说是温柔的"——他在《地狱一季》中引用这首诗时如此说道——于是，每天清晨听到公鸡的鸣叫对他而言是一种警示——正如圣彼得接受自己要求的死刑一样——因此，他在诗的结尾加上了两行在第一个版本中不存在的对句。

可叹可叹，它匆匆逝去，
死亡的时刻跟着来临！（王道乾　译）

幸福和宁静只有在死亡之后才会到来。这一阶段的问题将在后续章节中讨论。

毫无疑问，此时的兰波正处于一种神秘、崇高的精神状态中，他确信自己将获得上帝的幻象。很可能他就是在这时创作了《精神狩猎》，据我们所知，他在1872年7月将这一作品交给了魏尔伦。这一定发生在7月7日这对友人离开巴黎去往比利时之前。《精神狩猎》被发现于魏尔伦留在岳父家中的一系列手稿中，这似乎说明兰波并没有时间誊写副本，或是向其他人展示这一作品。这也解释了为什么我们从未找到过《精神狩猎》存在的其他痕迹。

兰波在这一时期的崇高体验让他在大部分时间里都不自觉地忽视、遗忘了生活中贫穷、肮脏的那一面。可以确定的是，《灵光集》中的大部分诗歌都写于这一时期，这包括那些表达他对理论自信的作品，充满动感和希望的作品，以及有超验色彩的作品。他在之后创作的其他作品则展现了一种截然不同的真实视野，是对物质真实世界的凝视；这些作品表达的是疑惑和因此而产生的对自己正在过的生活的厌恶之情。它们体现了通灵幻象的消逝和从崇高之处重重摔下的坠落。

目前我们已知创作于1872年3月到8月之间的那些韵诗作品，都展现了兰波在技术自由和原创性上的进步，这很可能源自魏尔伦的影响和鼓励。在他抵达巴黎前写的那些诗中，他在诗学方面的大胆往往更多集中在观念和词汇上，而不是通过韵律来体现。此前，即便是《醉舟》和《元音》这样的作品，他都坚持用传统的形式来创作。在他离开夏尔维勒前曾读过魏尔伦的《华宴集》(*Fêtes Galantes*)，在他看到作者在亚历山大体的诗作中插入六个音节，使得读诗时无法出现停顿时，他似乎被彻底震撼了，并将其称为"强大的自由"(fortes licences)。[①] 尽管魏尔伦并不欣赏兰波大胆的措辞形式，但他还是鼓励他在韵律上更加自由，使用超越那些他

---

① 摘自致伊藏巴尔的书信，1870年8月25日，《兰波全集》，第243页。

迄今为止一直追随着的传统大师所用的格律。魏尔伦自己就非常喜爱"损坏诗"（vers impair）①——即包含奇数个音节的诗句，自马莱伯（Malherbe）的出现带来七星诗社的盛行后就很少有人使用——"马莱伯最后还是来了"；但是，正如诺迪埃（Nordier）在十九世纪时所指出的那样，马莱伯"本可以没有什么不便，在来的路上就消失殆尽"——马莱伯出现后对诗歌进行了调整，他否定了上一代前辈们的功绩，并规定正确的韵律仅限于包含偶数音节的诗句。七星诗社的仰慕者和追随者圣伯夫（Sainte-Beuve）于1828年在他的作品《约瑟夫·德洛尔姆的诗歌》中再次引入了"损坏诗"，但直到魏尔伦将其发扬光大，这一概念都没有受到重视。魏尔伦在他的《诗艺》中宣称，比起普通的诗句，他更喜欢"损坏的"那种，因为后者更能够赋予诗歌朦胧和神秘感。

兰波晚期作品中的大部分都是以"损坏诗"的形式写成的；《米歇尔与克里斯蒂娜》《最高塔之歌》《永恒》《黄金时代》《泪》《耻辱》等都是如此。他在"损坏诗"中使用多种不同的格律，可能单独使用，也可能和其他格律混合使用，在同一首诗中常常混用不同种类的格律，穿插于普通的诗句之中。《加西河》和《渴之喜剧》都是很好的例子。他也常常利用十音节句——尽管法国的民族诗史和保罗·瓦莱里的《海滨墓园》中用的都是这一格律，但它在一般法国诗人中并不受欢迎——这样的例子包括《新婚夫妇》和《布鲁塞尔》。和魏尔伦一样，他也将自己从押韵的统治中解放了出来，有时也会使用"假韵"（rimes fausses），如《泪》；或是使用类韵，在《泪》和《新婚夫妇》中都是如此。有时他会完全忽略押韵。这也很常见，因为他对韵律本身就很不耐烦，也不愿意循规蹈矩——在《黄金时代》和《耻辱》中，他在每一个诗句中都加入了一个多余的音节，我们并不清楚这是自发的反叛行为，还是不经意犯下的错误。帕泰尔纳·贝里雄在1912年版的兰波诗集中将《耻辱》中的"Qu'à sa mort pourtant, ô

---

① 有一些研究者将"vers impair"译为"自由诗"，本书中选择贴近法语原文的意思，并结合上下文中突出魏尔伦和兰波对当时被看作普通、正确的韵律的反叛和嘲弄，而翻译为"损坏诗"。——译者注

mon Dieu"（可当他死的时候，哦，我的上帝）一句修改为"Qu'à sa mort pourtant, mon Dieu"（可当他死的时候，我的上帝），但在近期的版本中，这首诗已经被改回了兰波的原句。① 在《永恒》中，我们并不清楚他是否有意将"science"（科学）一词作为一个单音节，还是他并不在乎在诗句中加入一个多余的音节：

> Science avec patience（科学和坚忍）②

在当时那个被视为帕尔纳斯派运动巅峰期的时期，在还没有出现比魏尔伦的《忧郁诗篇》更大胆的作品前，兰波晚期的诗歌作品因不受传统韵律原则的束缚而显得十分大胆；当时，马拉美还没有发表任何除早期作品——这些也仅发表在期刊上——之外的诗歌，而夏尔·克罗的《檀香木匣》和特里斯坦·科比埃尔（Tristan Corbière）的《黄色的爱》也尚未问世——考虑到兰波只有十七岁，他的作品的确堪称突破。

他对传统韵律的厌弃，或者说是忽视，让他自然地转向了散文诗，我们认为主要创作于这一时期的《灵光集》中许多作品都是以这样的形式写成的。和往常一样，他遵循的是米舍莱在《宇宙史导言》中所说的："无论如何，散文对诗歌的无所不在的胜利，宣告着迈向成熟、朝着人类阳刚时代的进步，相信在那里会看到死亡的标志。"③ 在同一篇《导言》中，他又写道：

> 散文是思维最终的形态，它离模糊、不活跃的白日梦最远，又离行动最近。从诗歌向散文的转变是灵光的公平性的体现，是智力的调和。④

---

① 《兰波全集》，第 140 页。
② 《兰波全集》，第 132 页。
③ 米舍莱著《宇宙史导言》(*Introduction à l'Histoire Universelle*)，第 253 页。
④ 米舍莱著《宇宙史导言》，第 83 页。

第六章　灵光集

在本章对《灵光集》进行讨论十分合适，因为这一诗集中的一些诗歌很可能是在我们正讨论的这一时期中创作完成的。《灵光集》是兰波最具争议，也被最广泛讨论的作品，在我们能够形成关于它的创作时间的准确观点之前，想要对兰波本身作为诗人的发展，以及他在艺术上的发展做出最终定论都是很困难的。一些人——事实上很可能是大部分人——认为，《灵光集》是兰波最杰出的作品，也是他艺术成就的巅峰。

《灵光集》第一次以这一标题被提及是在1878年8月，出现在魏尔伦写给他的舅兄夏尔·德·西夫里的一封信中。信中，魏尔伦说他重读了"灵光集（彩色版画）"，在假日之后，他会把手稿还回去。这意味着《灵光集》的手稿就在，或者最近在德·西夫里的手上，魏尔伦已经在之前还没从他那里收到手稿的某个场合读过了。他最后应该确实是归还了手稿，因为他在一封写于10月27日的信中再一次要求借阅。这一次，他似乎没能拿到手，因为在三年后的1881年1月，他重申了这一请求：》灵光集》的事怎么说？"他的舅兄可能没有找到这些手稿，因为魏尔伦似乎厌倦了等待；1883年，当他在《卢泰采》（*Lutèce*）杂志上写到兰波时，他提及了一系列精彩的断章，标题就是《灵光集》；他说自己可能永远地丢失了它们。在第二年，1884年9月1日，他给莱奥·多尔菲尔（Léo d'Orfer）写信，恳求他试着从德·西夫里那里拿回手稿，并说手稿一定就在他那里。又过了十八个月，德·西夫里终于找到了这些手稿——或者说是其中的一部分——并把它们寄给了路易·勒卡杜奈尔（Louis Le Cardonnel），后者与象征主义杂志《风行》（*La Vogue*）过从甚密。①当时，勒卡杜奈尔正要离开巴黎去进一个修道院，于是他把手稿交给了路易·菲耶尔（Louis Fière），让他转交给《风行》的编辑古斯塔夫·卡恩（Gustave Kahn）。②

《灵光集》（*Illuminations*）的标题闪耀着兰波特有的天才光芒，但是否他本人所拟尚未可知——尽管这种可能性很大。这个标题写在其中收录的一首诗《海岬》中，但并不是他自己的笔迹，我们也不知道究竟是谁所写。然而，在这行复数形式的字下方，可以从一些照片中模糊地看到单数形式的"灵光"（Illumination）一词。另一方面，我同意德·格拉夫的看法，单数形式的字迹和兰波本人的很相似。③这首诗的手稿已经消失不见了。

《灵光集》应该不是魏尔伦所拟的标题；它似乎和光照派的教义有联系，暗示诗歌应当是"灵启者"（illuminé）的"灵光"（illuminations）。然而，魏尔伦声称，兰波的本意就是认为Illuminations指的是"彩色版画"（gravures coloriées）；在1886年初版的序言中，他将其翻译为"上色的画板"（coloured plates）。魏尔伦当时很可能想到了中世纪泥金装饰的手抄本，他还说这就是兰波为诗集所选的副标题。但在他于1878年8月写给德·西夫里的信中，他第一次提到了这个标题，并用了"彩色版画"（Painted Plates）一词，而这也是1949年布扬·德·拉科斯特在他编辑的版本中采用的副标题。兰波真的有意用这样一个标题的说法让人很难信服，因为"彩色版画"和Illuminations一词之间的联系毫无道理，并且这种解释只有"上色的画板"这一个意思。布扬·德·拉科斯特相信，魏尔伦从德·西夫里那里收到的手稿中一定有确认这一标题的记录。如果是这样的话，那一定是有过一张现在已经遗失了的封面，因为手稿的残页本身没有任何空间——"画"或"上色的画板"没有出现在任何文字记录中，这一

---

① 摘自德·西夫里致勒卡杜奈尔的书信，收录于《兰波全集》，第695页。
② 《法兰西水星》，1914年4月16日。
③ 德·格拉夫著《阿蒂尔·兰波和他的文学活跃期》（*Arthur Rimbaud et la Dureé de son Activité Littéraire*），第68页。

说法仅来自魏尔伦。

1886年确实存在一份《灵光集》的手稿,其中的诗歌在《风行》杂志上发表,这一手稿毫无疑问来自夏尔·德·西夫里。但最初从兰波手中获得这一手稿的人究竟是谁,这一点依然是个谜。1939年1月15日发表于《法兰西水星》上的一篇记事称,兰波于1875年2月,在斯图加特把《灵光集》的手稿交给了夏尔·德·西夫里,但这篇记事并没有提供任何相关的证据来证明这一说法;德·西夫里的女儿坚称父亲从来都没有去过斯图加特,他甚至都没有去过德国,尽管他常说自己很想去那里探寻音乐的踪迹——他本人就是一个音乐家。① 在1878年确认在德·西夫里手中之前,手稿的所在依然不得而知。同样未知的还有兰波准备将其发表的日期——因为手稿中大部分的内容看来都像一份精致的誊写版本。关于诗歌的创作时间有很多互相冲突的观点,一些现代评论家认为它们是在1878或1879年前创作完成的;但也有一些评论家认为《灵光集》的创作时间不晚于1873年的《地狱一季》。

很可能,流传至今的《灵光集》手稿是一系列在1875年属魏尔伦所有的散文诗,也是他在1875年5月1日写给德拉艾的信中提到的那些。在信中,他说兰波在两个月前曾要求他——他们二人应该之前在斯图加特见过面——把他手中所有散文诗都寄给热尔曼·努沃,以便他就发表这些作品进行洽谈。他并没有说这些诗是兰波交给他的,只说这些诗在他手上,但也没有提到任何标题。这些诗可能在他去德国前就已经在他手中了;或者可能是他在斯图加特时从兰波本人手里拿到了它们。如果他在1875年2月前往斯图加特之前就已经获得了这些散文诗手稿的话,那么他只可能在1873年7月在比利时入狱之前拿到它们,并且直到他出狱之前,它们都作为他的所有物被保管了起来。如果这一切都是真的,那就说明《灵光集》创作于1873年7月之前,当时手稿已经达到出版的标准了。查尔斯·查德维克认为,这些散文诗的手稿确实在魏尔伦入狱时被他的母亲

---

① 布扬·德·拉科斯特为其编辑的《灵光集》所作的导言,1949年。

保管在他的所有物中。① 但要证明这一观点有许多困难,这一点留待后续讨论。

魏尔伦在于 1888 年发表于《今天的人》(Les Hommes d'Aujourd'hui)中关于兰波的文章中提到,《灵光集》的手稿在 1875 年被交给了某个在斯图加特的人,那个人妥善地保管了它们。这个人只可能是夏尔·德·西夫里或魏尔伦本人,前者由于其女儿的证词应该没有可能性,所以这个人指的应该就是魏尔伦。很可能确实是他为了转交给热尔曼·努沃而把手稿从德国带了回来,之后,在得知作者已经离世后,他似乎把它们当成了属于自己的东西。毫无疑问,他在 1875 年的 2 月或 3 月确实寄了一批散文诗给热尔曼·努沃,后者当时在比利时。② 在这之后,直到我们得知 1878 年时在夏尔·德·西夫里手上有一本题为《灵光集》的手稿之前,没有任何关于这些散文诗的消息。1875 年以后这些诗究竟怎么样了——我们没有理由怀疑这些手稿并不是同一本——它们是怎样从努沃的手中辗转到了德·西夫里那里?可能努沃无法安排它们的出版,于是自己把它们寄回给了德·西夫里,因为后者似乎在巴黎有很好、更有影响力的关系网——尤其还包括像《风行》那样的高级期刊的发行人。

勒卡杜奈尔从德·西夫里那里获得、并转交给古斯塔夫·卡恩的那些诗歌在 1886 年于《风行》的第五至第九期上发表。费利克斯·费内翁(Félix Fénéon)当时负责整理诗歌的顺序;在手稿上有诗歌排序的标记时——同一页上诗歌一首接在另一首后——这一点没有疑问,但也存在其他的情况,其中没有任何示意,而费内翁的解决方法非常模糊,并没有什么特别的合理性。

那一年,《风行》第五和第六期中只发表了散文诗——唯一的例外是一首题为《海滨》,以"自由诗"(vers libres)的形式写成。第七期中则发表了韵诗。《风行》并没有说明这些作品从何而来,也没有说明为什么把

---

① 查尔斯·查德维克(Charles Chadwick)著《兰波研究》(Études sur Rimbaud)。
② 致德拉艾的书信,1875 年 5 月 1 日,收录于《兰波全集》,第 692 页。

韵诗加在散文诗之后，毕竟后者才是《灵光集》中收录的作品。他们也许正好也包括在德·西夫里手上的手稿中，但它们又是怎么会在那里的？谁把这些诗交给他的？魏尔伦并没有提及在他1875年寄给热尔曼·努沃的诗作中有任何韵诗，当时兰波本人也不可能把它们交给魏尔伦或努沃。它们可能从前几年开始就一直在努沃的手里，当时他和兰波一起在英格兰，可能是他出于好意而加入了这些韵诗。然而，关于这一点也没有任何的记录。这些作品都是韵诗的形式——大部分也有作者注明的日期——已知它们的创作时间是1872年；布扬·德·拉科斯特称，手稿的写作时间无疑正是1872年。它们是在兰波和魏尔伦一起去英格兰之前完成的，这距离他和努沃见面还有两年多的时间。没有任何后续的手稿被发现，那么在1872年之后，这些手稿究竟在什么地方？它们之后的突然出现也显得着实神秘。在《风行》发表了这份手稿中的内容后，才出现了认为有两种"灵光"的说法：一些是韵诗，一些是散文诗。这一争议一直持续到二战时期。但现在广为接受的看法是，《灵光集》中只收录了散文诗作品——只有两首以"自由诗"形式写成的诗除外。

《风行》第八期发表了三首韵诗和三首散文诗；第九期中有三首韵诗、四首散文诗和一首题为《运动》的"自由诗"。这期《风行》的最后有一个注释，说在下一期还会继续发表这一系列的诗歌，这也说明后续会有新的诗作出现——也许当时德·西夫里还没能找到完整的手稿。《风行》并没有再发表新的诗作，但后来确实又出现了五首散文诗——还有四首韵诗，据称它们全部来源于德·西夫里。这些散文诗包括：《仙境》《战争》《神灵》《青春》和《倾售》。所有这一系列诗作——包括散文诗和韵诗——都在1895年兰波《诗歌全集》中出版。这并不说明这几首诗创作于之前已经发表的诗歌之后，它们只是一时没有被找到，因此被发现得晚一些。包括之前已发表的作品在内，这些韵诗都肯定创作于1872年；布扬·德·拉科斯特称手稿写于1872年，唯一的例外是以"自由诗"形式写成的《运动》，写于1874年。

《灵光集》中的诗歌在《风行》上发表的同一年，瓦尼埃（Vanier）以书的形式出版了由魏尔伦编辑、写序的《灵光集》，这也是这一作品的第一个版本。魏尔伦没有参考手稿——可能是因为他那一年大部分时间都在住院，所以没有时间参考——他彻底修改了诗作原本出现的顺序——尽管大部分诗歌的顺序是原作者自己决定的——魏尔伦把散文诗和韵诗混合在一起，但并没有特定的规划。他也确实在序言中承认自己并没有为诗集做任何提纲或规划。"这里没有中心思想，"他说道，"或者说，没有我们能够发现的中心思想存在。"① 当时身在阿比西尼亚的兰波没有回应他要求更多信息和诗歌的请求，因此，他把这一诗集当作"已故的阿蒂尔·兰波"的作品出版。在一封现藏于贝雷斯文档中、日期为"1886 年 6 月 12 日"、由魏尔伦写给古斯塔夫·卡恩的信中，他就兰波是否真的死亡提出了疑问。

魏尔伦在 1892 年再次出版了这一版本的《灵光集》，其中诗歌的顺序和上一版本保持一致，但加上了《地狱一季》。之后，在 1895 年，他出版了声称是兰波的《诗歌全集》，其中包括了"灵光外集"（Autres Illuminations），据称来自德·西夫里的后续几首散文诗和韵诗。②

与此同时，这些手稿四散在《风行》的编辑和出版商手中——主要在古斯塔夫·卡恩和瓦尼埃那里——魏尔伦似乎再也没能够收回这些他认为属于自己所有的手稿。③

所有《灵光集》的后续版本——直到战后这些手稿再次出现之前，都没有参考原作。帕泰尔纳·贝里雄在兰波死后和他的妹妹伊莎贝尔结婚，他在 1912 年出版了兰波的作品全集，这一版本成了之后超过三十年时间里所有后续兰波诗集参考的模板。保罗·克洛岱尔（Paul Claudel）为其撰写了序言。由于没有手稿可供参考，编者针对这些诗歌——它们的创作历程和可能的意图——和那些可能认识诗人的人进行了讨论，并因此采用了

---

① 魏尔伦为其编著的《灵光集》所作的导言。
② 韵诗：《五月的旗帜》《回忆》《新婚伉俪》《饥饿的节日》；散文诗：《仙境》《神灵》《青春》和《倾售》。
③ 参见魏尔伦致瓦尼埃的书信，1888 年 2 月 3 日。

新的排列顺序。在《灵光集》中，他把韵诗和散文诗分开，从这个角度上来说，这一版本比第一版有进步；他还大致根据主题为散文诗作品做了分类。他把《灵光集》放在了《地狱一季》之前。

《灵光集》的手稿最终再次重见天日。除了个别散页外，它们主要分为两批，分别归吕西安·格鲁（Lucien Graux）和皮埃尔·贝雷斯（Pierre Berès）所有。吕西安·格鲁在二战时被驱逐到了德国的一个集中营，他也在那里去世，他的手稿最后被巴黎的国家图书馆收购。这批手稿分为两个部分：第一部分包括1886年《风行》第五期和第六期中发表的全部散文诗，按费利克斯·费内翁编辑的顺序编号。第二部分包括"灵光外集"——其中也有散文诗——最早发表于1895年出版的《诗歌全集》中。其中《神灵》一诗遗失了，但现存于属于皮埃尔·贝雷斯的资料中；另外一首诗《青春》只残留了四个部分中的第一部分——其余三个部分都已遗失，但它的一个誊本曾在1954年9月出版的兰波百年诞辰专号《醉舟》中发表。但当时这首诗是以《生命》为题发表的，并称这一誊本的原稿来自亨利·马塔拉索。其实，《生命》的手稿被收藏在国家图书馆的吕西安·格鲁手稿中。当本书作者问及与这一誊本相关的手稿时，亨利·马塔拉索回答说，他从来没有见过一份包括《青春》后三节内容的手稿。当我向他指出《醉舟》杂志中那段据称来自他整理的手稿并错误地用《生命》冠名的《青春》的第二、三、四节时，他回答说他手里只有这一个誊本，来自瓦尼埃的继承人梅塞恩（Messein）。很奇怪的是，《醉舟》的编辑在1954年出版这一纪念兰波的作品时并没有察觉到这个谬误；他们应该清楚地知道这只是一个未知来源、并没有原作手稿存在的誊本。

国家图书馆藏的吕西安·格鲁手稿包括了《灵光集》共四十二首散文诗中的三十四首。

皮埃尔·贝雷斯手稿中几乎包括了所有1886年在《风行》上发表的诗作——有散文诗，也有韵诗，但有三篇散文诗遗失——《海岬》《虔祷》和《民主》——其中第一篇后来被发现为他人所有，并出版了一份誊本，但另外两篇的下落至今不明，也不存在任何誊本。贝雷斯后来买下了《神灵》手稿，但这件事并没有广为人知，因为兰波作品的后续版本中依然有"其他手稿下落不明"的陈述。以上这些包括了所有1886年在《风行》上发表的作品和包含在1895年《诗歌全集》中的作品——除了两篇现在仍下落不明且没有誊本的作品。

对现有《灵光集》的手稿和誊本的研究——四十二首诗中的四十首——显示除了几个例外之外，尽管其中有些并不重大的不准确之处（主要是拼写上的小错），这些手稿和誊本的品相都很良好——似乎是为了出版在做准备。大部分情况下，每一页上都有超过一首诗，也常出现一首诗在另一页上继续、这一页上还包括另一首诗的情况。

第一个例外是《洪水过后》，费内翁将它编为第一篇——原稿中并没有关于它的顺序的信息——这首诗的字小到几乎难以辨认，而且有明显的裁剪痕迹——可能是为了修剪页面的边缘，或是为了将它和其他东西分开。如果它确实曾被和其他内容分开，那这一工作一定完成于《风行》收到这首诗之前，因为从发表的顺序可以看出，这首诗一定被单独写在一页纸上，因为手稿中没有任何一页可以和它拼在一起。因此这可能就是这首诗最终的版本，并且它的字体比其他只包含一首诗的页面上的字都要小很多。

另一个例外是《通俗小夜曲》，它写在印有《海滨》和《冬之节日》的纸的另一面上。这是唯一出现一张纸的两面都被使用的情况。这说明这一页上的诗作可能并不是作品的最终版本。

在"灵光外集"中，《仙境》的标题下有一个大字"Ⅰ"；《战争》所在的页面边缘有一个大字"Ⅱ"——标题下没有多余的空间；《神灵》的标题下有一个大字"Ⅲ"。这些数字看起来是兰波的笔迹，这可能说明了某种顺序的存在，也可能这三首诗应该是同属于另一个标题下的一组。这是唯一在诗的标题下出现数字的情况，但并没有任何一个编辑参考了这些数字——尽管布扬·德·拉科斯特在他自己编辑的1949年版《灵光集》的注释中提到了三个数字中的两个——他当时还没有见过《神灵》的手稿。

《战争》的字体和《洪水过后》一样，都很小很挤——有明显的裁剪痕迹——标题下没有多余的空间；如上文所说，数字必须被放在页面的边缘上。这也很可能只是一个初步的副本。

《星期天》是《青春》的第一节——现藏于国家图书馆——写在一张蓝色的纸上，这张纸明显是从某本册子上裁剪下来的。《青春》位于《星期天》的上方，就算不是笔迹鉴定专家也能看出这不是兰波的笔迹，但布扬·德·拉科斯特并没有指出这一点。《神灵》——现存于贝雷斯手稿中——也是一张蓝色的纸，从纸的底部来看应该和《星期天》是从同一张纸上裁剪下来的——两张纸的边缘形状一致。从誊本来看，《青春》遗失的后三节似乎是在另一时间被加上去的，因为它们的字迹比这一页上的另外两节更小而挤。誊本的纸张也很可能曾经是蓝色。因此，手稿中应该一共有三张蓝色的页面——第一张上是《神灵》的开头；第二张是《神灵》余下的部分和《青春》的开头；第三张上是《青春》余下的三节。

第一版只包括散文诗的《灵光集》是布扬·德·拉科斯特于1945年为哈藏（Hazan）公司所编的版本。这一版本目前为大多数现代版本所采纳，它们之间唯一的区别是《灵光集》的位置——有的在《地狱一季》之前，有的则在它之后。

这也带来了当下兰波研究中讨论最激烈、最具争议的问题：《灵光集》的创作时间。

魏尔伦一直以来都声称《灵光集》写于1873年和1875年之间，那是兰波正在欧洲各处流浪——但他真正的流浪是在那段时间之后才开始的——但魏尔伦关于这一诗集的说法变化了很多次，而且他总是逃避有关创作时间的问题。在他提到的那几年中——1873年7月到1875年1月——他的大部分时间都是在监狱中度过的，但他肯定从来没有提过自己在那之前就已经知道了这些诗作的存在。但是，他应该在1872年读到了《精神狩猎》，但又无法对其进行任何精确的描述——就连其中主要是散文诗还是韵诗都说不出来。

德拉艾则持完全相反的态度，他一直都说《灵光集》是在1872年和1873年之间创作完成的，他还声称自己在1872年就听到了其中一些诗的朗诵，①但他从来都没有描述过这些他听到的诗歌的特点；它们可能是其他的一些散文诗——1872年兰波确实写过散文诗，就是那些魏尔伦提到的、在他和兰波去英格兰时被他留在岳父家里的那些，②但这些诗的标题没有被提及。德拉艾还说，到了1873年底，兰波早已放弃了散文诗和韵诗的写作。③但他肯定是忘记了魏尔伦在1875年5月曾经告诉他，他刚把一批兰波的散文诗寄给了热尔曼·努沃。

伊莎贝尔·兰波曾断言，《灵光集》写于《地狱一季》之前；她也确认后者是兰波对文学的告别。④但在兰波生前，她对他的作品知之甚少；他创作《地狱一季》时，她只有十三岁。直到兰波去世后，她才听说了《灵光集》这一作品。

直到相对最近的时期，人们才广泛地接受了《灵光集》写于《地狱一季》之前这一说法。德拉艾和伊莎贝尔·兰波都是这么认为的，但魏尔伦并不同意。不过，魏尔伦的说法一直以来都不可靠到了无可救药的地步。当然了，魏尔伦的说法中到底有多少可靠的部分呢？尽管他坚称《灵光集》写于1873年和1875年之间，但在他自己编辑的版本中加入了——他一定很清楚这一点，也曾读过这些诗——写于1872年的韵诗。上述观点得到了几代研究者的认可。人们理所当然地认为兰波在写《地狱一季》时是在自发地抛弃文学、向文学告别；在《地狱一季》之后，他再也没有写过其他作品。这是一个很有逻辑、很全面的观点。

然而，即便是在我写作第一版《阿蒂尔·兰波》(出版于1938年)时，我就已经开始对这个过于简单的结论感到不满。我问我自己，如果他有意向文学告别的话，他为什么还要出版《地狱一季》呢？为什么他还尽力想让《地狱一季》获得巴黎文学界的注意呢？还有，1873年10月他去布鲁塞尔取他的样书时，为什么要在警察局以"文人"的身份注册呢？⑤进一

---

① 德拉艾著《兰波》，第108页。
② 魏尔伦致勒佩勒捷的书信，1872年，未注明具体日期，但可能写于9月或10月。
③ 德拉艾著《兰波：艺术家和有德之人》(*Rimbaud, L'Artiste et L'Etre Moral*)，第147页。
④ 伊莎贝尔·兰波致皮尔昆的书信，1896年9月21日，《兰波全集》，第590页。
⑤ 参见《法兰西水星》，1956年8月。

步来说，为什么在他所谓的抛弃文学的两年后（距离他创作文学的时间更久），还对自己的散文诗如此关注并希望能够让它们得以出版呢？他的这一态度毋庸置疑。为什么他选择保存了这些散文诗，而不是和同时期写成的韵诗一起发表呢？最后，如果他对自己的作品毫无兴趣的话，那为什么他在 1875 年的夏天还想要一本《地狱一季》，用来送给一位曾在米兰善待他的寡妇？

于是我得出了结论——至今我依然坚持这一结论——《灵光集》中的诗作并不是同时完成的；这是一部包含了不同精神状态——按照象征主义者的说法，不同的"灵魂状态"（états d'âme）——的作品，通过不同时期的创作来完成。《醉之晨》《神灵》和《致一理式》这样充满神秘色彩的作品，一定创作于作者处于"灵启"状态、相信他的通灵视觉的时期；那是他和魏尔伦《爱之罪》中的青年别无二致的时期；我不认为魏尔伦在完全没有读过《醉之晨》的情况下还能够描摹出诗中的青年男子。对人生这一阶段的幻灭，最终让他在《地狱一季》中改变了论调。但我认为《灵光集》中还包括了其他的作品，它们写于现代世界开始对他造成影响、他对通灵世界开始感到幻灭的时期；这是他从崇高之所坠落的开始。最后，我也相信《灵光集》中还有写于更晚时期的作品，它们更具知性，但不再有那么浓重的超验色彩，写于他抛弃了魔法和炼金术、开始构思新的艺术形式的时期；那时，他的视觉变得更加以人为本、尊重科学。当时我认为——现在仍是如此——《灵光集》中充满神秘和超验色彩的部分创作于他在巴黎最后的时间，在他前往英格兰之前，与他最后的韵诗作品以及《精神狩猎》的创作时间一致。关于他在这一时期也有创作过散文诗这一点，目前并没有站得住脚的相反证据和说法。在伦敦时，魏尔伦曾给一个在巴黎的朋友写信，请他试着去他岳父的家中拿回他 1872 年 7 月和兰波一起离开时留在那里的东西；在这些东西中，除了《精神狩猎》外，他还提到了一个单独的信封里有一些由他朋友创作的散文诗。[①]

[①] 魏尔伦致勒佩勒捷的书信，1872 年 9 月或 10 月。

《灵光集》中的一些诗歌体现了现代城市带来的冲击；可以肯定，伦敦是作者的灵感来源。但它们也确实有可能写于1872年和1873年之间，早于《地狱一季》，或之后的1974年。但其中有一些一定写于第一个时期，因为从灵感上来说，它们和魏尔伦在伦敦的第一个冬天给巴黎朋友的信中所描述的诗非常相似。从这一点上来说，兰波是不可能按照魏尔伦的说法来创作这些诗的，因为在写这些诗时，他不可能看过这封后来写成的信。但魏尔伦在信中所写的可能是他从兰波那里听到的内容——或者是他们在一起谈论过的内容，因为他们二人似乎都对此印象深刻，并且感受一致——那是他们第一次看到大型的现代城市的感受，在那里，有现代的港口、工人阶级聚集的社区和工厂；这种强烈的冲击只有在第一次造访伦敦时才会出现。

我并不认为兰波在《地狱一季》里向文学做了告别，他只是向通灵文学告别罢了；我认为他的意图是创作（而且他确实创作了）更多——他很可能已经彻底放下了韵诗——不同类型的散文诗。我认为，《历史性夜晚》《民主》和《城市》都属于这一类的作品——这些标题都是很好的例子。和之前的诗歌相比，这些作品更具智性和神秘色彩，在情感和激情上也稍弱。它们都是根据数学或音乐的范式而创作的——依据的不是音乐的旋律，而是作曲时遵循的对位法。

战后有一种广泛为人接受的变化：人们更偏爱认为《灵光集》中所有的作品都写于《地狱一季》之后的观点。这一观点最早、也是最重要的推崇者就是布扬·德·拉科斯特，在他之后还有丹尼尔·德·格拉夫和V. P.安德伍德（V. P. Underwood）。1949年，布扬·德·拉科斯特在索邦大学做他的博士论文《兰波与〈灵光集〉的问题》的论文答辩，他发展大部分兰波学者关于这个问题的想象，由于他在阐述论点时非常有说服力，几乎没有人能对他进行反驳。他重现了魏尔伦认为《灵光集》中所有诗歌都写于1873年和1875年之间的理论——也就是说，全都晚于《地狱一季》。他也是能够参考手稿的第一批学者中的一个，他得出的结论是：这些手稿由兰波本人在1874年和1875年之间创作完成。只有专业人士才有资格判断这一笔迹学上的结论是否正确,但即便手稿上的笔迹是兰波所写,它们也并不能给出任何关于写作时间的信息。与此同时,布扬·德·拉科斯特并没有考虑到这样一个事实:这些手稿有可能——这种可能性非常高——来自其他文本的品相良好的副本,只有后者的日期才是真正重要的。他还声称自己已经得出了一个惊人的发现:这些作品中有一些出自热尔曼·努沃笔下。由于后者在 1874 年时和兰波一起在伦敦,布扬·德·拉科斯特得出结论,认为这些诗就是在那时写下的。另一种解释的可能性更高,那就是兰波和努沃两个人都为另一个手稿誊写了副本。事实上,兰波确实有为另一个文本做过誊抄,因为在《海岬》的手稿中可以看出,他一开始不经意地漏掉了一个段落,因此,他划掉了已经写好的部分,加上了漏掉的部分,重新开始誊抄。就像之前所说的那样,很明显《灵光集》的这份手稿中大部分的内容都是一份品相良好的副本——无论是在什么时候誊抄完成的——因此不太可能需要花很长的时间来完成。这就说明,这一《灵光集》手稿的创作时间应该是 1874 年或 1875 年,而不是这两年之间那么长的一段时间。

即便笔迹学的鉴定结果有利,它们也证明不了太多的事实。此外,一些评论家认为兰波本人手写笔迹的样本太少,不足以得出任何完全令人信服的结论。目前找到的、确信是兰波在 1874 年手写的样本只有一个,是他在大英博物馆读者证申请书上的签名。还有一些评论家认为布扬·德·拉科斯特提到的那些手稿上的笔迹并非出自努沃笔下。[①]

布扬·德·拉科斯特还提出了除笔迹外的其他论点,比如,他认为诗中"你依然处于安东尼的诱惑之中"一句,证明这首诗一定写于 1874 年福楼拜的作品《圣安东尼的诱惑》出版之后。但福楼拜并不是唯一一个使用了圣安东尼这一名字的作家——更不用说还有许多画家也用了这个名字——除此以外,福楼拜这一作品的节选也曾于 1856 年和 1857 年在《艺术家》杂志上发表过,兰波可能也知道关于这一作品的评论。布

---

① 参见《法兰西水星》,1956 年 8 月。

扬·德·拉科斯特认为《晨曦》是1875年在德国创作的,因为诗中有个德语单词"瀑布"(wasserfall)。如果当时他真的在德国的话,那他应该会把这个名词的第一个字母大写,因为这才是正确的德语拼写。无论如何,这个词在兰波的家乡亚登省内也很常用。除了这些考量之外,布扬·德·拉科斯特并没有考虑手稿本身。根据手稿中散页的整理顺序,《晨曦》应该被视为和《城市》《神秘》以及《繁花》处于一组,因为它们在手稿中的同一页上一个紧接着另一个,因此一定是同时誊抄下来的;但他并没有说这几首诗都是在德国写成的。尽管他讨论了兰波1875年的手写笔迹——那一年有几个长篇的笔迹样本被保存下来——但他并没有试着将它和手稿中的任何一页进行比对;事实上,唯一用来证明这些诗创作于1875年的证据就是《晨曦》里的那一个单词。

《晨曦》是一首简洁、直截了当的诗,从它的风格来看,应该是诗集中更早期的那一批作品之一,因为其中对待大自然的态度和作者最初的诗作(如《太阳与肉身》)很相似。兰波对大自然的反应是非常个性化的,与大多数十九世纪诗人的态度截然不同。这种态度既不是雨果的敬畏,也不是德·维尼面对无情的自然时的恐惧,既不是波德莱尔表达的屈尊俯就,也不是勒孔特·德·李勒不情愿的赞美,更不是拉马丁对同情和慰藉的追求。兰波的爱里包含着尖锐的占有欲和感性,就好像他感受到的不是爱,而是欲望一样;就好像大自然是一个活生生的女人,而他用自己身体的感官来崇拜她一样;他给予她那种他从未给过任何女人的、奔涌而出的激情和爱。他所体验到的不仅仅是欲望和向往,还有一种性高潮一般的终极狂喜。这赋予了他笔下的自然诗一种与众不同的张力。[①]

我拥抱夏之晨曦。

宫殿前一切尚无动静。池水死寂。重重暗影依然驻留林间大道。

[①] 德拉曼(Delamain)发表于《笔迹学》(*La Graphologie*),1950年4月,引用于查德维克著《兰波研究》,第83页。

我走着,唤醒了浓烈而温热的气息,而宝石在张望,翅膀摇升,悄无声响。

第一件奇事:在已经布满了清新的微白亮光的小径上,一朵花向我道出它的名字。

我向着金色的瀑布欢笑,它披散着头发穿过丛林:在银光闪闪的瀑顶上我认出了女神。

于是我撩起一层又一层面纱。在林间道上,挥动着胳膊。我穿过原野,向公鸡宣告她的到临。在大城市里,她逃逸于钟楼和拱顶之间,而我像一个乞丐奔走在大理石码头上,紧追不舍。

大道高处,月桂林旁,我用拢集的面纱将她团团裹住,而我稍稍感觉到她那巨大无垠的身躯。晨曦和孩子跌倒在树林深处。

醒来时已是正午。①(何家炜 译)

德·格拉夫和亚当都曾尝试把《灵光集》的创作时间向后推至1878年或1879年。②如果这个时间正确的话,那么布扬·德·拉科斯特基于笔迹学的推断也将自然被完全推翻了。这几位学者都没有讨论手稿本身看起来都是在一个特定的时间点上完成的问题。他们似乎都认为兰波在不同的时间点把零散的诗作交给了魏尔伦,直到他离开欧洲为止——也就是1879年——尽管并没有证据证明他们二人在1875年之后还有见过面。他们主要讨论的还是诗作中呈现出的证据,试着去追随诗人旅途的足迹。例如,在《民主》中,当他说到"洒满胡椒水的国度"时,亚当认为这里指的是兰波在爪哇的旅行。还有很多这样的例子。但许多像这样提及旅途的元素同样可以在《醉舟》这一确定是写于1871年的作品中找到,当时兰波离家最远也只是到了巴黎而已。

---

① 《兰波全集》,第186页。
② 德·格拉夫著《阿蒂尔·兰波和他的文学活跃期》;亚当(Adam)著《灵光集之谜》(*L'Énigme des Illuminations*),《人文科学评论》,1950年10—12月;《醉舟》(*Le Bateau Ivre*)杂志,1950年9月,1951年3月,1957年6月。

在认为《灵光集》所有作品都写于《地狱一季》之后的观点中最有影响力的论据——同时也很难反驳——就是兰波在后者中引用了自己之前的作品。这个说法现在看来是一个极大的谬误，因为兰波没有引用任何一首散文诗；恰恰相反，他引用的都是确定写于1872年的韵诗，如《永恒》和《最高塔之歌》。查德维克提出，[1]这是因为韵诗比散文中的段落更加好记，而在完成《地狱一季》时，兰波手边并没有自己前期的手稿可用——据他说，这些手稿当时都还归魏尔伦所有。但他也认为兰波即便没有逐字引用自己的散文诗作品，也通过暗示的方法引述了它们。

另一方面，认为《灵光集》中的一些作品早于《地狱一季》——至少在兰波开始创作后者之前，在1872年9月和1873年4月之间，当时他在伦敦——的观点中最有力的论据是，如果不是这样的话，那么就没有任何现存的属于这一时期的作品了，而兰波在魏尔伦正在创作《无词浪漫曲》中大量的作品时却没有任何写作是不太可能的。很难相信魏尔伦会留在家中写作，而兰波却在其他地方忙碌。从来都只有兰波的表率能激励魏尔伦努力创作。

最近加入兰波研究队伍中的查尔斯·查德维克希望能够逆转现行的观点，[2]回到最初的理论中去，那就是认为《灵光集》中的所有作品都写于《地狱一季》之前，因此，后者也就成了兰波对文学的告别之作。他在论文中所引用的诗作都是我认为属于最早期完成的作品，但在我看来，他似乎忽略了那些不支持他的论点的作品——比如《历史性夜晚》和《城市》。我认为，他声称兰波在1873年5月告知德拉艾自己正在写散文诗的说法也是错误的。事实上，兰波在日期为1873年5月的信中真正说的是魏尔伦可能会把一些散文的断章交给德拉艾，让他转交给兰波。它们最有可能是《地狱一季》中的段落，也就是他当时正在写作的内容。在同一封信里，他也提到了《地狱一季》，并称之为"《异教之书》，或《黑人之

---

[1] 查尔斯·查德维克著《兰波研究》，第121页。
[2] 查尔斯·查德维克著《兰波研究》。

书》"。此外，他还说道，自己的命运有赖于这本书，他已经写了三个故事了，还需要再写六个。因此，这封信几乎不可能和《灵光集》有任何关系。

查德维克也讨论了这些手稿是何时完成、为了什么样的目的的问题。无法否认，它们确实看来是为出版而准备的。保存至今的韵诗都写在单独的页面上，也都做了几个副本，用来送给朋友；但它们看上去不像是要被收录、构成《灵光集》这样的诗集的形式。如果这些手稿在1873年夏天——实际上得在那一年4月之前，4月他开始写《地狱一季》——就已经完成了的话，那为什么兰波等到1875年才开始考虑出版事宜呢？

查德维克还认为，兰波创作《地狱一季》是为了向文学告别，但他并没有解释为什么兰波在这之后很长的时间里仍然保持着和自己作品的联系。直到1875年年中，《地狱一季》完成两年后，他都没有放弃对文学的兴趣和对知性的追求。

不幸的是，我们不能逃避这样一个事实：没有决定性的证据可以证明任何一个单独的观点，因此这些观点的说服力，或者说，不可信度，都处于相同的水平。我们所能希望的只是提出一些无法被完全证明是谬误的观点罢了。

布扬·德·拉科斯特从笔迹中得出的推论没有证实任何东西；他关于德语单词和圣安东尼的诱惑的论据也无足轻重。查德维克的观点也是如此，他认为《工人们》创作于1873年，因为诗人写到了前一个月发生的洪水，因此应该是2月所写；但他查阅了日报，发现伦敦地区的洪水是1874年发生的，而不是在1873年1月。居罗（Guiraud）的观点也没有更强的说服力，[①] 他认为《断句》一诗中"当公共基金在博爱庆典上流失，云中响起了玫瑰色火焰的钟声"（何家炜译）一句指的一定是7月14日法国国庆节的庆祝烟火。由于兰波1874年7月14日在伦敦，1873年在布鲁塞尔，他得出结论，认为这首诗一定写于1872年。

---

① 参见《法兰西水星》，1956年8月。

如果一首诗中有任何明确指向某一特定事件的内容的话，那么这首诗自然一定不会写于这一事件发生之前。但在事件发生之后，时间流逝的长度就没有限制，往往需要很多年的时间才能让琐碎的事实结成诗歌的硕果。

　　查德维克强调了魏尔伦和兰波诗作中一些意象的相似性，但这也不一定能够证明前者就是在模仿后者；恰恰相反，也可能是后者在模仿前者。

　　魏尔伦在收录于《今与昔》中的《万花筒》中写道："这条街……乐队将在此穿行。"而兰波在《浪子》中写道："一片田野，乐队吹奏着奇罕的音乐穿行其间。"（何家炜译）勒丹泰克（Le Dantec）在他的笔记中评价魏尔伦《诗全集》时称，兰波之后从魏尔伦那里借用了这一表达方式。[①]这首诗于 1873 年 10 月作于布鲁塞尔的监狱中，很可能兰波确实读过这首诗，就像他几个月前读过《爱之罪》一样。魏尔伦在同一诗集中的《欲望》（Luxures）中再次写道："肉身，哦，这果园中唯一被啃噬过的果实。"而兰波在《青春》的第二节《商籁》中写道："肉身不正是果园里悬挂的果实。"这首诗写于 1873 年 5 月，兰波一定已经读过，甚至可能还拥有一份它的副本。两个例子中的第一个读来更有兰波的特色，而第二个则更像有魏尔伦的特色。这两个例子中，唯一可以确定的是魏尔伦诗作的创作时间，兰波可能记住了这种表达，在之后才想起来使用；或者，如果——这是一个很大胆的假设——这些诗作确实写于这一时期的话，那么可能是魏尔伦从兰波这里借用了意象。无论如何，关于两者之间的相似之处尚未有定论。

　　当魏尔伦在他的作品《无词浪漫曲》的开头引用兰波的一首诗时——"雨轻轻在城市上空落"（罗洛译）——查德维克认为，由于没有现存的兰波诗歌中包含了这一句话，因此，他引用时所想的一定是《灵光集》中的《长夜》，"黑色粉末轻轻落在我的长夜"。但其实这句话更接近兰波非常早期的一首诗，他把这首诗给了学生时期的朋友拉巴里埃，后者遗失了这首

[①] 魏尔伦著《诗全集》，第 956 页。

诗，但只能回想起其中的一句："雨轻轻在平原上空落着。"魏尔伦受到伦敦雨天的启发而写下这首诗，他并不需要来自乡村的风景，因此，他可能自发地或不自觉地修改了他所引用的这句诗。① 可以确定的是，这一点并不能用来证明《灵光集》的创作时间。

在认为《灵光集》至少有一些作品写于更早的日期的观点中，唯一有说服力的论据是魏尔伦在写《爱之罪》时一定已经读过了《醉之晨》——或者至少了解了诗中所包括的理念。但还有一个尴尬的问题需要解决：兰波为什么在完成这首诗两年半之后、在《地狱一季》中对其作出否定后，还是想要将它发表呢？这一点是一个不争的事实。

我个人仍然认为——尽管没有决定性的论据来支持我的观点——兰波在1874年的某个时间决定制作一份品相良好的《灵光集》副本，希望能将其出版；而《灵光集》本身用了两年的时间创作。这个副本可能是他单独制作的，也可能有他人的帮助。他在1875年2月在斯图加特和魏尔伦见面时，将最终的成果交给了他，让他转交给热尔曼·努沃，以便他就出版事宜进行商讨。由于人在德国，所以他无法亲手转交——他可能前一年在伦敦时就已经和努沃讨论过此事了——他也许是希望魏尔伦可以读一读他们分开后自己所写的作品；同时，他很可能不愿意自己支付所有的邮费——从魏尔伦写给德拉艾的信中可以得知，他认为这些手稿很有分量——那可是好几先令的钱。② 兰波一如既往地处于窘迫的财政状况中，因为他的母亲在钱上对他尽可能地限制。如果手稿上的字迹确实是兰波于1874年所写，并且其中有一些出自热尔曼·努沃的话，我的观点就更加有合理性了。我认为，在1875年年中，他正在学习的音乐和数学取代了诗歌的地位。在他与米兰那位慷慨的寡妇会面之后，没有证据可以证明他在1875年的夏天对自己的作品有任何兴趣。当《灵光集》在1886年出版时，他得知了此事，但他并没有费工夫去探究出版的情况，也没有试着

---

① 《兰波全集》，第108页。
② 魏尔伦寄给热尔曼·努沃的邮包花了2.75法郎。——译者注

以作者之名要求版税。这些问题会在后续章节中讨论。对我们来说，此时更有意义的讨论应该是兰波发展中的通灵阶段，以及《灵光集》中有哪些作品——如果有的话——可能是属于这一时期的创作。被我们认为是写于这一时期的作品，和他迄今为止所有的作品一样，于他而言都是一种"逃避"（évasion），是能够帮助他逃避现实中的困窘、找到自己生命形式的东西。这些诗歌是他自我逃避的表达，也体现了他为创造属于自己的魔法之国的努力，在那里，他可以找到被他称为"真正的生活"的东西。因此，他把生活看作一场为取悦自己而演出的喜剧，他可以随意更改剧情，也没有义务在其中扮演角色。或者，他把眼前的场景当成动态的图画，画中描绘的对象都有自己独立的生命，不受普通逻辑规则的限制。它们是通过魔法上色而活过来的美妙图画，已知和未知在其中合为一体；真实和想象也合为一体，让人不禁好奇是否有高级的炼金术或魔法意义参与其中。

在这些从他无法接受的困窘现实中逃避的方式中，有一种是在记忆中回到童年；那是一段充满了鲜活印象的时光，当时，他的心灵依然新鲜，还未收到教育的损害。现在，当他回看过去时，由于他感性的天性已经被成人世界的丑恶和粗俗所伤害，童年似乎变成了充满宁静和美的仙境，就像波德莱尔在《邀旅》中描述的那样：

> 异地，万象美妙，充满秩序，
> 加奢华、爽乐、宁谧。（辜振丰　译）

在刚过去的两年中，他所面对的现实已经让他无法忍受，此时的他开始回望自己的童年——在他的眼中，童年曾经沉闷无聊、充满限制——并认为那是一段充实、真诚、纯洁的时光。那时的他是完整的，还没有因生活而受到伤害，变得四分五裂。此时，他有意识地把思想注入这些童年时光，试着找回心灵最初的状态。对《灵光集》的研究揭示了他的童年和儿时的记忆对这些诗歌中所体现的视觉所造成的巨大影响，甚至在那些并非以描写童年为目的的作品中也是如此。德拉艾是第一个关注这一事实的人：兰波的诗歌创作基于他对童年经历的记忆。① 德拉艾认为，兰波从来没有凭空创造出任何东西；他所使用的一切都是在他身上真实发生过的情节和他真正见到过的事物，尽管他会对这些材料进行修改，如改变它们发生的时间，并通过不同的并用方法来使用它们。他在《亲密回忆》中谈及了一些《灵光集》中特定的例子，它们来自兰波曾经见证过的真实事件，在诗中他通过将它们变形的方法加以利用。尽管德拉艾的这一说法毫无疑问是正确的，但他并没有完全理解兰波写作的方法。兰波清楚地知道自己——和所有孩童一样——曾有过异常鲜活的印象和感官体验；他也知道与日后自己的感官变得无比迟钝时相比，童年时所见的一切要看起来广阔得多。他不再带着童年时的好奇和敬畏来观察事物；他不再能够被深深地打动，事实上，他也好奇是否还存在任何能够拨动他心弦的事物。孩童在获得鲜活的感官体验时并不清楚它们所包含的意义，也不知道如何利用感官，更不能用语言来描述。此时，在兰波的想象中，他认为这些未经加工的鲜活感官体验中一定包含着某种重大的意义，如果能够再次捕捉这种最初的直觉状态并永久保持的话，一定会很有价值。他曾对德拉艾说："诗的全部就在于此。我们只需要打开感官，然后不需要语言就可以固定它们所接收到的东西。我们只需要聆听自己从万物中感受到的敏感，无论那是什么，然后用语言来固定那些它们告诉我们所发生的一切。"②

没有人能比孩童更加擅长在感受中排除理性和意识的控制，并获得最鲜活的感官体验。兰波用尽全力，尝试重新捕捉那些他认为已经遗失或被忘却的感官体验。他把自己能够想起的一切都记录下来，包括他最鲜活、强烈的回忆，然后把它们像美丽的图画一样散落在自己的作品之中。他相信，如此强烈的情感一定会成功地带来完整、深刻的内涵或意义，但他并没有试着——因为孩童也不会这么做——去解释甚至分析它们的意义，他也没有强调这些。下文是《童年》中的一节：③

---

① 德拉艾著《兰波》，第37页和第44页。
② 德拉艾著《兰波》，第48页。
③ 《兰波全集》，第169页。

树林里有一只鸟儿，它的歌声让你停下并令你脸红。

有一口没有鸣响的钟。

有一个坑洼里筑着白色野兽的一只巢。

有一座下沉的教堂和一面上升的湖。

有一辆弃置在矮树林里的小车，或身披绶带正沿着小径飞奔而下。

有一队穿着戏服的小演员，在穿过树林边缘的路上被瞥见。

最后，当你又饥又渴，有一个人在身后驱赶。（何家炜　译）

以及以下这首没有注释的诗：①

一个乌云密布的早晨，七月。空气中飞腾着一股灰烬的味道；——炉膛里有一种湿木头的气味，——那些被浸渍的花，——散步路上圮毁荒废，——田间沟渠的蒙蒙细雨——为什么还没有玩具和熏香？（何家炜　译）

如果诗人试着针对这一段落加入文学性的评论，那么这只会摧毁他希望建立起的效果。兰波所有的努力都意在避免自身理性思维的控制和评价，因此，自以为是的评论不会受到他的欢迎。

兰波认为，孩童的感知能力和通灵人一样，他们能够不通过逻辑来进行理性的认知，直接接收印象；孩童会带着不容置疑的好奇和惊异来接收感官体验，与年长者的沉思相比，孩童距离智慧和真理更近。兰波希望能够让自己重新拥有童年时期的好奇心，并找回孩童所拥有的那种不受可能性的限制、随意创造世界的力量。因此，在《灵光集》中，我们发现一切都来自能够填满他想象中童年生活的东西——所有的角色和场景都来自他童年时主要阅读的童话和历险小说。这一切与他近期钻研的炼金术和魔法

---

① 《断句》，收录于《灵光集》，《兰波全集》，第177页。

融为一体；后者的主题——除了玄学的部分——具有和前者相同的传奇和神秘色彩。

另一个逃避的方式是走进梦的王国。波德莱尔曾说过，人通过做梦来与周遭黑暗的世界进行沟通，而兰波使用了一切已知的手段来引发自己进入永恒梦境的状态——一切能够放松意识的控制的东西，毒品、酒精，甚至是饥饿、缺水和疲劳。很快，它们带来了一种半幻觉的状态，他认为这是最能让创作结出果实的状态。后来，他不再能分辨，也不希望去分辨究竟哪些是真正的通灵视觉，哪些仅仅是幻觉；哪些是梦境，哪些是真实；因为这种状态中所见的一切都带着相同的特征：实体和虚幻混为一体。之后，他在《地狱一季》中承认，他已经习惯了幻觉，把普通的工厂当成了一座东方的清真寺；他看到马车在空中行驶，湖底坐落着一间客厅。他无法分辨——我们也无法分辨——哪些是真实——尽管他的想象也对真实进行了颠倒和变形——哪些根本就不存在。此外，我们也不知道哪一个才是幻觉——是清真寺，还是工厂？这种幻觉的状态最终变得如此频繁，导致他把周遭的世界看作一个永远在变化的场景，而其可靠性和真实性并不值得轻信。于是，他认为将实体事物和这些他发明出来的幻觉相结合是稀松平常的，并拒绝真实性和现实的约束。现实不过是他创造性视觉的原材料，在处理现实时，他可以随心所欲。"你的记忆和感觉，"他说道，"仅仅是创造推动力的养分。"基于此，他获得了一种连他自己都可能没有预料到的状态，"打乱所有感官"，每一个感觉器官都在接收着通常由另一个感官接收的印象。通过这一点，我们能够把寻常生活中无法联系在一起的事物联结起来。在《童年》中：①

在森林边缘——梦之花在鸣响，在爆炸，在发出电光，——那橘唇的少女，双膝交叉在从草地喷涌出的闪亮洪水中，她的裸身被彩虹、植物、大海笼上阴影，渗透，并穿上衣裙。（何家炜　译）

---

① 《童年》，收录于《灵光集》，《兰波全集》，第168页。

在《长夜》中也是如此：①

> 长夜的灯火和地毯发出波涛的喧闹，夜，沿着船身，围绕统舱四周。（何家炜 译）

十九世纪八十年代的象征主义运动所采用的就是这种方法。

海吸希是能够最快引发这一创造性状态的手段。海吸希上瘾者常常被指出会出现一直做梦的情况，即便不在睡着的状态下也是如此，并且能够体验睡眠中梦境的所有特性，但这种体验往往更为鲜活。他们的脑中会以惊人的速度流过最奇诡的想法，这些梦境也会和真实生活融合，成为真实生活中的一部分。《灵光集》中有许多作品读来都像是在这种被引发的梦境状态下创作而成的。

兰波并不能一直成功到达这一快乐的接收魔法的状态，因为他依旧受到他认为是自己最难摆脱的限制的影响：对罪恶感的意识。他无法简单、自然地接受一切，因为他还没有能完全摆脱早期训练所带来的影响；他总是感觉自己受到其诱惑，即将投降认输；他无法达到那种他希望能够拥有的直觉上的确定性，从而知道自己确实已经超越了罪孽和谴责。他相信，只有在他完全从那他看来十分愚蠢的限制中解脱时，他才能够获得创造力。他坚持挺过了怀疑和痛苦，经受了无法忍受的折磨，当时的他不能确定自己是否还能够从痛苦的深渊中重新站起来，也怀疑自身是否还有创造力。他在《焦虑》②一诗中展现了这种情绪：

> 她是否可能使我宽恕那些被连续摧垮的野心，——一个宽裕的结局是否可能修补赤贫的年岁，——是否有一天可能有战胜命定笨拙的

---

① 《长夜》，收录于《灵光集》，《兰波全集》，第 185 页。
② 《兰波全集》，第 188 页。

耻辱，好让我们安睡？（何家炜　译）

然后，当他认为自己再也无法忍受痛苦和怀疑时，光照来临，他获得了完整的体验和完整的幻象。这在《醉之晨》中有所体现，之前的章节中也有对这首诗的讨论。

对兰波而言，最伟大的逃避就是进入精神和通灵的历险。毫不意外地，《灵光集》中有很多作品都体现了超验的经验，其中有许多都包括与自身宗教信仰——东西方都有——的对话。"从人性的角度来说，我能够回归到信仰中，都是兰波的功劳。"保罗·克洛岱尔曾这样写道，① "1886年5月6日那本小册子《风行》打破了我僵坐其中的监牢的高墙，为我带来了巨大的启示，让我看到身边无所不在的超自然存在。"

然而，克洛岱尔急于证明他口中那位"野性状态的神秘人"——这是他对兰波的称呼——是一位善良、正统的天主教徒；他比较了《灵光集》与天主教思想家的作品，强行引入他的观点；因为两者之间几乎找不到共通点——除了全世界都有的对与上帝相关的神秘经验的表达。

兰波的天性中一直保持着对宗教的热情；他的宗教情感从特征上来说与魏尔伦那种抽泣着献上的虔诚截然不同。他拥有圣特蕾莎那种强烈的热情。童年时代，在他开始独立思考之前，他保持着正统的宗教虔诚，但之后，他站到了上帝的对立面，因为他所知道的上帝就只是那个布尔乔亚支持的上帝，那是资本主义的上帝；对他而言，比起精神信仰中的上帝，向人们要求永恒牺牲的上帝更像是一个吞食人类血肉的异教偶像。

我也曾年轻，而基督玷污了我的气息；
他让我厌恶，直到那厌恶没过咽喉！②

---

① 保罗·克洛岱尔致帕泰尔纳·贝里雄的书信，未发表，现藏于杜塞文学馆。
② 《初领圣体》，《兰波全集》，第192页。

但他并不满足于仅仅永远与上帝对立，他决心依赖自身、用自己的方式，发现并强行进入上帝的存在。在《致一理式》和《神灵》中，我们都可以看到这一发现。这一点在后者中体现得尤其丰满。"神灵"指的可能是卡巴拉中的七大精灵，每个精灵统治世界中的一个时代，并按照自己的意志，在其统治的三百五十四年零四个月中改变世界。

他就是情爱和现时，既然他让房屋向水沫的冬天和夏日的喧哗敞开，他还净化了酒和食物，他就是那些地点流逝时呈现的魅力和诸多栖所那超凡的快意。他就是情爱与未来，力量和爱，站立于狂怒和忧烦中，我们看见它们流经风暴的天空和迷醉的旗帜。

他就是爱，重新发明的完美尺度，出乎意料的奇妙的理；他就是永恒：被爱的机体，来自命定的资质。我们曾惊恐于他和我们自身的特许：哦，我们的健康带来的欢愉，我们的官能的躁动，自私的情爱和因他而起的情欲，他，以他无尽的生命爱着我们……

我们召唤他，而他远行在外……而如果崇拜远离，鸣响，他的允诺就鸣响："退去吧，这种种迷信，陈旧的肉体，婚姻，年龄。这个时代业已沉沦！"

他不会远离，他不会降自天空，他不会为女人的愤怒、男人的快乐，以及此类罪恶完成赎罪：因为事已如此，他还是他，并被深爱着。

哦，他的呼吸，他诸多的头颅，他的奔跑；形式与行动之完美，及其骇人的迅捷。

哦，精神之繁殖及宇宙之寥廓！

他的肉身！完美的形蜕，恩泽的破碎交叠着新的暴力。

他的视线，他的视线！所有古老的膜拜和他身后掀起的苦痛。

他的光亮！消除所有响亮而游移的痛苦，在更强劲的音乐中。

他的步伐！那比从前的入侵更庞大的迁徙。

哦，他与我们！那骄傲比已失去的仁慈更为宽厚。

哦，世界！还有那新的不幸清脆的歌声。

他认得我们所有人，他爱过我们所有人。让我们懂得，这个冬夜，从海岬到海岬，从喧闹的极地到城堡，从人群到海滩，从目光到目光，体力疲乏，情感慵倦，——懂得去呼唤，去看到他，再送走他，并在潮汐之下雪原高处，去紧随他的视线，他的呼吸，他的肉身，他的光亮。[①]（何家炜　译）

兰波的神秘诗体现了他对在一种无法容纳经验的媒介中表达经验的尝试。精神希望化身于意象中，但意象又不足以承载精神，于是唯一可能暗示这种经验的方法就是象征而不是描写，从而在读者心中唤起诗人的情绪状态和精神直觉。因此，每个短小的词语组合都意在暗示一道理解的灵光，而不是完整的经验。我们无法一次性接收到所有的通灵视觉，但能够通过一系列灵光的形式，最终让印象进入我们的脑中。我们可以感觉到兰波在他的经验中摸索，尝试用语言表达出那过于深刻、不可言传的感官体验，但语言依旧不足以用于表达。灵光往往只是欢愉的感叹，此时，语言本身并没有太多意义，它们真正的价值在于随机的暗示力。它们被组合在一起，就像咒语一样，不需要逻辑顺序——就像孩童组合词语一样，他在尝试表达自己体验过但尚不能理解的狂喜——他重复着美丽的语言，一遍又一遍，他还不能完全理解这些语言的意思，因为他们似乎是自己狂喜情绪的一种外化。在帕斯卡尔的漫漫长夜里得到上帝的启示时，他也无法连贯地表达自己的体验，只能一遍遍地喊叫着："喜悦！喜悦！喜悦之泪！"《灵光集》中的一些作品对兰波来说，似乎是在承担天主教中启应祷文的功能；天主教人士认为这是一种有价值的诉说，能够表达精神层面的情感和对上帝的认知，这些体验都是无法用连贯的语言来表达的。

《灵光集》是一本自成一体的奇书。兰波在《地狱一季》中说道："我一个同伴也没有。""可是竟没有一直友谊之手？到哪里去寻求援救？"他

[①]《神灵》，收录于《灵光集》，《兰波全集》，第197页。

是正确的。

尽管大部分诗都写于他与魏尔伦的友情最炙热的时期——如果我们关于创作时间的理论是正确的话——但这些诗读来仍让人感到他的身边没有任何人陪伴。他独自站在光秃秃的山顶上，黎明时偶尔会有日出的光芒照亮他，但更多时候，他被黑暗所笼罩。在那里，兰波茕茕孑立，身边只有自己的上帝、自己的灵魂和梦想。

毫无疑问，兰波原创性成就的最高峰就是这些散文诗作品，这种形式允许无限的自由，因此也最适合他隐晦、深奥的风格。但有一点值得注意——与后世作者的观点相关——他最早写出了"自由诗"形式的诗歌：《海滨》和《运动》，比卡恩、拉福格（Laforgue）和迪雅尔丹（Dujardin）早了超过十年的时间。而他们的作品在成就上还是无法超过他的散文诗。

散文诗的出现早于兰波，因为钱拉·德·奈瓦尔、阿洛伊修斯·贝尔特朗（Aloysius Bertrand）、夏尔·波德莱尔和夏尔·克罗都使用过这种形式。迄今为止，从整体上来说，散文诗的特点是叙事性和描述性——依据作者的个人品位强调或不强调这两种特点。洛伊修斯·贝尔特朗的《夜之加斯帕尔》的描述性强于叙事性；而钱拉·德·奈瓦尔和波德莱尔则都更偏爱叙事性更强的形式，尽管后者时常偏离叙事——《港口》就是这样一个例子——并创作出一些描述性的散文诗，这种形式后来也为马拉美所采用。在兰波笔下，散文诗剥离了一切记事、叙事甚至描述性的内容，变得高度精练、简短。这种写作方法的一个典型例子就是《长夜》这篇美妙的作品。查德维克认为这首诗不应该被视作散文诗，而是一首"自由诗"，这一点值得商榷。

> 这就是被照亮的休憩，既没有狂热，也没有感伤，躺在床上或草地上。
> 这就是朋友，既不热情，也不软弱。朋友。
> 这就是被爱的女人，既不折磨人，也不受折磨。被爱的女人。
> 天空和人世无从探寻。生命。

——那么是这个?
　　——而梦在变凉。①（何家炜　译）

有时，散文诗的功能是对一次简短的感官闪光进行外化，一次转瞬即逝的灵光；在这首情况下，一句诗就构成了一首诗。②

　　我拉紧一座又一座钟楼的绳子；一扇又一扇窗子的花饰；一颗又一颗星星的金链，我跳起了舞。（何家炜　译）

《灵光集》中有一整篇作品都是以这些"断句"的形式写成的，兰波也将它们拟题为《断句》。

一些评论家认为，兰波对散文诗形式的使用得益于他幼年时对《圣经》的反复阅读。③也可能存在其他的灵感来源。他的散文诗和中国诗之间有一些相似之处——这里说的是翻译成法语的中国诗。在第二帝国末期，中国诗的译本非常知名——尤其是在帕尔纳斯派的圈子里。拉普拉德（Laprade）出版于1866年的《基督教之前的大自然情感》中就包括了许多美妙的中国抒情诗的法语译本。朱迪特·戈蒂埃（Judith Gautier）——诗人戈蒂埃的女儿——的《玉书》于1869年以朱迪特·瓦尔特（Judith Walter）之名出版，这是一本意译的中国抒情诗集。兰波不可能不知道这部作品，魏尔伦也曾将洛伊修斯·贝尔特朗的《夜之加斯帕尔》与之比较，④卡蒂尔·孟戴斯认为这本诗集是"自由诗"的来源之一；但这本诗集中的作品更接近兰波笔下的散文诗，很可能他就是从《玉书》中获得了最初的启发。朱迪特·戈蒂埃应当在法国诗歌史上获得更多的肯定。除了《玉书》这本中国诗翻译集——改编集应该是更准确的说法——之外，她

---

① 《兰波全集》，第184页。
② 《断句》，收录于《灵光集》，《兰波全集》，第178页。
③ 戈德绍著《兰波的通灵术》（*La Voyance de Riambuad*）。
④ 《遗作集》，第2卷，第362页。

还创作了一些原创散文诗，出版于《风行》发表兰波散文诗十四年前。尽管这些诗作中有波德莱尔的痕迹——但在十九世纪后期谁又没有受到他的影响呢？——它们仍然充满了原创性，并且与《灵光集》中的一些诗歌有相似之处。这些作品中有许多都于1872年6月和12月之间在《文学艺术复兴》上发表，兰波应该也读过，因为他对这一刊物很熟悉，他自己的《乌鸦》也于1872年9月15日在此发表。另一个可能的灵感来源是夏尔·克罗的《檀香木匣》，其中包括了许多和兰波作品很相似的散文诗。这本诗集的出版确实是在1873年，但其中许多诗歌都于1872年在《文学艺术复兴》上初次发表。进一步来说，兰波自1871年9月到巴黎后就一直与夏尔·克罗保持了密切的联络，并把他看成自己最亲密的好友之一，在艺术上，他与克罗的联系也最紧密。

对于兰波而言，尽管巴黎让他感到失望，他也深受折磨，但1872年上半年是他文学生涯中最充实、创作力最旺盛的时期。如果没有和魏尔伦的友谊及其赞赏——尤其是对他才华和未来的坦诚信任——的支撑，他可能会在幻灭和灰心中苦苦挣扎。他认为自己是盗火者普罗米修斯，而这份友谊和赞赏让他从天国盗取的火焰依旧熊熊燃烧。此时的他依旧对自己的力量和理论抱有信心，因此，与他心中燃烧的火焰相比，误解、贫穷和表面上的失败都不值一提。

《灵光集》中有一首象征诗，题为《王权》，[①] 它描述了这样一个故事：某一天，一个男子在城中穿梭，他对所有行人叫喊，称自己是国王，而他身边的女子是他的王后。他对所有愿意聆听的人诉说自己通过的考验和结局，以及他获得的启示。因为他们相信故事的真实，所以这一整天，这对男女就真的成了国王和王后。和这首诗一样，在很短的一段时间里，阿蒂尔·兰波是一位法师、一个通灵人，与全能的上帝等同，因为他相信这是真的，在他的身体里，上帝的创造力在熊熊燃烧。

[①]《兰波全集》，第175页。

第七章　大都市

　　1872年的夏天，兰波再也无法忍受巴黎，他向往着家乡亚登省清新的空气。这是他在城市里度过的第一个夏天——他一辈子都住在和乡村交界的小城里，罗什的农场是唯一的避难所。"我恨夏天，"在给德拉艾的信中，他写道，① "天气热起来的时候我快要死了。我仿佛得了口渴的不治之症！亚登的河流和比利时的山洞，这些都是我特别想念的。"

　　此时的他开始无法忍受自己在酒店里住的房间，它正对着臭气熏天的大厅。这是一家典型的拉丁区酒店，肮脏不堪，即便在今天也是如此，这家酒店为无数代的穷学生提供居住之所。一走进酒店，在发霉的楼梯上就能闻到从来不打扫的厕所里冒出来的腐臭尿味，肮脏不透气的房间里有老鼠流窜，在黑暗、温暖的夜晚，垃圾桶的臭味——"poubelles"② 这个名字本身就透露了垃圾桶里腐烂的气味——会飘在大厅狭窄的管道里。当日光透进昏暗的房间，阳光的光线却从来无法到达，唯一可见的变化就是房间原本的黑色被深灰色所取代。

　　到了七月，他觉得自己再也不能忍受下去了；他决定离开巴黎一段时间，并强迫魏尔伦陪伴他。此时他已经意识到自己有足够的力量对他造成影响。他去了蒙马特，和魏尔伦在街上会面，并告知了他的计划。当时魏尔伦正从家里出来去附近的药房取妻子的药。一开始，魏尔伦有所顾忌，因此拒绝和他一起离开。他问道："那我妻子怎么办？"但兰波粗暴地回答他："让你的妻子下地狱去吧！"魏尔伦最后还是允许他的朋友说服了自

---

① 1872年6月的书信。
② 法语：垃圾箱。——译者注

己，追随着离开了。

他们一整天都待在咖啡馆里。夜幕降临时，他们登上了一辆前往阿拉斯的火车，魏尔伦的一位年老的阿姨就住在那里。当天是1872年7月7日，兰波并没有预料到那一天会是他巴黎文学生涯的结束。他离开了首都，当他前一年从外省来到这里时，他充满了希望，计划征服巴黎；但他什么都没有征服；他依旧默默无闻，离开时身后只留下了敌人。

他们整夜都在旅途中度过，第二天清晨抵达了阿拉斯。他们二人的行为举止就像正在度假的、不负责任的孩子。① 当时还没到能够得体地拜访魏尔伦的阿姨的时间，为了打发时间，他们在火车站的餐吧坐下，边吃早餐边决定，他们要吓唬每一个他们所看见的、正在洋洋得意喝着早晨的加奶咖啡的中产阶级。他们开始故意轻声对话，但声音足够让所有人能听见；他们说着自己曾做过的抢劫案，甚至吹嘘曾经蓄意谋杀过某人；他们为自己胡编乱造的本事感到十分满意，于是过分堆砌了太多细节。突然之间，两个狰狞的警察打断他们绘声绘色的描述——听见他们对话的酒保偷偷摸摸地报了警。他们被当场逮捕，像游街一样被带去了市政厅。在那里，他们十分困难地向裁判官解释，这些对话都只是玩笑罢了。几天前，阿拉斯执行了一场死刑的行刑，魏尔伦和兰波的对话引起了当地人的误会，因为人们认为他们可能和之前那个上了绞刑架的罪犯有关联。无论如何，裁判官对这对好友来阿拉斯的动机很是怀疑。最终，他们被警察带回了火车站，并把他们推上了去巴黎的火车。抵达巴黎后，他们并没有留下；他们从巴黎北站转车去了东站，买了去夏尔维勒的火车票。兰波夫人当时正和家人一起住在罗什乡下的避暑小屋里，因此不会有遇到她的危险。这对好友花了一天的时间和夏尔·布列塔尼一起饮酒作乐；夜幕降临时，他们雇了一批马车带他们去往比利时边境某个人烟稀少的地方，这样他们就不太可能要和海关官员打交道。进入比利时境内后，他们立刻就登上了前往布鲁塞尔的火车。

---

① 魏尔伦著《狱中集》，第3卷。

与此同时，在巴黎，玛蒂尔德·魏尔伦被丈夫抛弃，她非常焦虑，担心丈夫的安危。从他去药店那一刻起，她就再也没有听到任何关于他的消息，而去拿药只会耽搁他不超过几分钟的时间。她绝没有想到他可能出去旅行了，因为他离开的时候没有拿任何的行李，而她知道一个人是不可能不带换洗衣服就出门旅行的。她觉得一定是发生了什么事故，于是要求警察帮忙在所有医院、巴黎城中所有警察局和停尸房寻找他。但这一切都是枉然，没有人知道任何与他有关的消息。

终于，几天后她收到了一封来自布鲁塞尔的信。这封信读来十分可悲，体现了兰波对魏尔伦极强的掌控。

> 我亲爱的玛蒂尔德，别担心。别为我而感到悲恸和哭泣！我正在一场噩梦之中！总有一天我会回来的！①

收到这封信后，她决定再做最后一次努力，从那个蛊惑她丈夫的恶棍手中把他夺回来。她和母亲一起前往布鲁塞尔去找他，希望能说服他跟她一起回来。在一首日期注明为"布鲁塞尔——伦敦。——1872年9月至10月"的诗中，魏尔伦描述了和她的会面；听说她已经到了，他紧张地回到自己的酒店房间里。②

> 我又看见你了。我推开半掩的
> 卧室的门。你仿佛倦了，在床上偃卧。
> 单薄的躯体，被爱情遗弃！
> 你跳了起来，赤裸着，快乐地哭泣着。（罗洛　译）

然后，他突然被爱和悔恨所控制，紧张和顾虑一扫而空。

---

① 魏尔伦前夫人著《我的一生回忆录》，第210页。
② 《夜鸟》，收录于《无词浪漫曲》。

什么样的疯狂的亲吻和拥抱!
我为此发笑,通过我的泪眼。
那些时刻,将是我的最糟
和最美好的时刻,一年又一年。

我不会再一次看到你的笑颜,
你那优美的诱惑,亲切的目光,
再也看不到你,怎不叫人埋怨,
并永远记住你那过去的模样。(罗洛 译)

他原谅了她为他的感官而设下的陷阱,只能想到自己的爱和她的美。
但当她再次穿起衣服时,他的爱人消失了,取而代之的是他那打扮得循规蹈矩、一本正经的妻子。她的天真无邪和不加矫饰的欢乐消失了,他们之间的问题再次出现,他也知道自己的命运将会如何继续。

我又看见你了,穿上夏天的衣衫,
黄的白的衣衫,印着花儿窈窕,
那令人迷醉的已经逝去的时间,
快乐的含泪的温存,都已消逝了。

那长成了的少女和娇小的妇人,
出现在眼前,像往常一样梳妆打扮。
而那已经是我们的注定的命运,
她凝视着我,从那面纱后面。

但我宽恕你!正是因为这样
我还记得你,唉!带着某种自尊

　　　　一幅得意的肖像；当你的目光
　　　　转向一侧，你那闪着光彩的眼睛。(罗洛　译)

据说他向她坦白了自己和兰波之间的关系，但她当时并不能完全理解他的意思。① 她依然指望着丈夫对自己的爱，她刚刚才得到了这份爱的证据，希望能说服他和她一起回去。她愚蠢地计划了两人重归于好后要一起做些什么，她要把他从他自己手里拯救出来。她想着，他们可以一起旅行——她的父亲会愿意为了这样一件好事而给他们预支一些钱。就他们两个人，他们可以一起去新喀里多尼亚；她不在时，她的母亲可以照顾孩子。他们将会一起变得更坚强，并忘记过去；保罗会完全切断现在这段关系，还会完成计划中那本他现在看来无法继续写作的关于巴黎公社的书。

　　和妻子、岳母会面后，魏尔伦被她们说服，愿意和她们一起回巴黎；但他恳求她们让他向兰波告别，并当面向他解释一切。他还承诺说会在火车站和她们碰头。但当他来到火车上时，两位女性立刻意识到，他的状态不再像之前那样温和；他喝醉了，脾气很坏。但他还是和妻子、岳母一起进入了车厢，并坐在角落里，沉浸在忧郁和沮丧中，拒绝任何搭话。到了边境时，他们必须离开车厢做海关检查，然而，转眼之间，两位女性就看不见他了，也没有注意到发生了什么。回到车厢后，她们到处寻找他，但就在火车即将离开时，她们看到他站在离她们有一段距离的站台上。"跳上来！"莫泰·德·弗勒维尔夫人喊道，她激动地向他挥手，用虚伪的热情来掩盖内心的焦虑。"你要是不小心就会被留在后面的！"但魏尔伦只用摇头做了回答。火车喷出蒸汽，驶离了车站，而他没有坐上这趟车。这是玛蒂尔德·魏尔伦最后一次见到她的丈夫。

　　第二天，她收到了一封他寄来的信，如果情形不是那么悲伤的话，其实信中的内容读来还有几分幽默。②

---

① 《法兰西水星》，1927年2月，"魏尔伦夫人1872年10月2日的分居申请书"。
② 魏尔伦前夫人著《我的一生回忆录》。

等待着两根手指和一口锅的悲惨的胡萝卜仙子、老鼠公主、小图钉。您什么都对我做过了；您可能杀死了我朋友的心脏。我会回到兰波身边去，如果在您让我做出的背叛后他还愿意要我的话。

与此同时，我们从一位布鲁塞尔警察写给警局侦查部门的信中得知，1872年8月6日，兰波夫人要求比利时警方寻找她儿子的所在，她的儿子和一个名叫保罗·魏尔伦的人一起离开了。信中说明，魏尔伦住在圣若斯-滕-诺德的布拉邦街，关于兰波却一无所知，他应该是和这位朋友住在一起。①

魏尔伦和兰波在比利时待了两个月的时间，他们在乡间游荡，之后，在9月时，他们经奥斯坦德抵达了多佛。

来到伦敦后，他们第一站就去找了法国同胞，艺术家雷格美。雷格美为我们提供了一幅画，画中魏尔伦和兰波那不修边幅的形象似乎并没有在伦敦苏活区充满波希米亚风格的氛围中格格不入。②那里有巴黎公社的流放者——政治家、记者、作家和煽动者——当时苏活区真正的波希米亚人比文学世界的巴黎要多得多。雷格美帮助这两个法国人找到了住处；他们先是住在霍兰德街35号维尔麦希的故居，那是一栋十八世纪的亚当风格建筑——就在托特纳姆法院路附近。

一开始，这对好友感到孤单并开始想家。魏尔伦在给勒佩勒捷的信中写道："一只扁平的黑虫，这就是伦敦。"③他们思念巴黎街头启发灵感的灯光，思念大道上那些把桌子放在人行道上的热情迎客的咖啡馆；他们最想念的是那些友好的服务员，他们总是带着俏皮的幽默感，又能充满技巧地把冰水倒进绿色的苦艾酒：一滴一滴地倒，让它变成雪一般的烈酒。魏尔伦充满厌恶地描写了狭小的英式酒馆，人们只能站在案几边急匆匆地一杯

---

① 《法兰西水星》，1956年8月。德·格拉夫著《布鲁塞尔文档》。
② 《魏尔伦素描》。
③ 1872年9月的书信。

接一杯吞下手中的酒。① 你会推开一扇沉重的大门，厚重的皮带会把它绑得紧紧的，导致它卡住，而这扇门对你的态度极端不友好，也不欢迎你的到来，在你走进去的时候会击打你的背部，还时常会打掉你的帽子。内部的装潢阴暗陈旧，也看不见桌子，只有几张锌制台面的案几，人们就站在它们旁边，安静、庄严地喝酒。在这些酒吧里，据魏尔伦说，"哦！盎格鲁-萨克逊人那令人悲叹的低级"，甚至没有人开口说话。那里没有法国咖啡馆里的文学对话，那种明快、充满智慧的对话既是教育，也是享受。柜台后面站着酒保，他们都穿着短袖上衣，有的时候还有肥胖、邋遢的女酒保，她们花枝招展，但品位极差。

和所有来到伦敦的欧洲大陆游客一样，魏尔伦和兰波为盎格鲁-萨克逊人的星期天所震惊，感到无比沮丧。在那遥远的维多利亚时代，星期天比现在要沉闷无聊得多。他们抵达伦敦时是星期天的早上，他们发现自己无法找到任何一家开着门并能为他们提供一顿像样的饭的地方。10点钟之前，所有地方都关着门；从10点到下午3点，有几家酒馆和餐厅开了门，但警察警觉地注视着它们，手上拿着手表站在那里，确保它们不会超过必须关门的准确时间；6点到7点之间，相同的闹剧还会再上演一次。即便是鞋匠也不准在星期天工作；曾有一个鞋匠竟敢在圣主日招揽生意，他被一个路过的"条子"狠狠地教训了一顿。② 没有任何剧院或娱乐场所开张，这个世界上最大城市中的市民唯一的娱乐就是海德公园的户外布道，配合着救世军乐队那令人绝望的惨淡音乐。

魏尔伦和兰波逐渐融入了苏活区的法国氛围中。当时那里有很多在巴黎公社运动后为逃避死刑或新反动政府报复而离开法国的难民；安德里厄（Andrieu）和维尔麦希就是如此；后者由于在出版革命报纸《杜歇老爷》中所扮演的角色而在本人不在场的情况下被判处死刑。这些难民住在莱斯特和苏活广场附近阴暗的房子里，或是在托特纳姆法院路附近肮脏的

---

① 魏尔伦致勒佩勒捷的书信，1872年11月。
② 魏尔伦致勒佩勒捷的书信，1872年11月8日。

房间里。他们会在弗朗西斯街上的社会学研究社和几个他们能创造某种欧洲大陆氛围的酒吧里碰面。其中包括格雷旅馆路上的约克公爵酒馆、莱斯特广场附近的撒布隆尼埃和普罗旺斯酒店，以及老康普顿街5号上的一家酒吧。维尔麦希在那里进行了关于布朗基的讲座，并朗诵了魏尔伦歌颂起义的诗《哦！圣梅里教堂》。

这群难民穷得叮当响，因为他们发现自己几乎不可能找得到工作。当时，伦敦和巴黎的警察之间有着非常紧密的合作关系，前者会将法国人在英国的所有活动都告知后者，并根据巴黎方面的要求，尽可能阻碍他们谋生。英格兰像现在一样，对暴力和起义有着深深的恐惧，这些不幸的人被看作危险的无政府主义者和革命者，而不是为自由献身的英雄；因此，他们也必须忍受最令人讨厌、最具侮辱性的监视。在这群可怜人中，不修边幅、声名狼藉的魏尔伦和兰波似乎十分自在。在他们的生活变得更加稳定、有规律之后，魏尔伦对伦敦十分满意，希望这种生活能够永远继续下去；他也成功完成了他的杰作《无词浪漫曲》。"在这里，我把自己完全献给了诗歌，"他在给勒佩勒捷的信中写道，[①] "我把自己献给智慧的思考，以及和一小群艺术家和文人进行的纯粹艺术性的严肃谈话。"

据说，魏尔伦和兰波在伦敦还见到了英国文学运动的成员——如作家罗塞蒂（Rossetti）和斯温伯恩（Swinburne）。但他们的交往——如果真的存在的话——也不是特别深刻，因为两边——英国和法国——都没有提及这一点。在给埃米尔·布莱蒙的信中[②]，魏尔伦说他很快就会认识斯温伯恩，但我们之后没有再得知相关的消息，因此只能假设他们确实见过面，因为后来，魏尔伦在比利时的狱中曾要求勒佩勒捷把他最近出版的《无词浪漫曲》寄一本给斯温伯恩。[③]

斯温伯恩确实一直以来都对法国文学很感兴趣，他也是最早一批波德莱尔的推崇者；自从他在1871年的夏天在牛津的贝利奥尔学院和泰纳

[①] 1872年11月的书信。
[②] 1872年10月1日的书信。
[③] 魏尔伦致勒佩勒捷的书信，1872年11月24日。

（Taine）会面之后，这一兴趣又变得更加强烈。

兰波很可能和画家福特·马多克斯·布朗（Ford Madox Brown）的儿子奥利弗·马多克斯·布朗（Oliver Madox Brown）见过面，后者被戈斯（Gosse）称为"了不起的男孩"。他可能就是那个魏尔伦向布莱蒙提到的、他记不起名字的诗人："我很快就会和斯温伯恩见面，还会有另一个诗人，他的名字我忘记了，他的寂寂无名和他惊人的才华一样令人讶异。再过几天我会给你寄去关于这个有趣的家伙的消息。"①

奥利弗·马多克斯·布朗是法国难民安德里厄的学生，从1871年开始，直到1874年这个男孩去世，他都由安德里厄教授法语和拉丁语。安德里厄也是兰波的好友，在兰波从1872年到1873年在伦敦的时间里，他们一直都是伙伴。奥利弗·马多克斯·布朗和兰波差不多年纪——兰波比他大一岁——因此，安德里厄自然会让这两个有很多共同兴趣的文学天才见面。他们俩都是诗人，也都对古典诗充满了热情——尤其是卢克莱修——他们俩都受到过巴黎公社运动的深刻影响。马多克斯·布朗似乎很希望能认识一个来自巴黎的年轻革命诗人。从幼年时起，他就被看作一个天才，他的家人也充满理解地培养、鼓励他的才华。八岁时他就已经创作出了第一幅完整的画作，那是一幅水彩画，也得到了来自他父亲的艺术家朋友们的赞美。1869年他十四岁时，他所画的题为《喀戎从奴隶手中接过婴儿伊阿宋》的画作在达德利美术馆展出，他的《马捷帕》于1871年在新不列颠学院展出，《普洛斯彼罗和婴儿米兰达》则于同一年在南肯辛顿的国际展览馆展出。1871年冬天，他正在写作一部作品，被英格拉姆（Ingram）称作②"最为不朽的作品之一，一旦读过，就会在读者的记忆中留下印记"。这一作品就是《黑天鹅》，这部小说为了迎合英国当时在道德上的偏见，于1873年以删减的形式出版，标题为《加布里埃尔·丹佛》。然而，尽管英格拉姆对其充满了赞赏，并且作者在十九岁时就已经死亡这一

---

① 魏尔伦致布雷蒙的书信，1872年10月1日。
② 《奥利弗·马多克斯·布朗生平和书信》，第48页。

点在当时被看作文学的一大悲剧,现代读者对这本书只感到言过其实,并没有什么内在的价值。马多克斯·布朗的所有作品的确都体现了当时短暂流行的品位,与我们现在的品位不符;他的作品也证明他是一位前途光明的作家,可惜英年早逝,但除此以外再无其他;和兰波在同样年纪时的创作相比,他的作品中并没有前者的力量和天才的灵光。

就算他和兰波确实见过面,他也可能会认为这个法国青年过于不修边幅,因此不适合被邀请到他父亲位于菲茨罗伊广场的家里,那里是伦敦文学和艺术界的精英经常聚会的场所。也许他还会觉得兰波缺乏管教、不受束缚的个性令人反感;因为尽管马多克斯·布朗从某种程度上来说也是一个波希米亚,但他本质上还是一个优雅、有教养的人,兰波却完全自发地成了一个举止粗鲁、傲慢无礼的粗人。

魏尔伦和兰波的大部分时间都在酒馆中游荡、通过与所有教养和阶级的人聊天来学习英语中度过。在有学生的情况下,他们还会教授法语,但这种机会非常罕见。从那一年《泰晤士报》的广告版面上可以看出,当时也有不少和他们相同资质的法国人在寻找这类工作。为了让潜在的雇主对他有信心,兰波买了一顶礼帽;他对此感到异乎寻常的自豪。这顶帽子在好几年内都是他拥有财富和他人尊重的象征,在回到夏尔维勒时,他也戴着它。"他就像爱一个可敬的老友那样爱它,"德拉艾写道,[①]"他会用手肘温柔地抚平它丝质的表面,他的动作充满了天真和令人感动的怜爱。"

在伦敦时,魏尔伦和兰波没有试着隐藏他们之间的关系;据说,他们会公开吹嘘两人之间的关系,即便来自法国的难民也为此感到有些震惊。有关他们俩这一行为的流言最后还是传到了巴黎,玛蒂尔德·魏尔伦的律师也听说了此事,当时他正在为申请分居收集材料;因此,他乐于听闻这些可以作为证据的流言。然而,关于巴黎对他们的猜测的消息传回了伦敦魏尔伦的耳中,他开始害怕起来。他不希望在法律上和妻子分居,他依然对她抱有爱情;他也不想和当时年仅一岁的儿子分开。他写信给兰波夫

---

① 德拉艾著《魏尔伦》,第 161 页。

人，告知她人们口中关于她儿子的流言，希望她能够做些什么来阻止流言四散。很快，他就开始常常和她通信。奇怪的是，她对他的态度似乎十分友好。① 后来，兰波自己也在11月给母亲写了信，要求她从莫泰·德·弗勒维尔那里取回他的手稿——他在巴黎时把这些手稿交给了魏尔伦保管，但魏尔伦由于匆匆离开、前往了布鲁塞尔而把它们留在了蒙马特。他告诉她，这些手稿可能会被出版，因此可以带来一些收入；他知道金钱收入的可能性总是能让她行动起来。此时，她正计划立即前往巴黎。她先是让两个女儿以寄宿生的身份住进了圣墓修道院——当时，维塔莉十四岁，伊莎贝尔十二岁——然后就动身前往首都。② 抵达巴黎后，她拜访了老魏尔伦夫人，两位母亲很快就取得了完美的共识。她们都不认可儿子们之间的那种友谊，但都倾向于首先把责任推到对方的儿子身上。最终，出于互相怜悯的情绪，她们之间产生了友谊，两位母亲在不喜欢莫泰·德·弗勒维尔一家这件事上达成了一致。魏尔伦夫人给兰波夫人一封介绍信，让她去见莫泰·德·弗勒维尔夫人；然而，这位生下蛊惑魏尔伦的邪恶天才的母亲并没有受到魏尔伦那受伤的妻子的母亲的欢迎。莫泰·德·弗勒维尔一家不喜欢这个面无表情、穿着外省服饰、举止也是外省风范的乡下女人；此外，他们也不希望再和任何与兰波有关联的人扯上关系。他们决定不做任何妥协，也不达成任何协议，因他们不希望再出现任何可能阻碍女儿和保罗·魏尔伦这个恶棍分开的事。他们不愿意谈论魏尔伦和兰波之间的流言，也不愿意回答这一流言是否真实，他们拒绝把手中的任何手稿交出去。正如前文所述，这些手稿中也包括了《精神狩猎》和一些韵诗和散文诗。离开尼克莱街时，兰波夫人满腔怒火，她比从前更有决心，一定要把儿子和他那个朋友分开；但同时，在魏尔伦和妻子的关系上，她对魏尔伦生出了更多的善意。她给阿蒂尔写信，告知她自己没能成功，还告诉了他莫泰·德·弗勒维尔一家的打算。她告诫他，如果不想因为教唆他人的丈

---

① 魏尔伦致勒佩勒捷的书信，1872年11月14日。
② 帕泰尔纳·贝里雄著《诗人兰波》，第211—217页。

夫而和玛蒂尔德对簿公堂（玛蒂尔德当时正在准备起诉魏尔伦）的话，他就该立刻回到夏尔维勒。与此同时，在魏尔伦向她寻求建议时，她也告诉他，如果不再见她的儿子的话，他也许能够改变妻子的决定。[①]

  兰波听了母亲的话：他留魏尔伦一人在伦敦，在1872年的圣诞节回到了夏尔维勒。魏尔伦则是独自待在伦敦，没有亲密好友陪伴的他变得阴沉忧郁。当兰波在那里时，霍兰德街上那间小小的房间曾是如此快乐的家，但现在，在冬天黄色的浓雾或无尽的大雨中，它看起来是如此的凄凉。独自一人的魏尔伦沉浸在孤独中，写出了《无词浪漫曲》中最有他个人特色的一首诗。

    泪洒落在我的心上
    像雨在城市上空落着。
    啊，是什么样的忧伤
    荆棘般降临我的心上？

    啊，地面和屋顶的雨
    这样温柔地喧闹！
    对我的心的愁郁，
    啊，这扬起歌声的雨！

    泪水洒落，没来由啊，
    落在这病了的心里。
    什么？没有人背弃我？
    这忧伤没来由啊。

    这确是最坏的悲哀：

[①] 魏尔伦致勒佩勒勒捷的书信，1872年11月23日。

我不知道是为什么，
没有恨也没有爱，
我的心有这许多悲哀。（罗洛　译）

正如前一章中所述，这首诗的灵感来自兰波笔下的一句诗，被引用在这首诗的开头："雨轻轻在城市上空落着。"但这句诗并不存在于任何现存的兰波诗作中，唯一的可能，就是它包括在兰波送给学生时期的好友拉巴希埃的一首诗中，但这首诗也已经遗失，拉巴希埃曾尝试通过记忆来重写这首诗，但只能想起一个句子。①

雨轻轻地在平原上空落着。

魏尔伦独自一人度过了圣诞节，节礼日也显得沉闷孤寂；当天，他写信给勒佩勒捷：②"昨天是圣诞节！今天是更可怕的星期天，和圣诞节差不多虚伪！我非常悲伤，独自一人。兰波，你不太熟悉他，只有我一个人能真正理解他，他不在这里了。我感到一种令人恐惧的空虚，其他一切对我来说不过是虚无罢了。"

之后，在一月潮湿的天气里，他病了。尽管只是一场流感，但处于悲伤中的他开始夸大自己的病况。他顾影自怜，孤单地流泪，和往常一样，他开始戏剧化自己的处境。在他的想象中，他认为自己快要孤单地死去，远离所有人；没有人会照看他到他咽下最后一口气的时刻，没有人在意他的死活。于是，他给自己的母亲写了信，③告诉她自己快要死了，请求她立刻前来，并给兰波寄几英镑的钱，这样他也可以到这里来和他做最后的告别。

魏尔伦夫人带着一个侄女立刻出发前往伦敦。兰波两天后也追随着她

---

① 《兰波全集》，第108页。
② 1873年1月的书信。
③ 1873年的书信。

们到了；他不过只离开了一个月而已。

> 我这么长时间没有给你写信［**魏尔伦向勒佩勒捷写道**］，① 是因为我不知道你的新地址。否则，你一个星期之前就会收到——还有我所有的好友——一封告别信。我给妻子和母亲都发了电报，告诉她们赶快来这里，因为我真的觉得自己快死了。只有我母亲来了。一个月前离开了这里的兰波两天前也到了，他还带来了他的关怀——加上我母亲和表亲的，他们成功地拯救了我，就算不是从死神手里把我抢回来，至少也把我从可能会致命的孤独中拯救了出来。

魏尔伦恢复健康后，这对好友又重新开始了他们在酒馆流窜的放荡生活。魏尔伦后来把这一段时间称作"1873 年在伦敦度过的可耻生活"。为了彻头彻尾地熟悉伦敦，他们时常会在城中步行游荡。"我们每天都在伦敦的郊区和附近的乡间大肆散步，"魏尔伦在给布莱蒙的信中写道，② "我们去了丘镇、伍利奇和很多其他的地方，我们现在对伦敦了若指掌。德鲁里巷、白教堂、皮姆利科、金融城、海德公园，对我们来说，所有这一切都不再神秘。"兰波也会拉着魏尔伦一起去造访伦敦市内的码头。"我无法描述那些码头，"魏尔伦这位很少离开巴黎的城市人写道，③ "真是难以置信！就像提尔和迦太基④滚到了一起！"在码头上，他们见识了各种各样的人，他们从世界各地涌入，他们有着黑色、棕色和黄色的肤色；在他们各种颜色、不同形状的帽子下藏着粗糙、凶暴和美丽的脸庞。他们看到各种箱子、盒子和篮子的货物丰富地堆在一起，来自地球上最远的地方；他们听到人们说最奇怪的语言，看到大包的货物上印着他们读不懂的神秘符号。兰波在港口度过越来越多的时间，查验着各种不同的货物，在有人能听懂他说话时，他会和水手聊天，让他们描述远航时的所见，试着理解、进入

---

①③　魏尔伦致勒佩勒捷的书信，1872 年 10 月。
②　1873 年的书信。
④　二者都是古代腓尼基著名的港口。——译者注

他们那永不停歇、游牧民族一般的生活。

这是他第一次看到大型的船只，这一体验带着新的张力，把他带回了童年时——在他开始精神层面的任务之前——的梦境中。当时，在他的想象中，他旅行到了地球的尽头，只要有母亲给他的亚麻布，他就可以乘上自己的那条"醉舟"。此时，相同的梦境和向往又一次占据了他的头脑。也许就是那时，他开始好奇，如果选择一种以行动为主的生活，会不会真的比静思默想、体验神秘的生活更好。在他成为超验世界的探险者之前，他已经开始了一次面向世界中不同宗教的冒险，他最终还是会返回初心。让·奥伯里（Jean Aubry）说，[1] 兰波在伦敦与来自世界各地的水手结缘，从他们那里发现了位于遥远国度的商业机会，并了解了寻找这些机会的人的下场。

魏尔伦和兰波也会在白教堂和波普勒这样的贫民街区游荡。魏尔伦在书信中把这些地方描述为风景如画的麻风病人棚户区，这些棚户上方会挂着希伯来语的标识。在他看来，那些在暗巷里流浪的犹太人就像是伦勃朗画中的人物，他们肤色铁青、形容枯槁，留着散乱的胡子，双手就像骷髅的利爪。

> 人人都又小又瘦，尤其是穷人，他们肤色苍白、身形瘦弱；他们的手很长，像骷髅一样；他们留着罕见的山羊胡子，头发是悲哀的金黄色，像是生来就很脆弱一样打着卷，就像被收获后就储存在地窖里的土豆，像温室里的花朵，像所有的疾病一样。关于这种污秽的柔软，我无话可说，直到这十分枯燥、突出的悲惨被杀死为止。[2]

目睹着这个现代大都市中存在的悲惨生活，兰波发展出了一种新的同情和慈悲：不仅是对个人的同情，而是对深陷苦难中的大众的同情。

---

[1] 《巴黎评论》(*Revue de Paris*)，1872年10月15日。
[2] 魏尔伦致勒佩勒勒捷的书信，1872年11月。

有的时候,他用讲隐语那软绵绵的语调,讲那叫人悔恨叫人痛苦的死亡,确有不幸者那样的人,确有艰苦的劳作,还有那撕裂人心的诀别。我们在下流小酒店喝得醉醺醺,他看我们周围的人,如同不幸的牲畜,不禁为之痛哭流涕。他还在阴暗的陋巷,扶起倒在地上的醉汉。他怀着一个坏母亲的情怀怜恤这些孤苦的幼儿。[1](王道乾 译)

此时,他的灵感已经从纯粹神秘主义转向了更加物质的存在。他很可能就是在这时开始创作《灵光集》,如其中的《城市》,以新的散文诗形式写作的作品。他有着不可思议的技巧,将现代工业之都中的恐怖实体化;他描写了城中沉闷的街道,散落在那肮脏的、永无止境的通向地平线的线条上;在郊区,一栋栋在简陋的小花园后生根的简陋小房子。在这一切之上,伦敦的大雾和浓烟像黑暗的阴影一样飘在空中,其间有阴险的身影,那是现代社会的复仇女神。这一切都不是写实的描摹,却因一种发人深思的力量被变幻了出来,比起直白的描写,这种手法的暗示性更强。

这些《灵光集》中的诗一定不是在法国写成的,因为其中暗示了太多英国的氛围,但由于其中的诗作没有任何一首注明日期,因此无法得出关于它们是否写于此时或一年之后的决定性结论。

据说,魏尔伦和兰波还去拜访了伦敦东区码头附近的中国人聚居地,并学习了如何吸食鸦片。这也许能够解释兰波在《灵光集》中展现的关于伦敦的扭曲视觉。他几乎是以一个考古学家的眼光在观察这座城市,在他眼中,地表下的每一层都一次性暴露在外。或者,他眼中的伦敦变成了一幅没有透视法的原始画作,不同的"地表"一层叠着一层。波德莱尔在《人造天堂》中的《神人》里描写了吸食海吸希后的梦境,他写道:"这些伟大的城市中,超绝的建筑拔地而起,就像装饰一样。"兰波对现代城市的看法与此很相似,也很像波德莱尔对德·昆西《一个鸦片吸食者的自白》的改编。《鸦片的折磨》中有一个段落就体现了这种相似性,但相同

---

[1] 《谵妄(一)》,收录于《地狱一季》,《兰波全集》,第216页。

的例子还有许多：

> 惊人的、怪兽一般的建筑在他的脑海中出现，就像诗人看着被夕阳染色的云朵时会看到的移动的建筑一样。但很快，这些亭台楼阁的梦境就升到了未知的高处、沉入了深不可测的低处，它们之后是湖泊和广阔无垠的水面。……水面很快开始变化，像镜面一样闪着光的透明湖泊变成了海洋。

兰波用同样的手法描写了伦敦：

> 通过将广场上的屋宇归置集群，形成庭院和封闭的平台，马车被排除在外。所有公园呈现出用高超艺术造就的原始气质。高处街区有些部分无法解释：一道海的臂弯，没有船，在一个个布满大灯柱的码头间翻卷着它的一片蓝雪子。一座短桥在礼拜堂的拱穹下直接跨向一座暗门。这拱顶由直径约一万五千尺的艺术钢架构成。①（何家炜 译）

我们似乎能在文中看到伦敦西区的广场和露台，公园和人工湖。然后，我们来到了皮卡迪利，面对着商圈和市场。

> 根据铜铸的小桥，平台，以及环绕市场和石柱的楼梯等处，我想能够判断这城市的深度了！这是我不能设想的奇迹：在卫城之上或以下的域区究竟有多高，有多深？对于我们时代的一个外乡人来说，要认识这些是不可能的。商业区是统一的色卡斯风格，有阿卡德式长廊。看不到商铺，但马路上的积雪被碾压过。跟伦敦星期天早晨的散步者一样少见的几位富商走向一辆钻石装饰的驿车。几张红色天鹅绒

---

① 《城市》，收录于《灵光集》，《兰波全集》，第183页。

沙发床：这里供应极地的饮料，价格从八百到八千卢比不等。出于在这广场上寻找剧院的念头，我自忖商铺应该包括比较感伤的戏剧。我想可能有一个警察局。但法律该是特别奇怪吧，我放弃了在这里冒险的念头。（何家炜 译）

最后，我们来到了市郊，那里是更加漂亮的郊区，面对着西方。

市郊，和巴黎的美丽街道一样漂亮，被赋于一片光灿灿的天空。民主因素拥有几百个灵魂人物。那儿，房屋也不一间间相连；市郊奇怪地消失在田野中，"领地"让永恒的西方布满丛林和珍奇的植物，野蛮的绅士在那儿追逐着他们的编年史，在我们幻化出的光芒中。（何家炜 译）

除了波德莱尔以外，兰波也许还有另一个灵感来源，或者说，与他人的相似之处：来自普鲁契院长（l'Abbé Pluche）的《自然奇观之美》。帕泰尔纳·贝里雄告诉我们，兰波八到十岁时就读的罗萨学校的图书馆里就有这本书。[①] 这本书里的内容可能不自觉地在他脑中形成了固定的印象，在日后被他拿来使用。普鲁契院长写道：

这座城市有着天才般的结构，尽管和我们所居住的城市十分不同。城墙不只是围绕着广场的外壳，而是巨大的穹顶，完全笼罩着每一个方向。深挖之后，我们仅仅找到了两个门；由于穹顶之下十分黑暗，我们必须打破一部分才得以看清城市里许多广场的所在。但这里还有一件事令人惊讶：街道并不是像我们城市里那样一条挨着一条分布的；它们是一个叠着一个，一层层用石柱分开的。街道的数量比门廊少，第一条在第二条上面，二条在第三条上面，接下来都是如此。

---

① 帕泰尔纳·贝里雄著《诗人兰波》，第31页。

房子都是一样的，它们抵着厚实的穹顶，紧紧地靠在一起。所有的房子都是一种规格，高度也是一样，只有一层，上面盖着露台或是共用的平屋顶；它们用非常结实、一致的材料制成，就像卧室里的地砖一样。居民们走过这个广场，就会看到石柱之间支撑着另一个穹顶和另一排房子。相同的穹顶或门廊有十一个，当然，我们发现其中的一切都是完美对称的。唯一美中不足的就是阴暗的光线。我没有看到任何光束或是路灯。

读完这一段长长的描写后，我们才得知原来这是马蜂建造的城市。

这一物质世界的视野取代了精神世界的视觉，这象征着兰波身上正在出现剧烈的变化。此时的他开始意识到他的人生和艺术赖以生存的一切基础都是错误的。他对放荡带来充满活力的价值的看法也是错误的；他从放荡中只收获了苦涩、厌恶和更加刻骨铭心的孤独。波德莱尔曾说："放荡之后，人总是觉得孤单，觉得被抛弃。"[1] 这也是兰波的体会："放荡或许是愚蠢的，邪恶也是愚蠢的。"他在《地狱一季》中如此说道：[2] "污秽劣迹应该抛开。"他的艺术理论也是错误的，尤其错误的是他那自以为成为与上帝并肩的神的信念。

《地狱一季》是解读《灵光集》中第一个时期作品的钥匙。《地狱一季》是对他之前的希望和信念的一次无情的控诉，是对他之前人生最残忍的批评。自始至终，在这本书每一页燃烧着的文字中，他透过模糊视线的泪水回望过去，那时，他计划改变生活、发明新的语言、新的艺术形式；而现在，他意识到自己过去的傲慢自大，他精神上的傲慢——是七宗死罪之一。他把一切都押在了这唯一的牌上，希望能进入永恒，或强行闯入全能上帝的存在之中；他用魔法、炼金术和毒品，想要在属于他的时间到来之前就进入天国；他不愿等待，不愿赢得飞升的机会——就像波德莱尔说的

---

[1] 波德莱尔著《我心赤裸》。
[2] 《坏血统》，收录于《地狱一季》，《兰波全集》，第210页。

那样——这需要漫长和耐心的努力。他想象诗歌是通往那个王国的魔法钥匙，想象自己已经获得了超自然的力量，想象他的诗歌就是上帝通过他在说话。但他手中的牌一文不值。波德莱尔在《人造天堂》的最后一篇《道德》中说，想要通过残暴的道德之法来成为上帝的人，只会坠落得比他生来的位置更低。此刻，兰波心中的一切都被打碎，他发现自己所做的不过是那些他鄙夷的诗人们已经做过的事，他所展现出的不过是他内心世界的自我罢了。尽管他带着美好的期望和伟大的雄心，但诗歌对他而言和其他人并无不同——不过是自我表达的载体而已。因为诗歌，尤其是有他个人印记的诗歌，无法帮助他获得绝对真理、获取"真正的生活"，所以他要完全舍弃它，将它放逐。他将放逐所有他至今为止一直抱有的信念，以及所有他梦想中的成就。他在《地狱一季》中《言语炼金术》的初稿中写道："现在我可以这么说：艺术是一件蠢事。"

兰波是否曾在一段时间里取得了艺术上的成功，或是未能成功完成目标，这个问题并不是本书讨论的重点。他确实坚信自己已经失败了，并且是一次全面的溃败。于是，他把所有属于过去的精神和艺术存货、所有的梦想、信念和理想统统以破产价倾售一空。他准备好要开始一些新的事物，走上新的冒险。

> 看够了。视野已遍及所有天空。
> 受够了。城市的喧闹，夜晚，以及阳光下，总是这样。
> 经历够了。生命几度停滞。——哦，嘈杂与幻象！
> 出发，在崭新的情爱和喧哗中！[①]（何家炜 译）

[①] 《出发》，收录于《灵光集》，《兰波全集》，第175页。

第八章　失乐园

帕泰尔纳·贝里雄曾写道——几乎所有在他之后的兰波传记作者都重复了这一点——1873年2月，兰波留魏尔伦独自在伦敦，自己回到了夏尔维勒。他在那里度过了3月，又几次前往布鲁塞尔，想为他的作品找到一个出版商。有一次他从布鲁塞尔回到母亲位于罗什的农场，当天正值受难节。[1] 帕泰尔纳·贝里雄称，整个2月和3月，兰波都在夏尔维勒。但是，他在1872年的圣诞节回到家中，在1873年1月应魏尔伦的请求前往伦敦，在2月又回到家待了一段时间，然后又在3月25日去伦敦申请大英博物馆的读者证，这样的行动几乎是没有可能的。在博物馆登记的那一天，他和魏尔伦在一起，当时他尽管只有十八岁，却对博物馆声称自己已经二十一岁了。[2] 除此以外，从他的妹妹维塔莉在日记[3]里对他回到母亲家时的描述看来，当时的他并不像是一个从布鲁塞尔的短途旅行中回来、不过离家几天后就回来和家人一起前往乡下的人。这一描述更像是他离家很长时间后从遥远的地方回家，而家里人也并没有预料到他的返回。

> 这一天可是我人生中的大纪元（维塔莉写道），因为这一天发生了一件特别触动我的事；没有任何预兆，我的二哥回来了，让我们更加快乐。我现在还能看见，当时我们在常常待着的房间里忙着收拾东西；我的妈妈、哥哥和妹妹都在我旁边，这是一阵断断续续的敲门声

---

[1] 帕泰尔纳·贝里雄著《诗人兰波》，第230页。
[2] 参见斯塔基著《阿蒂尔·兰波》，1938年版，第226页。
[3] 发表于《法兰西水星》，1938年。

响了起来。我去开了门……出乎意料之外，我和阿蒂尔面对着面。一开始的震惊消失后，接下的时间，我们意识到这件事代表着什么；这让我们兴高采烈，而他也很高兴看到我们感到满意。

除此之外，在魏尔伦从伦敦写给法国朋友们的信里，他提到兰波在1872年12月离开，在接下来那个月又再次回来；但他没有提到任何有关他2月再次离开的事。如果这件事真的发生过，他不太可能对此只字不提。兰波可能是在4月初和他一起离开的伦敦。魏尔伦走得很急——毫无疑问，他本以为自己会停留更长的时间——因为他在巴黎的朋友告诉他，他的妻子即将通过法律程序获取和他正式分居的权利。他害怕直接去法国会因为参与过巴黎公社运动而被逮捕，因此他在4月15日去了比利时，并在同一天给勒佩勒捷写了信。他的一首诗——收录于《无词浪漫曲》中的《光束》——日期注明为"多佛——奥斯坦德，于佛兰德伯爵夫人号火车上，1873年4月4日"，给出了他们出发去比利时的确切时期。兰波很可能是在布鲁塞尔和魏尔伦一起待了几天后，才在没有预先告知的情况下于4月11日受难节回到了罗什。

罗什是亚登省内的一座很小的农业村庄，属于许菲利镇，有十几户农家住在那里。在阿蒂尼还是国王的御所时，罗什曾经有过一座王室的猎宫，但随着大革命的爆发，它的荣光也早已离村庄而去。兰波夫人的农场是属于屈夫家族的祖产，那是一座建于十八世纪的小房子，直接建在路边，但农场庭院前的入口显得气势恢宏。这座房子的一部分，再加上大部分的外屋，都在普法战争中被摧毁了。由于兰波夫人在可以直接使用的现金方面捉襟见肘，即便在普法战争过去一段时间后，兰波一家都还是住在农场的废墟里。但由于他们只是在夏天来这里住几个月，这也没有造成太大的问题。每当兰波需要独自一人写作时，他都会躲到谷仓里去。

这是战争爆发以来，一家人第一次来到农场小屋。维塔莉描述了她和哥哥、妹妹一起向阿蒂尔展示这土地的美丽和广阔的场景。复活节当天，一家人一整天都在巡视这片领地。兰波夫人最大的热情就在于获得更多的土地，她也成功地得到了两个兄弟的土地所有权。后来，当兰波从阿比西尼亚给她寄回用来买书和科学用品的钱时，她没有听从他的要求，认为这些想法都很愚蠢，于是把钱都投资在扩大罗什的产业上，但他最终并没能享受到自己劳动所得的果实。

帕泰尔纳·贝里雄描写了兰波当时极差的健康状况——尽管他把这记录成了比事实更早的一个时期[①]——他的身体状况直到秋天快要来临时才有好转。他的肤色变得灰败、铁青，颧骨上泛起两块红晕。他那双总是闪耀着动人光芒的蓝眼睛似乎变得黯淡起来，他的瞳孔总是扩张、收缩着，仿佛快要消失一样，让他的双眼看起来模糊，仿佛是将死之人的眼睛。他会在床上躺上好几个小时，半睁着眼睛，一言不发。在吃饭的时间，他的妹妹们会来叫他，但当他来到餐桌前时，他会拒绝进食。然而，每当被问及他的健康时，他都会回答说没有任何问题，他只想一个人静一静。帕泰尔纳·贝里雄的这些描述写于超过二十年之后，这些内容都来自当时只有十二岁的伊莎贝尔。这些描写读起来很像是一个毒品中毒的人会出现的痛苦症状，或者他可能是在承受吸毒后的折磨——当他没有毒品可以吸食或想自己戒毒时都会出现这样的情况。

这段记录发生的时间是 4 月和 5 月，但是农场需要劳动力，但兰波并没有帮助他的家人。在《地狱一季》中的《坏血统》里——这篇作品正是写于这一段时间——他说道："我厌恶所有行业。师傅和工人，都是些农民，卑鄙的农民。"（王道乾译）我们可以感受到字里行间透露出的厌烦，他讨厌这些他无意于满足的、对他的时间和力量的需求。我们也可以感受到家里的纠纷。在他回家之后，维塔莉仅在日记中提起了他一次——在他回家很久之后的 7 月，她记下了他没有帮助家里收割的事情。我们可以相信，她认为——或者是被她那不通人情的严厉母亲强迫认为——家庭的纠纷十分严肃，不应该轻轻带过。

当时兰波确实正处于受到严重压力和限制的时期。伊莎贝尔说他整夜

[①] 帕泰尔纳·贝里雄著《诗人兰波》，第 229 页。

无法入睡，在凌晨时分总能看到他的灯在黑夜中燃烧，并且他时常会发出呻吟，就好像他在和某种恶魔缠斗一样。他常常被看到独自在田野和森林中游荡，他那离群索居的绝望身影带有强烈的张力。当时他心灵中正在进行一场总忏悔[①]，一次对"良心的检查"，并回顾自己过去的人生和谬误。他在回家后不久就开始创作《地狱一季》，这一作品对他诗歌的魔法时期进行了解释，但也对其做出了认罪和拒绝。在激烈的自我剖析和自我批评中，他展现了自己描述所有事物时一贯的夸张风格。然而，和自我谴责混合在一起的，还有对过去的悔过，在他拥有信念时，过去的日子是那样的美好。他曾把自己看作一位占星术士、一个通灵人、一个天使，是上帝的信使；他曾以为自己创造了新的色彩、花朵和节奏来表达自身全新的感官体验。他曾创造出新的世界。他曾试着通过魔法获得完全的幸福和满足，去刺破隐藏着天国般神秘的面纱。他曾认为自己已经抵达了神秘学家口中的圣殿，化身为"自然之灵光"的一部分。但他错了。他以为的灵光不过是幻觉罢了；但他明明知道这一点，却还是决定继续下去，并为他的"谬论"找到了解释。

他问自己，究竟是什么导致了他的失败。首先是他的倦怠。在《坏血统》中，他写道："但是！是谁给了我这般恶毒的舌头，竟让它指引并监护我的怠惰以至到了这等地步？要活着又不愿动一动自己的身体，比癞蛤蟆还要懒散，我到处游荡。"（王道乾译）对于一个想成为占星术士的人来说，倦怠是最致命的污点。埃利法斯·莱维说过，闲散的人永远都别想成为魔法师。[②] 而且，灵魂最致命的敌人也是懒惰："懒惰是一种毒药，会让人睡去；但懒惰的昏睡会导致腐朽和死亡。"[③] 懒惰令人无法获得真正的智慧和成为圣人的资格，但只有智者和圣人才能获得魔法的力量。[④] 在没有满足这种条件的情况下，如果擅自使用这些力量，人就会因此粉身碎骨。

[①] 天主教徒对一段长时间内所犯罪过作的忏悔。——译者注
[②] 莱维著《高等魔法的信条与仪式》，第 2 卷，第 24 页。
[③] 莱维著《伟大奥秘的钥匙》，第 261 页。
[④] 莱维著《魔法史》，第 189 页。

亵渎自然的圣殿之人必将不得好死。① 但只有智慧本身还不足够；魔法师也必须时刻保持清醒和贞洁，并且不受偏见和恐惧的束缚。兰波的人生无法满足上述任一条件，此时的他喊道："放荡或许是愚蠢的，邪恶也是愚蠢的。"他曾经以为邪恶和堕落是艺术必须的材料，他也可以从中提炼出美；他就像以秽物和腐物为食的苍蝇一样，并没有意识到自己赖以生存的食物的本质。"喜欢琉璃苣的蠓虫小蝇在客栈的小便池上飞舞，快射出一道白光把飞虫驱散！"（王道乾译）②

莱维认为人分为两种——自由人和奴隶——只有自由人才能使用魔法。③ 此时，兰波认为自己从来就没有自由过，他属于奴隶种族，从最初开始时就是如此。他在《坏血统》里写道："在我看来，很明显，我向来属于低劣种族。我不可能理解什么是反抗。我所属的种族只知起而掠夺：就像狼面对还没有被它们咬死的牲畜。"（王道乾译）

由于他并不知道魔法也有两种形式——真魔法和伪魔法、黑暗魔法和光明魔法——一种属于天堂，一种属于炼狱，因此他也被误导着步入了歧途。④ 俄耳甫斯和墨丘利这样的光明魔法师在死后会被尊为神明。梅林和叛教者尤利安这样的黑暗魔法师却是莱维口中的"地狱的使者"。

莱维曾说过，人也许可以通过循序渐进地使用毒品和药物来获得魔法的状态，但对这些手段的利用本身就是违反自然规则的，因此最终会导致疾病、疯狂和死亡。兰波并没有听取他和波德莱尔的建议，这导致他坠入了幻觉之中，并对他的健康和神智产生了影响。在他行将就木时，他的妹妹问他为什么放弃了诗歌；他回答说因为诗歌是错误的，如果他不这么做就会发疯。他在《地狱一季》中写道："我的健康受到威胁。恐怖到来了。我倒下沉睡多日，起来以后，继续做着最忧伤的梦。我已经走到了死亡的边缘，我的弱点沿着一条危险的道路把我引向世界和西梅里的尽头，

---

① 莱维著《高等魔法的信条与仪式》，第1卷，第34页。
② 《言语炼金术》，收录于《地狱一季》,《兰波全集》，第221页。
③ 莱维著《魔法史》，第47页。
④ 莱维著《高等魔法的信条与仪式》，第2卷，第181页。

那黑影与旋风的国度。"（王道乾译）他在初稿中写道："我已经无能为力了。旋风般的幻觉无穷无尽。一句话就能说明白情况：我的健康摇摇欲坠。"在这之前的段落中，他描写了自己和其他正在附体的人对话的场景，这让人不禁好奇，他是否真的没有尝试过埃利法斯·莱维笔下那些招魂术和唤灵术；莱维也说过，这些法术极其危险，因为它们可能会对身心造成干扰。

对这些伪魔法的使用令他与上帝分离；而一个与上帝切断联系的灵魂是无法为他人做到任何事的，因为撒旦已经将他所有的善举都与他对立了起来。然而，兰波正是为了帮助他人而投入了魔法和炼金术中。

值得注意的是，这一时期，他正在阅读歌德的《浮士德》，这一作品和《地狱一季》之间有很多相似之处。①

浮士德曾以为自己成了神的化身，是映照永恒真理的镜子；他坚信自己也可以创造、使用上帝的力量。后来，他发现自己的傲慢是多么的虚无，于是他痛苦地呐喊："我与上帝不相肖似！我像那蠕虫，被旅人一脚踏死，埋葬在土中。"

兰波同样也曾以为自己与上帝同等。但此时，就像波德莱尔在《神人》中所描写的那样，他不过是在鸦片那歪曲事实的烟雾之中让自己的形象无限膨胀罢了。他同样也被放逐到了土地里："我还是带着有待于求索的义务，有待于拥抱的坎坷不平的现实，回归土地吧！"

浮士德为了逃避惩罚、让自己的罪孽得到救赎，决定喝下毒药、结束一生；在他即将举杯服药的最后一刻，他被阻止了；只因为他听到了复活节教堂唱诗班天使一般的歌声，他们正在为基督的复活而唱：他曾经带着人世间所有的罪死去，并下到地狱，只为解救那些受诅咒的灵魂。

兰波的行为为他带来了和浮士德一样的命运。他同样也准备好赴死，并感觉到自己正滑下通往黑暗王国的斜坡。他尝试通过旅行来转移自己的注意力，不再关注"宗教的魔法"，他在大海上航行，"仿佛它可以把我一

---

① 兰波致德拉艾的书信，1872年5月。

身污秽洗净"。但大海让他想起了魔法师的戒指；它是魔法师力量的源泉，就那样被投进了大海。"魔法之戒在闪光的水面下。"[1] 他接着写道："我被彩虹和宗教的魔法所诅咒。"[2] 彩虹常常象征着希望，但此处的彩虹一定和魔法有关，是莱维提到[3]的那片彩虹，它曾在老魔法师耶希尔（Jechiel）研习咒语时照耀他的家。兰波在海平线上看到十字架升起，就像清晨的太阳一样，那是"给人带来慰藉的十字架"。对他而言，那并不是代表救赎的十字架，它只能给人带来慰藉，而慰藉对他来说远远不够，他永远都无法接受它。

他曾借助魔法的力量寻找幸福和满足，但此时的他意识到这种对幸福和人造天堂的追求对他而言是致命的，它诱惑了他，又让他陷入自责之中。过去，在他创作《醉之晨》的时期，公鸡的第一声啼唱就会让他喊出"幸福万岁!"，他已经成就了"大功"，获得了点金石。但现在，幸福带着它的诱惑和它那蜜糖一般的舌头，却带领他来到了死亡和地狱的边缘；他变得和圣彼得一样，公鸡的第一声啼唱对他而言是一种警示。"福祉！它的利齿，对死是温柔的，它在最阴暗的城市，雄鸡报晓的时候。"（王道乾译）和在绝望中听到天使般的唱诗班歌声赞颂耶稣复活的浮士德一样，兰波此时听到了晨祷的声音是"去晨祷"和"基督来临"[4]。但基督只会带来经历死亡才能获得的救赎和希望。于是，兰波在《哦，季节，哦，城堡》这首诗的最后加上了两句，这首诗原本是为了赞颂他创作时心中那浓得化不开的喜悦：

可叹可叹，它匆匆逝去，
死亡的时刻跟着来临！

---

[1] 《兰波书稿》(*Ébauches*)，第 36 页。
[2] 《兰波书稿》，第 36 页。
[3] 莱维著《魔法史》，第 266 页。
[4] 本书原文直接引用了兰波原诗中的这两句拉丁语：Ad matutinum 和 Christus venit。——译者注

之后，在他重写过这首诗之后，他想起了内心的城堡，那是内心的圣殿，是他曾经拥有的庇护所，他在初稿中写道："如此美丽的教堂，如此美丽的厌恶！"接着又写道："现在，我憎恨神秘的冲动和奇诡的风格。现在我可以这么说：艺术是一件蠢事。"

所有这些都写于布鲁塞尔事件，也就是所谓的布鲁塞尔悲剧发生之前。可以确定的是，他在4月回到罗什家中后忙于写作的作品就是《地狱一季》。这就是让他对家人不耐烦、逃避农场工作的那本书。家人在田里忙碌时，他就把自己关在紧闭的谷仓里。

此时的他正在思索一种新的文学；《灵光集》中在英格兰写成的作品——《城市》——中包含了这种新的灵感的标志。现在，他厌恶所有迄今为止自己所持有的理念——无论是在艺术层面还是精神层面。毫无疑问，在他当时正在创作的《地狱一季》的内容中，他对自己之前的梦想和理想做了清算，但他还没有开始形成关于未来的积极信念，也没有规划自己的创作。但他确实正在写作。在5月初写给德拉艾的信里，他说道："我现在工作相当正常。我正在写一些散文故事，标题应该会像是这样：《异教之书》，或是《黑人之书》。一切都很清白无辜。"我们基本可以确定，这本书指的就是《地狱一季》。这本书出版时，他标注的日期是"1873年4—8月"。到了5月，他已经完成了三章，当时他表示自己还要再写六章。[①] 这说明《地狱一季》应该从一开始就已经有了一份大纲，因为最终成书的确实是九个章节。

在给德拉艾的信中，兰波提起自己正在进行的写作，说道："我的出路就靠这本书了！"有许多以解释这句话为目标而写的作品。一些评论家声称，这说明他的母亲把完成这部作品的任务强加于他，并拒绝让他在完成这一任务之前离开罗什。这一观点十分荒唐，因为自从兰波离开学校，他的母亲就从未能成功地让他按她的意愿行事；此外，他在这本书完成之前就离开了罗什。有些人说，他认为自己只有通过完成这本来成功地从过

---

① 兰波致德拉艾的书信，1872年5月。

去的自己中完成蜕变,才能像鸦片吸食者自称地那样拯救自己,才能在自白、忏悔的终点获得精神层面的自由。然而,还可能存在一个更简单的解释。这句话的意思可能是:他在文学上的声誉和未来都有赖于这本书的成功。他也许已经抛弃了旧日的诗歌创作方法,并认为,但不一定确实做到了——像许多评论家声称的那样——自己也放弃了关于文学的一切念头。在创作和出版这本书的过程中,他绝不是对这本书的命运毫不关心;他非常期待它能够成功。这是唯一一部——除了三首之前已经提到的诗歌——他自己安排出版的作品,我们已经知道,在1873年4月,他就已经和一家比利时公司合作安排了出版事宜。[①]

然而,他并没有像自己希望的那样快速地完成《地狱一季》,也就是他口中的《异教之书》或《黑人之书》。当时,魏尔伦在距离罗什不远的捷霍维尔拜访亲戚,很是空闲。他没能见到妻子和她的父母。他给她写了信,向她指出她正威胁要走法律程序来获得法定分居权利的做法是多么没有必要;他还告诉她自己已经和兰波分手了,如果她愿意再给他一次机会的话,他们两人依然可以幸福地一起生活下去。他收到了她的一封回信,这封信是在她父亲的指示下写的,信中说他再也不会有机会纠缠她了。于是,他放弃了家庭幸福的全部希望,并决定要再次建立和兰波的关系。也是在这个时候,他来到了捷霍维尔亲戚的家中,还给兰波写了好几次信。4月下旬和整个5月,这对好友见了很多次面;于是,魏尔伦终于成功地说服兰波再一次和他一起去英格兰;他希望他们能像去年第一次去伦敦时那样快乐。二人之间并不存在争论引起的不和,也没有值得担心的问题;魏尔伦心中也不再有罪恶感,他不会再回到妻子身边。

重蹈覆辙、追随自己过去的脚步往往会带来致命的后果。兰波也犯了这样的错误;他允许自己被魏尔伦说服。也许他被文学创作耗尽了心神,也许他需要放松,需要酒精或毒品的刺激——他已经习惯了在药物和酒精的刺激下进行创作,也许他发现在没有它们的情况下写作十分困难,而他

---

① 帕泰尔纳·贝里雄著《让-阿蒂尔·兰波的一生》,第230页。

的戒断发生得过于突然和极端，因为在罗什，他什么也弄不到。在给德拉艾的信里，他说自己口袋里没有一分钱，附近一家酒馆也没有，想要喝酒就得走上六英里的路程。"法国的乡村是多么的可怕。"也许还有其他的原因——性方面的原因或是情感上的原因，又或者是出于怜悯。也许是对魏尔伦孤身一人、需要他人关爱的同情——他从来没有做出过违背他善良本心的行为。也许是魏尔伦的执著腐蚀、瓦解了他的意志。无论出于怎样的原因——个人需求、同情或软弱——1873 年 5 月 27 日，他和魏尔伦一起去往英格兰。他在罗什的家中仅仅待了一个月多一点的时间。

第九章　布鲁塞尔悲剧

抵达伦敦后，在找到更舒适的住处前，魏尔伦和兰波临时租住在卡姆登区大学院街 8 号——现在的皇家学院街。然而，两人之间的关系从一开始就逐渐恶化。兰波为自己又一次向魏尔伦屈服而感到羞耻；他看不起自己，因为他牺牲了得之不易的自由。他同时也感受到内心罪恶感的回归。他想要逃避自己和魏尔伦之间的关系。此时，魏尔伦又一次紧紧抓住了他，这让他感到自己又一次被拖回了邪恶之中，他感到自己的活力和意志力正在被榨干。魏尔伦的伤春悲秋、他那妥协退让的良知、悔恨时脆弱的眼泪和"愚蠢透顶的痛苦的梦"都让他感到无法忍受。他在《灵光集》中这样写道：[1]

  可怜可悲的兄弟！曾是多么残酷的夜晚，多亏有他！"我并没有热衷于此事。我嘲弄他的软弱。都是我的错，我们又沦落到流浪的境地，奴隶的生涯。"他猜想我命途古怪，晦气又无辜，他还加上一番令人不安的理由。

  我以冷笑回答这位撒旦医师，而后径自走到窗前。就在那边，我幻化出一片田野，乐队吹奏着奇罕的音乐穿行其间，还有未来夜之华彩中的鬼魂。

  这一番仿佛有益健康的消遣之后，我在草垫上舒展开四肢。然而，几乎每个夜里，刚刚入睡不久，这可怜的兄弟就要起来，嘴巴糜烂，眼珠挂落，——这就是他梦见自己的模样！——并把我拉到客厅

---

[1] 《浪子》，《兰波全集》，第 182 页。

里,一边嗥叫着告诉我他那愚蠢而痛楚的梦。(何家炜 译)

因此,为了自我保护、证明他依然强大,并缓解他神经上的紧张——他的健康状况远不算好——他不得不做出残忍的举动;后来,他为自己当时的做法感到痛苦和后悔。他不情愿地做出残忍的行为,常常在不自觉的情况下伤害他面前柔软的事物。他的天性中有虐待狂的一面,施虐的对象往往是他自己,而不是别人;但现在,施虐的对象变成了魏尔伦。他常常以自己所能做到的最铁石心肠的程度行事,很少允许自己说出一句感激之词,生怕这会让魏尔伦心中时常奔涌而出的感伤情绪水漫金山;后者只要被允许流露感情,就一定发生这样的情形。兰波会用尽所有可能的方法来羞辱魏尔伦,向他指出他堕落的情境、嘲笑他的丑陋,并且嘲讽那些他依然奉为圭臬的理念和原则。之后,他会以加倍的温柔试着抹去自己之前的暴行留下的痕迹;他一边为自己和他言归于好的意愿感到羞耻,一边又为必须向他的朋友隐藏真实感受而感到厌恶。就像兰波在《地狱新郎和痴愚童女》里说的,他们确实是"地狱中的伴侣"。兰波感到自己必须逃脱,不计任何代价。他描述说自己正在准备和他的朋友做最后的诀别。他曾这样说过:"等我不在的时候,你所经历的这一切会使你觉得好笑。那时,你颈下再没有我的手臂搂抱,再没有供你休憩依靠的心,再没有吻你的眼睛的嘴唇。因为总有一天我非走不可,我要远离而去。因为我必须帮助其他的人:这是我的责任。"痴愚童女于是说道:"我当时就发觉他要走,只觉天旋地转,我陷入最可怕的黑暗:那就是死。我让他许诺不把我离弃。情人的许诺,他许诺了二十次。他的许诺如同我对他说'我了解你'一样无谓,都是空话。"(王道乾译)

兰波和魏尔伦都感到绝望和不快乐。魏尔伦唯一逃避悲伤的办法就是给自己的母亲写信,告诉她自己有多么不快乐,还说他并不认为自己还能继续忍受这种悲惨的人生。写信时,他会把自己的不幸归咎于妻子对他残忍的对待,归咎于他和妻子分居、和孩子分离的境况——因为他的母亲无法理解,他的痛苦源自他和兰波之间的关系——他自己也会相信这就是事实，或者说他在试着欺骗自己，而魏尔伦在自我欺骗的方面有无穷无尽的才能。

据说，此时兰波爱上了一个在地铁里碰见的姑娘。这可能是又一个原因——或者是主要原因——导致这对好友之间变得剑拔弩张。但这件事应该不会让魏尔伦感到不快，因为兰波似乎又一次经历了那个十七岁夏尔维勒男孩在女孩面前的痛苦和窘迫。《灵光集》中的《波顿》[1]所体现出的向往、痛苦和不满足与《爱的沙漠》中如出一辙。

与伊莎贝尔·兰波相识的梅莱拉夫人在她的传记中提到[2]——尽管她没有说出自己消息的来源——这个姑娘住在西区一间漂亮的房子里，兰波会跟在她后面，但从来不敢跟她搭话。一天晚上，他在她家附近的广场的椅子上一直坐到深夜，从那里，他可以看到她窗口的灯光。

波　顿

现实对我博大的性格来说过于棘手，——然而在夫人家里，我曾发现自己是一只蓝灰的大鸟，向着天花板的线脚腾飞，在夜晚的暗影里拖着翅膀。

在承载她可爱的首饰和肉体杰作的大床帐盖脚下，我曾是一只紫色牙龈的巨熊，皮毛已愁得变白，两只眼睛有如水晶白银的托座。

这一切成了暗影和燃烧的水族馆。早上，——好斗的六月晨曦，——我奔到田野里，像一头驴，宣扬并挥舞着我的不满，直到郊区的萨宾女人来投身于我的胸前。（何家炜　译）

根据勒内·西尔万的想象，兰波给这首诗取名为 Bottom，是因为他抵达了"深渊的底部"。[3] 他可能在这首诗里抵达了荒芜之岩底，但这显然不

---

[1] 这首诗题为英语 Bottom，有底部的意思。王道乾和何家炜译本都将其翻译为波顿，是莎士比亚戏剧《仲夏夜之梦》中的人物，曾被变形为驴。而这首诗原来的标题就是 Métamorphoses（变形）。——译者注

[2] 耶尔塔·梅莱拉（Yerta Méléra）著《兰波》(*Rimbaud*)，第 108 页。

[3] 勒内·西尔万（René Silvain）著《先驱者兰波》(*Rimbaud le Précurseur*)，第 113 页。

277

是这个标题的真正理由。在这首诗的最后，兰波描述了一头奔跑的驴，他"宣扬并挥舞着我的不满"，这说明他指的是《仲夏夜之梦》中的波顿，他虽然长着驴头，却得到了仙后的爱——但这一切都是因为一个魔法咒语。而兰波并没有属于他自己的爱情魔咒。

这首诗是兰波进行艺术酝酿的一个有趣例子，它体现了兰波的技巧：以他的个人经验为核心，来自各种来源的原子都被其吸引，再被焊接为一个只属于他的整体。他坐在爱而不得的姑娘窗外，他的想象召唤起了也许可以在他们二人之间架起桥梁的各种可能性。如果他是一只鸟，就可以飞到她的房间去；他可以做一只蓝色的鸟，沿着她的天花板旋转，那是一只悲伤的蓝鸟，它的翅膀都因失望而低垂。当时他也许想起了一本孩童时期读过的书，那是一个名叫《弗勒琳和特鲁东》的亚登省传说，在第二帝国末期，它被重新讲述，并以《蓝鸟》为名，在夏尔维勒以几便士一本的价格出售。① 故事中，一个名叫弗勒琳的美丽姑娘和一个王子相爱，但她的姐姐因为自己也想嫁给王子而把她囚禁在城堡的高塔中。但王子的仙女教母每晚都把他变成一只蓝鸟，这样他就能飞去心爱的姑娘的房间，和她共度夜晚。

或者，如果没有一个魔咒能够把他变形为蓝鸟的话，他也许可以乔装打扮，以便接近她。斯克里布的轻歌舞剧《熊和帕夏》中，主人公为了进入宫殿里心爱的女士所在的秘密区域，乔装成了帕夏最喜欢的宠物熊。和斯克里布惯用的手法一样，这出戏里的主人公也面临着困局，他需要从两张熊皮间做出选择——一张是黑的，另一张是白的——主人公在不经意间选择了黑熊的身体和白熊的头颅。当帕夏吃惊地问起自己的熊到底怎么了时，大维齐尔回答道，因为主人不在身边，熊出于悲愁而一夜白了头。熊的头颅让兰波想起了《仲夏夜之梦》中的驴头，因此以波顿为这首诗的标题。可怜的诗人坐在对他毫无知觉的心爱女人的家外，他想起了波德莱尔收录于《巴黎的忧郁》中的散文诗《小丑和维纳斯》：波德莱尔描写了一

---

① 梅拉克著《亚登的传统、习俗、传说和神话故事》。

个可怜的丑角，他跪伏在维纳斯脚边，身处无所不在的欢乐之中，而他的职责就是枉顾自己的心碎，为他人带来欢笑。他穿着滑稽的、五颜六色的衣服，戴着铃铛，但当他坐在美丽的女性脚边时，他的双眼似乎在说："我是最卑下、最孤独的人了，被剥夺了爱和友谊，在这两方面，还远不如最不完善的动物。然而我生来，也同样能理解和感受永恒的美！女神啊！可怜可怜我这悲伤、我这妄想吧！"[①]但维纳斯那大理石做成的盲眼依旧眺望着远方。

清晨来临时，诗人独自一人，就像一只可怜的驴子，嘶鸣着它的悲苦；站街的妓女们正在清晨回家的路上，她们焦急地盼望着再拉最后一次客，于是投入他的怀中，但他只是厌恶地拒绝了她们："我远离了碰触！奇异的童贞！"

所有这些意象都以兰波的体验——向往和痛苦——为核心被焊接在一起，然后变成一首只带有他个人特色的诗。

在波德莱尔结束了对德·昆西的《一个鸦片吸食者的自白》的改编之后，他自己撰写了最后一个章节，题为"虚假的结论"（Faux Dénouement），因为他并不相信原作者对自己已经戒断了毒瘾的说法——波德莱尔的直觉是正确的——他认为德·昆西只是为了自我满足才说出这种被他称为英国人的"隐语"和虚伪。他相信，没有人能够逃脱鸦片的束缚。兰波曾为《地狱一季》中的一个章节拟题为"虚假的转变"（Fasse Conversion），后来他才将其改为《地狱之夜》。对他来说，他的转变确实是虚假的，因为他再一次选择屈从，而在英格兰的经历对他来说也实属在地狱中度过的一夜。比起这一章那更加完整、艺术性强烈的最终版，初稿能够让我们更好地理解这段经历带来的痛苦。

> 不幸的一天！我吞下了那瓶著名的毒药！绝望的怒火让我反对一切：自然、事物，我啊，我想要把它们通通撕碎。事不过三，那是人

[①] 译文摘自李玉民译《巴黎的忧郁》，2015年，中央编译出版社。——译者注

们给我的建议。五脏六腑中的烈火燃烧着我的身体，毒药正暴力地扭曲着我的四肢、让我变形。我渴死。我窒息。我叫不出声。这就是地狱，永恒的痛苦。这就是地狱的火焰在往上蹿。滚开，恶魔，滚开，撒旦，好好折磨他。让我烧个够。这是地狱中的地狱！

这一毒药的隐喻和浮士德在绝望的罪恶感折磨下即将饮下的毒药是一致的。在绝望中，兰波想起了他曾经的救赎和转变，他试着描述那时的幻象。

我曾隐约想要归依善和幸福、寻求得救。我该怎样描述这幻象，地狱的氛围容不得赞美诗！这些难以数计的美好动人的创造物，一支芳馥灵智的乐曲，力量和和平，高尚的雄心，我知道什么？（王道乾　译）

但现在，他又回到了过去的生活中，"令人愤怒的存在；血液中的怒火，野兽般的生活，废除那些对我来说最重要的人的不幸"。这是他最在意的事，他对其他人造成伤害也是他对自己造成的伤害，对魏尔伦造成的伤害；他真诚地希望能够把魏尔伦带回"太阳之子"的状态。①

《虚假的转变》，或《地狱之夜》，是《地狱一季》中充满悲剧和绝望色彩的开始。

与此同时，魏尔伦和兰波这对"地狱中的伴侣"之间那充满争执、斗嘴的生活依然继续着。有一天，魏尔伦终于达到了理智崩溃的边缘，他觉得自己再也无法忍受这种折磨，于是决定出走。一次争吵后——这一次并不比平时的争吵更加激烈，不过是之前累积下来的痛苦所导致的结果——他没带任何行李，也没有说自己要去哪里，就这样离开了家。在布鲁塞尔的交叉质询中，兰波说魏尔伦为自己叱责他懒惰和对一些朋友态度不佳而

---

① 《浪子》，收录于《灵光集》，《兰波全集》，第182页。

生气。后来，魏尔伦向自己的友人们说起了这一事件的另一个版本。他说自己出门买东西，回家时，他一只手拿着一条咸鲱鱼，另一只手拿着一瓶沙拉油；而一直在看着窗外等他的兰波却开始狰狞地大笑。他走进房间时，兰波对他说道："你是不知道自己手里拿着那条鲱鱼的样子有多他妈的蠢！"

魏尔伦一言不发地离家出走，留下身无分文的兰波一个人在伦敦。当后者终于意识到魏尔伦确实已经离开他时，他坠入了巨大的悲痛中，充满不甘地悔恨自己至今为止为惹怒这位亲密友人而作出的行为。他应该猜到了魏尔伦当时的打算——也许魏尔伦常常威胁他说会这么做——因为正当去往安特卫普的船要收起舷梯时，他气喘吁吁地赶到了伦敦码头的河岸边，激动地对站在甲板上的好友打手势，让他下船来和他在一起。但魏尔伦只是摇了摇头，并看向一旁。船开走了，继续等待也没有任何意义，于是兰波在巨大的痛苦中回到了住处。

在去往安特卫普的船上，魏尔伦给自己的妻子写了信，告知她自己已经和兰波分手、永不再见，如果她不到布鲁塞尔来找他，他就会开枪打穿自己的脑袋。然而，玛蒂尔德直到五年之后才收到这封信，因为所有来自她丈夫的通信都被她的父亲拦截了；他不希望让魏尔伦再找到她。

与此同时，兰波独自待在阴暗、肮脏的出租屋里，写了一封给魏尔伦的信。一些评论家认为这封信不过是装腔作势罢了；也有偏激的观点认为这封信纯粹是为了兰波的个人利益而写。但持公正态度的读者还是能从心中感受到兰波的真诚和痛苦，还能看出他为过分激怒好友而感到的悔恨。对于这样的读者而言，这封信同时也是一份有意义的心理学文件，让我们能够更好地理解这对密友之间的情感联系。

回来吧！回来吧！最亲爱的朋友！[兰波写道][1] 我唯一的朋友，回来吧！我发誓从此以后都会以善意待你！如果我从前对你不好，那

---

[1] 1873 年 7 月 4 日的书信。

都是在开玩笑,我曾经执迷不悟地开这种玩笑。我的歉意难以言表!回来吧,忘掉这一切!你把这个玩笑当真了,这是多么地不幸!整整两天我除了哭泣什么也做不了!勇敢些!什么都没有失去!你只需要重新跨海归来,我们就又能勇敢而耐心地一起生活。我恳求你!这也是为了你好!回来吧,你所有的一切都在这里!我希望你能意识到,我们的那些争吵毫无意义!那可怕的时刻!但你,当我向你招手、让你下船的时候,你为什么没有来?你现在该怎么办?如果你不想回到这里,你是否希望我去找你,无论你在哪里?

是!我知道我错了!哦!告诉我,你永远都不会忘记我!不!你不可以忘记我!

我呢,你永远在我心里!立刻回答我!我们不能再一起幸福地生活了吗?勇敢些,快回答我!我不能在这里久留。你只能听从自己心中的感受。快!告诉我,我是否要来找你。

一生都属于你的

兰波

另:如果我不能再见到你,我就去入伍,参加陆军或者海军。哦!回来吧!一天中所有的时间我都在哭!叫我来找你吧,我立刻就来!你说啊!立刻给我打电报。

这封信的笔迹中透露写信人强烈的紧张和激动情绪,并处于不稳定的精神状态之下。[①] 纸张之上也有应该是泪水留下的痕迹。

与此同时,魏尔伦欢欣鼓舞的状态也已经褪去,他开始后悔自己的所作所为。在载他前往安特卫普的船上,他给兰波写了一封信,信中体现了他惯有的夸张自我处境的习惯和他那自我欺骗的能力。

在这封信抵达时,我不知道你是否还在伦敦。但我想告诉你,你

[①] 参见《法兰西水星》(1936年11月1日):关于兰波的笔迹学研究。

必须完全地理解我离开的原因，我绝对无法再他妈的忍受最近我们过的这种暴虐的生活，它充满了闹剧和争吵，除了你那变态的脾气，再也没有其他的原因了。但是，因为我是如此地爱你（心怀邪念者蒙羞！），我想要告诉你，如果三天内我不能和我的妻子团聚，并尽享家庭和睦的话，我就会开枪打穿自己的脑袋。这就向你解释了我今天下午的无情。你必须原谅我！如果（很可能就会这样）我不得不做出这最后的、可怜的行动，那我至少要勇敢地赴死。我最后的思念是属于你的，因为你今天下午从河岸边向我招了手，但我不能回头，因为我必须赴死。无论如何！我在死之前拥抱你。

你那可怜的魏尔伦

兰波的自责和悔恨在收到这封信时全都消散得无影无踪。他认为这又是魏尔伦惯用的把戏，对这个人，什么都不值得期待，他身上没有一点牢靠、稳定的品质。他那伤春悲秋的情感泥沼又一次泛起了涟漪，这让兰波感到恶心。魏尔伦无法下定决心去做任何事，而这一次，他又变得软弱、畏缩，那种软弱令人不齿。此外，他还夸张地描述这么一桩普通的事，他不过是在惺惺作态、自怨自艾罢了。

兰波感的自责和悔恨转瞬即逝，在他第二天回信时，他的态度和想法已经截然不同。他不再恳求好友回到自己的身边；他给他寄去了一封最后通牒，并毫不掩饰自己的轻视。

我刚收到了你在船上写的信。这一次，你错了，大错特错。首先，你在信中所说的事没有一件靠得住。你的妻子要么根本就不会来，要么要等上三个月、三年后才会来，我怎么知道她会怎么做！

至于死亡！我太了解你了！你会因此兴致勃勃、激动不已，你会四处游荡、骚扰他人而让很多人感到厌烦。什么！你还没意识到这种愤怒无论对你我来说都是错误的吗？但是，最后该被指责的人还是你，因为即便我对你招手，你还是坚持这种错误的行为。你以为和别人在一起会比和我在一起更快乐吗？好好想想吧！当然不可能！和我在一起时，你是自由的。因为我已经发誓今后会以善意待你，并且承认了我后悔自己所犯的错！我非常喜欢你，如果你不愿回到我的身边，或是让我去找你的话，那就是你做错了，而你会因此长年悔恨，因为你失去了自由，你会痛苦不安，也许那会比你现在已经在承受的更加可怕。想一想你认识我之前是什么样子！

至于我，我不会回家去找我的母亲。我要去巴黎，我打算星期一晚上就走。你逼着我不得不卖掉你所有的衣服。我没有别的选择。现在衣服还没被卖掉，但星期一早上就会卖光的。

当然了，如果你的妻子回到你的身边，那我就不会再给你写信、对你妥协了。我再也不会给你写信。唯一的真话就是——回来！如果你听了这句话，那你就会展现勇气和真心。否则我只会可怜你！但我爱你。我拥抱你，我们会再见的。

兰波

魏尔伦在布鲁塞尔给他的母亲写了一封信，把他的地址告诉了她，并告知她，如果他的妻子在三天内不回到他的身边，他就会开枪自杀。他为这封信署名："非常爱你的，你可怜的儿子"。

这封信当然造成了魏尔伦想要的效果，他的母亲老魏尔伦夫人急忙赶到布鲁塞尔去阻止自己唯一的孩子自杀。魏尔伦为充分满足自己的不良品性，给所有的朋友都写了信，用诚恳的口吻叫他们保密，告诉他们自己将要为悲惨的人生画上句点的计划。他对每一个朋友都说，希望他是唯一在他完成决心前知道这件事的人。他对和自己交往时间最长的朋友勒佩勒捷这样说道：①

---

① 1873 年 7 月 6 日的书信。由杜拉厄（Dullaert）发表与《北方》（Nord）杂志（布鲁塞尔），1930 年 11 月。

我要自杀！只是我不希望在事情解决之前让任何人知道。此外，我的妻子，我会等她到明天下午，我已经用电报和信件通知了她三次，所以是她的顽固不化导致了这一切。

我希望所有人都知道，这不是出于对诉讼的恐惧，这个官司在十个月之内都不会开打，而是因为这样一个人在滥用我的感情……照看好我那本小书。①别对任何人说起这件事。我的母亲知道我的情况，她正在试着说服我放弃下定的决心，但我不认为她会成功。我在等我的妻子。

在给自己母亲写信的同一天，他也给兰波夫人写了信，并收到了一封极其感人的回信；信中体现的情感超越了我们对她这样一个出了名的严厉的人的预期，令人不禁好奇：评论家们是否对这个不通人情的保守女人做出了不公正的评价？他们认为她缺乏除了贪婪以外的所有感情。她是一个没有受过教育的女性，甚至几乎是个文盲，但她在这封信里表达自己感情的手法并不逊于一个娴熟的作者。②

先生！我正在给您写这封信，我希望您的头脑能够重归冷静。什么！自杀！多么不幸的人啊！在被不幸压垮时选择自杀是一种懦弱的行为，但您拥有一个温柔、充满爱、随时愿为您献出生命并会因您的死亡而死的母亲，您也是一个孩子的父亲，他正向您伸出双臂，然后还会对您微笑，有一天，他会需要您的帮助和建议；如果这样您还选择自杀的话，您就是在做出一项令人不齿的行为。全世界都会鄙夷这样赴死的人，他们的态度是正确的；上帝也不会宽恕这样的罪行，他将把这个罪人撵出他的胸怀之外。我不明白您和阿蒂尔之间的争吵，但我一直都知道，您和他的关系会有灾难性的结局。为什么？您问

---

① 《无词浪漫曲》。
② 收录于穆凯著《魏尔伦讲述的兰波》，第140页。

我？好吧！再简单不过，因为不被善良、诚实的父母允许的事是无法给孩子带来幸福的。您这样的年轻人总是嘲笑、愚弄一切，我们父母却是实实在在地充满了经验，只要您不听从我们的建议，您就不会快乐。您看，我没有在恭维您；我从来不恭维我喜欢的人。您抱怨着不幸福的生活，可怜的孩子！但您又如何会知道未来会发生什么？拿出希望来吧！您太过理性，因此无法想象，其实幸福并不能仅仅通过执行计划或满足一时的念头来获取。确实不能这样！一切欲望都得到满足的人是不会幸福的，因为只要他的心中没有理想，他就不可能感受到情感，因此也不会感到幸福。因此，人心必须被善意、被人的善举或是希望能做出的善举所打动。我也曾感到绝望和不幸。我深受折磨、总是哭泣，但我成功地把不幸变成了我的财富。上帝赐予了我一颗坚强的心，它充满了勇气和能量。我曾在困难前苦苦挣扎，我也曾深思熟虑。我曾看向周遭，并确信，是的，完全确信，我们每一个人的心里都有伤口，都是差不多的深度。我自己的伤口似乎比其他人的更深，这种想法是很自然的。我可以感受到我自己的伤口，但我无法感受别人的。于是我对自己说——每一天我都能确信我是对的——真正的幸福只在于完成自己的责任，无论要忍受多大的痛苦。像我这样做吧，变得坚强、勇敢起来，去对抗痛苦。把所有邪恶的念头都从您的心中驱赶出去。战斗！用您所有的力量与所谓命运的不公战斗，您将会看到，不幸会在对您的追逐中变得疲倦，而您会再次变得幸福。您必须做出诸多努力，并为人生找到目标。当然，您面前还有许多难挨的日子要过。但无论有多难，您会发现，人从来不会让上帝感到绝望。他是唯一知道如何给予安慰和治疗的那个，相信我。

　　如果您的母亲能时常给我写信的话，那会给我带来极大的快慰。我向您告别，但这不是永别，因为我希望有一天能再次见到您。

V. 兰波

　　与此同时，魏尔伦已经改变了他的计划，他把自杀的念头抛诸脑后。

他为自己设置的、等待妻子的时限已经过去,但她并没有回复。7月8日,他给兰波打了电报,要求他来布鲁塞尔告别,因为他现在的计划是去西班牙,以志愿兵的身份参加卡洛斯的军队。兰波于同一天抵达了布鲁塞尔,发现魏尔伦出于极度兴奋的醉酒状态之中。他的计划又一次改变了;他不会去西班牙了,但他想和兰波一起回伦敦。但这一次,后者不想和他一起回去,因为他决定要坚持自己的计划,回到巴黎去。在看到他面前软弱又抽泣着的醉酒者时,他突然感到一阵厌恶,感到自己无法忍受再一次进入这段关系之中。他希望能够不计任何代价,独自回去,他想要甩开这个纠缠着他的八爪鱼,他必须消灭它,否则就会因此窒息。然而,他又和往常一样为看见好友受苦而感到怜悯,因此,他无法让自己走到无法挽回的那一步:离开。整个星期二的晚上和整个星期三,他都在和魏尔伦争吵,希望能说服他,允许他根据自己的意愿离开。争吵中,他变得越发紧张和气恼。星期三的晚上,魏尔伦喝得太多了,最终,他因醉酒而变得神志不清。星期四的早上,他一早就起床出门,直到午餐时间才回到旅店。回来时,他又一次处于醉酒的状态;他向兰波展示了自己刚买的左轮手枪,还说他想要用它来射死所有人。于是,兰波告诉他,自己下午就要回巴黎去。魏尔伦完全被愤怒所蒙蔽,他锁上了房间门,还坐在一把椅子上,堵着门。"你现在可以试着离开,"他喊道,"看会发生什么!"他把左轮手枪从口袋里抽出来,向他的好友开了三枪。他距离他只有三码远,第一枪命中了兰波的手腕,第二枪和第三枪都失了准头,射进了墙壁。然后,魏尔伦突然之间意识到自己做了什么,他完全崩溃了。他打开大门,冲进母亲的房间,告诉她自己开枪打了兰波;他跳到床上,开始号啕大哭。然后,他看到兰波出现在他面前,于是他把左轮手枪递给了他,并恳求他对自己开枪。魏尔伦夫人和兰波最终一起让魏尔伦冷静了下来,兰波的枪伤也被暂时包扎了起来。但奇怪的是,两个人都没有想到要把左轮手枪夺过来并放在安全的地方保管。

那天下午,魏尔伦和他的母亲陪同兰波一起去了医院,但当天无法把子弹取出来。魏尔伦夫人希望兰波在子弹被取出来、伤口完全愈合前和他们一起继续留在布鲁塞尔,但他更希望能回到罗什母亲的家中。他从他们那里拿了二十法郎作为旅费。然而,在他即将启程时,魏尔伦再次展现出了情绪激动的迹象,用尽全力说服好友改变计划,但兰波十分固执。最终,在他们一起前往火车站时,魏尔伦再一次失控,并威胁要对兰波开枪,还说这一次他一定不会失了准头;他说话的同时,手放在藏着左轮手枪的口袋里。兰波当时感到十分不安,于是他逃走了,并请求一位警察保护他。这位警察当时正好没有其他的工作,因此他逮捕了魏尔伦。魏尔伦夫人作证时说她的儿子并没有威胁兰波,但毫无疑问的是,后者一定认为自己的生命再次遇到了危险。魏尔伦于 1873 年 7 月 10 日被逮捕。当天晚上,兰波在警察局做了第一次陈述,魏尔伦因此被带去了拉米哥(L'Amigo)监狱,后来被转去了小卡姆监狱(Prison des Petits Carmes)。他最初被指控为杀人未遂。

做完陈述后,兰波住进了医院,因为他有发烧的情况,子弹无法被立刻取出,因此他在医院待了一个星期的时间。7 月 12 日,由于医生认为他的情况不适合出庭,因此他在医院作证。医生在传票上注明:"这位年轻人正在发烧,需要静养,因此不适合出庭。"[①] 兰波坚持当天晚上的说法,说魏尔伦第一次袭击了他,且他害怕会有第二次袭击发生;但在 7 月 18 日的第二次问讯中,他补充说道,魏尔伦当时处于严重醉酒的状态,因此完全丧失了理智。

7 月 17 日,子弹被取出;两天后,兰波被允许出院。当时,他有充足的时间考虑魏尔伦被捕会带来的所有后果,也了解了杀人未遂的指控代表着什么。7 月 19 日出院后,他去了法庭,声称自己不希望对魏尔伦做出任何指控。当时魏尔伦已经在监狱里待了一个星期的时间。兰波还说道,他确信这一切都是无心之失,是一场意外,并且魏尔伦并不是以对他造成人身伤害为目的而购买了那把左轮手枪,魏尔伦当时所处的状态不足以让

---

① 高芬著《追寻兰波的踪迹》(Sur Les Traces de Rimbaud),《红与黑》(Le Rouge et le Noir)杂志,1934 年 5 月 2 日。

他对自己的行为负责。①但此时,所有的法律机器都已经开始启动,想要制止它是不可能的。玛蒂尔德的律师也来到了布鲁塞尔,希望能采集更多的证据,进一步确定她能够和他离婚,而律师的出现对魏尔伦也十分不利。案件继续审理,但指控被降级为故意伤害罪,而不再是杀人未遂。8月8日,在十分不公正的情况下,魏尔伦和兰波之间的关系、魏尔伦身体状况的医学检查报告都被提了出来,尽管这些和案件毫无关系,这份报告还是被当庭朗读了出来。这份报告让法官和陪审团毫无怜悯、不准备宽大处理,并且他们完全忽略了兰波的作证,尤其不相信他的上一份证词。魏尔伦被判处最高刑罚:两年苦役和200法郎的罚款。第二年,1874年4月,玛蒂尔德·魏尔伦基于暴力伤害和习惯纵欲的指控,成功获得了和丈夫分居的许可;这一判决的第二原因是,魏尔伦据称和一个年轻男子之间保持着不道德的关系。

根据帕泰尔纳·贝里雄的说法,兰波也因魏尔伦的案件被比利时驱逐出境,在不被允许从枪伤中完全恢复的情况下,他在警察的陪同下前往边境。②可以确定的是,警察和法官的问讯彻底击败了他,因为所有的问题都明确带着他们对他的偏见。

"你在伦敦靠什么生活?"他们问他,而他必须回答:"主要靠魏尔伦夫人给她的儿子寄的钱。"接下来,他们问他是不是导致玛蒂尔德·魏尔伦与她丈夫的关系陷入悲惨境地的主要原因。"是的!"他回答道,"他指责我们之间有不道德的关系,但我甚至都不愿意去澄清这种低贱的诽谤!"

突然之间,他必须与自己面对面,并以一种崭新的清晰视角看待自己。他只有十八岁,他的性格还远远算不上自信和坚定。住院的一个星期里,修女们穿着不发出一点声响的鞋子,在一片纯白的病房里忙碌;她们在病床之间穿梭,在他那发烧的头脑里,她们就像来自另一个世界的天使,而对他那困惑、被药物麻醉的头脑来说,消毒水的气味让他想起童年

---

① 所有文件均收录于穆凯著《魏尔伦讲述的兰波》,第149—163页。
② 帕泰尔纳·贝里雄著《让-阿蒂尔·兰波的一生》,第93页。

时参加教堂礼拜时闻到的香烛气味。兰波觉得自己再一次变回了孩童,认为放下武器、放弃一切、相信上帝将会让一切都变好。[①] 在他脆弱的时候,他并不需要自由,他需要的是安慰和帮助;帮助他逃离过去的生活,逃离那种生活带来的、内心世界的荒芜。

7月19日,兰波出院,但魏尔伦夫人给他的二十法郎人间蒸发了,因此他不得不步行回家。他的家人当时都在罗什。他抵达农场的时候,他的母亲、弗雷德里克和两个妹妹正围坐在餐桌前吃午餐。他的手臂上缠着绷带,双颊消瘦,还带着被苦难折磨的痕迹;当家人对他表示同情时,他立刻把头埋到桌子上,流下了眼泪。突然之间他发现母亲对他抱有同情和他始料未及的温柔,而他一向都只认为母亲性格严厉;那是他那曾用善意的话语给痛苦中的魏尔伦写信的母亲。于是他向母亲坦诚了自己的不快乐,以及完成他现在已经开始写作的书的计划,那也是他最后的希望。他希望能够消除过去和他口中弥漫着的苦涩味道。他的母亲此时同意给他金钱上的帮助,让他能够出版这本书,并且在他完成写作之前不打扰他。

那一天,还有之后的许多天里,当阿蒂尔来到餐桌前时,他总是看起来十分悲伤和疲倦,比平时更加沉默。但当家人靠近他把自己关起来写作的谷仓时,他们可以听见里面传出抽泣和呻吟的声音,他似乎正处于痛苦之中,他的喊叫和诅咒听来就好像他正在与敌人搏斗。[②]

维塔莉对哥哥的这次人生危机保持了沉默,和她对待他其他人生危机时的态度一样。在日记中,她只有一次提起这一时期的兰波。在描述完当季艰苦的农活之后,她写道:"我的哥哥阿蒂尔没有我们对农业的热情。他拿起钢笔就够忙的了,足够让他不用参加农场里的工作。"但她也给出了家里正出现不正常情况的暗示:"现在是七月,这个月对我来说与众不同,因为我有许多感受,也下了很多决心。"

接下来的一个月,经历了许多个星期痛苦的精神折磨,兰波完成了

[①] 《闪光》,收录于《地狱一季》,《兰波全集》,第277页。
[②] 帕泰尔纳·贝里雄著《诗人兰波》,第279页。

《地狱一季》。他的母亲带着困惑和讶异读完了这本书后，问他其中到底包含着怎样的深意。他回答道："这本书的意思和我说的完全一致，在所有方面，字面上已经给出了完整的解释。"

第十章　地狱一季[①]

和《醉舟》《回忆》以及《灵光集》中的有些诗一样，《地狱一季》是兰波最伟大的作品之一。这本书里有一些非常精彩的段落，其本身就是散文诗，如果从语境中独立出来，也可以以散文诗的形式单独发表。

1873 年 8 月，经过了几个星期的痛苦之后，兰波完成了这部作品。我们并不知道在他 7 月底从布鲁塞尔回来时还剩下多少内容要写，也不知道他在伦敦完成了多少其中的内容，更不知道在他悲惨的经历之后，又有多少已经完成的内容需要重写。经过对初稿——初稿只有两章的内容——和终稿的比较，我们怀疑他只做了风格上的修改，主要为了简化他的观点，并把非必要的内容删除，而不是对最初的灵感进行修改。

可以确定的是——这一点毫无疑问——《地狱一季》就是他从 4 月开始写作的作品，即他在 5 月给德拉艾的信里提到的"《异教之书》或《黑人之书》"。在他和魏尔伦一起前往英格兰时，他已经完成了其中的三个章节。也许他在后来删除了这三个章节，但这个可能性并不高，否则他不会在成书上标注日期为"1873 年 4—8 月"。因此，我们可以较为确定地假设《地狱一季》的写作始于 4 月；在那个时候他就已经开始计划与过去一刀两断，放弃所有他迄今为止珍视并以其为基础构筑希望的东西。这一点需要再三强调，因为我们很容易认为他对在地狱中度过一季的想象和对文学告别的行为的源头是布鲁塞尔悲剧。当然，在比利时发生的一系列事件很可能带来了新的张力和痛楚，让他的痛苦雪上加霜。但这本书中悲剧色

[①] 除另标注外，本章中所引用的《地狱一季》的中文内容均摘自王道乾译《地狱一季》，1991 年，花城出版社。——译者注

彩更强烈的一章,《地狱之夜》,却是7月在伦敦写成的。

《地狱一季》由九个长短不一的章节组成,除了第一章《坏血统》之外,每一章都与诗人正在经历的挣扎的某个方面有关。帕泰尔纳·贝里雄在1912年《法兰西水星》发表的版本中,将一首描述基督所行第一个神迹的散文诗作为引子,但这其实并不具有合理性,仅仅是因为它被写在书中一个章节的初稿背面。兰波曾亲自安排过《地狱一季》的出版事宜,如果他确实希望把这首诗作为引子,就会在出版时加入这首诗。德拉艾告诉我们,无论如何,这首诗属于他正在计划的一个系列,题为《逝去时光的照片》。①

对于炼金术师而言,坠入地狱象征着坠入自己的内心世界。那是一种可怖的体验,并伴随着心理上的危险:人性可能会完全消散、解体。兰波在《地狱一季》中记录的正是这样一种向自身内心世界的坠落,他也遭遇个性解体的风险,但最终他获得了胜利,坚强地站立起来。对炼金术师来说,经历这一坠落的赫尔墨斯秘义者将成为"救赎者"。兰波也希望自己能够成为这样一个救赎者。

对《地狱一季》进行整体上的阐释是非常困难的,因为兰波在书中同时描述了过去、现在和未来,并且他隐去了所有的时间关联。困扰他的各种问题的"主导动机"②依次出现、消退,然后在作品后面的一部分中以新的力量再次爆发出来;或者,它们会混合在一起,形成一首错综复杂、令人困惑的赋格曲。这些问题主要来自精神层面,因为正是因为精神层面的理想导致他采用了自己特有的艺术形式,所以他的失败也是精神层面,而不是艺术层面上的失败。因此,许多评论家关注的问题——他当时是否还有意继续诗人的生涯——就变得不那么重要了,因为他在精神层面上的问题比前者要重要得多。对他而言,最重要的问题是他对上帝的态度;他过去的艺术理论也和宗教观息息相关。当他发现自己所有的理想和希望都建

---

① 德拉艾著《兰波》,第45—46页。
② 原文leit motiven是音乐术语,指贯穿整部音乐作品的动机。——译者注

筑在谬误之上时,他放逐了曾经欺骗他的艺术和哲学观念,但没有什么能阻止他继续做诗人,做一个与过去截然不同的诗人。

《地狱一季》中的三个主导动机分别是罪孽的问题、上帝的问题——他是否有信仰上帝的个人需求——和生活的问题,即对生活的接受。这些问题贯穿作品始终,但诗人只在作品的最后才得出了完整的结论。

在兰波过去的想象中,他曾认为他的艺术让他飞升、进入了超验的领域,但此时的他发现自己进入的并不是天堂,而是地狱;对他而言,那确实是地狱一季。他的骄傲和自大引他走上了这样的道路,让他在罪孽的泥沼中越陷越深。这让他不得不面对有关恶魔的问题。罪孽到底是什么?它是否真的存在?在灵光第一次出现时,他曾以为善恶树终于可以被砍倒了。

但这只是幻觉,和他看过的所有幻觉一样;因为善恶树向他伸出吸食血肉的枝芽,它们是如此巨大,几乎能毁灭他的存在。"这邪恶自从进入理性之年就将它痛苦的根须延伸生长在我的胸膈之间——这邪恶在上升,在鞭挞着我,它把我打翻在地,把我拖来拖去。"①

兰波开始创作《地狱一季》的主要原因之一,是为了彻底地解决善恶之间的冲突。这一点也体现在他最初拟的标题《异教之书》或《黑人之书》中,这两个标题说明他希望能够回到基督教诞生之前,那时不存在对错之间悲剧性的矛盾。那时,异教徒和黑人仍然能生活在喜悦的无知中,他们对善恶之间的问题一无所知;知识之树那病态一般沉重的树荫还没有遮蔽他们的生活,让他们坠入黑暗之中。兰波拒绝接受基督教的理想,并希望回到由含②的子孙后代统治的真正的王国。③"教士啊,教师啊,律师啊,你们押我去审判,你们错了。我从来不属于这类人,我从来就不是基督徒;我属于肉刑下引吭高歌的那个族类;我不懂法律;我没有道德意识,我是一个粗胚,你们搞错了……"

---

① 《坏血统》,收录于《地狱一季》,《兰波全集》,第 208 页。
② 含(Ham),《圣经》中诺亚三子之一。——译者注
③ 含的后人被认为是黑人。

"是的,在你们的光照下我只能闭上眼睛。我是一匹兽,我是黑奴。但是我可能得救。"①

这些都写于这本书创作的早期。然而,随着写作的深入和对问题的进一步思考,他发现——这也让他十分痛苦——自己最终还是和其他人别无二致,他无法逃避祖先留下的污点,无法抹去身上受洗的痕迹,西方世界没有人能够消除基督教两千年来留下的印记。他的整个天性、心灵和灵魂都被西方文明所塑造,他曾以为自己已经逃出了文明的掌控。他吃的食物、喝的水、呼吸的空气,这些都让他吸取被基督教玷污的理想,成为他存在的一部分。早在他被孕育之前,一切就已被决定:他生而为西方人,无论他的愿望多么强烈,他都绝无可能逃避这一致命的污点。基督徒和西方人最大的特征就是他们对罪孽的意识。波德莱尔用他的诗歌来表达忧郁和理想之间的冲突。现在,兰波的作品展现出了对相似的冲突的表达——上帝和撒旦、善良与邪恶之间的冲突。这两种声音一个接一个地响起,有时会一同出现,混合成一首奇怪的二重唱。我们对波德莱尔究竟选择站在哪一边毫无疑问;但我们并不知道在兰波的心中,究竟哪一种声音更强,也不知道哪一边代表了神圣的力量,哪一边是上帝,哪一边是撒旦,就算是他自己也不甚确定。

第二个主导动机来自兰波对上帝和信仰上帝的向往。他对上帝的需要是他天性中基础性的需求;但他发现自己再也无法接受天主教教义所描述的上帝,在找到能够满足他精神理想的上帝之前,他必将不眠不休。他将自己的一切都赌在对上帝和无限的描述中,他渴望自身能够成为与上帝肖似的存在。当这一信念倒塌时,他只感到困惑和迷失。现在,他的问题在于他是否还能重新做一个在上帝面前谦卑恭顺的基督徒。从始至终,《地狱一季》焦灼地表达了他对找到一个能让他心甘情愿失去自我的宗教的向往,但他无法接受失去个性和自由,渴望"在得救中保持自由",他的宗教向往因此而减退。他无法简单地归信魏尔伦的信仰;他

---

① 《坏血统》,收录于《地狱一季》,《兰波全集》,第208页。

不愿做上帝谦卑的仆人，也不愿做主那耐心的小驴子。他看到自己心中对信仰的渴求，他高呼道："我童年所受的肮脏教育，这下我终于弄懂了。"①

与信仰天主教的评论家的观点相反，兰波走出了地狱中度过的一季，决心忘记对上帝之爱的向往，不计一切代价坚持个人自由。在书的最后，他为自己的胜利而自豪，这也是胜利的一部分；尽管他憧憬着放弃，但他没有投降；上帝用全知全能的说服力和神之臂膀的重量与他战斗，但他坚定地站到了最后，毫发无损。虽然后来他的事业证明，这次胜利让他伤痕累累、残缺不全；在扼制上帝的声音时，他也受到了惩罚：他余生的精神世界必将残缺扭曲。

书中第三个重要问题是对尘世生活的接受或忍耐。兰波看待和尝试解决这一问题的方法说明，他从根本上就无法接受生活的原貌，也无法像他轻视的普通人一样生活。《地狱一季》中大部分的内容都在尖锐地展现被丑恶所伤害的青春之理想；理想遭遇了丑恶，却无法对其作出解释，因为它还不够老练——还没有经历人生必经的、最苦涩的教训——没有学会妥协理想和原则，并接受次优的选择。兰波也从来没有学会妥协；除了真正的人生之外，他无法接受其他。在他还抱有骄傲、对自己的力量有信心时，他拒绝被赋予自身的生活；他想要依据自己的意愿来创造生活。他将毁灭一切自然地存在于他身上的东西；他将重建一切、转化生活。因此，他摒弃、拒绝一切对于普通、简单的人类来说令生活变得愉悦的事物——工作、爱和希望。他说道："至于现已建立的福祉，不论它是否驯服……不，不，我不能。"② 他缓慢而循序渐进地摧毁了一切让他之所以为人的东西，通过这样的挣扎，他带着受虐的喜悦，自愿地成了一种新的殉道者。但这一殉道之路最终让他走投无路；不可避免地，他必须怨恨地接受事实和永恒的奴役。他属于奴隶的种族，因此他本就不该诅咒生活。"奴隶们，

---

① 《闪光》，收录于《地狱一季》，《兰波全集》，第 227 页。
② 《坏血统》，收录于《地狱一季》，《兰波全集》，第 211 页。

生活，我们不要诅咒生活。"①

兰波的《醉舟》并没有带他进入永恒之海的中心，也没有像波德莱尔的船那样，至少带他航向无边的大海；它只能沿着一个闭环航行，带他回到他所逃避的现实中。他曾以为自己已经逃开，能够反抗现实；这是他最后的港湾，船载着他驶过所有的暴风雨，但还是踏上了艰难的归途。无论他怎么说、怎么想，现实中的兰波从未——以后也不会——有能力接受现实。"已经是深秋！……我们的航船在静止的雾霭中转向苦难之港，朝着沾染了火与污秽的天空下的都城驶去。"②

此时的他迫切地需要找到某种哲学意义，让过去的一切变得可以被理解，赋予他周遭的混乱一些意义，为未来指引方向。这一点会在后文中讨论。

总而言之，这些就是兰波在创作《地狱一季》时关注的主要问题。值得注意的是，这一作品的作者并不是一个已经抵达了某个确定的终点的人，他也并不是在回望自己一路走来的脚步、展现这一路上的成就。在开始写作时，兰波并没有抵达任何里程碑或终点；他唯一能确定的就是他的痛苦和悲伤，并确信自己过去的人生和艺术都不过是妄想罢了。因此，在阅读《地狱一季》时，我们对诗人的痛苦感同身受；我们与他一起对问题苦思冥想但又半途而废，过了一段时间后再回头看这些问题，并放弃一切之前提出的答案。《地狱一季》是兰波人生中的一刻，作者自己也不知道这所有焦灼、紧迫的痛苦究竟何时才有尽头。和大多数艺术不同，这一作品并非意在重新回到过去的状态中，不是"在平静中重拾的情感"。这一点导致了书中不时出现不一致性和某种程度上的犹豫不决；作者本身也并不是总能辨明自己前行的方向。

《地狱一季》的第一篇序诗是整本书的引言，兰波在1873年7月从比利时回到家乡后，在焦灼不安和痛苦的状态下进行了创作。序诗对兰波向过去人生进行回顾的方式和原因做出了解释。文中弥漫着悲剧性的苦涩，

---

①② 《清晨》，收录于《地狱一季》，《兰波全集》，第228页。

对兰波的人生、幻想和妄自尊大进行了无情的批判。带着现下的幻灭和绝望,他回望自己的童年,认为那是在他了解善恶之分前度过的美好、公正的时光。"过去,如果我记得不错,我的生活曾经是一场盛大的饮宴,筵席上所有的心都自行敞开,醇酒涌流无尽。"接下来,他描写了自己还是一个小男孩时的经历:他爱上了美——和艺术——然后,他让美坐在自己的膝上,与她欢爱。对美的激情让他忘记了其他一切。但这份爱被证明是苦涩而令人失望的,于是他转而与她对立,对她进行辱骂。这便是他与传统之美的决裂。他反抗所有曾欺骗他的美好、善良、法律和秩序,他自身成为法。他挥霍了所有青春的财富、信任和理想,把所有的财富都扔给了女巫。他认为自己可以超越他人,他也不需要那些让其他人觉得生活美好的东西;并且,他尝试去过犯罪、邪恶的人生。"我终于使人类的全部希望在我脑子里彻底破灭。我像猛兽一样跃起,把一切欢喜通通勒死。我叫来刽子手,垂死之际,紧紧咬住他们的枪托。我召来种种灾祸,我在黄沙、血水中窒息而死。灾难成了我的神明。我直直躺在污泥浊水中。罪恶的空气再把我吹干。"但他为自己选择的人生只能为他带来苦涩。于是,当他在不久之前还躺在医院的病床上时,他对自己刚从中逃脱的死亡进行了思索;他好奇自己是否再一次找到了通往童年时快乐的钥匙。"我想要寻回开启昔日盛宴的钥匙,在那样的盛宴上我也许能恢复食欲。"他想着,也许仁慈就是这把钥匙。当他在夏尔维勒中学接受宗教教育时,在所有基督教的美德中,仁慈最受称颂。[1]仁慈是神学美德中最伟大的一个,代表着上帝之爱和对邻人的爱,源自我们对上帝和以上帝之形态被创造出来的人类的爱。据说,所有没有仁慈之心的人都将不可避免地被引入罪孽之途,因为仁慈是纯洁无瑕的必要条件。仁慈不仅仅是善意和利他。若要进入仁慈的状态,则必须牺牲自身的某些东西,必须自我牺牲,达到克己。兰波曾以为自己即是仁慈,但他发现这也只是他的幻想,和所有其他幻想并无分别。但现在,也许他能够真正获得仁慈之心,这也可能是再次为他

---

[1] 德拉艾著《兰波》,第177—179页。

打开伊甸园之门的钥匙。但他并不觉得自己已经准备好牺牲个人的自由,也没有准备好进入完全自己牺牲的状态中。因此,他说道:"仁慈就是这把钥匙。——这样的灵启证明我是做梦!"他已不可能再回头,因为他不愿抓住这唯一的钥匙。"'你还是做你的豺狼去……'魔鬼叫着,给我戴上如此可爱的罂粟花环。'带着你的贪欲,你的利己主义,带着你所有的大罪,去死吧。'"

这首序诗写于 1873 年 7 月底。当时兰波已经开始全书的写作,并坚信自己再无被救赎的可能;然而,在这本书完成之前,他还是改变了这一想法。很可能他在选择《地狱一季》的标题时,计划创作的是一部——从某种程度上来说——与最终成书的内容不同的作品。那些之前意在描述自己关于爱、艺术和哲学的妄想的章节,现在有了新的意义,因为他认为自己受到了无法挽回的诅咒;他把所有序诗之后的章节都称为"几页可悲的纸片",来自"被打入地狱的人的手记"。

这本"手记"中的每一页"纸片"都构成书中的一个章节,每个章节自成一体。第一章《坏血统》是最长的一章,最初,兰波可能意在把它作为全书的核心,它也的确可以自成一体,因为它更为全面,比其他章节涉及更多的内容。单独来看,这一章本身具有逻辑性和连贯性,只有在放入全书的结构中才能看出冲突。兰波在其中对自我进行了剖析,文中的结构也是他努力想要理解自身失败原因的体现。他研究了自己从先祖那里继承的过去和现在,尤其研究了当他被自大冲昏头脑的时期。他认为自己确实是民族之子,是"那个时代最荒谬、最低能的"[①] 人。无论他看向何处——在许多前人的经验中——他都发现自己只属于那个低贱的种族。他在自己身上看到了来自先祖的所有邪行——他们的谎言、欺骗,更重要的是他们的懒惰。他觉得自己身上也有这种致命的懒惰;他懒于进行体力劳动,甚至不愿进行智力劳动。迄今为止,他通过无所事事并找到捍卫自己的理由而成功地保持了这种闲散。但这种懒惰只会进一步证明他属于低贱的种

---

① 《坏血统》。除非另有说明,所有引用均来自该章节。

族——过去、现在和未来都一样低贱，永远的低贱。他现有的、令人难以承受的对自己毫无价值的意识代表了他的摇摆不定，是他对过去确信自己是等神的信念的反应。

最明确证明他低贱的信号就是他那无法餍足的对上帝的渴望。无论他做什么、去到何方，他依旧依赖上帝，依赖为拯救人类而死并因此成为人类永远的救赎者的基督，他把人世间所有的罪孽都变成了自己的负担。"我贪婪地等待着上帝。我是永生永世归于劣等种族了。"

他曾试着从低贱的毁灭中逃脱，他追求知识、哲学和科学；所有这些却只被证明是"偏方草药"。他对上帝的渴求无法平息。

有一段时间，他曾想象，如果他能从被基督教渗透、腐蚀的文明中逃脱的话，也许他就能获得自由。自基督降临、福音崇拜起，欧洲就再也没有了希望；也许离开这座"古老的围墙"，归信新的宗教，然后再带着新的活力回归才是更好的选择。他梦想从欧洲腐朽、陈旧的泥沼中逃脱，远航去寻找新的事物。"我现在在阿尔摩里克海岸"——梅林是布列塔尼人——"让都城在暗夜里放出光华吧。我的一天已告完成；我要离开欧洲。海风会熏炙我的肺腑；遥远海外的气候将把我晒成一身棕黑皮肉。……我还会回来，肢体如同生铁铸就，皮色黝黑，眼睛如狂如怒；人们从我的面具将能断定我是出自一个强悍的种族。我将拥有黄金。"

但这一梦想最终消逝，而他也被带回了现实。"现在，我依然是个被诅咒的人，我厌恶祖国。最好是横身躺在沙滩上昏昏入睡。"

对他而言，逃避是不可能的；尽管他希望逃去新的世界，但他尤其无法逃避邪恶这个问题。他别无选择，只有继续疲倦地在旧路上流浪，因为罪孽的重压而抬不起头；从他最初的童年开始，这些罪孽就已经在他的生命中生根发芽，现在已经能直达天堂，阻碍他的每一个脚步，压迫着他，扼住他的咽喉。为了获得平静和休憩，他此时不得不接受所有的教义，牺牲自己的自由和信念。"——啊！我被抛弃到这种程度，简直可以向任何圣像奉献出我追求完美的狂情。啊，我的自我牺牲，啊，我的绝妙的仁慈之心！不过，是在这个世界上！De profundis, Domine！①"于是，他过去的讽刺再次倾巢而出，他加上了一句："我蠢极了，蠢极了。"

于是，他好奇救赎是否会在他自愿牺牲一切后出现。如果他放弃了属于自己的一切，那就没有人能够再从他那里夺走任何东西了。即便还是个孩子的时候，他就已经十分敬慕那些在总是紧闭的牢门之后的犯人；他曾拥有过的一切都已经离他而去，包括他的自由；再也没有什么能被他人夺去了。如果他要像那个罪犯一样放弃一切，他必须拥有比圣徒更强大的力量，只有他独自一人将成为自己力量和荣耀的见证者。

当他回望过去，他认为自己一直以来都孤单一人，像一个罪犯一样被人们所舍弃；当他看向未来，前路上只有孤独。没有人曾真正地理解他的观念，或欣赏他的梦境；他像圣女贞德和梅林一样受尽迫害。没有男人曾真正成为他的朋友，而和女人产生友谊对他而言更是不可能。所有与他接触过的人都只看见他的邪恶，并不再继续寻找他的品质——没有人曾窥见他的内心。他们只是以邪恶之名称呼他，但他并非邪恶。他的信仰与他们不同，他的梦想也不与他们相同，但他们从未允许过他保持自己的信念，他们希望把他转变成为自己中的一员。这是一个老旧的故事：无知的白人用刀尖抵着那些他们认为是异教徒的人，并为他们受洗。

但现在，他知道自己所过的人生不过是愚蠢和错误；邪恶是愚蠢的，放荡也是愚蠢的，它们只能为他带来悔恨和病态。也许他会再被允许得到一次机会，去修补所有犯下的错误；也许他会获得另一个世界，在那里，他所有的谬误都会得到纠正，他所有的梦想都会得到实现；也许他将像幼童一般被劫走，"以便忘却一切苦难在天堂中嬉戏"！

带着这样另一个世界可能出现的想法，他的心中再次激起了希望，从那条载着他安全远航的船上——一条像米舍莱笔下那样的船②，一条自由精神之船，载着所有航行者前往自由、希望的新世界——天使的声音升

---

① 拉丁文，意为"上主，我由深渊"，出自《圣经·旧约·圣咏集》，全句为"上主，我由深渊向你呼号"，兰波作了简缩。——编者注
② 米舍莱著《文艺复兴》。

起，他们在歌颂着神的爱。"理性在我身上产生。世界是好的。我要祝福生活。我要爱我的兄弟。这不再是童年的许诺，也不是希望逃避衰老和死亡。上帝给了我力量，我赞美上帝。"

这种对生活的暂时屈服，对上帝的神圣之爱的暂时接受，似乎让他肩上的重担突然消失。"激怒，放荡，疯狂，它们的种种冲动和祸害，我都清楚，——我所有的重负都可以解除。让我们清醒地估量我清白无辜的程度。"然而，在信仰带来的平静中，怀疑再一次袭击了他，他的自尊和理性开始反抗。"我说过：上帝。我希望在得救中保持自由，如何求得自由？"每个人都有自己的理性，他必须独立使用这种理性；兰波不愿意牺牲自己的理性，但又希望保持自己在"良知架起的天使之梯"顶端的位置。此外，在他的心中，宁静和满足的快乐并不能吸引他；他不愿接受它们，也不愿接受那些据说能获得它们的劳动。"至于现已建立的福祉……不，我不能。我太分心，太软弱了。繁荣的生活来自辛勤的劳动，这是由来已久的真理；我么，我的生活不够沉重，我的生活飘飘摇摇，远远地浮荡在行动之上，在世界这珍贵的一点之上。"但当他看见面前这种独立而毫无他人援助的生活中的困难时，他的勇气退缩了；他很明白，他常常十分怯懦，时刻准备好举起投降的白旗，乞求"恩典的一击"来终结他的苦难。"开火吧！对准我开火！对着这儿！要么我就投降。——懦夫们！——我要把我杀死！我要投身到马蹄之下！啊！"

"我会习惯的"为这一章画下了句点。和所有人一样，他将会成长、习惯这无意义的闹剧，我们每个人，无论是否情愿，都在其中扮演角色。"也许这就是法国的生活，通往荣誉的小径！"

这一章是全书中最长的一个章节，写于1873年的春天，当时他还没有再次回到和魏尔伦的交往之中。这一章展现了书中关注的问题的全面复杂性，但并没有提出任何解决的方法。后续的章节对这一冲突中不同的时刻和面向进行了分析。

接下来的一章于6月或7月写于伦敦，一开始的标题是《虚假的转变》，后来改为《地狱之夜》。在开始写作《异教之书》时，兰波认为自己已经彻底清除了过去,将自己对邪恶的迷恋统统放逐,回到了纯洁无瑕的原始状态中。但这一转变半途而废,和魏尔伦重修旧好后,他又开始吞下那带来焦渴的毒药。① 就算地狱并不存在,就算地狱只是他的想象,但他确实身在地狱之中。"我相信我已经落入地狱,所以我是在地狱里。"他以为自己已经找到了智慧,但父母废弃了他所有的努力。通过洗礼,通过让他确信人必须消除原罪,他们将他放逐到自身的地狱中,他们在他身上种下了善恶树的种子,它的根须已经蔓延至他的整个生命。地狱无法触及异教徒,因为他们不承认地狱的存在;异教徒不会受到善恶之争的折磨。

这一章节全文都在疯狂地表达他无法承受的痛苦,并解释了在1873年6月和7月间魏尔伦和兰波在伦敦度过的惨痛的几周内两人之间那剑拔弩张的关系。

> 我的头皮在干裂。主啊,怜悯吧!我怕。我渴极了,渴极了!啊!童年,绿草地,甘霖,岩石上的碧水蓝湖,<u>钟楼敲响十二点出现的月光</u>……在这个时刻,魔鬼正躲在钟楼上。马利亚!圣母!……我真愚蠢,可怕,可怕。

随后,他过去的生活出现在他的脑海中。"我的一生不过是几次轻微的疯狂,真是遗憾。"然后,他历数了曾经拥有的所有才能。"我什么本领都有!……想听黑人之歌吗?想看仙女之舞吗?要我也消失隐去,潜入水中去寻找那个<u>指环</u>吗?要吗?我可以变出黄金,拿出疗救百病的药石。"

但所有这些都是罪恶的,而现在,他身处地狱之中,那不仅仅是一个地狱,而是许多个地狱,他的每一个邪行都对应着一个地狱。在神秘学的教义中,地狱有七层——每层都是一个独立的地狱——每层都有一个恶魔,代表着邪行中的一种;这个恶魔的作用就是折磨那些在人世间沉迷于他所代表的邪行的人。除此之外,每一层都会再被分为更小的地狱,里

---

① 《地狱之夜》。除非另有说明,所有引用均来自该章节。

面的恶魔代表着其他的罪行。兰波说道:"我应该有为我愤怒而设的地狱,为我骄傲而设的地狱,——还有爱抚的地狱;一首地狱协奏曲。"

在绝望中,曾以为自己依旧保有自由,仍坚持依附在常识之梯顶端上的他,终于说出来绝望的祷告,望能终结自己的痛苦。"我厌倦极了。坟墓在此,我将要委身于蛆虫,恐怖中的恐怖!……我抗议!拿起长柄叉,叉起来,再滴上一滴火。……还有这毒药,该诅咒一千次的吻!我的软弱啊,人世的严酷!我的上帝,怜悯吧,把我隐藏起来,我支持不住了!"

章节在这里结束:"是火焰,火焰卷着罪人升腾而起。"

然而,随着火焰升腾而起,从火焰的中心传来声音,那是痴愚童女,也是他地狱中的伴侣,接下来我们将听到她的告解。① 题为《谵妄》的两个章节代表着兰波失败的两个主要原因:爱和艺术。在《谵妄(一)》中,通过痴愚童女之口,他对自己的行为作出了分析;文中不时出现认罪的语言,仿佛是他自己在恳求宽恕,尽管他并不推卸任何责任。这一章的结尾处,他和自己的伴侣一样,不确定迎接自己的将是天堂还是地狱。"也许,有么一天,他不可思议地消失不见;如果他也飞升到某一处天界,应该让我也知道,让我亲眼看着我的亲爱的心上人得道升天!"②

在《谵妄(二)》中,他对自己艺术上的愚蠢和谬误进行了批判,这也是导致他失败堕落的最重要原因。③ 他曾经以为邪恶和堕落是艺术必需的材料,他也可以从中提炼出美。他就像以秽物和腐物为食的苍蝇一样,并没有意识到自己赖以生存的食物的本质。"喜欢琉璃苣的蠓虫小蝇在客栈的小便池上飞舞,快射出一道白光把飞虫驱散!"④ 除此以外,炼金术师和秘仪术士都相信,恶魔和恶灵都寄居于腐烂邪祟之处。

他在艺术上的所有试验都是愚蠢、疯狂的;愚蠢到让他狂妄、冒着生命的危险,也让他近乎疯狂。"任何狂妄的诡辩——这被深藏起来的狂

---

① 这一问题前文已做出了完整的解答。
② 《地狱新郎》,收录于《地狱一季》,《兰波全集》,第218页。
③ 这一问题在之前的章节已做出了完整的解答。
④ 《言语炼金术》,收录于《地狱一季》,《兰波全集》,第221页。

妄——我都没有忘记：我可以将它们从头至尾复述一遍，那个体系我已了如指掌。"①

接下来一章题为《不可能》，它向我们展示了兰波在哲学和宗教信仰上的失败。在《灵光集》的初期阶段，兰波的文学理论中最核心的理念之一就是认为童年是一生中最宝贵的时期，必须使用所有可能的方法来重新获得直觉的智慧，童年也是上帝直接和人类灵魂对话的时期。但这一观念和兰波之前所持的其他观念一样，只不过是他的妄想。"啊！我的童年生活，在任何时间② 都是一条大路，超于自然的质朴，比最好的乞丐还要无私，没有故乡没有朋友，这是可以自豪的，又是多么愚蠢。——我看只有我才是这样。"③

突然之间，他感到自己的心灵似乎从迄今为止束缚它的一切中解放了出来；对他来说，如果他的心灵因此获得了自由，那么他此时也应该在光芒中飞升，并且不会再屈服于低等的本能。"如果我的思想此时此刻复苏，我们立刻就能获得真理，也许真理正率领它涕泪滂沱的天使在我们四周站立！……——如果思想真的正好在此时此刻醒来，那说明在那古老得无法追忆的时代我不曾屈从于毒害身心的本能！……——如果思想一直保持清醒，我一定在智慧之海上自由航行！……噢，纯洁，纯洁！"

在这完美无瑕的纯洁的幻象中，他意识到，只有通过精神才能触及上帝。于是这一章在此结束："真是万难忍受的不幸！"这确实是"万难忍受的不幸"，因为他无法，也不会接受这种解决问题的方法。

在《闪光》这一章中，在他面前又出现了另一种解答，它以肉身的形式出现。劳动也许能为他提供救赎，就好像许多前人曾做过的那样。"人类的劳动！这就是时时照亮我的黑暗深渊的那种爆发。"④ 但这对他而言依然是一种效果不佳、起效缓慢的解药——他是多么希望一切能快速解决

---

① 《言语炼金术》，收录于《地狱一季》，《兰波全集》，第 223 页。
② 王道乾先生此处译文有误，原文 par tous les temps，当译作"在任何天气下"。——编者注
③ 《不可能》，收录于《地狱一季》，《兰波全集》，第 225 页。
④ 《闪光》，收录于《地狱一季》，《兰波全集》，第 227 页。

啊。他说道:"祈祷却在快步向前,阳光也在怒吼。"他的骄傲不允许他接受这么普通的一个答案,来解决他的问题。"我懂得劳动……这太简单了,而且天太热了;人们不需要我。我有我的责任,我要效法多数人,照他们那样放弃责任,我为此感到自豪。"不!劳动对于他的骄傲来说过于轻率,不足以支撑他对自身脆弱和失败的告解。他无意于如此轻易地屈服,在最后一刻,他要向左右两面发动进攻。尽管这可能意味着他将永远丧失永恒。"那时,——啊!——可怜的亲爱的灵魂,我们也许不会将永恒丧失。"

此时,兰波进入了他在地狱一季中的至暗时刻,那是黎明前的黑暗。他穷尽了所有语言来描述他的失败,他已经无话可说;他没有能力做出比无休止地诵读《天主经》和《圣母经》更有力的自我表达。[①] 直到此刻之前,我们都只看到了他的失败,却完全不知道如何解决。但在这最后的两章中——《清晨》和《永别》——如果我们知道该如何正确地解读——我们会发现,兰波决定选择逃避和希望,这样将对他日后的行为做出解释。

清晨来临,拂晓结束了地狱中的长夜,但当光明触及他之时,他已经变得脆弱、疲劳不堪。《清晨》中没有战斗,只有无穷的疲劳和困倦。但希望和阳光一起升起,他的双眼向上凝视,他看到银色的星辰,那是夜晚最后一颗星正在缓慢地黯淡下去;那颗银星和很久以前在伯利恒照耀第一个圣诞的星辰一样,它遣来一位信使,代表着永恒的希望和新的重生。接下来是《地狱一季》中最美的段落之一。

> 同一沙漠,同样的黑夜,我倦怠不堪的眼睛总是在银星照耀下醒来,总是这样,而生命之王,朝拜耶稣诞生的三博士,心,灵魂,思想,却不为所动。我们什么时候才能穿越远方海岸和山岭前去致候新的劳动、新的智慧,欢呼暴君、魔鬼的逃亡,迷信的告终,第一批去崇仰人世上新的圣诞!

---

① 《清晨》,收录于《地狱一季》,《兰波全集》,第228页。

如果我们不了解兰波所经历的转变，那我们就不可能欣赏这一段落——以及下一章《永别》——隐含的意义。如果没有重拾希望和信心的理由，那么清晨天空中的星辰对他来说也只不过是暗夜天空中的一颗银星而已。

从孩童时期起，兰波就追随、仰慕米舍莱；现在，在他抛弃魔法和炼金术时，他转而向米舍莱的理念寻求支持和希望。米舍莱相信，通过科学和科学在工业中的应用，人类可以不断向上，直至成就人类更高的形式；最终，在科学时代，人类将抵达自由精神、神圣精神的顶点。在《人类圣经》的结语中，他写道：①

> 我们必须转过脸去，迅速、坦白地反对中世纪这一可怖的过去。即便在它并没有主动行动的情况下，它也造成了可怕的影响，让死亡在人群中蔓延。我们不需要战斗，也不需要批评，只需要忘记。让我们忘记过去，继续前进！
>
> 让我们向着生活的科学、博物馆和学校前进。让我们向着历史和人类的科学、东方的语言前进。让我们在这许多近期的旅行中质疑古老的神灵和他的意愿。在那里，我们将使用人类的理性。
>
> 人类，我恳求你们继续这样存在，让我们提升人类那难以想象的伟大的高度。

在他的笔下，人类正远离东方哲学中宿命论的观念；通过利用科学来观察自然现象，人类正在创造一个以自由为基础的世界；人类的灵魂将从宿命论束缚中解放出来，获得自由。② 米舍莱受到了许多来自维柯（Vico）的影响。"我只有维柯这一个老师，"他写道，③"人类自我创造论是我的圣经、我的导师。"通过阅读他翻译的《新科学》——兰波开始接触维柯的理论，

---

① 米舍莱著《人类圣经》（结论）。
② 《宇宙史导言》，第42页。
③ 《法国史》（导言），1868年版。

但似乎他并没有理解超过导言的内容,而米舍莱正是在导言里用充满图像的描述性语言总结了全书的重点。这整本作品——即便米舍莱的译本对意大利语版本做出了更清晰的解释——太过枯燥、咬文嚼字,对于兰波来说过于无趣;它也过于复杂,过于拘泥于自身的论点;其中包括了太多法律上的知识,一般人并不能理解,因而造成了障碍。但米舍莱让这些观点变得生动、可以理解。维柯认为,人类的进化分为三个阶段:第一阶段是诗和创造的时代;这是属于神学诗人的时代,他们是异教时期最古老的智者。第二阶段是英雄时代;第三阶段是人类时代,它属于理性、善良的生命,他们承认良知的法则、理性和责任。米舍莱把第三阶段称为文明时代或人类时代;他相信——在十九世纪中叶——人类即将迎来这一阶段。他在其他作品中写道,[1] 新世界将不仅仅是属于工业的时代,进步也意味着爱与同理心,未来的基础将是无所不在的万能之爱。

此时的兰波已经放弃了魔法和炼金术,放弃了回归东方世界的想法,他正面对着十九世纪那唯物主义的未来图景;他看见银星在天空中闪烁,它象征着新生和新的圣诞,那时,暴君将被废黜,迷信将会死亡;那时,只有科学带来的确定性和理性的信念存在。他向新的作品和新的智慧致意——《新科学》——这是让他重拾生命的希望所在。米舍莱说过,[2] 新的世界面对的将全部是现代的理念,旧世界的所有痕迹都将被消除:"让我们与旧事物一刀两断,不要踌躇地从一个世界走进另一个世界中去。"兰波也说过相同的话:"绝对应该作一个现代人。赞美诗,一句也不要:走一步算一步。"米舍莱在《新科学》的导言里说道,伟大的城市将出于善意而被建造在地球之上,它们由上帝亲自管理,是"宇宙共和国"。换言之,这就是兰波口中的"辉煌灿烂的都城"。

兰波的清晨来临时,正值秋天;秋天是冬天的序曲,是人们寻找庇护的季节。他抬头望向破晓的天空,看到自己的船再次载着他返回了现实,

---

[1] 《文艺复兴》,第400页。
[2] 《人类圣经》,第485页。

那是他曾试图通过艺术来逃离的现实:

> 秋天。我们的航船在静止的雾霭中转向苦难之港,朝着沾染了火与污秽的天空下的都城驶去。
>
> 啊!衣衫褴褛,雨水浸坏了面包,酣醉,把我钉死在十字架上的千万种情爱!……我又看见我的皮肉被污泥浊水和黑热病侵蚀蹂躏,头发、腋下生满蛆虫,心里还有更大的蛆虫在蠕动,我躺在不辨年龄、毫无感情的不相识的人中间……我也许就死在这里了……可怕的回忆!我憎恨贫穷。①

随后,他的思绪再次转向了他所珍视的希望中,转向了能够让他逃避现实的梦想,他曾认为这些梦想就是更高层次的现实:

> 有时我看到天空中有一望无际的海滩,布满了洁白如雪、欢欣鼓舞的国度。一艘金色的大船,在我上空,有彩旗随风摇曳。我创造了所有的节日,所有的胜利,所有的戏剧。

他曾经以为自己能够创造新的花朵、星辰和语言;他曾想象自己能够获得超自然的力量。但这一切都是他的幻想,现在他只能埋葬自己的想象和梦想,即便它们可能是"艺术家和说故事人的荣耀"。他曾以为自己是一个预言家,是来自超验世界的信使,但他再次被放逐到土地上,甚至比路西法还要低贱。"我呀!我呀,我自称是占星术士或者天使,伦理道义一律免除,我还是带着有待于求索的义务,有待于拥抱的坎坷不平的现实,回归土地吧!农民!"

说出了这些话语,他终于拥有了仁慈和克己,而在他写作序诗时,他以为这对他来说都是不可能的。然而,他继续写了下去,怀疑又再一次席

---

① 《永别》,收录于《地狱一季》,《兰波全集》,第228页。

卷了他,他也恐惧会在牺牲一切后得不到任何回报。"我受骗上当了吗?仁慈对我是否也是死亡的姐妹?"但他还是放下了怀疑,以刚获得的谦逊乞求着原谅,原谅他长久以来以虚假谬误和自我欺骗为生。"最后,因为我是靠谎言养育而生,我请求宽恕。好了,好了。"

战斗如此艰苦,但他终于获得了胜利。梅林与他的父亲撒旦战斗,为了不让世界落入后者的手中;为了将世界从邪恶中拯救出来,他战斗了整整一夜,其艰险更甚于雅各与天使的角斗。这同样也是兰波的命运。"严峻的黑夜!斑斑血迹已经晒干,我的脸上还在冒烟,我身后一无所有,除去这令人胆战心惊的丛丛灌木"——丛丛的善恶树将无法在新世界中茂盛地生长。"精神上的搏斗和人与人之间的战斗一样激烈残酷;至于正义的幻象,那是只许上帝享有的乐趣。"尽管战斗艰辛,但他最终取得了胜利。哭泣哀嚎、咬牙切齿都已经成为过去,噼啪作响的火焰也已经消灭;一切下流不堪的记忆都已经逝去,包括一切悔恨和嫉妒。"我可以说,我胜利了。"他战胜了自己的傲慢和自大,战胜了自己的欲望和对信仰的渴求;他战胜了自己对罪孽的迷恋和接受生活的无能。他不再与众不同;他并不想成为上帝,也不想进入超验。正义的幻象只能是上帝的特权。他将一直为做一个普通人类而感到满足——他当时还不知道要做到这一点对他来说几乎是不可能的——作为一个奴隶,他不再诅咒生活;他不想从现实中逃离。他将放下自尊和利己主义,成为恭顺的现代人群中的一员,不再妄自尊大地试图掌控其他灵魂。他将继续活完自己作为普通人的寿数。"走完我二十年的路,既然别人也走完了他们的二十年……"其实,他只剩下十八年的时间。他战胜了自我,代价是牺牲自己成为神的美梦,接受自己那属于世代相传的粗鄙农民一族中的低贱位置。最艰难的胜利是他克服了自己对信仰的渴望,他扼制了直觉的声音,把最后的一句话留给了理性。他成功地"在得救中保持自由"。他充满了喜悦,希望"辉煌灿烂的都城"能为他敞开大门;他问自己,为什么还要等待友谊之手的帮助呢?他可以嘲笑虚伪的友谊和旧形式的人类之爱,"我可以嘲笑往日骗人的爱情"——这可能指的是他同性恋的时期——"羞辱那些谎话连篇的夫妻伉俪,——

我在那里亲眼看到女人的地狱；——而且，在一具灵魂、一具肉体中真正占有真实，对于我是可以自行决定的。"以上便是《地狱一季》中最后的内容，诗人自己为其中一些文字加上了斜体以示强调，读者可能为它们的意思感到困惑："我将能够在一具灵魂、一具肉体中真正占有真实。"对这句话的解读有很多互相矛盾的说法。如果我们能回忆起兰波一直以来把自己看作一个鳏居的灵魂、失去另一半的灵魂的话，我们就有可能想象他此刻的心情，他认为，自己终于能够变成一个完整的整体了。此时的他能够嘲笑世俗的爱情和友谊，那是"骗人的爱情"；他在前文中已经提到爱情："爱情还有待于重新发明。"在他去过的七层地狱中所有的地狱里——每一个地狱对应一种邪行——他见到了女人的地狱，属于那些被夺去了灵魂伴侣的女人；失去了另一半的她们变得不再完整，成了寡妇。在神秘学教义中，我们知道，决定守贞——或被迫守贞——的男人将他们的"女性灵魂"放逐到地狱中，因为放荡、邪恶而受到折磨，它们也是恶灵的猎物。兰波现在要从这种命运中拯救自己的"灵魂伴侣"，再自行成为完整的整体。

当我们放下《地狱一季》时，我们很容易受到诱惑，认为这就是兰波对文学和精神生活的告别，从此以后，他将过上以行动为主导的人生。这种想法很轻松——或者说，至少能自圆其说——我们可以认为他在写作《永别》时抱有的就是这样一种意图，所谓的胜利就是牺牲他那"说故事人的荣耀"；我们可以认为他日后再也没有新的任务，只需要为自己生命中的这一页画上终点；然后，他烧毁了所有的书和手稿。

这个故事听起来很美好，但现实并非如此戏剧化。事实上，他直到完成《地狱一季》后三个月，在他出版这本作品之后才烧毁了自己的手稿——她的母亲支付了出版的费用——这件事发生在他把出版的书寄给朋友们之后。相信前一种说法的人们也认为，他在这之后再也没有写作过，并从结论反推出《地狱一季》的用意，并依据这一结论来分析书中的内容。这本书从很多方面来看都不甚清晰，因此书中的段落不应该被用作论据。此外，持这种想法的人认为他们读到的兰波对诗歌的告别，可能仅仅是兰波针对自己"魔法师"时期所写的特定文学种类的告别,并不一定能够说明他以后将不再写作,也不能说明他的文学事业已经终结。这仅仅说明,他日后的诗歌将以不同的品质和风格呈现。

没有任何证据可以证明他确实意在与艺术彻底告别。他的告别仅仅针对那些疯狂的灵感,是对"通灵人理论"和"言语炼金术"的告别。在这一章的初稿中,他不就已经这样写过了吗?"现在,我憎恨神秘的冲动和奇诡的风格";在最终成书时,他又写道:"这一切都过去了。如今我知道向美致意。"德拉艾告诉我们,兰波曾在1872年到1873年的冬天对他说起过自己即将创作的新的散文诗;他指的并不是前一年创作的短诗,而是拥有更雄伟规模的诗歌,比米舍莱的作品更加鲜活生动。① 他为这些诗所拟的总标题是《美妙的故事》,其开篇作品的标题为《逝去时光的照片》。根据德拉艾的说法,这一系列作品中有一些已经写好了,他也听过兰波的朗诵,但之后他只能回忆起其中有一个中世纪遭遇光和色彩的洪水的场景。他记得文中有一个十七世纪的场景,法国天主教在其鼎盛时期以象征的形式出现,代表它的是一个头戴金色主教冠的人,他身后是一幅宏伟壮丽的背景。德拉艾声称,这首诗描写的是基督所行的第一次神迹,它属于兰波提及的那个系列。

如果兰波确实有意在《地狱一季》之后放弃文学,那他为什么还要出版这一作品呢?这是唯一由他自己安排出版事宜的完整作品,他也十分谨慎地对出版稿进行了校对。为什么他还要把出版的书寄给他的朋友和那些他仰慕的巴黎文人,并希望他们能在出版物上留下正面的评价呢?事实就是,在这本书出版时,他和其他作者并无不同,十分关注对自己作品的评价,焦急地希望它能大获成功。"我的出路就靠这本书了!"在他写完三章时,他曾这样对德拉艾说道。② 他并没有改变这一想法,因为他使出了浑

---

① 德拉艾称当时是 1871—1872 年的冬天,但他一定记错了,因为兰波直到 1872 年之前都没有开始写散文诗,所以这些诗并不是创作于 1871—1872 年之前的一年。事实上,《基督首次显灵》属于这一系列更证明了兰波应该是在 1873 年初和德拉艾进行的谈话,因为这首诗写在《地狱之夜》初稿的反面,而《地狱之夜》写于 1873 年 4 月。

② 德拉艾著《兰波》,第 45 页。

身解数来让这本书扬名并获得正面的评价，但最终，这本书并没有受到欢迎，这让他感到苦涩和失望。

如果他确实有意放弃文学，那他为什么在一年后，也就是1874年，在伦敦为自己的诗歌做副本呢？这展现了他对自己所作的散文诗有充足的兴趣；为什么在1875年他又试着出版这些诗作呢？如果他确实有意放弃文学，那为什么1873年10月他去布鲁塞尔取《地狱一季》时，要在警察局以"文人"的身份注册呢？[①] 最后一点，为什么他在1875年的夏天又一次展现了自己对作家声誉的兴趣，要求德拉艾把一本《地狱一季》还给他呢？他在这本书出版时送了德拉艾一本，现在他索要，是想用来取悦一位曾经在意大利友善待他的寡妇。

很明显，兰波创作《地狱一季》的目的是审视自己的过去，并与其一刀两断；他要结束过去的艺术形式；结束过去的生活方式和信念。这一切都拖垮了他的健康、他的精神天性和他的心灵。他与魏尔伦的关系此时也已告终，并且他再也没有重拾这段感情。他放弃了魔法、炼金术和迷信。他对未来的构想是一个属于唯物主义和理性的世界，他将在其中继续民主的事业。他放弃了东方哲学；他将成为一个现代人，"走一步算一步"，不为告别唱赞美诗。他将回归普通人的生活，做一个十分谦卑的普通人，不要求任何特权；他认为自己就像奴隶一样谦卑。他曾经尝试做的事不是一个奴隶应得的，是自由人的特权，而他不属于这一行列。弱小的人、无法管理自己的人是不能接受魔法的。但也有希望，可以让一个人从奴役中解放出来——约瑟夫就曾经做到了这一点，他用知识和经验赢得了从奴役中的解放。第二年，兰波在伦敦，当他在大英博物馆申请新的读者证时，他署名"让·尼古拉·约瑟夫–阿蒂尔·兰波"（Jean. Nicholas. Joseph-Arthur Rimbaud）。约瑟夫这个名字不符合他出生证明上的记录，这也是我们唯一一次见到这个名字。兰波很少在没有隐含意义的情况下做出行为，他加入这个名字的举动一定另有深意；值得注意的是，约瑟夫这个名字后面有

[①]《法兰西水星》，1956年8月1日。

一个连字符，和他自己的本名，也是他一直为人所知的名字阿蒂尔连在一起。神秘主义者相信，名字对一个人有神秘的影响；也许，兰波认为约瑟夫这个名字最终能够成功地让他重获自由，这是一个通过学习让自己获得自由的奴隶的名字，他后来成了一名先知。

洛匈认为，[①] 即便兰波在《地狱一季》之后还创作了其他作品，这些作品也一定失去了所有意义。如果他在创作《灵光集》时写作的是超验类型的诗歌（那是他当时正在拒绝的艺术形式），那这一说法的确是准确的。但很可能，他计划创作的——也的确创作了，即便不是在《地狱一季》之后也是在同一时期——是能够体现他对生活的新看法的诗歌。此时，他的理论认为文学应当是散文式的，充满理性，不包含象征主义，这才是更适合现代世界的形式。米舍莱在《宇宙史》的导言中说过，散文是思维最新、最完美的呈现形式，它距离模糊的白日梦最远，又离行动最近。他认为，从静默的象征主义向诗歌的转变、从诗歌向散文的转变是面向灵光和公平的进步过程；这是智力的调和——un nivellement intellectuel，有着正面的意义。他认为，一个国家中民主的天才在平凡的品质中可以得到最好的展现，他相信，通过这一点，法国必将提升世界的整体智识和公平性的标准。当时，兰波深受这一理念的触动，尽管之后他对民主的希望也幻灭了。

兰波相信他的新信念有重要的意义，并且能够拯救世界；他知道自己的动机诚恳而纯净；因此他无法想象其他人可能会对他产生误解。他认为自己所写的东西都已经无比清晰，其意义不言而喻。他并没有意识到，想要理解其中的内容，读者需要对他的思想背景有一定的了解。如果有人问起这一作品象征着什么，他就像回答他那为这本书感到惊讶的母亲那样回答："这本书的意思和我说的完全一致，在所有方面，字面上已经给出了完整的解释。"如果这本书得到了正面的评价的话，那么他在第二年也许不会这么轻易地感到沮丧和幻灭。但也许他对过去的放弃并非完全自愿；

[①] 洛匈（Ruchon）《让-阿蒂尔·兰波》(*Jean-Arthur Rimbaud*)，第 104 页。

也许他那新的诗歌形式最终让他无路可走；也许他在不再相信自己能和上帝面对面时，就无法继续写作了。给予他作品如此强大力量的正是那令人无法承受的、神秘的自信。也许他无法找到配得上他才华的材料——就算他拼尽全力，他也一向不懂得调整自身来适应世界。也许他已经无话可说，因为他不再能够描述灵魂中的发现。在他创作的鼎盛时期，文学表达似乎是一种精神上的性高潮；也许在没有这种释放的情况下，他也丧失了创作的能力。

兰波对自己作品的出版进行了审慎的监督，并在1873年10月亲自前往比利时去取出版的样书。在布鲁塞尔的警察局有这样一项记录："阿蒂尔·兰波，文人，居住地布拉瑟街1号，10月24日私自搬离，未告知新住址。"也许他在小卡姆监狱留下了一本题赠魏尔伦的复本，当时后者正监禁在那里，第二天就要被转到蒙斯（Mons）监狱。

在给熟识的人们寄去《地狱一季》后，兰波出发前往巴黎，去打探书的发行情况；他很可能受到了十分冷漠的对待。距离布鲁塞尔事件刚过去了四个月的时间，很少有文人不知道魏尔伦那份医学报告的详情，他们也清楚了解到这份报告在他获得严苛刑罚的过程中造成的影响。尽管很少有人赞同魏尔伦的行为，但许多人都很喜欢他；所有人都认为兰波是一个怪物，是他的邪恶天才怂恿了魏尔伦，并将他引入歧途。1875年魏尔伦出狱时，他的许多密友都认为他"卑鄙可耻"；1873年，兰波比他更要臭名昭著，毕竟悲剧刚过去不久，而人们从来都没有喜欢过他，他们会怎么看这个疯子的作品？很可能，迎接他的只有敌意和冷落，他的书根本无人问津。兰波的自尊和敏感因此受到了他在以后的日子都无法忘却的伤害。他来到这里时只怀抱着谦卑——即便那是带着自豪的谦卑——他为过去的错误而忏悔，放弃他迄今为止所珍视的一切，但他们还是拒绝了他。自豪的谦卑是比任何其他都更容易受到伤害的情感。

诗人阿尔贝·普桑（Albert Poussin）提到了1873年11月1日他看到兰波的场景。当时，兰波坐在塔布雷咖啡馆里，那是一间文人聚集的小咖啡馆，他曾经和魏尔伦一起在那里度过了许多快乐的晚间时光。当天是节假日，咖啡馆里挤满了一起快乐谈天的作家。但兰波独自坐在一边，沉浸在深深的绝望中。所有其他的桌子前都挤满了人，但他身边谁也没有，尽管在场的许多人都至少和他打过照面，应该记得他：就算他不是那样臭名昭著，他的面孔也令人十分难忘。普桑当时刚从外省来到巴黎，他不认识兰波；但他看到那个苍白、阴沉的年轻独坐一旁时，他友好地走上前去，说要给他买一杯酒。兰波用空洞、目不视物的双眼看着他，然后沉默地转过身去。普桑离开了，因为他不想再进一步打扰他，他的悲伤是如此的深刻，他无法理解。①

咖啡馆关门后，兰波沉默地离开了，他没有对任何人说任何话。那是万灵节的早晨，他立刻动身，步行回到了家乡夏尔维勒。据说，他回到家后，就像对手中所有的手稿，他对全部印书进行了杀戮般的销毁。

这一献祭一般的举动导致了诸多猜测和评论。很可能他确实烧毁了手稿和书稿——这个故事具有一定的真实性，因为伊莎贝尔还记得当时的火焰——但他不太可能把书也烧掉。书本不易起火燃烧，并且他的母亲也一定会阻止这种暴行。此外，除了作者的签名赠送本外，这本书的全部印书于 1901 年在印刷厂的阁楼被印刷商发现，兰波从来没有对其坚持所有权，也没有支付相关的费用。② 布扬·德·拉科斯特在他编辑评论的《地狱一季》中，引述了兰波的作者样书，兰波很可能收到了这些书。可能的情况——也很符合兰波的性格——是他烧毁手稿的行为是为了表达对当时文学界的拒绝和厌恶，而他的这种做法也是对波德莱尔的又一次模仿。在《人造天堂》中，波德莱尔对德·昆西的《深处叹息》做了增补，当时他深受诱惑，借由这一做法来展示自己对当时文学界的厌恶，他在其中写道：

---

① 帕泰尔纳·贝里雄著《让-阿蒂尔·兰波的一生》，第 224—225 页。
② 1901 年，洛索先生（M. Losseau）在布鲁塞尔一家印刷公司的阁楼里发现了一捆几百本的《地狱一季》，这就是全部印书——除了作者样书——兰波从未宣称过他对这些书的所有权或发行这些书，也没有为此支付费用。参见卡雷（Carré）收录于《阿蒂尔·兰波的文学生涯》中的文章，第 221 页。

一个天才、忧郁、厌世的人，想对时代的不公进行报复，曾经将他所有的手稿都投进燃烧的壁炉之中。当他因这一由怒火导致的可怕的杀戮（这次牺牲也毁灭了他所有的希望）而受到批评时，他回答道："这有什么了不起的？重要的是它们一开始曾被创造出来；它们被创造出来了，因此它们存在。"[1]

又或者，兰波听说了詹姆斯·汤姆逊（James Thomson）相似的举动——他在第二年，1874年，出版了《恐怖夜之都》。1873年1月至7月，他都在伦敦，兰波和他是两个相似的灵魂，他们也许曾经见过面。汤姆逊记录了自己在1869年11月4日烧毁所有手稿的举动。"烧掉所有的旧纸、手稿和信件，留下了书的手稿，其中大部分都已经印刷好了。我花了五个小时才把它们全都烧掉，我守卫着燃火的烟囱，确保它们被烧了个透。我很悲伤，也很愚蠢——几乎没有看它们一眼；如果我开始读它们，我可能就无法完成对它们的销毁了……我觉得自己就像一个在长绳上爬了一半的人，把脚下的绳子统统切断了；他必须继续向上爬，若想再碰触土地，他只能致命一跃……这可怕的一年之后，我不能再继续消费过去。现在，我最好面对未来，无论它如何伪装。"

---

[1] 波德莱尔著《人造天堂》，孔拉德（Conrad）出版社，第179页。

第十一章 倾售

假如兰波没有为了表达自己对同时代文人的厌恶和反抗而不得不销毁手稿和文件的话，他的文学之路是否会有所不同？这个问题的答案一定十分有趣。销毁手稿的行为让他更加感到孤单和疏离，进一步切断了他和其他人的联系。现实世界不欣赏他对过去一切的放弃宣言，也不理解他为人类做出的伟大计划，还把他那伟大的作品一脚踢开。他的自尊和最脆弱的情感被受到了无法治愈的伤害，他开始厌恶所有文人和他们的做法，这种厌恶也伴随了他的一生。那些当他在地狱逗留时出现的善意此时变成了苦涩，他决定再也不从他人那里寻求肯定。

我们并不知道兰波在1873年11月到1874年2月之间做了什么。有人说他当时住在巴黎；即便这是事实，我们还是无法知道他究竟住在哪里，又做了些什么。2月，他确实是在巴黎，据说他就是在那时认识了热尔曼·努沃，他是一个充满波希米亚人野性的诗人，比兰波大几岁，二人之间有许多相似之处。然而，也许他们在更早的时候就已经相识；因为热尔曼·努沃是《文学艺术复兴》的撰稿人，兰波自这一刊物1872年创刊时起就对其有所了解，他本人也是撰稿人之一。可以确定的是，在1874年2月到3月之间，他们一起去了伦敦，同住在斯坦姆福德街178号。由于两个人都没有什么钱，他们不得不尽力寻找谋生的方法。他们尝试过教法语为生，但由于市场上依然充斥着法国教师，学生十分难找；当时的日报广告栏中的内容也证实了这一点。据说他们曾在一家纸箱厂工作，拿着只够果腹的薪水，但后来还是放弃了这份工作；对他们来说，这种生活是对宝贵的时间毫无意义的浪费。这可能是兰波第一次体验普通工人的生活，也许正是这次经历给了他创作《灵光集》中《工人》的灵感。在他上一次造访伦敦期间，他靠魏尔伦支付花销为生。再没有更多关于他们在伦敦的生活和打发时间的方法的信息，但他们一定在付出体力劳动的同时也忙于知性的追求，因为二人都在1874年4月4日申请了大英博物馆的读者证——兰波应该是弄丢了他在前一年申请的读者证，或者这张读者证在11月和手稿一起也被他付之一炬——在这次申请时，他署名为"让·尼古拉·约瑟夫–阿蒂尔·兰波"；同时，他又一次在年龄上说谎：当时他只有十九岁，却声称自己已经二十一岁了。①

兰波一定也曾展现出对自己作品的兴趣。布扬·德·拉科斯特认为，《灵光集》手稿中的内容有一部分是兰波在1874年和1875年写的，另一部分则出自热尔曼·努沃笔下。② 如果他的说法是正确的，那么这些诗歌一定是在1874年被誊写成副本的，兰波在当时一定对它们抱有足够的兴趣，才会为它们制作品相良好的副本。

热尔曼·努沃和兰波最终还是分道扬镳——前者在6月回到了巴黎。后者可能和一个姑娘住到了一起；在前述的作品《工人》中，他提到了"我的女人"，可能是暗示了这一点。这首诗生动地描写了这对伴侣在窘迫的环境中找到了对方并一起度过的凄凉生活；这首诗读来并不像是创作于前一年兰波和魏尔伦一起生活的时间。

2月的一个星期天——可能是1874年或1875年中的任意一年——他们一起在郊区散步时，春天不合时宜的南风突然唤醒了他的记忆，让他看见了童年的贫穷与凄凉。她穿着早就过时的方格裙，戴着一顶有饰带的便帽和一条丝巾——这是一身悲伤的服饰，简直比服丧还要悲伤。天空中阴云密布，南风卷起了被毁的花园和干涸的牧场里腐烂的臭味。但她似乎并不在意，他也是。她年轻而愚蠢，会因为毫无意义的琐碎事物感到愉悦。无论他们走到哪里，城市似乎一直跟着他们；那可怕的城市，布满了烟尘和工厂；他想起了其他那些得到天堂的祝福的地方。他记起自己的童年和

---

① 参见斯塔基著《阿蒂尔·兰波》，1938年，第226页。
② 斯塔基著《阿蒂尔·兰波》，1938年，第172页。

当时的绝望,他以为那一切都已经永远地过去了。他无法承受自己的向往和失败。他知道自己不能在这个吝啬的国家度过夏天,在这里,他们什么都也不是,不过是一堆孤儿爱侣罢了。①

哦,这二月热烘烘的早晨。不合时宜的南方来撩起我们无故贫穷的记忆,我们年纪轻轻就遭受的不幸。

亨莉卡有一件棕白方格的棉布裙,大概是上个世纪穿的,还有一顶有饰带的便帽和一条丝巾。这真是比服丧还要哀伤。我们在郊区转了一圈。天气阴沉,南风激起了毁坏的花园和枯干的小牧场各种难闻的气味。

这不会使我的女人疲惫,我也不会。在相当高处的一条小路上,她让我留意有些小小的鱼儿,在上个月的洪水留下的水洼里。

城市,带着烟尘和职业的嘈杂,很远还在路上跟着我们。哦,另一个世界,住所受到天空和树荫的祝福!南方让我想起童年那些悲惨事件,我夏天的绝望,满身力量和学识,可出路总离我那么远。不!我们不在这个吝啬的国家过夏天,在这里我们永远只能是订了婚的孤儿。我要这变硬的胳膊不再拉出一个宝贝形象。(何家炜 译)

最后一句可能暗示着这段感情即将走向终结。

兰波在和热尔曼·努沃分开后的住所我们不得而知。

1874年的夏天,兰波似乎面临着某种危机——也许这首诗中体现了这种危机感;或者这只是他贫穷的生活导致的结果。造成这一点的原因——贫穷、疾病或绝望——我们现在依然无法确定。传记作家声称他病倒了,他的母亲来到伦敦照顾他。但他去了查令十字车站接母亲和妹妹,这说明他并没有像常人那样病倒——在床上休息或是住院;而且在她们造访伦敦期间,他的身体状况似乎也很好:他带她们游览了伦敦的景点,并且每天

---

① 《工人》,收录于《灵光集》,《兰波全集》,第178页。

都去大英博物馆学习。但当时一定也发生了严重的不对劲的事件，足以说服这个严厉、现实又实际的女人把最小的女儿送进修道院寄宿，并带着大女儿维塔莉一起花费昂贵的旅费赶往伦敦。维塔莉在日记和写给妹妹的信中完整地记录了这次造访。①

兰波为她们在亚吉尔广场12号租了一间房间。那是一间漂亮的房子，正对着被维塔莉叫作"公园"的花园。那里的位置比斯坦姆福德街要好。"在我们房间的窗户下，"维塔莉在给妹妹的信中写道，"有大量的花朵，在巨大的树荫下绽放。"

维塔莉的日记完整地记录了造访伦敦的经历，我们也从中得知，兰波陪伴他的母亲游览了首都，但他似乎也花了一些时间在大英博物馆里学习。维塔莉用孩子气的感性语调描写了伦敦和英格兰的生活，这些文字并没有达到高超的文学水平。她主要表达的情感是思乡之情，希望能够回家；同时也很反感她的哥哥，他一直不找工作，导致她们不得不在英格兰停留这么长的时间。日记里充满了对夏尔维勒充满感伤的思念，和因为被强迫留在伦敦而感到的悲伤。对今日的我们来说，这些文字主要的意义在于其中无意识地呈现出的兰波形象，那些坚持他不过是一个小痞子、安那其、虐待狂并且只能为家人带来不幸的人，应该来读一读这些日记。维塔莉在无意中勾勒出了一个和善、殷勤、善良的兄长形象；在目睹了她的悲伤后，他试着让她快乐起来。难以承受的夏季热浪让她感到烦恼，她很想吃冰淇淋、喝柠檬汽水。他几乎猜到了她心底的愿望，于是给她买来了这些零食。"阿蒂尔是那样的善良，"她写道，"他猜到了我的心愿，并帮助我实现了它。他给我买了一个冰淇淋，它是那样美味！"他甚至陪伴着母亲、带她去最好的商店，还帮助一句英语也不会的她买东西。但维塔莉仍然感到不快和烦恼，她被落在后面，和他们之间隔着一小段距离。兰波看出她一路上有多么无聊和不满，于是建议——采购结束后——他们一起去参观肯辛顿花园，他还从饮水池给她打来一些水。她形容肯辛顿花园"简

---

① 未发表的书信，由亨利·马塔拉索安排引用。

单又孩子气",这句话像极了兰波本人那讽刺的描述性口吻。

又有一次,她和母亲发生了争执,此后,兰波走了进来,空气里的紧张氛围让他猜到了发生了什么。他对她微笑,试着让她开怀,还决定带她一起去大英博物馆。我们可以想象,对兰波来说,处于负面情绪中的维塔莉并不是一个活泼有趣的伙伴,更不用说她还只是个十五岁的孩子。有趣的是,她提到哥哥向她展示了阿比西尼亚皇帝提奥多尔的遗物,这也是她最感兴趣的展品。展品中包括装饰着银制铃铛和钻石的长袍,装饰着白银和宝石、属于皇后的鞋,还有彩色木质勺子和碗。它们属于内格斯·提奥多尔,他在1868年在马格达拉被英军战败后自杀身亡;他的遗物在1874年被收入大英博物馆。很有意思的一点是,兰波早在这一时期就已经被阿比西尼亚所吸引。

兰波夫人和维塔莉之所以会在伦敦停留这么久,是因为这位母亲希望在离开之前亲眼看到儿子找到工作、安顿下来。维塔莉告诉我们,她的母亲穿着最好的衣服——她的灰色丝质连衣裙和尚蒂伊蕾丝披风——这样她就可以在和他一起出去时,因为穿着讲究而看起来值得他人的尊重。维塔莉还提到,她的哥哥每天都会收到邀请他去工作的信件,但这些邀请似乎都无疾而终。7月11日,他收到了一封信——可能来自某家中介,因为其中包含了三个工作的邀请。"我为他高兴,也为我们大家高兴,"维塔莉写道,"他越快搞定,我们就能越快回法国。"但她的希望再一次落空了。到了7月16日,阿蒂尔还是没有找到工作。"阿蒂尔什么都没有,"她在那一天写道,"哦!他要是能搞定这件事就好了。如果他一无所获,那可太不幸了。妈妈是那样的悲伤,那样的沉默寡言。"7月18日,他在报纸上发了一系列新的求职广告,又向另一家中介递交了申请。失望了太多次的维塔莉开始质疑哥哥是否诚实,但又为自己的急性子感到羞愧。当时,兰波夫人说她还会再给他一个星期的时间。

在那个星期里,兰波变得愈加阴沉和易怒——维塔莉也不再将他描写成善良、笑容满面的兄长。终于,在7月29日,他早上出发去大英博物馆学习时说自己不会回家吃午餐。但到了10点,他回来了,还说自己已经找到了工作，第二天就要离开去赴任。他的母亲和妹妹把接下来的一整天都花在给自己和他购物上。由于洗衣店没有把他的床单送回来，他没有在30日离开，而是等到了31日才走。他在凌晨4点30分出发，当时他看起来比任何时候都要悲伤。他的母亲双眼含泪目送他离开。他为什么在离开时如此的悲伤？他的母亲本该为他终于找到了工作而高兴，但为什么在他离开后，她在写信时悲苦地哭泣？他一大早出发又是去了哪里？

所有的传记作家——他们的观点应该都是基于兰波家人的证词——都说他去了苏格兰的一间学校任教，并且在那里一直待到了圣诞节前。但这一说法可能并没有充足的证据可以证明。事实上，他并没有去苏格兰的教职赴任，而是在1874年7月前往了雷丁的一家教育机构任职。这一机构由一位名叫卡米耶·勒克莱尔（Camille Leclair）的法国人创办。他在那里一直住到了年底，之后就离开了英格兰，并再也没有回来过。①

我们无法找到任何关于他在雷丁的活动的确切证据，也不知道他是否还继续着知性上的追求；可以肯定的是，他从未在牛津的博德利图书馆里学习。②

我们无法确定《灵光集》的创作完成于何时，本书也还没有讨论到这一点。V. P. 安德伍德认为，《海岬》的灵感来源于兰波对斯卡博罗的一次造访，这个说法十分有说服力，但他在日期上似乎不甚确定，既可能发生在1873年，也可能是1874年。③然而，这首诗的风格给人一种兰波后期诗歌的印象，基于这一点，我们很容易把这首诗的创作时间归于1874年。我们的观点是，在1875年年中兰波开始研究音乐之后就再也没有创作任何的诗歌——很可能在1875年初他离开英格兰、开始在辽阔的世界中流浪的生活后，他就不再写诗了。但他一定还保持着对自己作品的兴趣，因为他在同一年依然在寻求出版自己的散文诗。他还要求德拉埃伊归还《地

---

① 这些内容的发现过程请参见附录三。
② 博德利图书馆是牛津大学的主图书馆，雷丁距离牛津只有不到30英里的距离。——译者注
③ 《比较文学评论》，1955年1月，《兰波和英国》(Rimbaud et l'Angleterre)。

狱一季》的样书，从而把它送给一位在米兰的善良寡妇；1875年夏天他在米兰时身无分文，还病倒了，是她收留并照顾了他。

《青春》很可能于1874年在英格兰写成，因为其中一节题为《二十岁》，他也正是在那一年的10月过了二十岁的生日——当然，他可能对外宣称自己年龄比实际上更大，他自孩童时期起就有这样的习惯。这首反映针对民主的愤世嫉俗、悲观主义和幻灭的诗不太可能写于他的神秘主义时期，也不太可能写于《地狱一季》之后，当时他正朝向新的现代世界和人性前进。在这些涉及现代性的后期诗作中，我们看到了他对进步和民主感到深深的幻灭。此时，他笔下描绘的是一幅沉闷、凄凉的现代世界图景，那是一个脱水的、洁净的世界，与今天我们计划中的机械化世界有许多相似之处。那确实是一个"美丽新世界"。

> 在粗俗的现代大都市里我是一个蜉蝣，一个并无太多不满的公民，因为无论室内陈设、房屋外部还是城市规划，一切众所周知的趣味都已被规避。你们在这里指不出一座迷信建筑的痕迹。道德和语言减缩到最简单的表达，终于！这几百万无须互相认识的人如此相似地领受着教育、职业和衰老，以至于生命的流程肯定要比太多统计所显示的大陆人寿命短好多倍。还有，从我的窗口，我看见新的幽灵滚动着穿过厚重而永在的煤烟，——我们的林荫，我们的夏夜！——新的复仇女神们站在我的村舍前，它是我的祖国，是我全心所系，因为这里一切都跟它相似，——无泪的死神，我们殷勤的女儿和女仆，一场绝望的爱情，还有一桩漂亮的罪行，在街道的泥沼里啼哭。① （何家炜 译）

《大都市》则展现了这座城市的另一个更加肮脏破败的景象：贫民区。那是火车开过城市，旅行者向外眺望时看到的景象——它的高低一直在变

---

① 《城市》，收录于《灵光集》，《兰波全集》，第180页。

化——有时房屋和街道高过他,有时他从上往下看着那些惨淡的小花园和种植着蔬菜的老年秃顶男人们;有时是一排排沉闷无聊的郊区住房,全都是一个模样。

  从靛蓝的海峡到莪相的大海,经香醇的天空洗涤过的玫瑰红和橙黄的沙滩上,刚刚架起了相互交叉的水晶般的林荫大道,那里立即住上了贫穷的年轻家庭,他们靠水果养活。没有一点财富。——城市!
  从沥青的沙漠仓惶逃窜,连同空中层层可怕的带状雾幕,而天空弯折、后退、沉降,弥漫着极凶险的黑烟,只有服丧的大洋才有这样的黑烟,头盔、车轮、船艇、马臀在逃窜。——战斗!
  抬起头:这座拱形木桥;撒玛利亚最后的菜园;这些被寒夜鞭策的提灯下着色的面具;河底,呆傻的水妖穿着哗哗作响的裙袍;这些豌豆田里光亮的额头——还有别的重重幻影——乡村。
  大道两旁是栅栏和墙,围裹着些小树丛,被称作"心肝"和"姐妹"的残暴的花朵,因其道路极长而直入地狱的大马士革,——外莱茵河、日本、瓜拉尼仙境般的贵族财产,还洁净得能够接收到先人的音乐——还有已永不再开张的客栈——还有公主们,如果你承受得了,还有天体研究——天空。①(何家炜 译)

  詹姆斯·汤姆逊在 1874 年 3 月出版了《恐怖夜之都》,他对于现代城市的观点在很多方面都和兰波相呼应——尽管他的表达方式截然不同。两位诗人在性情上也有诸多相似,并且二人都是——用魏尔伦的话来说——"受诅咒的诗人"(Poètes Maudits)。想象一下,如果他们二人在兰波造访伦敦时曾经会面,那会是多么有趣的场景。但并没有任何证明这一会面确实发生过的信息。
  兰波用冷酷的客观性和抽离的笔触描绘了现代世界的图景,但在《民

---

① 《大都市》,收录于《灵光集》,《兰波全集》,第 189 页。

主》中，他把这一图景中隐含的、泛滥的厌恶和恶心全都表达了出来。①

"旗帜将插向污秽的风景，而我们的行话扑灭鼓声。"

"在各个中心我们将养活最厚颜无耻的淫业。我们将屠杀合情合理的反抗。"

"在洒满胡椒水的国度！——服务于最庞大的工业和军事开发。"

"就此别过吧，无论何地。心怀诚意的新兵，我们将拥有残暴的人生哲学；对科学一无所知，为安逸不择手段；爆裂吧，给这个世界送终。这是真正的进军。前进，开路！"（何家炜 译）

米舍莱认为十六世纪和十七世纪的历史是多彩的滑稽表演，他称之为"木偶们"的游行、"死去的神明们"和"腐烂的国王们"的喜剧，剧中人物没有任何伪装，丝毫感受不到羞愧。他声称自己正在撰写一种历史的新形式，与迄今为止让大众满足的那种传统、陈腐的记录不同。他把所有瓦卢瓦王朝的纵欲者的继承人都请进了自己的滑稽表演中。亨利四世和苏利公爵短暂地延迟了历史的闹剧；但亨利四世被刺杀身亡，苏利则被移出权力中心，于是法国再次落入了木偶们的手中——一群败家子，贪得无厌的狂徒。兰波同样认为生命是一场戏剧，他是戏剧的观众；剧中也有和十九世纪相似的游行，只不过他的是一场由健壮的流氓主导的民主"滑稽表演"，他们剥削前人，为了利益出卖自己。他们穿着噩梦般低俗品位的临时戏服，演出着恶棍和半神——是哪个都无所谓——的悲剧，并在成熟精明和简单幼稚之间反复变化。这确实是他在《灵光集》中的《滑稽表演》里所说的"野蛮表演"；当他注视这场表演时，除了厌恶，他什么也感觉不到。②

维柯和米舍莱都认为民主可能会带来恶化的情势，因为弱者的民主将

---

① 《民主》，收录于《灵光集》，《兰波全集》，第196页。
② 《滑稽表演》，收录于《灵光集》，《兰波全集》，第171页。

不可避免地走向安那其。如果一个团体想要存货，那么就必须有能够战胜不受法律约束状态的东西。维柯说过，新的统治者将崛起，秩序将在强有力的领导者之下建立。但如果这一解决办法无法被证实行之有效，那么就必须尝试更加极端的做法。这个国家需要臣服于另一个更强大、阳刚、更好的国家，成为后者的奴隶。征服能够融入新的血液，并上升到新的高度，尽管那将不再是原有的国家。但是，如果新的统治者和更强大、更好的国家的政府都无法拯救这个国家，那么天意使然，如果要征服这种新型的野蛮，就必须使用更极端的手段；这种新型的野蛮拥有科学和智力的发展，这使它比前文中提到的野蛮更加可恶，因为前者仅仅是自然和无知的结果，而后者却自甘堕落和残忍。因此，上帝将从天堂为这个国家带来毁灭。米舍莱写道：[1]

> 愿这个社会因分裂的怒火和内战的绝望无情而消亡；愿城市再度变成森林，森林变成人类的居所；经过几百年的努力，他们那精巧的恶意和微妙的邪恶将在野蛮的锈蚀下消失。

当社会重归原始状态时，它就准备好再度发展文明了。

兰波追随着十九世纪人类历史学家的脚步，在《灵光集》的开篇就提到了洪水。这并不说明这首诗在写作顺序上是第一首——事实上，它似乎应该是最后一首诗——仅仅说明他在规划诗集时把它放在了开篇的位置上。在亚当堕落之后，地球逐渐变成了邪恶横行的灾难之地，上帝于是降下洪水来洗去一切人类颓废堕落的痕迹，并给少数几个被选中的人类机会，让他们在被洗去腐朽和罪孽的新世界中重新开始。在很短的一段时间里，一切都很美丽，一切都很纯洁。"哦！那些宝石正在隐藏，——而花朵已经在张望。"（何家炜译）[2] 但同样的肮脏和邪恶很快又开始升腾，仿佛

---

[1] 米舍莱为其译著所作导言，维柯著《新科学》，第40页。
[2] 《洪水之后》，收录于《灵光集》，《兰波全集》，第167页。

世界从未被洪水清洗过。同样的城镇里有着同样的污秽；它们那俗气的大道和怪兽般的酒店依然挺立；依旧是同样的错误。世界业已成熟，等待一场新的洪水来洗刷、消灭一切我们已知的事物。自从第一场洪水消散后，所有的魔法之花和珍贵的宝石一个接一个地隐藏起来，女巫再也无法讲述那些只有她知道而我们一无所知的事物。"翻涌吧，池塘，——水沫，滚过桥面和树林上空吧；——黑呢绒和管风琴，——闪电和雷鸣，——升起吧，滚动吧；——大水和悲伤，升高并托起洪水吧。"（何家炜译）

此时的兰波憎恨人造的世界和召集我们生存其中的所谓文明。无论邮车带他去哪儿，在他眼中，同样的污秽无处不在。就像波德莱尔在每一个他的船停靠的国家所看见的"永在的原罪所呈现的倦怠景观"（辜振丰译），[1] 他看见了"资产者戏法"，他感到这已经超过了他所能承受的范围。[2] 他牺牲了所有的梦想和雄心，就是为了获得这样一种状态吗？他曾经以为自己找到了"爱的琴键"，以为他"与所有前人有明显不同的功劳"。[3] 但现在他一无所有，只剩下"残暴的怀疑主义"。他不再相信人性或民主，或是还有可能拯救世界，让它变得更好。他什么也没有，只能寻找新的出路，某种新的理念，尽管最终这也可能只是妄想。"但是因为这怀疑主义从今往后不会被付诸行动，另外我已献身于一种新的纷乱，——我等着变成一个凶恶的疯子。"[4]

这宣告着他的诗学理论和民主信念最终的破产；这是破产后的清算，是贱卖的地下室倾售，出售的货品是他之前抱有的理念。[5]

> 出售犹太人没有出售过的，高贵和罪恶没有体味过的，受诅咒的爱和大众地狱般的正直所不知晓的，无论时间还是科学都没有承认的；

---

[1] 波德莱尔著《航行》，收录于《恶之花》。
[2] 《历史性夜晚》，收录于《灵光集》，《兰波全集》，第193页。
[3][4] 《生命》（二），收录于《灵光集》，《兰波全集》，第174页。
[5] 《倾售》，收录于《灵光集》，《兰波全集》，第200页。

那些重建的人声；汇聚所有合唱团和管弦乐的能量才得来博爱的觉醒和瞬间的实施；唯一的时机，给我们的感知松绑！

出售无价的肉身，不属于任何种族、任何世界、任何性别、任何后代！财富倾注于每一步！无限制倾售钻石！

向大众出售安那其；向高级爱好者出售无法抑制的畅意，向忠诚者和情侣出售残忍的死亡！

出售定居和迁徙、体育项目、仙境和完美的舒适家居，以及这一切带来的喧哗、运动和未来！（何家炜　译）

唯一的希望也许就是那些不需要洪水清洗的原始人，他们还没有被腐蚀。值得注意的是，在一首通称为《眩晕》（*Vertige*）的诗中，兰波祈求世界上所有国家的毁灭，但在所有遭受他诅咒谴责的大陆中，他唯独留下了非洲。

基内描写了梅林坠入地狱边缘、造访那些尚未出生的灵魂的经历；他描写了在魔法师面前经过的黑人灵魂的队列。[①] 在一个个苍白灵体离开之后，一个黑人灵魂的队列缓慢而悲伤地走过，仿佛他们的身上背负着沉重的锁链。这些黑人的灵魂路过时做出了其他灵体都没有做过的举动：他们伏在梅林的脚边，对他哭喊："救救我们吧，这沉重的负担已经超越了忍耐的极限。"

兰波在《地狱一季》中表达了去往含的王国的渴望；含正是黑色人种的祖先。在《眩晕》中，他乞求毁灭能够为人类带来一个新的纪元。他呼喊着：[②]

什么与我们相干，我的心，染着血与灰烬的

[①] 基内著《魔法师梅林》，第1卷，第174页。
[②] 《眩晕》，《兰波全集》，第123页。这首诗没有注明日期，一般认为这首诗中没有任何一句写于1872年8月之后。但这首诗中表达的精神似乎与这一时期兰波的心理状态一致，因此在此引用。

桌布,还有成千次谋杀,以及狂怒的
冗长喊叫,整个地球的呜咽倾覆着
一切秩序;还有凌厉的北风刮过废墟;

而一切复仇呢?没有!……——但,还是要,
我们要复仇!实业家、王子、参议员,
消灭!权力,正义,历史,打倒!
这是我们分内的事。血!血!金色的火焰!

全面转向战争,转向复仇,转向恐怖,
我的精神!让我们转进伤口里:啊!去吧,
这世界的各个共和国!皇帝,
军团,殖民者,人民,够了!

谁来搅动怒火的旋涡,
是我们还有我们想象为兄弟的人?
到我们了!浪漫的朋友们:这会让我们快乐。
我们永远不要工作,哦,火浪滚滚!

欧洲,亚洲,美洲,消失吧。
我们复仇的脚步已将一切占领,
城市和乡村!——我们将被碾碎!
火山将喷发!而海洋将溃败……

哦!朋友们!——我的心,当然,他们是兄弟:
黑色的陌生人,如果我们出发!出发!出发!
哦苦难!我感到身上在发抖,老地球,
我已越来越属于你!地球在熔化,

这都没什么！我在此！我永远在！（何家炜　译）

之后，希望能去往东方的兰波于 1874 年 11 月 9 日在《泰晤士报》上刊登了一篇广告。

> 巴黎人（20 岁），文学和语言成就较高，谈吐出众，愿寻一绅士（艺术家优先）或家庭，同游南方或东方国度。信誉良好。A.R. 国王路 165 号，雷丁。

魏尔伦死后，这一广告的初稿（措辞有些许不同）在他的书稿中被发现。在 1937 年巴黎玛格（the Magg）签名展的目录中，这份初稿的说明是："兰波亲笔公告书，由魏尔伦修改。"由于这份广告被声称是魏尔伦修改过的，并且发现于他的书稿中，人们很自然地相信，它写于兰波和魏尔伦一起在英格兰居住的期间，也就是 1872 年 9 月到 1873 年 7 月之间。广告的真本是如何最终重见天日的，它又是如何帮助我们发现兰波曾经在雷丁的教育机构担任教职的，关于这两点的说明请参考别处。[①] 这份广告刊登在英格兰，并且当时魏尔伦正在比利时狱中坐牢，那么这份初稿是怎么落入后者手中的？这一点依然是个谜。也许是写有这份初稿的废纸被夹在《灵光集》的手稿中，一并落到了魏尔伦手中——无论如何，初稿确实在魏尔伦那里。又或者兰波可能在和热尔曼·努沃见面的时候把初稿给了他。无论如何，这份广告并没有像展览目录里说的那样，被魏尔伦修改过。确实，魏尔伦的字迹常常被误认为兰波的——即便是伊莎贝尔·兰波都有弄错的时候。

但这份广告并没有带来收获；1874 年圣诞节，兰波回到了夏尔维勒的家中。他再也没有回过英格兰。

---

① 参见附录三。

第十二章　羁风之人

接下来的五年里，兰波在欧洲大陆上流浪，一路远行，闯进了开罗、亚历山大港和爪哇。他永不停歇，和一位不具名的英国神秘学者一样；后者自称为"地球上的流浪者"，不会在任何地方停下脚步、落地生根。对于那些不了解兰波内心想法的人来说，他这样不眠不休地在大陆上从一个国家移动到另一个国家的行为，似乎让他显得比过去任何时候都要反复无常。他正在训练自己成为米舍莱笔下走向未来的行动者，他正在为自己在即将到来的新世界中将要扮演的角色做准备；同时，他也没有忘记，进步必须以仁慈为基础。米舍莱在《法国史》的导言中写道，① 在暴君那里行之有效的、消极的顺从将被积极的爱取代；积极的爱想要在地球上建立起属于上帝的公正，通过行动、战斗来实现一种与福音中所描述的截然不同的奇迹。这是一种新的、超群的爱，是喻于行动的爱。米舍莱将圣女贞德作为这一点的象征，她感受到了"法兰西王国的可悲"；据他所说，这位纯洁无瑕的女英雄不仅仅拯救了法国，她也解放了未来，并让一种新的英雄得以诞生；作为行动者的现代英雄，他们与基督教理想中那种消极被动的英雄截然不同。此时的兰波认为，所有不用于主动行动的时间都是一种浪费。正是这一点让他给人留下了永不停歇的印象。"为什么要浪费那么多宝贵的时间？"他曾这样对德拉艾说道。② 魏尔伦称他为"羁风之人"，并在一首晚些时候创作的诗里描写了他这位好友的"流浪癖"。③

---

① 1869 年版本导言。
② 摘自现藏于杜塞文学馆的笔记。
③ 《不幸的！所有馈赠……》，收录于《智慧集》。

永不疲倦的诅咒
追随着你在世界上的脚步,你被地平线所吸引……
现在该走过门前
加快脚步,唯恐人们放出恶犬,
如果你听不到笑声,那也不坏……
不幸!你这个法国人,你这个基督徒,多么可怜!
但你走了,你必须立刻模糊地想到幸福的形象,
做一个无神论者——随波逐流——嫉妒眼前这一刻。

魏尔伦并不理解驱使兰波前进的究竟是什么。他以为兰波永不停歇地行走只是为了熄灭他灵魂中对更高级事物的向往。在他的描述中,兰波正在摧毁自己心灵的力量,失去了追求知性的能力。根据魏尔伦的说法,他心中唯一残留的、属于过去自己的东西,就只有他的骄傲,让他无法意识到自己已经误入歧途。诗的最后,他写下一句祈祷,为他的前任好友祈祷:"谦卑者的神,拯救这个愤怒的孩子吧!"

在夏尔维勒度过圣诞节后,兰波进入流浪的第一阶段,他在寻找新的语言。他在1875年1月来到了德国,以寄膳宿房客的身份住进了位于斯图加特的一户姓瓦格纳的人家。这个姓氏在德国很常见,伊莎贝尔后来发展出了一个精彩的故事,据她说,她的哥哥去斯图加特是为了欣赏瓦格纳歌剧作品的演出季。在那里,兰波勤恳地学习,掌握了对德语的全面理解,并希望能在春天完成学习。他在语言上很有天赋,从他还是小男孩时起,他在拉丁语学习上的成就已经证明了这一点,而现在,每当他学习一门语言时,他的天赋都能够得以展现。我们知道他也会在图书馆待很长的时间——也许他在继续神秘主义哲学的研究,因为德国是最盛产赫尔墨斯秘义文学的国家之一。他的母亲如同往常一样谨慎,她不愿意给他寄去足够的钱,因此,为了生存,他不得不从事一些低贱的工作。在德国,和在英格兰时一样,维持生计对兰波来说并不轻松。

这一年的1月,魏尔伦出狱——由于他良好的表现,他获得了减刑。

出狱后的一段时间里，他和母亲一起留在比利时休养生息，并重新习惯日常生活。他在2月回到了巴黎，并愚蠢地希望能够和前一年他在狱中时已经成功和他分居的妻子复合。他不被允许和她以及孩子见面。魏尔伦很失望，并为此感到深深的绝望；突然之间，他被一种坚信自己有一份使命在身的信念所控制，他决定出家做一名僧侣，并在希迈的一个特拉普派修道院中担任见习修士。在那里，高贵的宗教生活很快就让他认清自己并没有被赋予真正的使命，而僧侣的生活也不适合他。几个星期后他就离开了。此时的他对未来全无计划，这是，他又想起了兰波，他希望再次拾起两人之间感情的碎片，与他破镜重圆。他从德拉艾那里得到了兰波在斯图加特的地址，并给他写了一封充满启迪和道德意义的信。据他所说，自己在狱中的岁月进行了长久的苦思冥想才写出了这封信。在信里，他恳求兰波归信天主教，在信的结尾，他写道："让我们在对耶稣基督的爱中爱彼此。"

很明显，当兰波收到这封信时，他只能用亵渎的言语来评价信中的内容。但他还是同意让魏尔伦来看他。"那天，"兰波写道，①"魏尔伦爪子里攥着玫瑰念珠来到了斯图加特。但三个小时以后，他就否认了上帝的存在，还让救世主耶稣身上那九十六道伤口再次血流成河。"让兰波信教的计划以惨败告终。这对"地狱中的伴侣"的重逢一定是一个既悲伤又令人不快的场面。这次重逢是他们1873年在伦敦度过的不快乐的几个月的重演。他们游荡在一个接一个酒吧里；喝醉之后，兰波变得十分暴力，做出了各种亵渎的行为，而魏尔伦却十分虔诚和感伤。最后，他们一起去内卡尔河畔散步，在那里爆发了一场激烈的争吵。可以想象，魏尔伦可能——在他的余生中，无论他参与了多少其他的冒险，他都从未忘记最初对兰波抱有的激情——对兰波动手动脚，让他感到十分厌恶。于是，在久未品尝的酒精的刺激下，魏尔伦攻击了兰波，狠狠地打了他。

兰波当时也醉得不轻；和魏尔伦相比，兰波更加强壮硬朗，他反手打了魏尔伦，然后跑开了；魏尔伦被独自留在河畔，神志不清地躺在地上，

---

① 兰波致德拉艾的书信，1875年3月5日，《兰波全集》，第290页。

第二天早上才被出门去劳作的农民发现。他们把他扶了起来，用手推车把他载去了城里。

此时，魏尔伦已经清醒了过来；他感到悔恨，为自己行差踏错而悲泣；撒旦化身为兰波，如此轻易地诱惑、掌控了他，为此，他流下了苦涩的泪水。他在斯图加特又待了两天的时间，之后在兰波的建议下回到了巴黎。他计划去英格兰，在文法学校任法语教师。目前基本认为这是魏尔伦和兰波最后一次见面。

夏天到来时，兰波厌倦了德国，他认为自己已经对德语有了足够的理解，是时候转而学习意大利语并将它加入自己的语言库中。他同时也有一个模糊的计划，要去帕罗斯岛找一个熟人，他在那里经营一家肥皂厂。由于母亲不肯给他出旅费，他把自己的行李箱和所有东西都卖了，然后就离开了德国。抵达阿尔特多夫时，他的钱已经用光了，因此他不得不徒步翻越阿尔卑斯山。他精疲力竭地抵达了意大利，几乎快要饿死。据说，在米兰时，一位仁慈的寡妇看出他是一个有修养、受过教育的人，因此收留了他几天。[①] 正是为了她，兰波才要求德拉艾把一本两年前送给他的《地狱一季》样书归还，好让他送给这位女主人，并借此证明他作为作家的实力。这说明他一定也和她谈论过文学和自己的创作。

大部分传记作家的作品都给人这样一种印象：兰波像一个浪子一样，从一个国家流浪到另一个国家，他看起来就像一个无可救药的流浪汉。但这远不是事实。魏尔伦曾为当时的他画像，画中的他看起来几乎和一个公子哥没有分别，打扮得很是优雅；他穿着一件漂亮的西装，还戴着一顶礼帽——很可能就是在伦敦买的那顶——画的标题是这么说的："旅行造就青春！M... à la Daromphe！"——这是他对母亲的无礼称呼之———"我离开了维也纳。"德拉艾说，他在德国时曾找人制作了雕版的名片——"刻在漂亮的名片上"——他从米兰给德拉艾寄了一张，上面有他的地址。

告别了那位善良的女士后，兰波再次出发，徒步前往布林迪西，打算

---

① 德拉艾著《兰波》，第 60 页。

从那里坐船去帕罗斯岛。当时正值盛夏，不适应南方热浪的兰波由于中暑而倒在了路旁。他的情况十分严重，被送去了医院；出院后，法国领事馆的官员把他遣返回了马赛。

抵达法国港口时，兰波觉得自己的精力已经完全恢复了。并不想回家的他于是靠在马赛旧港打零工挣来的钱在那里住了几个星期的时间：装船卸货、清除瓦砾，事实上，只要能赚到几个法郎，他什么都干。一天晚上，在酒吧里，一个看起来钱多到永远都花不完的外国人给他买了一杯酒。他是一名军官，正在招募去西班牙为卡洛斯党作战的志愿兵；他成功地招募了兰波。但兰波一收到奖金就迅速地去了巴黎。值得一提的是，伊莎贝尔·兰波否认了这一事件的真实性。① 她断言哥哥在1875年6月、7月和8月都和家人一起在巴黎，而且当她和姐姐、母亲一起返回夏尔维勒时，他才刚刚在离巴黎不远的迈松阿尔福（Maisons-Alfort）谋得一份教职。她说，兰波喜欢"愚弄"他的朋友们，因此才会用特别严肃的口吻给他们讲述发生在自己身上的最恐怖、最难以置信的故事，之后会因为他们如此轻信而嘲笑他们。② 8月的时候，他确实在巴黎，因为热尔曼·努沃给魏尔伦写了信，说看到兰波和梅西耶（Mercier）、卡巴纳和福兰在一起，这几个人——根据努沃的说法——都很厌恶兰波缺乏教养、常常酩酊大醉的恶习。③ 但对于努沃的证词，我们一直都保持谨慎的怀疑态度。

8月末时，钱已经花光了，于是他步行回到了夏尔维勒。他的家人已经不再住在马德莱娜河岸街上那间舒适的公寓里；他们现在住在窄小的圣巴泰勒米街上一间压抑逼仄的房子里。大女儿维塔莉已经十七岁了，她的身体一向都不强健，此时已经病入膏肓，而家里的氛围也因此变得非常阴沉。

由于为女儿的健康焦虑、对儿子感到失望，母亲的坏脾气也在最近变得更加乖戾。弗雷德里克身上已经没有希望了，他似乎已经完全堕落

---

① 《兰波书稿》，第209页。
② 《兰波书稿》，第119页。
③ 努沃致魏尔伦的书信，8月17日。未发表，现藏于杜塞文学馆。

成了出身低于他的阶级中的一员。1872年,他开始在人人都认识自己一家的街上卖报纸,这让母亲感到极端羞耻;现在的他没有任何崇高的理想,只想当一个车夫。要是阿蒂尔没有辜负他的潜力、走上光明的未来之路的话,她就能忍受弗雷德里克的行为,因此,她的不甘和苦涩大部分都发泄在阿蒂尔身上;她把所有的希望都寄托在他身上,现在,她无法原谅他对自己才华的挥霍和他亲手葬送自己未来的行为——至少在她眼中是如此。他回到家后,她不情不愿地允许他住下,但却不肯给他任何零花钱。

和许多胸怀大志的人一样,兰波对金钱毫无节制,并且完全不觉得在自己手头紧、买不起烟酒的时候"吸血"自己的朋友有什么问题。和他保持友谊最久的德拉艾此时已经成了一个谨慎、吝啬的"公职人员",他曾经在给魏尔伦的信里谴责兰波用上不得台面的把戏,从他所剩不多的朋友口袋里骗取小额的现金。他还称他为"l'œstres",也就是牛虻。[1] 但似乎他最希望"吸血"的对象就是魏尔伦。他还记得他之前的软弱,以及他在金钱问题上鲁莽的态度;此外,他还注意到魏尔伦似乎不愿意失去和他之间的友谊,他紧紧抓着不放,就好像那是他那污秽不堪、处处碰壁的人生中罕见的美丽事物一样,兰波希望他能够愿意为这一情感上的奢侈品支付相应的价格。他试着向魏尔伦借钱,用的是一个他认为很是冠冕堂皇的理由:他要为自己在新世界取得更高的地位而做准备,需要钱来学习钢琴和音乐。但魏尔伦并没有相信他的借口。如果我们选择相信魏尔伦在1875年10月写给德拉艾的信中的内容,那么就会从中得知,兰波曾做出过一些半开玩笑的敲诈行为。但这也很可能只是魏尔伦对兰波信中内容的误解,据他说,这封信是用"莫名其妙的话语"写成的。除了在斯图加特的那次失误,当时的魏尔伦尚未误入歧途;他依然坚持着宗教信仰,保持着他在监狱里养成的时常忏悔的习惯;他并不认为自己需要惧怕兰波。自从上次造访德国后,他一直都在反思过去,反思他们之间的友谊,他最终得

---

[1] 德拉艾致魏尔伦的书信,未发表,现藏于杜塞文学馆。

出结论：兰波对他造成了极其恶劣的影响。此时的他认为过去的自己太过慷慨，现在是时候让兰波知道他再也不能强迫自己做任何事了。在他写给德拉艾的信中，几乎看不到他对兰波还抱有任何情感的证据，只有深深的怨恨和憎恶——还有一些蛛丝马迹，证明他其实并不像自己假装的那样不再受到兰波的影响。他说道，这样一个把傲慢无礼想象成力量、把欺诈看作智慧的人，还有什么可指望的呢？——他很快就会变成一个肮脏下流的恶棍，等他到了三十岁，就会变成一个低俗的资产者。他还说，兰波就是杀死了下金蛋的鹅的农夫，但是，只要兰波改变心意，他还是时刻准备着献上自己的感情和友谊，"当然了，就像一个基督徒那样时刻准备着"。他请求德拉艾把这些感性的话转告兰波。德拉艾欣然同意，他没有在两个好友之间挑拨离间，并把兰波所说的关于魏尔伦的话转告给了后者。德拉艾和魏尔伦之间的关系似乎也十分令人怀疑，但他并没有在这两个曾经的好友的关系中扮演什么重要的角色。他在给魏尔伦的一封信中说，兰波坚持按照自己现有的方式来生活，毫无疑问，他总有一天会把自己折腾进精神病院。①

当兰波听说魏尔伦愿意献上基督徒的友谊时，他向转达这一善意的消息的德拉艾表示了感谢，并说道："我不会对罗耀拉②（即魏尔伦）这种傲慢无礼的言辞（grossièretés）做任何评价，因为我没有精力可以浪费在这件事上。（Je n'ai plus d'activité à me donner de ce côté là à présent）"③ 卡雷（Carré）在出版兰波的这一封信时并没有参考魏尔伦之前写给他的信，并认为兰波用"grossièretés"一词时指的是魏尔伦的诗集《智慧集》；这一回答说明，当时的兰波对文学已经再也没有念想了。但"grossièretés"更可能指的是魏尔伦请求德拉艾转告给兰波的那些话，以及他对好友能够回心转意、归信宗教和天主教的希望。魏尔伦提出的基督徒的友谊从根本上就

---

① 德拉艾致魏尔伦的书信，未发表，现藏于杜塞文学馆。
② 圣依纳爵·罗耀拉是天主教耶稣会创始人，兰波用这个名字称呼魏尔伦来表达对他的嘲讽。——译者注
③ 1875年10月14日的书信，《兰波全集》，第292页。

无法吸引兰波，他正处于生活中四处漂泊的时期，完全不可能分散精力去考虑基督教的信仰。除此以外，1875年的兰波对文学仍抱有信念，并不像卡雷的注解里所说的那样；我们能够看出他渴望自己的诗歌能被出版，他也希望把自己的一部作品送给在意大利的善良寡妇。《失去的毒药》一诗就曾被认为是兰波在这一时期所作，但经过证据分析后，我们认为这首诗应该不是他的作品，可能出自热尔曼·努沃的笔下。① 之后又出现了许多对他那些较为下流的诗作的仿作，而附在给德拉艾的信里的打油诗《梦》很明显只是当作笑话来写的。② 他自1875年起就停止了写作这一点毋庸置疑。德拉艾在同一时期一封写给魏尔伦的信中写道："他的诗？他的灵感早就枯竭了。"③

兰波没有回应魏尔伦关于二人结成基督徒之间的友谊的提议，魏尔伦却不能放下他，在12月又从伦敦给他寄了一封信。④

> 我给你写信，并不是因为我在等待你给我一个令人满意的答复。我没有收到回信，所以我也不回复。但今天我要打破自己长久的沉默，再说一次两个月前我和你说过的话。
>
> 我还是一样。极端虔诚，因为这是唯一的智慧，唯一的善举。教会塑造了现代文明、科学和文学；她也塑造了法兰西，但法兰西正在死去，因为她切断了和教会的联系。这再明显不过了！教会同样也塑造人。你这样的人竟然都没有意识到这一点，真是令人吃惊，我很惊讶。在过去的十八个月里，我有充足的时间去考虑所有这些。我向你保证，我就像抓住了救命稻草一样，紧紧地抓着自己的信仰。过去的七个月我身处新教徒之间，这更坚定了我的信念。
>
> 我顺从于这个绝妙的理由，我认为自己受到的惩罚和羞辱都是公

---

① 参见库隆著《魏尔伦和兰波的内心世界》，第45—83页。
② 参见兰波致德拉艾的书信，1875年10月14日，《兰波全集》，第292页。
③ 德拉艾致魏尔伦的书信，未发表，现藏于杜塞文学馆。
④ 收录于《兰波全集》，第294页。

平的；教训越严重，接受教训的恩典就越大。你可别把这当作我在惺惺作态。因此，我对你也还是一样的。我对你的感情也是一样的（有些许的改变）。如果能看到你受到启示，我会感到非常愉快。看到你还在坚持走愚蠢的路，这给我带来巨大的悲伤；你是那么聪明，早就准备好归信了——尽管这可能会让你感到奇怪——你只需要注意到自己对一切的厌恶，其实这是完全合理的，尽管你并没有意识到这种情绪产生的真正原因。

关于钱的问题。你不可能真的没有发现我是多么慷慨的一个人吧。这是我为数不多的品质之———或者说，是我众多的邪恶天性之———看你怎么说吧。但是，我的钱被三年前那荒唐、可耻的生活蚕食得所剩无几了，我必须重新积累财富，也要考虑我的儿子，最后，还要考虑我新发现的坚定的信仰；你必须理解我，我不可能给你钱。这些钱会被花到哪儿去？酒馆和妓女！钢琴课？多么值得怀疑！如果你真的需要，难道你母亲不会愿意支付费用吗？去年4月你写了那些无比低俗、自我暴露的信，充满了最邪恶的意图，让我认为绝不能冒险让你知道我的地址。我提前告诉你，你所有想伤害我的计划都会失败，而且，我还要警告你，你所有这样的行为都会被诉诸法律，我手上都有证据。但我放下了所有这些丑陋的想法，我确信，无论如何，这只是你一时的头脑发热，只要冷静地想一想，一切就都会过去的。但是，谨慎是安全之母，因此，只有在我认为你值得信赖的时候，我才会给我你的地址。这就是为什么我请求德拉艾不要把我的地址给你，我也请求他慷慨地把你的信全部转寄给我。

来吧！展现一点善意、思量和感情吧，为了那个永远都属于你的人，保罗·魏尔伦。

另：之后我会通过德拉艾向你解释我希望你能过上的那种生活——抛开宗教信仰不谈，尽管宗教信仰是我给你的主要建议——只要你能给我令人满意的答复。

340

兰波没有感受到这封信中真挚的情感；他只感受到沾沾自喜的虔诚、侮辱性的警告和高高在上的态度。他并没有写下令人满意的答复，两位昔日的好友再也没有见过面。

那一年，整个冬天兰波都待在夏尔维勒，他似乎对接下来要做什么感到犹豫不决。但他并没有闲着，而是忙于知性的追求：学习阿拉伯语、印度斯坦语和俄语。由于没有章法，他的学习进展受到了一定的阻碍，他唯一拥有的俄语书是一本俄语—希腊语字典，他把字典剪成了纸条放在口袋里，并在夏尔维勒的森林中散步时背诵学习。① 有一段时间，他曾半开玩笑地想去参加高中毕业会考。此时的德拉艾已经是位于赫泰勒（Réthel）的圣母中学的一名老师了——魏尔伦后来接任了他的位置——兰波给他写信，询问他关于如何准备参加理科会考的建议：他应该读哪些书、了解哪些知识，他的水平会达到哪一个成绩标准。② 魏尔伦在写给德拉艾的信里不经意地提到，③ 兰波似乎还考虑过入学巴黎综合理工学院；这也解释了他为何选择备考理科会考。魏尔伦曾充满讥讽地称呼这一时期的他为"数学家"，并对他的计划表达了最残忍的嘲讽。他曾说："谁是那个比狗还蠢的傻子，想要去给巴黎综合理工提建议？"当时，德拉艾可能也没有给兰波任何鼓励，因为我们之后再也没听到他提起这一计划。这其实并非明智之举，因为如果兰波能受到训练、获得资质的话，也许他可以成为一名出色的工程师；在技术的加持下，后来的他也许能够更轻松地获得去海外工作的大好机会。

在这一时期，兰波实践了他所有反复无常的行为中最奇怪的一个：他决定学习音乐、学习弹钢琴。有两个来源证实这个故事的真实性，因此这并不是总是围绕着他的那些异想天开的谣言。我们已经知道，他曾为了这个目的而向魏尔伦借钱，尽管后者认为这只是他借钱的借口。证实这个故事的来源之一是来自夏尔·勒菲弗尔（Charles Lefèvre），他是房东的儿子，

---

① 侯安和布吉尼翁著，载于《亚登和阿尔贡评论》，1897 年 9—10 月刊。
② 致德拉艾的书信，1875 年 10 月 14 日，《兰波全集》，第 292 页。
③ 魏尔伦致德拉艾的书信，1875 年 11 月 27 日。

当时兰波正在给他上德语课。① 他声称这个故事是真实的。他还提到——尽管一个二十一岁的男人做出这样的行为并不值得夸赞——兰波的母亲拒绝租赁钢琴，于是兰波就在餐桌上刻出了钢琴的键盘，在纠正学生的翻译习作时，他会用这个键盘来练习音阶和当时正在学习的曲目。为了防止其他家具也落得同样的下场，兰波的母亲终于同意租用乐器；据说，根据从公寓里传来的音乐判断，兰波很快就成了一个出色的钢琴演奏者。魏尔伦曾画过坐在钢琴前的兰波，画中的他以充沛的精力弹奏着，额头上留下汗水，画像的说明文字为："音乐陶冶情操。"

第二个证实这一信息的人名叫路易·莱特朗热（Louis Létrange），他当时和兰波一家住在同一栋房子里。② 他是合唱团的指挥，同时也是夏尔维勒圣母教堂的唱诗班指挥，他也教授钢琴和管风琴演奏。兰波向他求助，希望得到他关于音乐学习的建议，还从他那里借了夏庞蒂埃（Charpentier）小姐的《钢琴练习指南》，他也和他谈论"新的音色"——这似乎说明他还没有放弃对文学和艺术的兴趣。莱特朗热和勒菲弗尔都见过兰波在桌子上刻出的琴键。一直到 1875 年 12 月，兰波夫人才终于同意租用钢琴，在那之前的几个月里，兰波都是用这一"无声的乐器"来练习的。

德拉艾声称，③ 尽管兰波没有在实际演奏钢琴的路上走得很远，但他确实掌握了大量的理论知识。对于一个文人来说，这一点比仅仅成为一个出色的演奏家要重要得多。他很可能把钢琴学习看成了获取音乐知识的一部分。音乐和数学的关系十分密切，古希腊人认为，音乐和天文学都由数学构成。他们相信，音乐是万能语言，所有人都可以理解；学习音乐——和学习数学一样——是在为学习哲学做准备。毕达哥拉斯同时是一位著名的魔术师和数学家，他的理论和计算有很多都以音乐中的音阶为基础。通过这些，他测量出了固定位置的行星到地球的距离，以及月球、水星、金

---

① 侯安和布吉尼翁著，载于《亚登和阿尔贡评论》，1897 年 9—10 月刊。
② 《兰波与音乐》，载于《斑鸫》（*La Grive*）杂志，1954 年 10 月 20 日。
③ 德拉艾著《兰波》，第 63 页。

星和其他转动着的星体之间的距离。所有这些星球位置之间的距离都和音阶中全音和半音之间的距离相等。他也从此推论出世界和天体的和声,对他来说,"天体音乐"不仅仅是一种修辞手法。天体之间的关系依赖于它们到中心的距离,越是缓慢、距离近的天体,就越会发出更低的音调;敏捷的天体则会发出更高的音;合在一起,这就是宇宙的八度。根据他的说法,我们之所以听不到这种音乐,是因为我们的耳朵已经被周遭的噪声震聋了,但如果我们能够达到完美的静默,我们就能够感知到天体音乐——不幸的是,我们大部分时候都处于和静默恰恰相反的状态。很可能兰波把学习音乐当成了数学的一部分,因为数学是新世界的知识之树上最重要的一根枝叶。

但这似乎也是兰波最后一次展现对艺术或文学话题的兴趣。

久病缠身的维塔莉在 1875 年 12 月离世。于是,兰波夫人把真实的自我更加牢牢地锁在不通人情、艰苦朴素的外表之内。她在两年半前给魏尔伦的信里曾提到过自己内心的伤口,现在,她的伤口复发蔓延得如此之快,让她的心中几乎不再剩下任何完整的地方。

冬去春来,兰波再一次出发,走上了流浪的旅途。这一次,他计划去俄罗斯;整个冬天,他都在为了这个计划而学习俄语。但他只到达了维也纳就放弃了。抵达维也纳时,他坐上了一辆马车,并且很不明智地和车夫交上了朋友;后者其实是个恶棍,还抢走了他所有的钱和行李。为了吃饭,兰波不得不在街头行乞。他因行乞而被逮捕,并被当作不受欢迎的外来者遣送到了边境;在那里,他被交给了德国警察,并因此在身无分文的情况下被送到了阿尔萨斯边境线的法国领土上。他从那里徒步回到了夏尔维勒。这一次,德拉艾说,[①] 兰波变得十分强壮硬朗,他整个人的外表也变了:他看起来像一个习惯流浪的流氓一样刚硬。

他修长的双腿会像骏马一样大步地迈开,笼罩地面;他举止得当,但看起来似乎已经放弃了抵抗;他看起来就像一个准备好接受任何事的人,

---

① 德拉艾致帕泰尔纳·贝里雄的书信,未发表,由亨利·马塔拉索安排引用。

他没有愤怒，也没有恐惧。

很快，家里的氛围让他无法忍受，他也只在家里待了很短的时间。他出发时还是春天，一直流浪到秋天才回家，就像需要栖息地的鸟儿一样，在家里度过了冬天。"我害怕冬日，"他在《地狱一季》里说，"因为那是安逸的季节！"（王道乾译）[1]

此时，他想要找到前往东方的办法。在一段很短的时间里，他半开玩笑地计划成为一名神甫，这样就能可以以传教士的身份前往东方。[2] 但他放弃了这个计划，出发去了荷兰，并在那里参加了荷兰的军队，前往爪哇。他签了一份为期六年的合同，拿到了十二英镑的奖金。1876年6月10日，他登上奥兰治亲王号起航出发，[3] 旅途花费了六个星期的时间。随着船在红海上的航行，他看到了苏丹、阿拉伯海岸线和完整的索马里海岸；后来，他对索马里海岸了若指掌，熟悉得如同自己的家乡。当时的红海西海岸还是一片沉寂，还没有欧洲人活动的踪迹。7月23日，船在巴达维亚靠岸。兰波隶属于第一步兵营，但很快他就厌倦了枯燥的军事化生活。在过去的六年中，除了追求自己的志趣外，他一事无成，而且他十五岁就离开了学校，因此也没有来得及养成遵守纪律的习惯。在营房里，他的眼中只有那些有待他探索的美丽国度；于是，在他抵达这里三个星期后，一找到机会他就做了逃兵。我们知道，他是在8月15日这天成为逃兵的，但是我们并不知道他是从巴达维亚还是沙拉迪加离开的。当时的荷兰殖民军队中有很多逃兵——他们都是为了从欧洲逃离才参军的欧洲人。

根据第一位传记作家的说法，兰波在成为逃兵后的几个星期，甚至是几个月里，都在丛林中流浪，最终以一个体格健壮的水手的身份，乘坐一艘英国运糖帆船回到了英格兰。无论如何，他肯定不可能在丛林里流浪太长的时间，或流浪到很远的地方，因为他在1876年12月31日就已经回

---

[1] 《永别》，收录于《地狱一季》，《兰波全集》，第228页。
[2] 德拉艾笔记，现藏于杜塞文学馆。
[3] 《法兰西水星》，1922年7月15日；马梅尔斯坦因（Marmelstein）著《兰波在斯图加特和荷属东印度》。

到了夏尔维勒，而乘坐那艘船绕过好望角的归途至少要花上三或四个月的时间。根据德拉艾的说法，他愉快地流浪遍了整个爪哇岛，直到他终于抵达了一个港口，在那里，一艘英国运糖帆船雇他当了水手。这艘船在沿着好望角航行时遭遇了一次激烈的暴风雨，但最终还是把他载到了利物浦，他也从那里返回了法国。到了侯安和布吉尼翁笔下，这一经历大致相同，不同之处在于这艘船在利物浦停靠后，又继续沿着英国、斯堪的纳维亚、丹麦、荷兰和比利时和法国的海岸线航行，直至抵达波尔多，兰波也是从那里坐火车返回了夏尔维勒。根据帕泰尔纳·贝里雄的说法，兰波直接从利物浦出发前往迪耶普，然后从那里返回家乡。

上述说法中没有任何一个是绝对准确的，德拉艾的说法也和他在写给朋友米约（Millot）信里所说的对不上，这封信的内容由德·格拉夫发表，[1]写于1877年1月28日，和上述兰波的游历的时间很近。他在信里写道，兰波告诉他，自己是坐船归乡的，途中经停了圣赫勒拿岛、亚速尔群岛、爱尔兰的昆士敦、利物浦，最后在勒阿弗尔下船。他从那里前往巴黎，在那里待了几天后才返回夏尔维勒。德拉艾还说，从12月9日到31日之间，他都躲在夏尔维勒，和家人在一起。

这封信发表之前，笔者曾尝试调查兰波从爪哇返回时所坐的船。经过漫长的研究后发现，在1876年8月15日到12月31日之间离开爪哇的24艘船中，只有15艘在1877年1月前抵达了英国或法国。

曾经设立于伦敦的船舶及海员总登记处的档案里，保存了所有英国船只的文件和证明。这些记录十分详尽，包括了所有船只上每个船员的合同副本，其中有船员的国籍、薪水等信息，还包括一份船只在航行中的健康状况和行为报告；以及船员登船和下船的港口名称。笔者调查了七艘可能的船只中全部船员的信息记录——其余的八艘船只都不属于英国，相关记录也没有在登记处保留。所有合同、水手名册和报告中都没有兰波这个名字。因为他有可能用假名登船，因此他的笔迹样本也被拿来与合同中的签

---

[1] 《人文科学评论》，1951年10—12月；德·格拉夫著《德拉艾致米约的两封书信》。

名进行比对，但也并没有发现哪怕和他的笔迹有一点相似的记录。因此，他不可能从荷属东印度群岛以水手的身份乘坐英国船只返回欧洲。[①] 当然，他也许是以乘客的身份登船的——或者他以乘客或水手的身份乘坐的船只并不属于英国。但兰波的朋友和早期的传记作家们一直以来都断言他确实以水手的身份乘坐一艘英国的运糖货船返回了法国。

在上述调查中，笔者发现了另一个事实：经过复核，发现这一时期并不存在从爪哇出发、在利物浦靠岸的英国船只。一艘名叫"蕾欧妮号"的船确实是从东印度群岛出发，并于12月23日前在利物浦靠岸，但那并不是隶属于英国的船只，因此笔者无法进一步发现任何相关信息。

最有可能将兰波带回欧洲的是一艘名叫"流浪酋长号"的英国船——这个名字也确实配得上"羁风之人"。这艘船上载有作为货物的糖，于8月30日从三宝垄出发。当时，爪哇有许多经停港，兰波可以从其中任何一个港口上船。流浪酋长号经停圣赫勒拿岛，在绕过好望角时遭遇了暴风雨，并因此失去了桅杆，还差点沉没。所有这些细节都对应上了伊莎贝尔口中哥哥的旅行。这艘船于12月17日在勒阿弗尔靠岸，这也让兰波有了几天在巴黎盘桓的时间，并能够在除夕夜之前回到夏尔维勒。他并没有被雇佣为水手，很可能是自费登船回乡的；他一向都很擅长编造关于自己丰功伟业的浪漫故事。热尔曼·努沃是这样描述兰波的：他穿着英国水手的制服走在巴黎街头，说是船员们给他的，因为他自己的衣服由于徒步穿越丛林而变得破烂不堪——然而，这可能仅仅因为他登船时还穿着荷兰士兵的制服，而逃兵这样打扮是十分危险的。他曾经打扮成英国水手的样子这件事，可能导致了那些称他曾经在英国船上当水手的谣言。从那以后，热尔曼·努沃一直叫他"水手兰波"，取自《一千零一夜》中的水手辛巴达。[②]

关于流浪酋长号的大部分细节也和德拉艾写给米约的信相吻合——除

[①] 参见斯塔基著《追寻兰波的踪迹》，《法兰西水星》，1947年5月1日。
[②] 作者从登记处获得的信函，1960年10月11日。

了兰波抵达法国的时间。如果兰波是在 12 月 17 日抵达勒阿弗尔的,那他就不可能像德拉艾说的那样,在 12 月 9 号就已经到了夏尔维勒。但那一天他是不是真的已经到了夏尔维勒?没有证据可以证明这一点,也没有人曾经见过他。德拉艾直到新年才和他见面——他写给米约的信的日期是 1 月 28 日——而他也可能记错了日期。也许他想写的是"19 日",但写成了"9 日";或者是德·格拉夫在读信的时候看错了,因为他确实在解读信的内容时遇到了困难。对于兰波来说,要在家乡默默无闻地待上三个星期实在是太长了,如果真是这样的话,那么也没有人知道他的存在,因为我们得到的关于他的最早的消息是在除夕夜,他在那一天返回了家中。

德·格拉夫认为,他回程时乘坐的船是"埃克塞特城号",[①]9 月 17 日从三宝垄出发;但他没有给出更多的细节,也没有提出支持这一理论的论点。

保存于卡迪夫的船舶及海员总登记处的记录中,包括了埃克塞特城号航行的所有细节。[②] 这是一艘蒸汽船,并不是兰波描述的那种脆弱的帆船,而且没有关于货运的信息。这艘船上共有二十四名船员,加上后续替换人员,合同包括了七十个人的姓名,但在香港和马耳他之间并没有签约雇佣任何新的人员。这艘船从三宝垄出发,直达马耳他,然后在 1876 年 11 月 15 日抵达马赛。上述情况与兰波的家人或早期传记作家的描述没有一处吻合,和德拉艾当时写给米约的信中的内容也对不上。这艘船也没有靠近过昆士敦或利物浦,而兰波和德拉艾也不太可能无中生有地杜撰出这些地名。所有目前掌握的证据似乎都可以推翻兰波乘坐埃克塞特城号归乡的理论;流浪酋长号依然是可能性最高的船只。

抵达勒阿弗尔后,兰波似乎前往了巴黎,并在那里待了几天的时间,或者,他在返回北部的途中曾经路过首都。之后他便回到夏尔维勒度过一年一度的冬歇。此时的他看起来比实际年龄二十二岁更加成熟,他留着浓

[①] 《人文科学评论》,1951 年 10—12 月;德·格拉夫著《德拉艾致米约的两封书信》。
[②] 作者从登记处获得的信函,1960 年 10 月 11 日。

密的金色络腮胡,皮肤也晒出了陈年皮革的颜色。他的母亲已经接受了他的反复无常,她认为这是自己道德上必须背负的十字架;她以坚忍、基督教徒式的顺从接纳了他,但对他并不友善。她变得比过去更加沉默和不苟言笑;在家时,她几乎不和家里几个成员交谈。

春天到来时,兰波又一次回到了旅途中。这一次,他去了汉堡,希望能在驶向东方的船上谋得一份工作。他并没能找到理想的工作——根据早期传记作家们的说法——只能接受了一份在卢瓦塞(Loisset)马戏团担任翻译兼经理的工作,当时马戏团正在前往北欧首都城市巡演的路上。根据传记中的说法,卢瓦塞有两个美丽的女儿;其中一个后来嫁给了一位俄罗斯亲王,另一个则在马戏表演中发生事故而去世。[1] 即便是她们的魅力,也无法补偿兰波因为处处受限、演出总是一成不变的马戏团生活而感到的厌烦。此外,他还发现自己无法忍受北欧都市的寒冷,而他在之前的旅程中一直都是向南方或东方出发,寻找阳光的照耀。最终,由于无法找到能带他返乡的工作,据说他通过斯德哥尔摩的法国领事馆被公费遣返。后来,伊莎贝尔·兰波声称[2] 她从来没有听说过这个马戏团,且他在瑞典时是在一家锯木厂供职。笔者通过斯德哥尔摩的法国领事馆进行了调查,结果显示他从来没有通过公费从瑞典被遣返法国。[3]

然而,他很有可能确实曾去过斯堪的纳维亚半岛,因为德拉艾曾画过一则讽刺漫画,其中,兰波正和一头白色的北极熊一起喝酒,也有人声称曾经在哥本哈根和斯德哥尔摩见过他。[4] 德拉艾附上这则漫画的信中并没有提到关于任何马戏团的内容。

回到家后,兰波觉得自己无法继续忍受和一言不发的母亲一起度过整个漫长的冬天。当时还只是初秋,于是他便出发前往亚历山大港,希望能够在那里找到温暖。也正是在这一时期,他的朋友们认为兰波已经过于野

---

[1] 德拉艾著《兰波》,第16页,注2。
[2] 《兰波书稿》,第207页。
[3] 参见斯塔基著《追寻兰波的踪迹》。
[4] 1877年8月的书信,未发表,现藏于杜塞文学馆。

性、无法无天了。德拉艾在写给魏尔伦的信里称他为"霍屯督人"①,②并且附上了一幅画,画中的兰波踉跄地被一群黑人女性包围着,手中拿着一瓶白兰地,手腕上用一根绳子系着一本晃悠悠的字典。③然而这一次兰波并没有能够到达亚历山大港;不幸的是,他在船上生了病,于是只好在意大利海岸下船。当他恢复健康、能够出院时,冬天已经来临,现在还要启程踏上如此遥远的旅途已经太晚了,因此他不得不回到了家中。这次生病让他的健康变得十分脆弱,他在家待了几乎一整年的时间,直到第二年的秋天。他的母亲拒绝让他过无所事事的生活,因此他在罗什的农场工作了整个春天和夏天。那一年9月,有人在巴黎的拉丁区见到他,但并不知道当时他在那里做什么。④

1878年10月,兰波再次离家前往汉堡,希望能够再一次找到一艘能够带他去往东方的船。在那里,他遇见另一个承诺给他一份在亚历山大港的工作的人,条件是他必须立刻前往热那亚,并在那里登上一艘去往埃及的船。他迅速地穿越了法国,但却在抵达阿尔特多夫时发现翻越阿尔卑斯山的交通通道由于冬季到来而关闭了;如果他想要前往意大利,就必须徒步翻越群山。

他冒着剧烈的暴风雪踏上了徒步翻越的旅途。⑤从阿尔特多夫开始,道路突然开始变得蜿蜒而陡峭,并且紧贴着悬崖;然后,向上的路也逐渐变得更陡。这条路只有十八英尺宽,一边是六英尺高的雪地,有时雪会铺满整条路。于是,他不得不铲雪边走,同时,冰雹也不断打在他的脸上。一路上没有遮蔽的地方,身边、前方、脚下都没有;此时已经看不见悬崖了,也看不见高山,只有让人盲目的白茫茫一片,能够看到、触摸到、感受到和思考的仅限于此。他无法从这片令人眩晕的白色中移开视

---

① 霍屯督人(hottentot)是对南非的科伊科伊人的旧称,也是一种侮辱性的称呼。——译者注
② 德拉艾致魏尔伦的书信,未发表,现藏于杜塞文学馆。
③ 素描,未发表,现藏于杜塞文学馆。
④ 德拉艾笔记,现藏于杜塞文学馆。
⑤ 参见兰波致家人的书信,1878年11月17日,《兰波全集》,第296页。

线,因为冷风正像利刃一样割进他的身体。他的睫毛、眉毛和胡子都被已经结晶的冰所覆盖,他的耳朵被风吹得皮开肉绽,他的脖子则因为用力爬山而肿了起来。没有任何东西可供他辨认方向,除了每间隔一段距离就会出现的电线杆,但电线被无处不在的白色淹没,无法看见。在向上爬的一段路中,他不得不铲开面前三英尺深的雪堆,而这样的情形持续了整整一英里的距离。

他爬得越高,风就变得越凛冽,寒冷也变得更加严峻;他陷在深及腋下的雪中,跌跌撞撞地前进;他知道如果暴风雪继续加剧,那他就会被完全埋在雪中。突然之间,当他以为自己已经到了忍耐力的极限时,他在悬崖的一边看到了一个苍白的影子。那是一个救济院,他安全了。

他拉响了门铃,一个讨人厌的年轻人为他开了门;他被扔进了一间肮脏、低等的房间,并得到了一顿寻常的饭食:一碗汤、一些面包和奶酪,还有一杯葡萄酒。晚些时候,又有些一路挣扎过来的旅客抵达,他们被寒冷折磨得几乎瘫痪。之后,救济院给每个人发了一些坚硬的床垫和不足以保暖的毯子,到了夜间——兰波用他那不敬神灵的笔触写道——可以听到僧侣们吟唱圣咏,庆祝他们的喜悦,因为他们再一次成功地从那些资助这座小屋的政府手里抢到了钱。

第二天早晨,兰波吃了一些面包和奶酪,又喝了一杯红酒作早餐,之后,休息一夜后恢复活力的他再次出发踏上旅途。那天的天气很好,寒风已经平息了下来,群山在冬日暖阳的照耀下闪着灿烂的光芒。他不再需要向上爬了,因为接下来的旅途都是下山的路。他不断向下走着,直到被更暖的空气包围;之后,他看见了葡萄园和草地、农场、奶牛和猪。最后,他抵达了卢加诺,他可以从这里乘火车去热那亚坐船前往亚历山大港。

在距离亚历山大港不远的卢克索神庙,一根石柱的高处,深深地刻上了"兰波"这个名字。今天再也没有人能够在无人察觉、没有梯子和脚手架的情况下完成这样一个恶作剧。但六十年前——或者说,大约在这个时间——神庙还没有完全出土,露出沙漠表面的只有石柱,完成这样一个恶作剧还是一项简单的任务，这也是为什么所有过去留名的人的签名都在建筑的顶端。当时，兰波依旧寂寂无名，不会有人想到刻他的名字来开玩笑。在亚历山大港时，他是否有可能亲自去到了卢克索？又或者说，这只是一次重名的巧合？①

在亚历山大港，兰波先是为一个大农场的主人工作，但他无意在这份工作上长期停留。他听说在塞浦路斯有一份收入颇丰的工作，②于是便计划，只要存够了钱，就立刻到那儿去。他首先到了苏伊士，那里有一个名叫苏埃勒（Suel）的法国人，他是一家酒店的老板，手里常常有一些或多或少见不得人的杂活。这个地方所有的事物苏埃勒都要插上一脚——根据外交部的记录显示，他参与的事很多，从灯塔的建设规划到从灾难中拯救船只都有——③他还会雇用废船拆卸工，把那些沉没在加尔答菲角的不幸船只打劫一空，它们本应受到他的灯塔的保护。为了洗劫这些沉船中的一艘，他在1878年12月的前两个星期里雇用了兰波。④

在完成了这一油水颇多的工作之后，兰波渡海前往了塞浦路斯。这座岛屿刚被英国从土耳其手里夺走；英国人正在港口、运河和道路上大兴土木，进行修缮和改造。兰波在一个沙漠里的采石场工作，那里距离最近的村落有一个小时脚程，他是工头，手下有一伙人。他曾说，那里什么也看不见，只有数不清的滚落的岩石，还有河流和大海。那里没有泥土、花朵和青草；即便是冬天，那里也十分炎热。这些信息都记录在他写给家人的一封信里。⑤然而，他的记录似乎夸大了事实，因为一位现代的新闻记者声称，这座岛屿上并不存在任何符合他描述的地方。"塞浦路斯没有真正的沙漠，也没有在冬季依然气候温暖的地方，更不要说是十分炎热了。如果兰波在1月到6月之间待在那里，那么他更可能感受到寒冷，而不是炎

---

① 克里斯蒂安·阿约布（Christian Ayoub）的书信，1950年4月2日。
② 兰波致家人的书信，1878年12月，《兰波全集》，第299页。
③ 参见斯塔基《兰波在阿比西尼亚》(*Rimbaud in Abyssinia*)，第3页。
④ 《兰波初次游走阿拉伯》(*Première Fugue de Rimbaud en Arabie*)，《文学生涯》(*Lettres de la Vie Littéraire*)，第237页。
⑤ 1879年2月15日的书信，《兰波全集》，第300页。

热。3月、4月和5月间,这里遍地都会盛开花朵。"①

兰波曾说,他是唯一没有出现发热症状的欧洲人,还说有三或四个病人因此而死。他被指派管理本地工人的职务;他的职责是付给他们工钱,并发放库存和食物。他的薪水是三十先令,衣服和食物都需要他自掏腰包。

他尽可能少在自己身上花钱,并把这份微薄的薪水中的一部分给攒了下来。他寄希望于日后能找到报酬更加优厚的工作,因为当时又有很多工程都在规划中:铺设铁轨、开凿运河和建设医院。

1879年4月,他依旧在塞浦路斯,也依旧在做同一份工作,但他快要无法忍受这一切了。生活条件让人忍无可忍;他和手下的工人们甚至无法得到生活必需品的保障;他们面临着食物的短缺,也没有遮蔽身体的地方,因此一直受到蚊子的侵扰,还为此被传染上了疟疾。有一次,兰波和工人们产生了龃龉,他不得不请保镖来保护自己和仓库。有一天,工人中的一些人翻开了放着薪水的钱柜;兰波被指贪污了这些钱,于是他不得不向每个人单独解释自己的困难,告诉他们自己必须对每一个手下的人负责,大家都指望着薪水过活,没有钱就只能饿死。据说,除了很少几次例外之外,他总能成功地说服他们,让他们把偷走的钱给还回来。②

他在塞浦路斯一直待到1879年6月,那时他得了伤寒,因此回到家中疗养。经过了六个月的海外生活,当德拉艾再见到他时,由于变化太大,他一下子没能认出他来。他唯一能认出的是他的眼睛,那双无比美丽的眼睛还没有失去它们的光彩。但从前那饱满的双颊此时已经因病而变得干瘪,甚至比当初他在巴黎快要饿死时还要干瘪;此时,他脸上所有的骨骼线条都变得清晰可见。他那清爽干净的肤色已经完全消失了;曾经让他看起来像一个英国婴儿一样的粉色肌肤现在变得黝黑,他拥有阿拉伯人那样粗糙的皮肤。他的头发开始变白,他还留着被漂白的卷曲的小络腮胡和

---

① 奥斯丁·B.哈里森致作者的书信,1950年5月5日。
② 侯安和布吉尼翁著,载于《亚登和阿尔贡评论》,1899年5—6月刊。

唇上的胡须——他的胡子长得很晚——这让他看起来更像一个来自异域的人。他的嗓音已经洗去了长久以来一直带有的孩子气的音色，现在的他有一把低沉、庄重的嗓音。

几乎整个冬天他都病着，经过了塞浦路斯的炎热后，他那虚弱的身体在冬天的寒冷中饱受折磨，而他的母亲还从来都不允许把房子烧得太暖。在他和家人一起住在罗什的农场期间，他只能去养着小马驹的马厩里保持温暖。

那个冬天，家中比往常更加沉闷，因为那里只有伊莎贝尔——她已经十八岁了——和他的母亲在。弗雷德里克结束了在军队的服役，但他并没有什么雄心大志，于是他终于做了他一直威胁要做的事：成为一名车夫。母亲现在对他的态度和对自己的兄弟一样——她和他断绝了关系，永远都不准他踏进自家的门槛，只要公司让他来送包裹，她就一定拒收。那一年，兰波上尉在第戎去世，尽管他的死亡对妻子和孩子们没有太大的影响，但这让他的妻子再一次被迫回想起了她曾经寄托在孩子们身上的希望——是她的孩子，也是他的孩子——这些孩子本该是对她那充满失望的婚姻关系的补偿。现在，这些希望全都落空了；维塔莉死了，弗雷德里克堕落成了工人阶级中的一员，而阿蒂尔，她曾经对他寄予最多的希望，正无所事事地待在家里，没有任何人能从他身上看到什么前程。只有即将十九岁、仍在成长中的伊莎贝尔，但她的身上还没有展现出任何正面的品质或缺陷。

1879年10月，兰波迎来了他的第二十五个生日，他的朋友们也开始注意到他身上的变化。德拉艾说，1879年底的兰波变得冷静了许多，并且十分庆幸。他似乎完全丧失了对酒精和激动人心的事物的喜爱，他的眼睛里有一种呼之欲出的东西，再一次变得温柔，很有精神。当时，他最自豪、最珍视的所有物就是塞浦路斯的雇主为他写的认为他表现良好的"推荐信"。[1]造访罗什时，德拉艾好几次去看兰波，这对老友谈论了很多东

---

[1] 未发表，现藏于杜塞文学馆。

西——过去和未来。兰波告诉德拉艾,他流浪的日子已经结束了——仿佛他突然之间做出了新的决断——他还把自己对未来的雄心大志都告诉了他。此时的他谈论着自己对未来的计划,就好像他能看见其中包含着某种方向和格局一样;但他没有提起自己过去的兴趣所在——历史、哲学和文学,统统没有提及。"那文学呢?"德拉艾突然问道。"哦!我现在再也不想它了!"他生硬地答道,然后就转移了话题。①

之后,他说自己要走了,这次会离开更久,可能几年都不能再见到他了。这一次,在他出国之前,一些旧日的伙伴——米约、皮尔昆和德拉艾——邀请他在夏尔维勒公爵广场的一间小咖啡馆里共度一晚。赴约时,他从头到脚都穿着崭新的衣服,看起来很是俊俏。他告诉他们,自己买了这件新的西装还有其他的衣服,账单则会在他出发后被寄给他的母亲。整个晚上他都很快活,他的状态看起来比他们这许多年间所见到的都要好,就好像他刚刚摆脱了一份沉重的负担一样。他为自己的未来做出了重大的决定。

二十五岁对于一个男人来说是人生中一个重要的里程碑。他已经不能再把自己看作一个少年了;是时候接受自己作为一个男人的身份、负担起责任来了,他也必须对自己生活的格局有所认识。此时,他应该安定下来,构筑自己的未来,接受世界的本来面貌,接受它带来的失望和限制。他不会再等待新世界的到来了。现在,他流浪的日子也已经告终。他将和所有普通人一样,为了构建自己的事业而工作;他将在常识的梯子上缓慢地攀爬,尽他所有痛苦的努力。他希望能爬上最高的一级,然后紧紧抓住那里不放。

11点,他离开了朋友们,他们中没有人再见过他。

---

① 德拉艾著《兰波》,第72页,注1。

第三部分

第一章　咖啡出口商

兰波回到了塞浦路斯，这一次，他去的城市是利马索尔，因为英国人在那里花费大量的金钱改造港口，他希望能够在那里找到工作。[1]最终，他找到了管理一伙工人的工头工作，他们正在建设总督的避暑别墅，这座建筑迅速地在特罗多斯山上拔地而起。在写给家人的信中，兰波把这里称为总督的行宫，尽管它只不过是一座小屋罢了。[2]这间房子上现在有一块用于纪念这一事件的牌匾，上面写道：

阿蒂尔·兰波
法国诗人和天才
尽管声名显赫
他用自己的双手
为这栋别墅的建设
做出了贡献 1881 年

但日期是错误的，应该是 1880 年。

兰波手下管理着五十个人，每周赚大概两英镑，但由于他主要和英国人生活在一起，他们的生活水平对他来说实在太高了。食物也很贵，他也有很多开销要支付；他只能依靠骑马出门，但这一交通费也要他自己来承担。山顶上十分寒冷，因此他需要更多的衣服，但这在本地也十分昂贵。

---

[1] 斯塔基著《兰波在阿比西尼亚》，第 12 页。
[2] 1880 年 5 月 23 日的书信，《兰波全集》，第 303 页。

即便如此，他还是通过节省开销攒下了一些钱。自那以后，他把自己过去对一切曾投注的热情全都投入到存钱这一事业中。

他本该在塞浦路斯待到9月，如果没有和雇主争吵的话，他最终很可能会得到一个很好的职位。和雇主发生争执成了兰波在东方世界活动的一个显著特征。6月底，他带着自己所有的积蓄——共十六英镑——离开了，他沿着红海向下，在沿海两岸的港口靠岸寻找工作。当时，有很多欧洲国家都开始争夺索马里海岸的控制权，因此兰波希望能找到一份报酬优厚的工作，但还是一无所获。最后，8月时，一个名叫皮耶尔·巴尔代（Pierre Bardey）的咖啡出口商在亚丁发现了生病发烧的兰波——当时，他在热带沙漠上呕吐不止、形容枯槁。巴尔代很同情他，并给了他一份在他在亚丁的商行的工作。这并不是什么了不起的职位，他一天的收入是三个先令，包吃住，最主要的工作就是记账。

他从第一天起就恨上了亚丁。他这样称呼它："那块可怕的岩石！"①那里一株青草、一滴淡水都没有，他们只能喝蒸馏过的海水。后来，他这样写道：②

> 你们无法想象这个地方！一棵树也没有，哪怕是一棵枯萎的树都没有，也没有一块沾着泥土的草皮！亚丁是一座死火山的火山口，里面灌满了来自大海的沙子。除了到处都是的火山岩和沙子，你什么也看不见，这里也种不出哪怕最少的蔬菜。周围都是沙漠。在这里，死火山的火山口阻止任何空气吹进来，所以我们就像在石灰窑里一样被炙烤着。

很快他就对这种工作感到不满；他觉得公司正在剥削他；因为他是商行里唯一有智力的员工，因此他决定只要存够了钱就搬去其他地方。但他

---

① 1880年8月25日的书信，《兰波全集》，第306页。
② 1885年9月28日的书信，《兰波全集》，第394页。

也取得了雇主的信任，很快，商行里的所有事务都要由他经手，在巴尔代去哈勒尔调查内陆的行情、寻找设立分公司的机遇时，商行就由他一个人管理。

巴尔代是一个咖啡、皮革和树胶的出口商，在这之前他的生意一直都在泽拉港——哈勒尔的港口——或亚丁本地开展；他不从生产商那里直接采购，而是通过商队从内陆购买咖啡、皮革和树胶。哈勒尔在过去的几个世纪都闭关紧锁，但最近，在1874年被劳夫帕夏（Raouf Pacha）征服后，它打开了面向欧洲贸易的大门，尽管在1880年前，没有一个法国人曾踏足过这座城市。此时，巴尔代带着他的首席办事员平查德（Pinchard）一起去往哈勒尔，调查是否有可能在那里设立一间贸易站来储存农产品，直到有足够的数量，再组建一个商队将其运输到海岸地区。

巴尔代为贸易的机遇之多而感到震惊；他立刻在中心广场租下了一间房子，并规划了仓库的建设；之后他让平查德留下来管理这一切，自己则回到了亚丁。他决定把自己手下最聪明的员工送去内陆，让他管理这桩新生意，直到他的弟弟阿尔弗雷德·巴尔代准备好接受分公司经理的职位。①

兰波的工资上涨到了九先令一天，包吃住；他也会得到所有利润中百分之二的提成。他的职责是从当地人那里收购咖啡豆、皮革、树胶、象牙和麝香，用欧洲的商品尤其棉布来做以物易物的交换。1880年11月，他离开了亚丁，穿越红海抵达了泽拉港。他又花了二十天骑马穿越索马里的沙漠，并在12月前两个星期抵达了哈勒尔。他心中带着温暖的希望，认为自己将有光明的未来，挣到一大笔钱。

哈勒尔是一个建在高原上的城市，海拔六千英尺，城市被用泥土加固的未加工的石砖制成的高墙包围着，城墙的宽度足以让哨兵上上下下、观察进城道路的状况。第一眼看上去，这座城市的外观就是一堆从周遭的绿色中脱颖而出的石头和泥土。这是因为这里的房子都是用粗树胶建成的，

---

① 摘自巴尔代致贝里雄的书信，未发表，由马塔拉索安排引用。尽管许多人认为兰波直到在埃及人对哈勒尔进行疏散前一直担任分公司负责人的职务，但事实上他在1881年之后就没有这一头衔了。

并且不用砂浆,而是用泥来加固,屋顶上铺的也不是砖瓦或茅草,而是泥土。到处都是风干的泥土;唯一造成鲜明对比的是一座雪白的土耳其清真寺和那一对带着异域风情的宣礼塔,从远处就能看见它们在泥土色的房屋之上闪耀雪白的光芒。

城中的主要地点就是中心集市广场;这里四面都是高墙,其中一侧被劳夫帕夏的宫殿占据,宫殿建于1874年他征服这座城市之后,但后来没有总督在此居住过。这也是城中唯一一座大型建筑,也是唯一有两层楼的建筑,巴尔代为商行分公司租下的就是这座建筑。没有比这更好的位置了,它占据了商业广场的整整一侧。

当时,兰波是哈勒尔唯一的法国人,但第二年,阿尔弗雷德·巴尔代也来到了这里,同时还有杜林·卡阿涅(Taurin Cahagne)神甫,是一名传教士;几年后,雅鲁索(Jarousseau)神甫也来到了这里,他后来成了哈勒尔主教,直到1935年意大利占领哈勒尔时才离开,几年后,他在二战时期在吉布提于高龄离世。抵达哈勒尔时,兰波希望自己作为唯一的法国人,能够垄断所有贸易,让他赚取财富的可能性来得更高一些。带着一贯的浮躁的渴望和对事物复杂性的估计不足,他想象着自己能够在很短的时间内通过阅读面向大众的专著,全面掌握所有工艺的技能。因此,他写信给自己的母亲,请求她给他寄一系列便宜的工艺手册,包括锻铁、屋顶修葺、玻璃制作、蜡烛制作、制砖,等等。[1]可悲的是,这个二十六岁的男子曾经在学校里有着光明的前途,但他出于自大而决定鄙夷一切学术上的知识,认为书本上的所有知识都毫无价值,但此时他又在通过自学进行这种孩子气的努力。过去的日子里,只要他愿意学,他在知性上几乎没有不可能达成的成就。现在,他为过去的任性感到悔恨,像一个容易轻信广告的读者一样,转而进行那种最大众化、最没有效率的学习。但很快他就对学习成为一个掌握众多技能的工匠感到厌倦,并把书都送了人。

在哈勒尔,他很快就感受到了孤独;他远离了自己的同胞,没有伙

---

[1] 1880年11月2日的书信,《兰波全集》,第309页。

伴，也没有业余的兴趣爱好。他觉得自己就像身在一座荒岛之上，没有任何希望和宽慰。邮件无法抵达哈勒尔，连常规的信使都没有；只有当商队从海岸地区来到这里时，人们才能收到新的消息。他发现，对他而言，生活开始变得沉重起来。尤其是那些长夜，让他感到无边的疲倦。夕阳西下时，城门总是紧闭，钥匙会被交给总督。城门的关闭总会伴随着犬吠，这让这一仪式显得更为悲戚，因为野狗在夜间会被放到土垒上，避免鬣狗、猎豹和狮子接近。有许多这样的野生动物居住在哈勒尔周围的斜坡上，有时它们会入侵城市。病人常常成为它们的猎物，因为在哈勒尔，病人会被扔在街上，直到他们痊愈。[①] 夜间，除了持有特殊许可的人以外，人们不被允许离开家，街上有装备武器的警卫巡逻，专门查看是否有人不遵守法律。漫漫长夜就是这样度过，而对兰波这样一个不安分的人来说，这种强制性的拘禁近乎难以忍受。

清晨时分，会有一个警卫去总督那里拿城门的钥匙，新的一天也随着城门打开而开始。在外面等待的商队（有时会等上好几个小时）也会被允许进入城中。如果拿着钥匙的警卫在路上花了太久的时间，那么城门外就会响起一阵巨大的骚动，警卫耽搁得越久，骚动的声音和激烈程度就会随之增加得越多。当城门终于被打开时，商人和小商贩就会像流水一样涌进城中。城门口总有催促、匆忙、愤怒的叫喊和争执，因为每一件被带进城里的物品都要缴税，但税款的征收标准从来都不固定，常常要缴纳昂贵的费用。

随着外来的商人充斥城中，街道也开始因为热闹的活动而嗡嗡作响。咖啡馆和酒馆也会开始营业。巴尔代商行附近的大集市广场上挤满了商人，他们售卖家畜、皮革、树胶、象牙、麝香和咖啡。他们用低沉的声音争吵，讨价还价。那时，兰波可以在一段时间里忘记自己的焦虑和烦闷，投入到用最低价钱买入他所需的商品的工作中。

然而，几个月匆匆过去，他的财产却没有显著增多，他的不满却在不

---

① 保利奇克（Paulitschke）著《哈勒尔》。

断累积。和往常一样,他对未来的期望过快,此时,他觉得自己正在浪费青春,辛辛苦苦只为他人做了嫁衣,却没有追求自己真正的兴趣。随着阿尔弗雷德·巴尔代的到来,他更加强烈地感受到这一点,因为他在过去几个月辛勤工作的职位被前者接替了。

我不会在这里久留![他在给母亲的信中写道,①]我很快就会知道什么时候启程离开。我没有找到想要的东西,在这里生活索然无味,也得不到任何给自己的好处。一旦挣到六十或八十英镑,我立刻就会离开,那时我会很高兴这么做。我希望在未来找到更好的生活。请写信告诉我和巴拿马运河有关的工程的消息。只要那里开工,我立刻就过去。我恨不得立刻离开这里。

四个月后,他再次给母亲写信,那时她生病了。②

亲爱的母亲,我很高兴听说您的身体已经好转,并且能够休息。您这样的年纪如果还不得不工作,那真是太悲惨了。不幸的是,我一点也不在乎生活,也习惯了劳碌。即便如此,如果我不得不像现在这样继续筋疲力尽地生活,除了那些荒唐又暴烈的焦虑外一无所有,恐怕我的寿命也会缩短……好吧!让我们保持希望,希望这辈子能够有几年真正享受休息的时光。幸运的是,人只有一辈子可活,而这是相当确定的,因为实在无法想象还会有比这更加无聊沉闷的另一个人生。

让他更加焦虑的事发生了:他患上了严重的疾病。梅毒在哈勒尔肆虐,不知道是因为不够谨慎还是运气不够好,他也得上了这个病。③——

---

① 1881 年 2 月 15 日的书信,《兰波全集》,第 318 页。
② 1881 年 5 月 25 日的书信,《兰波全集》,第 324 页。
③ 1897 年 7 月 16 日巴尔代致贝里雄的书信,由马塔拉索安排引用。

对他来说，在这样一个原始的城市里得到妥善的治疗是一件极其困难的事，当时负责照顾他的是一个埃及医疗部队的军医。我们并不知道他是否完全康复，但在他认为自己有传染性的情况下，他严格限制与他人的接触，吃饭都独自一人，远离人群。

此时，为了逃离奴隶一般的生活，他甚至考虑过和杜林·卡阿涅神甫一起踏上传教的旅途，劝说加拉人（Gallas）部落改宗。如果这位诗人在做贸易商、军火贩子、探索者之外还成了一个传教士，那么这将是阿蒂尔·兰波人生中又一个充满讽刺意味的篇章。但他还没真正考虑，就放弃了这个计划，因为他正在学习规划未来，而传教士的旅途，无论有多么精彩，都无法让他获得金钱上的收入。

与此同时，他也越来越厌恶哈勒尔的生活。9月，在和雇主争吵之后，他几乎要放弃自己的职位。他甚至提交了辞呈，但巴尔代说服了他，让他重新考虑自己的决定，并向他承诺，未来会有更多的可能性。到了12月，这些可能性一个都没有实现，于是他回到了亚丁，决定放弃自己的职位，去寻找更适合的工作。但他的雇主为他提供了一个在亚丁商行总部的新工作，他暂时接受了这一职位，因为他没有足够的钱可供独立出行。如果没有定期的工资，他甚至可能活不下去；除了他攒下的几百法郎外，他没有任何二手的准备，而这些钱在亚丁这样一个昂贵的英军驻扎的城市里很快就会被花费殆尽。

他留在了亚丁，用他那一贯毫无章法、焦急和孩子气的方式考虑着各种不同的计划，希望能让自己的前景变得更加光明。他尝试和地理学会签订合同，为他们撰写关于自己在哈勒尔省旅行的文章。他是第一个在哈勒尔长住的欧洲人；伯顿（Burton）曾经来过这里，但那是超过三十年前的事了，而且他仅仅在这里短暂停留，还遭遇了不少危险；兰波已经在这里待了一年的时间，他的生活和城市里的居民并无不同。然而，由于他没有任何有影响力的人的支持和推荐，高高在上的地理学会对这样一个无名小卒、亚丁咖啡出口商的员工不感兴趣。

接下来，他开始转而考虑在当地探索，并且模糊地计划了一次前往位于阿比西尼亚的绍阿王国的远征。他让家人给他寄一些关于探险的书，并又一次认为自己可以通过几个星期的函授课程就能完全掌握这一门学科。他在书和工具上花了几千法郎，希望能通过它们来发现人类从未见过的奇景。即便他已经二十八岁了，但兰波依旧是那个二十年前的孩子，他总在做着白日梦，计划着异域的冒险，而他在其中扮演着最荣耀的角色。唯一的区别是他现在拥有那些辛苦挣来的积蓄，可以用来购买玩具来完成他的游戏，并且能穿上英雄的服装，让一切看起来更加真实。他托付母亲为他订购书本和工具，但她并不认可他这种把好好的钱花在不必要的东西上的行为。曾经，当他还是学校里的优等生时，她为了表示鼓励，还愿意多花一些钱在他的教育上；但她要求的是他努力学习书本上的知识，通过人们认可的常规途径，最终能找到一份收入体面的职员工作。而现在这种为了一个毫无意义的目的而无差别买书的行为，在她眼中就是形同犯罪的铺张浪费。但谁又能说她的想法是完全错误的呢？毕竟，兰波想学的东西，通过这种毫无效率的方式是无法被学会的。此时的他十分可悲，坚信一切都能从书本上习得。她尽可能地阻碍他购买书和工具；只有当他说服她、告诉她如果没有这些书他就要承担金钱上的损失时，她才不情不愿地同意帮他订购。

但亚丁的生活花费甚多，兰波几乎花光了所有挣来的钱，最后，他只得接受巴尔代的要求，再一次回到哈勒尔任职。他签订了一份为期两年的合同，由于他的薪水将会增加，他希望在这两年结束时，自己能够攒下一笔可观的财富。

这一次，当他来到内陆时，由于阿比西尼亚和埃及的战争以及埃及和德尔维希人的战争，局势变得十分动荡；没有人能够预测战争的结果，更无从得知如果埃及战败，哈勒尔会落入怎样的境地。

这一次在哈勒尔期间，他得以前往城市周围的外省进行探索，那里还从未有白人踏足过。巴尔代十分焦急，希望能扩大他的商业活动范围，找到新的货源来收购树胶、象牙和麝香，他同时也希望能够进一步为法国商品打开市场。他派兰波和他的办事员索迪罗（Sottiro）一起前往欧加登省，但比起兰波的白日梦中的探险场景，他们的旅程要简单得多。[1] 他们徒步从哈勒尔南下，进入了一个从未有白人踏足的国度，那里唯一的人类活动痕迹就只有几个分散在灌木丛中的圆形棚屋。他们在那里停留了两个星期，研究公司向这一方向扩张的可行性；之后，兰波继续向西南方前进，直至韦伯河。回到哈勒尔后，他起草了一份完整的报告，对自己的旅途进行了描述，并论证了在这一地区进行贸易的可行性。即便放在今天，这份报告依然十分有意义，因为其中记录的地区自兰波踏足的时期起一直都没有什么改变。

兰波在地理学会杂志的出版物上发表的文章[2]也引起了关注。这让他获得了一定的名声，如果他了解如何利用这次机会，他一定还能获得更响亮的名声。地理学会给他写信，请求他寄去一些照片以供发表在著名探险家系列中，他们还恳求他提供一切他愿意提供的生平信息。[3] 然而，兰波不愿屈尊给他们回复。如果他在这件事上能表现得更加世故圆滑，那么他也许能够被委以考察团的身份，去探索这一未知的非洲区域，因为在1883年和1890年之间，对非洲的探索被赋予了重大的意义。正是在这一时期，保利奇克、罗伯奇·布里切蒂（Robecchi-Bricchetti）、博雷利（Borelli）和许多其他探险家都展开了在非洲的旅程。阿蒂尔·兰波是这个领域中的第一人，尽管现在他的名字并不在探险家之列。

他依旧待在哈勒尔，仍然感到孤独和灰心丧气。

孤独不是一件好事［他在给母亲的信中写道，[4]］，我开始后悔没有结婚，建立一个属于自己的家庭。但现在，我被迫在地表上流浪，被遥远的承诺所扰。日复一日，我对欧洲的气候和生活方式的感觉都变得更加麻木。唉，这些在外国人之间永不停歇的奔波，这些历险和

---

[1] 参见斯塔基著《兰波在阿比西尼亚》，第24—26页。
[2] 1884年2月。
[3] 由帕泰尔纳·贝里雄在《兰波生平》（*La Vie de Rimbaud*）中引用，第160页。
[4] 1883年5月6日的书信，《兰波全集》，第358页。

辛劳，还有这些充斥我脑中的语言，它们能给我带来什么益处？如果数年后的一天，我还不能在自己差不多喜欢的地方歇息，建立属于自己的家庭，至少有一个儿子，和他在一起度过我的余生，用我的理念来训练他，为他提供力所能及的最好、最完整的教育，我将看到他成长为一个著名的工程师，一个依靠科学而变得富有、强大的人，那么这所有不可名状的折磨又有什么用？但是，谁知道我还要在这些群山里待多久？我可能会在这群本地人中丧命，悄无声息，再也不会有人听到关于我的消息。

为了打发不能外出活动的时间，并让孤单的生活感到充实，他写信要求家人再给他买一些用于学习的书：水力学、机械和天文学的专著；与铁路建造和地下管道相关的著作。① 我们可以从这些书的书名猜测出它们的内容，以及兰波脑中的白日梦盛宴。"这些书会对我有用的，"他在给家里的信中写道，② "这个国家什么信息都没有。尤其是哈勒尔的白天和夜晚，它们是那样地长，而这些书可以帮助我快乐地度过这段时间。"

可悲的是，他如此旺盛的创造力和积极性本应满溢而出，投注于更加广泛的事物中并造成影响，然而事实上，它们却悄无声息、不留一丝痕迹地逝去了；它们没能被投注于同一件事，并抵达某种目的地、实现某种目标，这一点实在令人悲哀。兰波从来都没能将自己的兴趣贯彻到底过，他的热情的火柴总是光芒闪耀地燃烧，但也会半途而废，中途就熄灭了。即便是他那赚取财富的雄心也很快丧失了支撑他的能力，他不得不进行的工作让他感到难以言表的无趣，他希望能够获得更多、更伟大的东西。正是这种性格让他一再失败，而其他不如他有勇气和智慧的人都能取得成功。

此时，那些与他自己的生活、未来和家庭不相关的外界事物已经不能引起他的兴趣。这时，魏尔伦再次找到了他，并告知他，自己计划为他和

---

① 1883 年 3 月 19 日和 20 日的书信，《兰波全集》，第 356—357 页。
② 1883 年 3 月 19 日的书信，《兰波全集》，第 356 页。

他的作品写一篇文章,并恳求他提供更多的材料。但兰波不愿费心回信,在这篇文章最终发表时,他也没有足够的兴趣去阅读。他的母亲一直认为他必须时刻紧跟法国最新的政治新闻,但他对母亲的回复如下:[①]

> 你可不知道我现在对这些有多么不感兴趣。两年来,我没有看过一张报纸。现在对我来说,所有这些辩论和争执都是不可思议的。就像穆斯林一样,我知道已经发生过的事,此外无他。

他曾说,在孤单寂寞中,唯一能让他感兴趣的就只有自己家里的消息,他希望能够独坐一处,在脑中想着家人在法国那平静的田园生活的景象,这一切都和他那残酷的生活截然不同。在他的身上正逐渐发生着一种变化;他似乎不再满足于现状:做一个独立的人,不亏欠任何人,没有义务、没有欠别人的服务,也不需要帮助他人。他似乎考虑过结束独自一人在沙漠中徘徊的旅程,回归人类群体之中;他似乎开始后悔自己没有跟从普通人类生活的规则,没有做普通的工作,没有结婚和建立家庭。但时机尚未成熟,他还没能够放下高举的双手去重新找回属于普通人的宁静。

[①] 1883年5月6日的书信,《兰波全集》,第359页。

第二章 军火贩子

兰波在哈勒尔时，马赫迪起义为埃及带来了灾难性的后果，并完全终结了其在苏丹的统治。英国的援助也无法阻止德尔维希人的进军。当起义蔓延至东苏丹时，英国政府决定让在苏丹、索马里海岸和哈勒尔远征的埃及军队撤退。1884年9月，在统治哈勒尔仅十年后，埃及军队撤离，为这座城市留下了困惑和苦难，除此以外再无其他。之后，在英国的建议和支持下，前任埃米尔之子被任命为城市的总督。对于哈勒尔的归属权而言，这并不是一个明智的决定。埃及人的统治为城市打开了与欧洲贸易的通路，也迎来了外国人和基督徒，他们都在城墙内安下了家。但新任的埃米尔是一个狂热的穆斯林，和他父亲在劳夫帕夏征服城市之前一模一样；在埃及统治下的十年里，他什么都没有学到，只知道在私底下不断酝酿自己对所有外国人尤其基督徒的憎恨。他的梦想是让这座城市回到埃及人统治之前的日子，再次成为一座神秘的城市，对一切外人和异教徒紧闭大门，躲在高耸的城墙之内。哈勒尔的欧洲商人开始为自己的生计和财产感到焦虑，大多数人都离开了。巴尔代也关闭了分公司，并给兰波提前发了三个月的薪水作为补偿。

于是，兰波返回了亚丁，寻找另一个工作机会，但依然一无所获。他于是重新回到巴尔代的商行总部，做着之前那份微不足道的工作。

他从内陆带回了一个阿比西尼亚女子，很可能是个女奴。她也可能不是阿比西尼亚人，而是哈勒尔人——因为她被描述为一个高挑苗条的姑娘，皮肤的颜色很浅，甚至可能被误认为欧洲人。尽管巴尔代的商行给他提供了免费的住宿，但他还是租了一间房子；在他待在亚丁的时间里，他一直和这个女子住在一起。① 据说他们很快乐，并且他总是对她很和善、充满了情感。他似乎盼望着能将她教育成一个聪明的伴侣，还把她送去了法国传教士的学校接受教育。巴尔代的女仆弗朗索瓦丝·格林萨德（Françoise Grisard）每个星期天都会去兰波家里陪伴这个年轻女子，并教她缝纫；她曾说，这位姑娘非常羞涩、不爱社交，除非有兰波的陪伴，她从来不会出门，并且兰波一直都对她很好，甚至还想过要娶她为妻。② 但这一切并没有得以实现。1885 年 10 月，在他计划前往绍阿的第一次远征时，他给了她一笔钱，把她送回了家人身边。巴尔代说："她被妥善地送了回去。"③ 我们再也没有听说任何关于她的消息，她也是唯一曾经在兰波的生命中占据过一定重要地位的女性。但他在写给家里的信中从未提起过她；临死前他也没有向妹妹伊莎贝尔提起她，但他把自己的哈勒尔男仆贾米的名字常常挂在嘴边。他在 1891 年时将思绪转向了婚姻和建立家庭，当时他计划迎娶的显然不是这个女子。也许他为她没能为他生下一个渴望的儿子而感到失望，二人的结合并没有带来任何子女；也许她过于愚蠢，而他则在尝试教育她的努力中感到厌倦。

此时，埃及国内的问题为阿比西尼亚带来了机遇。内陆王国没有一个接受埃及的假意示好，对埃及既怨恨，又为未来感到恐惧。自那以后，随着埃及国力的减弱，在阿比西尼亚出现了两大互相竞争的势力：埃塞俄比亚皇帝提格雷王（Tigré）和绍阿国王梅内利克（Menelek）。所有正在争夺红海地区统治权的欧洲势力都兴味盎然地观察着这一内部斗争，并选择支持一方或另一方。④ 欧洲国家之间的竞争，再加上埃塞俄比亚最有实力的两位国王之间的权力斗争，这一切都导致了军火买卖泛滥的问题。这一问题不仅仅涉及向索马里的部落出售军火的小生意；这种生意的规模绝不可能让当地酋长陷入贫困。真正的问题在于面向内陆的亲王们的大规模军火

---

① 1897 年 7 月 7 日巴尔代致贝里雄的书信，由马塔拉索安排引用。
② 收录于帕泰尔纳·贝里雄著《兰波生平》中的书信，第 158 页。
③ 1897 年 7 月 16 日巴尔代致贝里雄的书信，由马塔拉索安排引用。
④ 参见斯塔基著《兰波在阿比西尼亚》。

买卖,这导致了皇帝和他的属臣梅内利克即绍阿国王之间的军备竞赛。所有在红海沿岸的欧洲人——旅行者、商人、贩夫走卒——都迅速地做出反应,从政局中谋利;他们中的所有人,即便是索莱耶(Soleillet)这样的杰出探险家,都加入了贩卖武器的行列。① 他们在法国和比利时购买大量的老式步枪,都是当地政府在半个世纪前就淘汰的那种;购入的单价在八到十法郎之间,再以四十法郎的价格出售。当然,在暴利之下,这门生意也包含昂贵的担保成本和远征的巨大危险。但仍然有很多人愿意为巨额收益而承担风险。法国人和意大利人主要把武器卖给绍阿国王梅内利克。

兰波当时在亚丁感到疲倦和失望,惶惶不可终日,和其他同胞一样,他也被卷入了军火贩卖热中,并认为向梅内利克贩卖军火是让他能够快速发家的好办法。他决定把自从来到红海地区以来攒下的所有钱都赌进去,希望能够从这门生意中赚够几千英镑的财富。在这段时间里,他越发地意识到时间匆匆流走,而自己随着年龄的增长依然一事无成。前一年,他为自己的三十岁生日做了如下评语:②

> 请原谅我和你们分享我的烦恼中的细节,但我知道自己马上就要满三十岁了(人生过去了一半),我太疲倦了,不能再徒劳地在这个世界上奔波了。

事实上,当时的他只剩下七年的生命。他想要立刻努力获取财富,然后在1886年的夏天或秋天回到法国休假,这也是他七年来唯——次可能的休息,当时他甚至想过结婚。就像寓言中那个拿着一瓶牛奶的女孩一样,在他的白日梦中,他已经躺在自己获取的财富之上,计划着在接下来三四年里再赚上个四五千英镑,然后永远地离开这个受诅咒的国家。

他和巴尔代又进行了一次比以往任何时候都更加激烈的争吵,1885年

---

① 关于军火贩卖的详细记录,参见斯塔基著《兰波在阿比西尼亚》。
② 1884年5月5日的书信,《兰波全集》,第379页。

10月，他辞职了。由于马上就要参与一门暴利的生意，他并不认为辞职是一个鲁莽的决定。

> 我辞掉了在亚丁的工作［他在给母亲的信中写道①］，我和这些令人恶心的混蛋激烈地争吵，他们以为能永远让我像野兽一样承担这种负担。过去，我为他们提供了许多服务，他们以为这仅仅是为了取悦他们，以为我会永无止境地留在这里和他们一起，他们尽全力让我留下来，而我只想让他们下地狱，他们所有人、他们的前景、他们可怕的商行，还有他们那座肮脏的城市。

但是，在这早期的阶段，他并没有意识到这门生意中包含的所有困难。首先，他要对付英国政府。在很多情况下，英国人都十分顾虑军火买卖的抬头，因为他们不希望梅内利克的势力变得太过壮大。一个强有力的梅内利克将意味着一个统一的阿比西尼亚，而一个统一的阿比西尼亚则会成为让埃及感到棘手的问题，因此也会最终给英国带来麻烦，甚至可能是危险。英国政府长期以来都在尝试与法国和意大利达成协议，一同镇压索马里海岸的军火买卖，尽管并不成功。要做到这一点并不容易，因为法国和意大利此时已经在海岸线上拥有了自己的港口；然而，这些港口依然处于十分不发达的状态，大型船只甚至无法停泊。货物还是要在亚丁下船，然后再转运至索马里海岸。

1884年底，亚丁的英国驻军和法国领事达成了一项协议，规定只有在法国领事颁发特殊许可的情况下，亚丁的英国政府才会对武器和弹药放行，协议同时也规定，这一许可将不能被轻易取得。兰波如果想要进口武器并出售给梅内利克国王的话，他就必须取得这一许可证。由于他从来没有和梅内利克做过生意，因此他并没有意识到这位国王已经不再是一个和他在海岸线上认识的本地人一样幼稚、单纯的黑人了，他现在早已习惯和

---

① 1885年10月22日的书信，《兰波全集》，第596页。

欧洲人打交道，他了解他们所有从他手上骗取和赚取钱财的计划；他常常能在讨价还价中成为胜利的一方。当时，他已经有六年从意大利和法国购买武器的经验，他对这两个国家的帝国雄心一清二楚，因此也希望能够用十分便宜的价格买入武器，只用模糊的、在未来才会被要求兑现的支持承诺来付款。

兰波只有六百英镑可以用于投资这门生意。这六百英镑，尽管让他的妹夫感到十分羞愧，但如果我们考虑到这是一个人在短短六年间就攒下的积蓄，还是一笔大数目；毕竟兰波的薪酬从来没有超过一星期三英镑外加一点点提成的水平；此外，他有好几次都必须住在生活成本昂贵的英国驻军城市。这笔钱代表了他的节俭和对生活清醒的认识，这是生活在热带地区的欧洲人中很少见的品质。

他决定从塔朱拉开始远征，这是法国新占领的租界，尽管英国并不承认这一点。如果他从这里，而不是从毫无争议的法国领地奥博克出发，那么去绍阿的路途就会显著缩短。

塔朱拉是一个古怪的达纳基尔村庄，面积很小，四散着低矮的、寻常非洲风格的棚屋，它位于向内陆延伸二十英里的窄湾的海岸上。罗歇·德里库尔曾这样写道："这个世界上再也没有比这里更沉闷的地方了。"① 塔朱拉只有肮脏的棚屋，就像被大海扔到海岸上一样，村子的背面是一片漆黑、拔地而起的高大火山。

这个城镇里唯一的贸易就是奴隶贩卖，英国政府正竭力消除之。

兰波在 1885 年 11 月抵达塔朱拉，在开始远征前，他在这个沉闷的地点待了整整一年的时间。

1885 年 10 月和 1886 年 5 月，他和一个名叫拉巴蒂（Labatut）的贸易商签订了合伙合同，但合伙的条款完全不明确。② 然而对兰波而言，和拉巴蒂的合伙是一个明智的决定，因为很少有人比后者更了解梅内利克和

---

① 罗歇·德里库尔（Rochet d'Héricourt）著《红海沿岸游记》(*Voyages sur les Rives de la Mer Rouge*)，第 1 卷，第 36 页。
② 参见斯塔基著《兰波在阿比西尼亚》。首份合同参见《兰波全集》，第 396 页。

他的左膀右臂们。拉巴蒂是一个奇怪的人，在绍阿的首都昂科贝住了十五年的时间，他是那种充满野性和冒险精神的人，与兰波很是相投。他曾经是一个小商贩，流落到内陆后就在绍阿安了家，娶了一位阿比西尼亚女人做妻子，还拥有一大群奴隶作为他的随从，他就这样过着十分快活的非洲本地人的生活。他很聪明，但不是特别谨慎，通过许多不同的方法挣得了富裕的生活：出售象牙和麝香，做奴隶和武器的生意。他是一个能干的商人，和黑人、白人都有很好的交情，他也是第一个让梅内利克和欧洲产生联系的人。兰波和他的合作关系最终出现灾难性的失败完全是由于运气不佳。

1886年1月底，兰波已经准备好了军火，只等骆驼到位就可以出发进行运输。此后，困难出现了，让他一直耽搁到了10月。首先，他必须取得武器放行的许可证。英国政府最近得知，亚丁的法国领事在发放1884年12月的协议中规定的许可证时过于慷慨，于是向他施压，让他负责告知塔朱拉的苏丹他将会停止一切商队向内陆运输武器的活动。[①] 这一政令对兰波的计划来说是一次严重的打击，如果实行，那么就意味着他所有的计划都将破产。然而，法国领事也对英国政府指出，这一协议意在对未来的活动进行管辖，而目前这一批军火在协议达成前就已经进入了转运程序。在漫长的谈判之后，兰波终于取得了许可证。

接下来的困难在于获取运输用的骆驼。塔朱拉是一个达纳基尔村庄，而达纳基尔人的骆驼只够自己使用，并且一直拒绝把它们租给别人。即便他们能够从别处获取骆驼，这些骆驼也一定会立刻被偷走，且罪魁祸首会一直逍遥法外。唯一能够解决这一问题的方法就是获得苏丹的帮助，但他总是要求昂贵的"小费"，只有这样才能说服他下令让部落的居民提供骆驼，或者要求他们不能偷窃从别处获得的骆驼。[②] 这一切都意味着永无止境的谈判和讨价还价，如果不愿意在已经很沉重的成本之上再支付昂贵的

---

① 参见斯塔基著《兰波在阿比西尼亚》，第77—80页。
② 弗里欧（Fauriot）著《塔朱拉湾游记》（*Voyages au Golfe de Tajoura*），第23页。

费用的话，那么这一计划将被进一步耽搁下去。兰波花了好几个月的时间才凑齐了运输货物所需的一切。

远征也需要雇用本地人做向导。当时，本地人对所有海岸线地区的白人都抱有恨意，因为后者正在努力遏制奴隶贸易。很少有商队能在不遭遇袭击的情况下从内陆出发，或是回到内陆。拉巴蒂在上一次从绍阿返回的途中就遭遇了袭击；不幸的是，他为了自保而杀死了袭击者中的一人，现在，整条商路都对他虎视眈眈。在距离当时最近的1886年4月，贸易商巴拉尔（Barral）在从昂科贝返回的路上遭遇了袭击，整个商队都被歼灭。屠杀发生的当下，谢夫努（Chefneux）和他的商队距离现场只有很短的一段距离，他听到了声响，于是匆忙赶了过去，但只看到满地的尸首，许多都已经被野兽和食腐的鸟类吞食，尸体残缺不全，很难辨认身份。但他还是认为自己在满地的烂肉中认出了巴拉尔年轻妻子的头颅，因为他看到一颗金牙在阳光下闪着光。① 达纳基尔人对巴拉尔远征队野蛮的屠杀理所当然地在塔朱拉造成了巨大的反响，让兰波他们招募商队成员的任务变得难上加难。

然而，兰波还是一点一滴地筹备好了出发时所需的一切，但从他刚开始准备做这门生意到现在已经过去了一年的时间。确实，幸运之神并没有眷顾于他。正当他们准备好出发时，拉巴蒂突然病倒了，由于他无法在当地获得妥善的治疗，他返回了法国。在法国，人们发现他罹患了晚期癌症，已经无药可救。很快他就去世了，身后没有留下任何可以证明他和兰波之间合伙关系条款的书面文件。

兰波不愿意独自出发前往一个从未造访过的国家，他和梅内利克之间也没有中间人，也没有人会在贪婪、不忠诚的绍阿人面前保护他的利益。因此，他决定和探险家索莱耶合作，后者一直在尝试组织一次向梅内利克王献上武器的远征，并且在规划运输、招募同伴的路上遭遇了相同的困难。对索莱耶而言，和兰波已经招募完成、准备出发的商队合作十分有

---

① 博雷利（Borelli）著《日记》（*Journal*），第51页。

利；对兰波而言，和索莱耶一起前往昂科贝也十分有利，因为后者已经和梅内利克打了五年的交道，可以随心所欲地说服他，除此以外，他在绍阿也有一个和他利益一致的合作伙伴。

然而，幸运女神又一次背叛了兰波。1886年9月，索莱耶猝死在亚丁街头。此时，兰波感到非常绝望；再也没有法国贸易商能和他合作了。巴拉尔被杀死、拉巴蒂和索莱耶也已经去世，短短几个月的时间里，他们都离开了，而兰波再也想不到其他的人选了。他所有的钱都投进了这门生意里，他已深陷其中，无法抽身。绝望之中，他决定不再等待他人的帮助，独自一人扛起了管理整个商队的责任。准备工作花了一年才完成，此时他已经不能回头了。

1886年10月初，骆驼商队蹒跚着从塔朱拉的圆形小棚屋中出发；兰波骑行在前头，他感到这次冒险从一开始就笼罩在不幸的预兆之中。

第三章 远征阿比西尼亚

根据旅行者的记录,从塔朱拉到昂科贝的路程是世界上最艰险的旅途之一。兰波花了四个月的时间才抵达绍阿的首都。一英里接着一英里——总共有几百英里的距离——他在途中没有见到哪怕是最小的遮阴和水源。他本人曾这样描述这段旅途的艰险:"可怖得让人猜测自己是否身处月亮表面的国度。"他们能喝的就只有从海岸带来的、早已不能让人感到凉爽解渴的水。水装在从山羊身上新扒下来的皮革里,里面全是陈旧的油脂和树皮的油蜡;这些水来自一口并不是特别干净的井,天气炎热,又在骆驼背上颠簸了那么多个日夜。这些水喝起来会按滴计数,生怕浪费,就好像它是最昂贵的鸡尾酒一样,但即便最熟练的美国调酒师也无法发明出味道这么罕见的饮料;水倒出来时会呈现一种苍白黏稠的黄色,里面混合着山羊毛、腐臭的羊油和树皮。

这条路向前蜿蜒,仿佛没有尽头,沿着巨大、凹凸不平的黑色火山岩上上下下,这些火山岩不是黑色就是大象皮那种肮脏的颜色,中途会被险峻的上下坡截断。

他们夜以继日地受着折磨;时不时会有成群的野蛮人在附近的高地上出现,他们必须开火;这些野蛮人也仅仅因为他们持有更先进的武器而保持距离。旅途中很大一部分都在达纳基尔野蛮人的领土上,他们是非洲所有部落中最令人惧怕的一群。所有的旅行者都说,这些人是全宇宙最凶狠、邪恶和丑陋的野蛮人。这片土地十分贫瘠,因此对食物的争抢十分激烈,任何进入领地的陌生人都会激起他们的憎恨和愤怒。对这些人来说,最受尊敬、最能带来荣誉的举动就是杀死陌生人,因为他们很可能会来抢夺食物。对于他们而言,谋杀是一项光荣的事业,一个没有至少制造过一具尸体并用受害者的生殖器做成他最值得炫耀的装饰品的达纳基尔人是没有资格考虑婚姻和对家庭负责的。由于每一次新的谋杀都能带来新的战利品来装饰自己,杀死熟睡的客人和杀死能够战斗的敌人所带来的荣耀是一样的,都是勇者的象征。

约翰斯顿曾说过,[1] 达纳基尔人休息时的标准姿态是在坐着谈天时只让自己的脸露出盾牌上方一点点。这可能导致了由早期的旅行者所散布的那些关于埃塞俄比亚人没有脸,眼睛和嘴巴都长在胸口的谣言。但他们也并非总是纹丝不动。当酋长召唤、战鼓擂响、兵刃相见时——任何代表着领地中有敌人的迹象——族人们就会聚在一起,发出恶魔般的欢呼声,每个男人都会顺从地跳起来,以猎豹般的敏捷向敌人袭去。在欧洲人的眼中,他们几乎是隐形的,因为他们的肤色和周围由火山岩铸成的峭壁一样,都有着乌黑、肮脏的色调。他们会从隐蔽身形的灌木丛或巨石后像蜥蜴一样迅猛地冲出来,半弯着腰,几乎把自己折成两半,这样就让敌人无法看清他们被天空勾勒出的身形。他们总是突然出现,总是安静得不可思议,完全隐藏自己的身形;就好像他们是从你脚边的土地里蹿出来的一样,他们仿佛也拥有了土地的形态,就像被魔法师召唤出的灵体;他们避过你目光可及之处,蹿出来的角度十分刁钻,上一秒你还会发誓那里什么也没有。所有和他们接触过的人都会感到极端的恐惧。即便在今天,他们残忍、野蛮名声依旧声名远播,阿比西尼亚人依然十分恐惧达纳基尔人。

噩梦一般的旅途继续蜿蜒,直到阿萨勒湖,每一个旅行者都会被这一片盐湖所震撼。这湖泊曾经是大海的一部分,现在,它的死水波澜不惊,呈圆形扩张,形成了一个直径好几英里的盆地,周围是绵延不断的火山,它们紧贴着水面耸立,让这面湖看起来好像一个巨大的漏斗。几个世纪以来,太阳从这个漏斗吸收水分,在湖边留下一片盐矿。盐矿围绕着绿色的水面,形成蓝白色的裙边,差不多有半英里那么宽,足以让商队的骆驼在上面行走。山的另一侧有一圈高约五十英尺的蓝色带状路,从那里可以看

---

[1] 约翰斯顿(Johnston)著《南阿比西尼亚游记》(*Travels in Southern Abyssinia*),第 265 页。

出水位在过去几个世纪里下降了多少。据说这里是阿比西尼亚最令人感到悲伤的风景,这片满是死水、波澜不惊的海洋,永远像一个囚徒,它正在缓慢地、逐渐地变成固体。

商队把盐湖甩在身后,疲倦地继续前行。旅途继续沿着玄武岩和火山岩蜿蜒。太阳不仅仅反射在暗色的火山岩上,也反射在雪白的石灰石上。他们路过平原上冈瑟极地那深不见底的神秘洞穴,未开化的人们认为它通向地下的通道,出口在六英里外魔鬼湾的入海口。旅行者把这一地点描述为人类可居住世界的尽头。

走过这里之后,他们面前是共有二十三级的赫里尔山,兰波写道,他们必须穿过整个非洲最丑陋不堪的国度。从赫里尔山到梅内利克王国边境上的哈瓦齐河只有八九天的时间,在这里,他们可以相对安全地继续旅程。现在的路是下坡,有许多梯田,河流沿着底部的山谷流淌。这里也不再有风干的火山岩,取而代之的是茂盛的热带植被。现在,他们的双眼可以看到令人心情愉悦的垂柳、高大的树木,还有满是飞禽走兽的丛林。他们无法走水路,因为哈瓦齐河蜿蜒曲折,一路上有树木和岩石的阻挡,难以辨明方向。他们不得不好几次渡河,但河上并没有桥梁。当时,整个绍阿只有两座桥,而且还都是用树桩做成的;梅内利克下令建造了这两座桥,根据兰波的说法,这在阿比西尼亚很不寻常。为了运输货物过河,他们必须制作筏子,把骆驼牵上充气的皮筏上过河。这一切都很耗费时间,但兰波早已习惯了延误,他甚至都没有注意到这一点。终于,经过持续四个月难以言喻的艰辛,他终于在1887年2月6日抵达了昂科贝。但兰波的失望还没有到头。梅内利克不在那里,他出门远征讨伐哈勒尔,计划在意大利人之前占领城市,当时,意大利人正策划为波洛伯爵(Count Porror)的远征队遭到屠杀一事而展开报复。[①]梅内利克占领了城市,并进行了胜利游行,向昂托托进发,一路上为了庆祝胜利而让音乐家用他刚在哈勒尔缴获的小号演奏军乐。他的身后有两门克虏伯大炮,每一门都由

[①] 参见斯塔基著《兰波在阿比西尼亚》,第87—90页。

二十个男人扛着;从哈勒尔军械库缴获的武器和弹药则由一队长长的货车装载着。①

梅内利克此时正计划着让昂托托代替昂科贝成为王国的首都,一方面是因为他希望能尽可能地远离皇帝,另一方面是因为他希望能够距离哈勒尔和红海的贸易通路更近一些。他没有急于赶回昂科贝去见区区一个走私商人,因此,兰波决定前往昂托托去谈妥这笔买卖。从昂科贝到昂托托的旅程花费了三天的时间,兰波抵达时却发现,国王又一次离开去讨伐叛变的部落了。因此,他不得不再一次耐心地等待。无论如何,这一路花费了如此长的时间,再多等上几天也没什么区别;从他开始这次冒险起已经过去了十八个月的时间,这些日子就这样飞快地过去了。通过讨论、谈判和最后的请求,兰波终于得以留在昂托托,直到5月。他变得越发急躁,难以静下心来保护自己的利益。这一点十分不幸,因为要和绍阿人做生意就必须要有十足的耐心和外交手腕。尽管兰波有着无法被动摇的固执天性,能够吃苦耐劳,但很快他所剩不多的耐心就已经见底了。

终于,一天早上,当他们在昂托托起床时,当地的居民们听见了梅内利克在哈勒尔缴获的军火发出的皇家礼炮声。国王回来了!现代的克房伯大炮在非洲丛林城镇里那些用树枝搭成的棚屋中鸣响皇家礼炮的场景实在是很幽默。

兰波立刻去找宫殿的官员,恳求能获得与国王一见的光荣。当时他十分焦急,希望能尽快把生意谈妥,然后返回亚丁。

当时,梅内利克的体力和智慧都处于巅峰。他大概四十五岁左右,身体十分健康,充满了活力,身高刚刚超过六英尺,和其他人相比,他身形魁梧,体态十分完美。他并不英俊,因为他皮肤的颜色和颗粒从某种程度上来说都很像大象的皮革,此外,他的脸上布满了水痘留下的疤痕,黑胡子和皮肤的颜色过于相近,很难分辨。他的面庞在放松时总是皱着眉头,还有一丝怀疑,但当他微笑时,脸上就会出现一种愉快的表情,露出

---

① 兰波的报告收录于《兰波全集》,第416页。

完美、雪白的牙齿。他的眼睛很明亮，充满了智慧，尽管有时会露出狡诈的表情。总体来说，他的外表就像一个不加矫饰、厚颜无耻但又善意的无赖。

他接见了兰波，衣着和平时一样，在一堆杂乱无章、没有形状的白色亚麻衣服外罩着一间黑色的丝质刺绣斗篷；他还不和谐地搭配了一顶黑色的宽檐帽，帽子下面有一条白色丝质手帕紧紧地缠着他的头颅。

此时，从和梅内利克的会面开始，兰波遇到了真正的困难。国王需要武器，但并不像几年前那样迫切，因为在过去的五年里，他获得了超过两万五千支各式各样的枪。① 他也很清楚，处于目前欧洲势力之间的局势，很难真正达成一项密不透风的协议来彻底禁止军火贩卖，因此，他总有办法买到武器。他并不打算向兰波支付款项，除非不得已的情况，他决心无论如何都要以最便宜的价格获得这批武器；他认为，面对这样一个新来的、毫无经验的商人，要做到这一点很简单。他打算用自己未来会和法国保持友谊的承诺来换取大量的货物。但兰波并不在乎祖国和绍阿的关系；他是一个商人，只关心尽快赚取财富，这样就可以离开这个吞噬了他的青春的国家。

梅内利克先是下令让他手下的官员羁押兰波的货物，然后逼迫他一次性以批发价卖出，而不是像他希望的那样以件计价出售。梅内利克威胁他说，如果他拒绝，就要让整个商队回程，并且兰波要自行支付路费。兰波终于不情愿地同意了批发价出售，这时，梅内利克想出了一个天才的计划，让兰波为拉巴蒂所欠的债务负责。他声称自己两年前预付了很大一笔购买武器的钱给拉巴蒂，现在，他想要连本带利地收回所有的债务。兰波要求他出示证据，但国王说他需要两天的时间来查找皇家档案。几天后他又传召兰波，向他出示了一些记录，给他看用阿姆哈拉语写成的文书，并声称文中写明了拉巴蒂欠他三千五百塔勒。他说他会把这笔钱从欠兰波的款项里扣除；他带着狡诈的笑容说，这已经是给兰波的特殊待遇了，因为

---

① 参见斯塔基著《兰波在阿比西尼亚》，第91页。

去世的拉巴蒂的货物现在本就应该都属于他。兰波拿出证据证明拉巴蒂也欠他钱时,他就不愿意再听下去了。

现在,我们已经不可能判断这件事究竟谁对谁错,拉巴蒂究竟在远征中填了多少钱,他是否真的欠梅内利克债务以及欠款多少都已经不得而知。除了梅内利克王之外,在昂科贝和昂托托也有声称是拉巴蒂的债主的人存在,当他们听说国王主张了自己的债权时,认为自己也有可能得到清偿,就突然全都冒了出来。梅内利克对所有这些人都表达了支持,打算把这些人被欠的钱也从他欠兰波的款项中扣除,然后再用更少的钱支付这些债主,或者压根就不管他们,后者的可能性更大一些。这些债主现在都聚集在兰波身边,就像赶不走的毒苍蝇一样。但兰波也允许自己被其中的一些人所触动,而这危害了兰波自己的利益。他总是被无助的、孩子一般的本地人所打动,他们总是被他人剥削、欺辱,无论跟外国人还是跟同胞打交道,他们总是吃亏。此时,他允许自己被这些在海岸上可怕的旅途中死去的男人留下的寡妇打动,还有一些男人死于拉巴蒂的商队中,当时他们和他一起最后一次从绍阿返回。他也全款清偿了贫农们声称的小额债务,他们说自己是在亚丁向拉巴蒂预定货物时预付了款项。"这些贫苦的人总是诚实的,他们带着善意,"他说道,[①]"我也允许自己的心被他们触动。"

他这种堂吉诃德式的慷慨很快得到了传播,越来越多的债主匆匆赶来,希望能够拿到一点钱。这改变了兰波心中的柔软,让他变得强硬起来,他决心尽快离开绍阿。

到了出发的那一天,当他已经骑上马时,路边的沟渠里突然站起来一个男人,他说自己和不幸去世的拉巴蒂是密友,恳求兰波看在圣母马利亚的分上施舍他一个塔勒。接着,在他骑马出城时,又一个男人从布满岩石的山崖上走下来,问有没有把他借给拉巴蒂的十二塔勒还给自己的兄弟。面对这一切,兰波都挥手拒绝,并尽可能快地离开,向他们叫喊着,告诉他们一切都太迟了。

---

① 1887年11月9日兰波致加斯帕里(Gaspary)的书信,《兰波全集》,第447页。

拉巴蒂的遗孀却没有那么容易打发。在听说兰波抵达昂科贝后，她立刻开始一场阿比西尼亚人最喜欢的那种冗长的诉讼，主张她作为拉巴蒂的家属应当获得整个商队的所有权。在一场极为损耗心神的争执和谈判中，兰波有时能占上风，有时又会落败——对于阿比西尼亚人来说，这种曲折的过程也是诉讼的乐趣——法官最终签署令状，允许兰波暂时管理拉巴蒂的财产，结果以最终的裁判为准。但当他来到棚屋时才发现，这个看似顺从的寡妇已经把所有的货物和现金都藏了起来。他能找到的只有一些破旧、肮脏的内衣，他讽刺地记录道。[①] 寡妇带着思念亡夫的眼泪从他手里把这些抢了过来。这就是拉巴蒂遗产中剩下的所有东西，还有几个怀着孕的奴隶；兰波表示自己并不想挪动她们。

最终，法官推翻了之前的决定，他裁决兰波在胜诉上希望渺茫，于是责令他把土地和财产都给寡妇，让她能够达成和解。

兰波在这些诉讼中的主张和反对主张中完全迷失了，他感到十分困惑，对这一切毫不熟悉；他一点儿也不理解正在发生的事情，也没有任何人能给他提供建议和帮助。他决定拿上自己能拿的东西，尽快离开这个国家。但梅内利克此时正面临资金的短缺，国库空虚，并且，在阿比西尼亚，钱币本身就是稀有的货物，因此他常常采用实物支付的方法。他用象牙换取了兰波手中的军火，但压低了这些出售给他的货物的价格，他把象牙的价格估得过高，把武器的价格估算得过低，因此，兰波拒绝了他。最终，为了不失去一切，他只能妥协，接受了对梅内利克很有利的条件。国王用极低的价格买下了这些武器；拉巴蒂的债务——或者说，他声称的债务中很大的一部分——都要从货款中扣除，兰波将会收到剩余款项的估价，等待哈勒尔的新总督马科南公爵（Ras Makonnen）支付，后者在城中的国库里还有一些现金。货款的数额很低，比起兰波希望能带走的几千英镑要少得多。在写给亚丁法国领事的信中，他说自己在这笔交易中损失了六成的资产，还没有算上过去二十一个月里为组织、实施这笔悲惨的生意

[①] 1887年11月9日兰波致加斯帕里的书信，《兰波全集》，第447页。

而经历的辛劳和折磨。① 但这六成的损失似乎是基于他之前希望赚取的利润计算出来的，并不是他事实上投入这次远征的费用的比例；他开始准备生意时的六百英镑本金确实还是收回来了。②

毫无疑问，兰波在绍阿遭到了欺骗和掠夺。另一方面，很明显，他并没有在和国王及其属民打交道时展现出足够的精明、外交手腕和商业技能。他也的确从这笔交易中获得了比自己想象中更差的结果。一部分原因是他隐藏在粗野、刚毅的外表下的善心，在和认为他的善良只是让他们有利可图的弱点的黑人打交道时，这成了他致命的弱点。与此同时，他也没有能力克服自己那顽固的自尊心，它总是阻碍着他，是他商业活动中的一大块绊脚石。他从来不要求折扣，并无法忍受对任何人有所亏欠；他甚至不愿意接受那些想要帮助他的人的善举。但他过于贫困，无法负担这种自尊心和独立所带来的后果。他对所有这些令人厌烦的讨价还价和争吵感到疲惫，因此骄傲地承认了拉巴蒂名下所有的债务，自大地承担了所有的责任，但他的内心充满了无法控制的愤怒。他甚至没能得到其他在昂托托的欧洲人的同情。在他们看来，他的自尊心和自大显得愚蠢和多此一举，并且让他们感到恼怒，因为这心照不宣地反映了他们自己做生意的方法。与此同时，梅内利克躺在各种颜色的垫子堆叠起的躺椅上，带着狡诈、满意的笑容，为自己的伟大而感到骄傲，他又一次占了外国人的便宜。

之后，在返回亚丁后，兰波曾试着争取让法国领事代表他处理这件事，从而至少可以弥补一些损失，却遭到了礼貌的叱责。加斯帕里充分表达了同情和赞赏，说他已经知道自己的这位同胞以毫无偏见的高贵姿态承担了已故的拉巴蒂的债务，牺牲了自己的利益和权利，只为保障死者的债权人的权益。他也遗憾地承认，兰波的这次远征的结果的确是一场灾难，但他也说自己从绍阿的其他商人那里听说，如果兰波能够像其他跟阿比西尼亚的王公们做生意的商人那样，去适应这些王国和规则的特殊情况以备

---

① 1887年7月30日兰波致加斯帕里的书信，《兰波全集》，第416页。
② 收录于帕泰尔纳·贝里雄著《兰波生平》中的书信，第188页。

不时之需的话，那么他的损失也许不会像现在这么严重。①

兰波在极度疲乏、沮丧的状态下返回了亚丁；他苦涩地回想自己自从七年前来到红海沿岸就开始遭受的困苦，他从中没有得到任何收获。他花了两年的时间在这次以绍阿为目标的冒险中承受了难以言喻的折磨，他对此寄托了很大的希望，但现在他又回到了原点，为自己还能收回投资进这门生意的本金而感到欣慰；有一个瞬间，他曾以为这一切都已经消失殆尽了。

> 我的头发已经很白了［他在给母亲的信中写道，②当时他只有三十三岁］。似乎我的整个生命都在衰败。您想象一下一个人经受了这样的苦难——乘着开放式划艇渡海，没有换洗衣服，没有食物和水，在马背上长途跋涉。我已筋疲力尽！我没有工作，生怕失去我所剩不多的一点钱。

他没有在亚丁长住，因为夏天的热浪令人难以忍受；他搬去了开罗，乘坐的是每个星期出发、在红海的众多港口聚集的小船。褴褛的衣衫、面黄肌瘦的仪表、饱受摧残的面容和十分疲倦、辛酸的整体印象，都让兰波无法取得驻马萨瓦的法国领事的信任。兰波在没有任何文件手续的情况下登陆，领事下令对他进行拘留，并写信给驻亚丁的领事要求关于"这个外表看起来有些可疑的家伙"③的信息。加斯帕里为他的诚信和受人尊重的身份做了担保，他终于获许离开并前往开罗。在那里，他在《埃及博斯普鲁斯报》上发表了绍阿之行的记录。④

尽管在金钱上承受了损失，但兰波的远征并非毫无意义，至少法国政府是这样认为的。他用亲身经历证明，继续使用奥博克-塔朱拉这条路线

---

① 1887 年 11 月 8 日的书信，《兰波全集》，第 446 页。
② 1887 年 8 月 23 日的书信，《兰波全集》，第 429 页。
③ 1887 年 8 月 5 日的书信，《兰波全集》，第 417 页。
④ 《埃及博斯普鲁斯报》(*Le Bosphore Egyptien*)，1887 年 8 月 25 日和 27 日。

前往绍阿只会造成金钱的浪费，遭受毫无意义的磨难；他回程的路线则凸显了优势，连接起了哈勒尔和昂托托。① 前往绍阿的旅途可以从友好的国家借道，旅途更为轻松，并且能节省花费，因为这样就不需要警惕野蛮人和总是带着敌意的达纳基尔人了。此外，这条路线只需要花上三十五天时间，之前却要走上五十到六十天。很快，这条新的路线就成了梅内利克运输进出口货物的唯一路线，在铁路建设完成后，它也成为法国在这一地区最有影响力的路线之一。

兰波的报告还提供了一个重大的意义，对阿比西尼亚帝国发展关键时期的历史记录做出了颇具价值的贡献。他作为一个耳聪目明的旁观者，清楚地目睹了梅内利克在征服哈勒尔后的崛起，包括他好战的野心以及和皇帝的关系，还有他对当时在红海地区争夺控制权的不同欧洲势力的态度。②

秋天，兰波返回了亚丁，但他没有工作，也没有收入，生怕花光自己在绍阿一败涂地后所剩无几的那点钱。他所有关于未来的计划都宣告破产，但这也是预料之中的事，因为他并没有真正热情地去实践其中的任何一个。一开始，他向地理学会申请获得一份撰写与阿比西尼亚相关文章的合同，但学会明显不感兴趣，以他索要的费用过高为由拒绝了他。但他们也向他建议，让他向国民教育部提出申请，他们手中握有派遣权，也许有可能雇用他进行后续的探险；但他们并没有给兰波带来很大的希望，因为当时的政府正在削减一切开支，尤其收紧了科学派遣任务的预算。然而，他们还是建议兰波把旅行笔记集成一本回忆录寄给他们，用来证明他健康状况良好，符合被赋予这一任务的资格，他们还向他承诺，出于研究和学术的考量，会尽力为他筹措出版回忆录的资金。③ 很多作家都会为能够免费出版作品的机会而感到高兴，但兰波在此时证明了自己的短视和缺乏远见的特点；和以往一样，他缺乏贯彻力和耐性。当时，他心情低落，认为

---

① 参见斯塔基著《兰波在阿比西尼亚》，第 97—99 页。
② 参见斯塔基著《兰波在阿比西尼亚》，第 101—103 页。
③ 1887 年 10 月 4 日的书信，《兰波全集》，第 437 页。

自己只会为了一定的物质报酬而工作——必须是实实在在的物质上的收获——他任由自己灰心丧气，并放弃了这一机会。他确实曾把阿比西尼亚游记寄给了不同的报纸，如《时报》和《费加罗报》，但都没有取得成功；他还想过把文章寄给年轻时曾鄙视的家乡报纸《亚登邮报》。他没有想过自己的作品会带来怎样的影响，在给母亲的信中，他写道："我不认为这会给我带来任何坏处。"①

接下来，他开始考虑是否有可能被任命为《时报》的通讯记者，专门报道意大利和阿比西尼亚之间的战争——很少有人比他更有资格担任这一职务。他在这个地区待了七年，对这个国家了若指掌，他也熟练地掌握了当地的语言和方言，和阿比西尼亚的酋长们有私交，并对梅内利克王和意大利人以及他所属的皇帝之间的关系有清晰的认识。他给学生时期的同学保罗·布尔德（Paul Bourde）写信，后者现在是《时报》的文学撰稿人，希望能得到他的支持。但保罗·布尔德没有提出推荐，他也就没有得到这一任命。当时大部分法国报纸的做法似乎都一样：他们派遣的战地通讯记者都是普通的记者，对当地的语言、局势和政治一无所知。

两年前，保罗·布尔德②曾在《时报》上猛烈抨击了新的诗歌流派；如今，他在给兰波的信中用高高在上的口气描述了后者的作品在巴黎所受到的追捧，他认为，这些来自一个著名巴黎评论家的善意、认可的文字，能够为被拒绝给予职位的兰波提供一些安慰。

> 你也许还不知道吧［他写道］，③毕竟你住在那么遥远的地方，对巴黎的一小撮精英来说，你已经成了一个传奇般的人物，是那些死后仍会留下被一些信徒景仰的存在的人之一，人们都焦急地等待着你的回归。他们在拉丁区的评论文章中发表了对你最初尝试写作的散文

---

① 1885 年 12 月 15 日的书信，《兰波全集》，第 455 页。
② 1885 年 8 月的书信，收录于莫雷亚斯（Moréas）著《象征主义最初的武器》（*Les Premières Armes du Symbolisme*）。
③ 由帕泰尔纳·贝里雄在《兰波生平》中引用，第 203 页。

和韵诗的看法，甚至还出了一本小集子。有一些年轻人，我个人觉得他们有些幼稚，还试着从你的《元音》中找出规律。这个小团体把你称为大师，他们不知道你现在的下落，恳切地希望有一天你能再次出现，把他们从未知中拯救出来。但是，为了能给你提供正确的信息，我必须告诉你，这一切并没有什么实际的价值。然而，在许多不连贯和奇怪的措辞中——允许我坦白地说——你那些年轻的创作尝试中令人惊异的精湛技艺还是震撼了我。正是因为这一点，还有你的冒险经历，玛丽（现在已经成了一个受欢迎的成功小说家）和我总是带着同情说起你。

从这些来自一个对文学一无所知、让他不喜和鄙视的人的文字里，兰波只能感受到惊讶和厌恶，这封信中满是沾沾自喜、高高在上的说教。他对自己作品的命运和成功并不好奇，这些作品在巴黎以"已故的阿蒂尔·兰波"之名出版，魏尔伦是唯一从中获利的人。对于兰波而言，文学作品只能让他想起那些早已忘却的感受，他并不希望重新唤醒它们。

与此同时，直到1888年5月，兰波一直都处于没有工作的状态，那时，距离他从绍阿返回已经过去了十个月的时间。在无法找到任何其他工作的绝望中，他终于不顾上次的失败，再一次开始考虑军火走私，认为这是最有效、最快的赚钱方法。英法之间新订立了一份武器协议，大大提高了出售给阿比西尼亚王公们的长枪的价格，任何有能力、愿意把一大笔钱赌进去的人都有可能从中牟取暴利。根据这一协议中的条款，在有许可证的情况下，可以对武器进行特殊条件下的进口。兰波希望他能够取得许可证，并能够找到持有资本的人合伙，因为他自己手里的资源已经不足以负担第二次远征所需的费用了。新的规定严格限制了武器的进口，因此许可证将是一件极有价值的资产。①

他克服了重重困难，终于成功地从政府那里获取了进口武器并卖给绍

---

① 参见斯塔基著《兰波在阿比西尼亚》，第106—120页。

阿王国的许可证。[1]由于没有足够的资本,他曾和两个最有实力的亚丁军火贩子合伙,他们分别是蒂昂（Tian）和萨乌雷（Savouré）。对萨乌雷来说,兰波和他之间唯一的联系就是违法的军火贩卖;但蒂昂既是兰波的雇主,也是他的合伙人。[2]他在名义上和巴尔代一样,是一位咖啡、皮革和麝香的出口商,在这一业务上,他确实是兰波的雇主。然而,他的大部分财富都来自军火贩卖的不法勾当,甚至可能也来自贩奴所得的收入——这两种贩卖不分彼此,总是一起进行。在军火贩卖的生意里,兰波和他是合伙人的关系。

1888年5月,蒂昂派兰波前往哈勒尔管理他即将开设的贸易站,这个贸易站和埃及占领时期巴尔代名下的那个很类似。

---

[1] 参见斯塔基著《兰波在阿比西尼亚》,第108—112页。
[2] 1888年5月15日的书信,《兰波全集》,第465页。

第四章　殖民者

在海岸度过了三个痛苦的夏天后，兰波很高兴能够再次回到气候相对凉冽的高地地区；哈勒尔被北部和东北部半圆形的群山保护着，不会受到凛冽季风的侵袭，只有一个向西南方向开口的山谷，从那里吹来的和风维持着城市一整年稳定的气温。他很高兴能够再次回到这个城市，他对它有一定的感情，而且，和其他阿比西尼亚的城市相比，哈勒尔更像一座欧洲的城市。无论绍阿人多么野蛮不开化，他们永远都无法完全毁灭城市的个性，哈勒尔人本身就是一股强大的影响力，他们是杰出的商人。

兰波有一种回归故里的感觉；他再次看到了被五座巨大的设防城门穿过的泥土色高墙，土耳其清真寺那异域风情的宣礼塔在浅褐色房屋中间闪耀着白光。他很高兴能再次踏足那些蜿蜒的街道，尽管它们被季节性的暴雨浸出了沟壑，却依然是实实在在的街道，两侧都是结实的石砌建筑，而不是昂科贝和昂托托那种泥泞的小径。经过了常见的阿比西尼亚荒野小镇之后，在兰波眼中，哈勒尔那些所谓文明带来的生活设施几乎是一种奢侈。哈勒尔有真正的商店，可以购买各种便宜的商品；这里有酒馆和咖啡馆，此外，这里更有文明开化最明确的标志：妓院。在他听来，即便是土垒上野狗整夜的叫声（保利奇克称之为"奇诡的夜之音乐"[①]）都十分悦耳，对他来说，这就是安全而有规律的生活的保证。

哈勒尔也代表着安家的可能性。这里的房屋并不是塔朱拉或昂科贝那种树枝搭成的棚屋；它们都是石砌的阿拉伯风格建筑，从街上只能看到一面白墙和高处嵌在墙里的窗户。但这些房屋的后面都有庭院，有时还带花

[①] 保利奇克著《哈勒尔》，第 269 页。

园。这些远离街道的庭院面向房间，在那里，人们可以继续幸福、简单的生活。尤其当夜晚来临，一切外来者都被关在城门外时，人们会点起火，一家人聚在一起准备晚餐，不需要做饭的人会在火堆边唱歌跳舞、谈天说地，直到晚餐上桌。哈勒尔没有酒店或旅馆，旅行者必须在私人家中借宿，这期间，他也会暂时成为家庭中的一员。这是一个对双方来说都很有利的局面，哈勒尔人本就习惯晚睡晚起，很高兴能因此而有借口让充满音乐、歌唱和舞蹈的夜晚变得更长，如果有观众在场，这些活动就更加令人愉悦。

兰波很高兴能够回到这种他十分熟悉的生活中。

在接下来的三年里，他往返于泽拉港和哈勒尔之间，后来也会去新建成的法国港口吉布提。他徒步走了很远，探索了哈勒尔和欧加登附近的外省城市，在那里用欧洲的商品交换咖啡、皮革、树胶、象牙和麝香。这是蒂昂雇用他的工作职责，但他同时也开展了其他的活动，有时独自一人，有时和萨乌雷合伙，[①] 有时和蒂昂合伙，甚至还会和梅内利克的外国工程师兼顾问瑞士人伊尔格合作。[②] 像伊尔格这样的外交官竟然在和锅碗瓢盆打交道，这一点实在是很幽默，但这就是他现实生活中的工作。兰波也会暗中陪同商队，将来自塔朱拉的奴隶贩卖到土耳其和阿拉伯地区，[③] 他甚至可能会亲自为这门生意提供奴隶。在当时主张废奴的背景下，奴隶贸易尽管十分危险，但依然有利可图；当时众所周知的一点是，所有在阿比西尼亚发大财的法国人都是从奴隶贸易中发的家，他们可能直接参与到这门生意中，也可能间接地接受奴隶贩卖，对其不加干预和阻挠。然而，尽管伊尔格急于赚取财富，并且他也不是那种特别循规蹈矩的人，但他还是不愿在这件事上协助兰波。"关于奴隶，"他写道，[④] "我无法承诺会帮助你购买。我从未买过奴隶，而且我也不希望开始这种行为。就算是为了我自己，我

[①] 根据收录于《兰波全集》第 821—823 页中萨乌雷致兰波的书信，兰波当时正和他合作开展广泛的商业活动。
[②] 伊尔格在阿比西尼亚的工作详情参见斯塔基著《兰波在阿比西尼亚》。
[③] 参见斯塔基著《兰波在阿比西尼亚》。
[④] 1890 年 8 月 23 日伊尔格致兰波的书信，《兰波全集》，第 491 页。

也不会这么做。"

但兰波的主要生意还是贩卖武器和弹药。他从法国政府那里取得了许可证,因此可以在提供资本的萨乌雷那里达成不错的条件。① 这是他人生中第一桩有利可图的生意,这一活动都在暗中进行,因为英国政府并不承认法国向梅内利克提供武器的权利。然而,自从驻奥博克的法国部长拉加德(Lagarde)为他们提供援助和支持后,法国人几乎不会在军火生意中遭遇危险。② 后来,在国际武器公约彻底瓦解后,他遭遇了激烈的竞争,很难以有利的价格收购老式枪支。③ 此外,当时梅内利克对武器的需求也不像过去那么紧急了;约翰(John)皇帝去世后,他成了"万王之王"(Negus Nagasti),把整个帝国统一在他的统治之下,从此再无敌手。

在这几年里,梅内利克强有力的统治让索马里海岸地区的商业活动日益兴旺起来,贸易得以在几乎完全安全的情况下开展。哈勒尔是帝国主要的商业重镇,这一地位一直保持到亚的斯亚贝巴的建立,但那时这一切已与兰波无关。

在梅内利克的统治下,人们的生活水平得到了迅速的提升,尤其在哈勒尔,因为哈勒尔人自有记忆时起就掌握了走私的天赋。在城中狭窄、蜿蜒的街道上,在黑暗、神秘的小屋里,在隐秘的小茅舍里,人们把门只打开一条缝,狡诈的商人们缓慢但一步一个脚印地积累着贸易和财富。本地人也成功赚到了钱,但对于外国人而言,要赚取超过微薄薪水的钱变得越来越难。梅内利克把一切都掌握在自己手里,属于他的商品全部免税,而竞争者的商品却要被征收重税。他也很清楚,如果想要和这许多的欧洲国家抗衡,他必须和它们保持紧密的联系。但他用自己的方式来保持联系,这也让他能够从中获利,让这些欧洲势力免费帮助他发展自己的国家。为了达成这一目标,他不得不首先允许他们进入自己的帝国。但他也意识到,一旦有机会,他们就会立刻把他的祖国抓在手里,然后将其吞噬殆

---

① 1888年1月27日萨乌雷致兰波的书信,《兰波全集》,第461页。
② 1888年4月26日萨乌雷致兰波的书信,《兰波全集》,第464页。
③ 参见斯塔基著《兰波在阿比西尼亚》,第119—120页。

尽。他有精明的商业头脑,也无需顾忌那些未开化的本地对手,最终,他成功地从欧洲人手里夺取了对自己有利的东西。他成功地利用他们的活动,为自己的贸易打通了道路,一旦得手,他立刻把国内所有的生意都抓在自己手里,这导致欧洲人的利润一年接着一年地下降。

对那些为了商业目的而在帝国安家的人来说,这一切都不很乐观。总体而言,比起其他的外国人,梅内利克对法国人更加偏爱,也对他们更好,因此法国人占了帝国贸易中的大头。然而,兰波曾说这些生意还没有大到足以占用他全部的精力。[1]但除了雅鲁索神甫之外,已经没有人能与他匹敌了;他是唯一在哈勒尔定居的法国人,这里可是帝国最伟大的商业重镇。困难在于,梅内利克有权力禁止他的属民将商品售卖给除他以外的任何人,最后导致兰波为雇主收购的主要商品——象牙、黄金和麝香——只能从梅内利克那里采购,但后者开价颇高,使得把这些商品转卖到欧洲变得无利可图。[2]有一次,国王甚至没收了一个名叫皮诺(Pino)的法国商人的所有财产,原因是他在未获得允许的情况下就把商品卖给了本地人。[3]

兰波并没能够如他所愿那样快速地赚取财富。但他的失败不能仅仅归咎于当时的局势。我们细读了他的合伙人和阿比西尼亚客户之间长篇累牍的书信,其中的内容[4]让我们相信,兰波确实缺乏商业上的敏感性。他甚至没能一次性处理好拉巴蒂身后债务的问题,在他回到哈勒尔安家后,债主们还在向他讨要钱财。出于对商队在路上遭遇袭击的恐惧,他曾经让债主们予取予求。但我们很难想象蒂昂、萨乌雷和伊尔格对这一债务的态度。不仅是本地人占了兰波的便宜,他的同胞也会如此行事。有时他会因为不知道何时该信任这些和他有联系的同胞——如萨乌雷,或是因为不能争取对自己有利的条件——和伊尔格合作时就是如此——而承担损失。因

---

[1] 1888年8月4日的书信,《兰波全集》,第471页。
[2] 1891年1月30日伊尔格致兰波的书信,《兰波全集》,第492页。
[3] 1889年8月21日伊尔格致兰波的书信,未发表,由马塔拉索安排引用。
[4] 未发表的书信,由马塔拉索安排引用。

此，尽管他遭受许多苦难，承担了许多风险，但还是让别人获得了大部分的收益。伊尔格作为梅内利克的首席顾问，在出售有利可图的欧洲商品时占据了有利的位置，但在和兰波合作时，他要求的提成比面向其他商人的更高。①

兰波尽管外表看起来很是坚毅，却从未能够真正学会如何在讨价还价中得到有利于自己的结果。萨乌雷在给他的一封信中写道："我认为，你的失败是因为你不够坚持，因为你不愿意相信我说的话。"②

此外，尽管他和黑人一起生活了许多年，但即便到了1888年，他还是无法真正理解究竟哪些商品才是最适合以物易物的。伊尔格常常因此而抱怨，因为兰波让他和本地人交易的商品都是些圣牌、玫瑰念珠和圣水洗礼盘。伊尔格是一个瑞士新教徒，同时也是一个唯物主义者，他对这些商品的态度充满了讥讽。③

> 我刚刚查看了你寄来的这堆杂物。可以想象，你的目的是让我仅有的几个便士全都打水漂——这段时间这也很常见了。陛下已经下令让约阿希姆神甫返回哈勒尔了，这种时候还要尝试出售玫瑰念珠和十字架，这比深入沙漠探险还要危险。现在，我甚至都不惜把它们免费送出去。关于那些杜科公司的著名念珠，你还不如用他们来打麻雀，再去离哈勒尔几英里之外的地方把这些猎物卖掉。要我想办法把书写纸卖给不会写字甚至连这种商品要怎么用都不懂的阿比西尼亚人，这实在是太强人所难了。你没有给我寄一些珍珠贝母雕刻，或是几百个鞋拔子，这真是太可惜了［这句话是他出于讽刺而加上的］。

无论如何，兰波还是省吃俭用，终于攒够了能让他独立的资本。攒钱也成了他一生中最重要的事业。他身上那种亚登省农民的品质开始显现

---

① 1889年2月3日伊尔格致兰波的书信，《兰波全集》，第475页。
② 1888年4月26日萨乌雷致兰波的书信，《兰波全集》，第464页。
③ 1889年9月16日伊尔格致兰波的书信，《兰波全集》，第482页。

出来，在他眼里没有不值得赚取的小钱，每一分钱都要节省下来。他已经变成了一个顽固的法国农民，对每一分钱都斤斤计较，绝不存任何侥幸心理；他已经放弃了通过迅速、绝妙的方式赚取财富的梦想。他此时的理念是，一个人必须省吃俭用，今天存下四分之一便士，以后它就会变成一便士，未来如果运气够好，它还能钱生钱、变成先令和英镑。他正在养成母亲那不愿支出现金的习性，而伊尔格曾对他抱怨，说他的商队抵达昂托托时的状态实在过于不佳。① 他过于斤斤计较，没有为商队里的人和牲畜提供足够的物资，让他们在极度饥饿、疲劳到不能动的状态下抵达目的地。他的亚登农民祖先们都没有他那样节省；也没有农民会像他那样不善待自己的身体，也不会生活在他那样悲惨、吝啬的条件下。无论冬天还是夏天，他都只穿廉价的棉布衣裳；每一天，他都像一个吝啬的部落居民那样生活，只吃没煮熟的谷物，饮料只有水。有一个曾在那时见过他的旅行者说，他看起来就像一个落魄的亚美尼亚人或希腊人，毫无法国人的风范。② 雅鲁索神甫和他在哈勒尔是旧相识，他说兰波的生活清醒而克制，活像一个本笃会的僧侣，但他的出身本该让他信仰特拉普派才对。③ 他从来没有在欧洲人常聚集的酒馆里出现过，他连咖啡馆都不去。他的仆人中也没有一个能像他那样努力地工作；每天早上他都第一个起床，晚上则是最后一个上床睡觉，监督一切事务的进行。每天他都会在粗砺的山路上走二十到四十公里，那里连骡子都上不去。他会骑马在凹凸不平的道路上走几百英里。离家时，他会在口袋里装一把米，之后会把这些米煮熟，这就是他一天唯一的口粮了。

这种对待自我极端吝啬的态度和当他的心被触动时会向他人展现出的慷慨形成了鲜明的对比。当他还是个叛逆的青年时，他曾认为怜悯之心是一种弱点，但现在，他不时会允许自己毫无羞愧之心地行善。众所周知，

---

① 1889 年 10 月 8 日伊尔格致兰波的书信，《兰波全集》，第 483 页。
② 耶尔塔·梅莱拉著《兰波的回响》(*Résonnances autour de Rimbaud*)，第 154 页。
③ 达克勒蒙（D'Acremont）著《追寻兰波的踪迹》(*Sur les Traces de Rimbaud*)，《每周评论》(*La Revue Hebdomadaire*)，1932 年 8 月 27 日。

他对生意失败的同胞十分大方，他会对这些在不友好的荒凉海岸上无所依靠的穷人展现慷慨，他知道他们唯一的愿望就是能够死在自己的家中。他自身所经受的折磨和他经历过的相对失败都让他对他人的失败十分同情。许多人都在他自掏腰包的支持下回到了法国。"他充满了仁慈之心，但又谨慎不张扬，"他过去的雇主巴尔代写道，① "很可能行善是少有的几件他能够不带着厌恶和轻蔑去做的事情之一。"

兰波人生中最后几年在哈勒尔生活的相关信息很难被发现。他不再住在劳夫帕夏的宫殿里，因为马科南公爵（Ras Makonnen）把它作为了自己的私人住所。伊夫林·沃在阿比西尼亚之旅中发现，兰波曾和一个本地女子一起住在一间狭小的房子里，后来这栋房子被推倒了。沃对兰波的举动感到很惊奇：他住在美女如云的哈勒尔，却从最丑陋的种族提格雷人中挑选了一位情人。② 和上一个情人一样，兰波几乎没有提到过她，她也不是他在1891年计划结婚时所考虑的对象，即便那时他正计划在阿比西尼亚永久定居。

他在哈勒尔并不缺朋友，据说他的房子成了当时所有造访这座城市的人的俱乐部；也是大部分在阿比西尼亚的欧洲人的俱乐部。他们会把钱存在他那里，他也会帮他们转寄信件，帮助他们安排交通用的骆驼。"我们想要送你一个小纪念品，"其中一人写道，③ "用来感谢你为我们所做的一切，但你是那样的独特，我们不知道什么才能取悦你。"法国商人谢夫努、萨乌雷和布莱蒙（Brémond）总是待在他家里。意大利探险家罗伯奇·布里切蒂和他一起度过了许多个夜晚，来自匈牙利的旅行者泰莱基伯爵（Count Teleki）在从未经探索的西肯尼亚地区返回时也待在他家里。当时，至少在表面上，兰波一定已经改变了许多，再不是过去那个格格不入、小混混一样的少年了。许多人都曾谈起他在谈话时展现出的智慧和无法抑制的、尖酸刻薄的幽默。当初在拉丁区的那个十七岁少年是没有能力这样做

---

① 由帕泰尔纳·贝里雄在《兰波生平》中引用，第182页。
② 伊夫林·沃（Evelyn Waugh）著《远方之人》（*Remote People*）。
③ 《兰波书稿》，第17页。

的，他只能说出一些下流污秽的笑话。对罗伯奇·布里切蒂来说，他代表着最会聊天的法国人，时刻闪耀着智慧的火花。伊尔格在给他的信中曾这样写道："你对皮杜尔（Bidault）的描述让我们获得了至高的娱乐，我唯一后悔的是不能像你一样描述他，否则我肯定会大受欢迎。萨乌雷告诉我你给他写了信。我为他感到高兴，但我也希望能有幸让你那令人愉悦的思想灵光为我鼓舞士气。"① 又有人曾这样写道："能不能把你的秘密告诉我？我认为你的笔就像俄耳甫斯的竖琴一样有魔力。"②

然而，兰波还是从前那个兰波，桀骜难驯；人们发现，在他不受控制时，他的脾气依旧很难对付、喜怒无常，和十七岁还是少年时的他并无二致。他那不受控的脾气时常会被煽动起来，他那不留情面的讽刺也让他树敌颇多。"我怎么听说你在监狱里？"萨乌雷在给他的信里这样写道，③ "好像所有人现在都说'要么是兰波，要么就是可怕的野狗'。"许多和他打过交道的旅行者和商人都对他那一张利嘴留下了深刻的苦涩印象。在怒火的驱使下，他给许多人，甚至包括客户，都写过愤怒的书信，完全不顾对他们进行侮辱会带来怎样的后果。④ 这一毫不留情的清澈眼力在他还是个孩子的时候曾帮助他看透一切虚伪；这种冷酷的诚实在1872年让他在巴黎成了不受精明世故的主人欢迎的客人；这种残酷的讽刺曾让年仅十六岁的他受到启发，写出了《坐客》这样的作品。岁月只能磨平他的棱角，却不能让他发生巨大的转变。有一次，著名的法国探险家博雷利在他家借宿，他可能在无意中让兰波感到了探险家和区区一个商人之间存在着的巨大鸿沟，这突然之间点燃了兰波的怒火；为了羞辱他的客人，兰波让他离开前必须收拾干净自己的卧房。儒勒·博雷利是个脾气暴躁的马赛人，十分看重个人的尊严。他也动了怒，双方都说出了愤怒的话语，但后来，他意识到自己被怒火控制了，于是向主人致歉，请他原谅自己曾说出的"不得体

---

① 1889年6月16日伊尔格致兰波的书信，《兰波全集》，第481页。
② 《兰波书稿》，第171页。
③ 1889年4月11日的书信，《兰波全集》，第479页。
④ 收录于帕泰尔纳·贝里雄著《兰波生平》，第215页。

的言辞"。①

五年前,兰波曾这样写道:"日复一日,我对欧洲的气候和生活方式的感觉都变得更加麻木。"②现在,他发现自己开始真诚地喜欢上了阿比西尼亚人,因为他试着从他们的观点出发,并把他们当人来看待,他们也用自己的忠诚和感激来回报他。他从未有过当时生活在有色人种之间的白人会表现出的那种族上的傲慢。他能够和所有阶级的人对话,从最高贵到最低贱的人,他也可以和所有部落对话,这一切都归功于他那出现的语言能力,也因为他能够理解本地人,并对他们抱有同情。"我在旅途中很有声望,"他在给母亲的信里写道,③"这是因为我把人们当人类来看待。哈勒尔人既不愚蠢,也不比那些自称文明开化的白皮黑人更像恶棍。他们不过是另一个种族罢了,仅此而已。就算有区别,白人也一定比他们更肮脏,他们在某些情况下能够展现出感激和忠诚。只要你把他们当人来看待就好。"

博雷利告诉我们,兰波通过自己的诚信和不加掩饰的真诚,甚至成功取得了阿比西尼亚酋长们的信任;这一点在欧洲人中极为罕见。梅内利克的侄子马科南公爵是哈勒尔的总督,他和兰波成了十分亲密的好友。他和粗鲁的叔叔截然不同。他个子矮小,皮肤黝黑,有一双细腻优雅的手和富有表情的眼睛;他的声音很温柔,也有着安静、尊贵的风度。他谈吐也十分智慧,从外表上看,他完全可能是一个教士、学者或哲学家,而不是一个军人或总督。

但兰波的感情主要投入在简单、贫苦的黑人身上;他把他们看作无助的孩子,他必须保护他们。他也因对所有为他工作的人的善意而远近闻名。"这些愚蠢的黑人,"他在给母亲的信中写道,④"他们赤身裸体地站在暴雨中,把自己暴露在肺结核和胸膜炎的风险里。有的时候,因为在回家

---

① 收录于帕泰尔纳·贝里雄著《兰波生平》,第215页,第213页。
② 1883年5月6日的书信,《兰波全集》,第358页。
③ 1890年2月25日的书信,《兰波全集》,第487页。
④ 由耶尔塔·梅莱拉在《兰波书稿》中引用的书信,第169页。

的路上我要给他们穿上衣服,等我回到家里时,除了斗篷之外,我身上一件衣服也没有。"

他曾经试着改善他们困苦的生活,但常常遭到误解,这让他感到痛苦。"你想改善他们的命运,"他说道,①"而他们却想方设法地剥削你,我不得不忍受无数烦恼,因为他们的懒惰、奸诈和愚蠢。"

随着时间的流逝,在哈勒尔,仁慈,作为兰波一直以来最出众的品质之一,也变得主动和实际。他正在从一个反叛者转化成为一个具有公共精神的人,他总在思考让他人的生活变得更好。他自己的未来和财富已经不再能让他感到满足。可悲的是,他的生命太短促,无法让他展现出这一转变的完整结果。"我希望做一些好事,一些有用的事,"他在给家里的信中写道,②"这会带来怎样的结果,我还一无所知。"现在,他在乎别人对他的看法,他最珍视的东西就是在这个地区积攒起来的诚信可靠的好名声。他的一个商业伙伴曾这样写道:"我们感谢您的智慧、诚信和付出,您总是支持我们的利益。"③他的雇主巴尔代在他死后曾写道:④"他是忠诚和诚信的化身。他从未做过任何违背荣誉的事。"

"在亚丁,没有人能说一句关于我的不是,"他在给母亲的信里写道,⑤"恰恰相反,在过去的十年中,这个国家里每一个人都对我评价很高。"又一次,当她写信给他抱怨家人听到的关于他的流言蜚语时,他回复道:⑥"你的消息让我感到悲伤。你告诉我的事情十分恼人,可能会导致让我们所有人都受到严重偏见的误解。好吧!我只能寄希望于你我,希望这一切赶快烟消云散。关于他们说我的那些事,我在这里的所作所为人尽皆知……我在这里的名望极高,这让我能够在任何地方有尊严地谋生。就算我曾有过不好的过去,我也从未依赖过任何人,从未用邪恶的手段来谋

---

① 1890年2月25日的书信,《兰波全集》,第487页。
② 1888年11月10日的书信,《兰波全集》,第472页。
③ 《兰波书稿》,第171页。
④ 未发表的书信,由马塔拉索安排引用。
⑤ 1890年11月10日的书信,《兰波全集》,第491页。
⑥ 1884年10月7日的书信,《兰波全集》,第385页。

生。"之后，他再一次说道：① "相信我，我在这里的行为举止无可指摘。在我所做的一切里，我总是让他人占便宜，而不是相反的情况。"在哈勒尔的最后一年，他写道：② "我从来没有伤害过任何人。恰恰相反，每当有机会我都会行善，这的确是我唯一的乐趣所在。"

根据一项对兰波一生中不同时期的字迹进行的笔迹学研究——如果这些推论可信的话，这个殖民者的智力和过去作诗人时相比并没有什么改变，但在道德层面上，他早已超越了过去的兰波。③

这是外界眼中的兰波。但同时也存在一个孤独、躲藏起来的兰波，他十分绝望和不快乐，渴求着情感上和知性上的陪伴。"他很安静，总是在静思默想，"雅鲁索曾这样说道，④ "他常常来看我，我们只会谈论严肃的事情，但他从来不谈论自己。他常常大量地读书，似乎总是离群索居。"

> 我总是感到疲倦和无趣[他在给家人的信里写道]，⑤ 我还没见过一个像我这样无趣的人。这样的人生难道不悲惨吗？我无家可归，没有朋友，没有知性上的伙伴，迷失在一群黑人中间。你想改善他们的命运，而他们却想方设法地剥削你……被迫说着他们莫名其妙的语言，吃着他们肮脏的食物，忍受着他们的奸诈和愚蠢！但这还不是最可怕的。最可怕的是恐怕有一天你也会变得一样迟钝，因为与世隔绝，远离一切智慧的陪伴。

在过去这些在海外生活的时间里，他的内心深处常常爆发出这样的呐喊，他为自己得不到知性的滋养而哀叹。巴尔代认为，兰波内心深处坚信

---

① 1888年11月10日的书信，《兰波全集》，第473页。
② 1890年2月27日的书信，《兰波全集》，第488页。
③ 《兰波的心理变化——基于其作品的研究》(*L'Évolution Psychologique de Rimbaud d'après son Écriture*)，《法兰西水星》，1932年8月27日。
④ 雅鲁索著《在阿比西尼亚追寻兰波的踪迹》(*En Abysinnie sur les Traces de Rimbaud*)，《每周评论》，1932年8月27日。
⑤ 1888年8月4日的书信，《兰波全集》，第472页。

自己把生活搅得一团糟，这也解释了他的苦涩和不甘。[1]他还打算在存下足够的钱后就退休，不再做生意，回到文学的世界里去。[2]据说，他一直都没有停止写作，但在他留下的文件里并没有找到任何作品。也许他把它们留在了阿比西尼亚，他在1891年回到法国时打算等到腿疾恢复就再回去。自从阿比西尼亚解放以来，出现了许多关于找到他的手稿和诗作的虚假谣言。也许有一天它们会被找到。那时，我们就能够知道，在岩石上行走的岩石形象的核心是什么，当他从地狱走出来时，那指引着他的、在清晨天空中逐渐淡去的星辰究竟是哪一个。在他的物品中发现的唯一与文学有关的文件是一封邀请他返回法国并把他放在引领新的文学运动的领袖位置上的评论文章。这份文件出于某种原因被他珍而重之地保存了起来。[3]

先生、亲爱的诗人 [《现代法国》编辑洛朗·德·加沃蒂写道]：

我读了您所作的美丽诗篇。这就是为什么我认为您是"颓废和象征派"的领袖，如果能邀请您成为《现代法国》的撰稿人，我将感到无比快乐和自豪。请您加入我们。

与此同时，这份报纸声称，他们发现了兰波的行踪，至少知道他已经收到了这封信。《现代法国》在1891年2月19日当众宣告了胜利。[4]

这一次，我们找到他了！我们知道阿蒂尔·兰波现在身在何处。伟大的兰波，唯一的真正的兰波，创作《灵光集》的兰波。我们在此宣告，我们找到了这个失踪之人的藏身之处。

兰波似乎没有回复报纸的邀请。然而，我们必须知道，当时他身患疾病，

---

[1] 1897年12月9日巴尔代致帕泰尔纳·贝里雄的书信，未发表，由马塔拉索安排引用。
[2] 1897年7月16日未发表致帕泰尔纳·贝里雄的书信，未发表，由马塔拉索安排引用。
[3] 1890年7月17日的书信，《兰波全集》，第490页。
[4] 《醉舟》杂志，1954年9月。

在接下来的 11 月因此而殒命。2 月，他告知了母亲自己恶劣的健康状况和他右腿的情况。也许他计划在晚些时候再来回复这一邀请，因为他确实没有销毁这封信。

此时，他坚信有一天自己将能够逃离这里，他会有足够的钱来支持他过自己想要的生活。也是在这个时期，他开始考虑是否要从攒下的钱里挪出一笔作为他的养老金。

> 我不会一直待在这里［他在给母亲的信里写道］，[1] 我希望有一天能够过自己想要的生活，漫游世界，毕竟这个世界也没有那么大；也许那时我会找到某个让我感到有那么一点满意的地方。

也许他想起了少年时在巴黎创作的诗《可怜的梦》[2]，这首诗中的情绪与他此时的感受相呼应。

> 也许某个夜晚在等我
> 等我安安静静独饮
> 在某个古老的小城，
> 死也死得欢欣；
> 因我有耐心！[3]
>
> 若我的病痛持续
> 若我拥有一点黄金
> 我该选择北方
> 还是葡萄园的国度？……

---

[1] 伊莎贝尔·兰波致帕泰尔纳·贝里雄的书信，《兰波全集》，第 582 页。
[2] 根据本书作者对 patient 一词的注释，修改了何家炜译文中"因我是个病人"一句。——译者注
[3] 此处的 patient = 有耐心。

——啊,梦想是可耻的。

因为这是纯粹的丧失!
而如果我重蹈
从前浪子的生涯
绿色的小客栈
不再为我敞开。①

过去,他曾鄙夷家庭生活,但现在他发现自己的思绪不断地回到家中。在哈勒尔孤身一人时,他常常独坐,试着想象他们在做些什么,那是他的母亲和妹妹,是他唯一了解的家。无论何时,只要有一段时间没有收到家中的消息,他就会焦急地写信,问他们是否已经忘记了自己。

"再多给我写点信!不要忘记你的儿子。"他曾这样请求道。②

他已经改变了对母亲的心意,和过去相比,他抱有更多的温柔和感情,过去她是他的压迫者,是他口中的"乌鸦嘴"。他无法忘记1887年秋天,当他身无分文地从阿比西尼亚的惨败中归来时,她如何回应他绝望的呼声。③

亲爱的人[他写道],④我很希望回法国看望你们,但我绝对不可能长期离开可怕的非洲。但是,最亲爱的母亲,请一定休息,照顾好你自己。你之前已经劳累够了。至少饶过你的健康,好好休息吧。如果我能为你们做任何事,我绝不会犹豫……我在这个国家的生活,我常常提起,但我说得还不够多,我也没什么好说的了,我的人生一团乱,我的寿命因人世间的烦闷无趣和所有类型的劳累而缩短。但那有什么大不了的!——我想要知道你们很快乐,并且很健康。对我而

---

① 《渴之喜剧》,《兰波全集》,第428页。
②④ 1888年11月10日的书信,《兰波全集》,第472页。
③ 参见1887年8月24日和25日的书信,《兰波全集》,第430—432页。

言，我早就习惯了这种生活。我工作。我旅行。我想做些有益的事，有用的事。结局会怎样？我还不知道。

在哈勒尔，兰波唯一的慰藉，也似乎是唯一他能付出真正的情感的对象，就是他的贴身男仆，哈勒尔少年贾米。这个少年是他人生中少有的几个能被他带着感情回忆起并谈论起的人之一，也是他临死前唯一提起的朋友；尽管一般来说，人在临死时总会想起那些青少年时期就认识的朋友。在他完全陷入昏迷前，他常常把贾米的名字挂在嘴边。然而，并没有确切的证据可以证明他和贾米之间存在不道德的关系。阿尔弗雷德·巴尔代在写给帕泰尔纳·贝里雄的信中①断言，兰波在阿比西尼亚期间从未被怀疑过有鸡奸的行为，恰恰相反，他和女人之间的关系广为人知。在哈勒尔的最后一年，尽管贾米只有二十岁，却已经结婚，并且还是一个孩子的父亲；②看到他的幸福，兰波再次渴望组建属于自己的家庭，也正是在那时，他开始计划回到法国，选择一位能和他一起回到哈勒尔的妻子。

他希望能够去巴黎参观1889年的世界博览会，但在最后一刻，他发现自己的经济情况并不能负担这次旅行，此外，他也担心如果自己离开得太久，他在哈勒尔长期建立起的生意也会烟消云散。

"下一次世博会我会来的，"他在给母亲的信里写道，③她因为不能和他再见而感到失望，"也许那时我也可以展览一些这个国家的产品，或者展览我自己，我想，在这个国家蛰伏了这么长时间的人一定看起来很奇怪。"

第二年，他攒下了一些钱，于是开始模糊地计划在某个不确定的未来时间能够返回法国休假。他的母亲让他不要趁这次旅行的时间结婚，他回复道：④"我嘛，唉！我还没时间结婚，或者看别人结婚。我不可能抛下自己的生意一段时间。在这些受诅咒的国家做生意，你就不可能脱身。"

---

① 1897年7月7日致帕泰尔纳·贝里雄的书信，未发表，由马塔拉索安排引用。
② 伊莎贝尔·兰波的笔记，未发表，由马塔拉索安排引用。
③ 1889年5月18日的书信，《兰波全集》，第479页。
④ 1890年4月21日的书信，《兰波全集》，第489页。

但结婚的念头一直在他的脑海中盘旋,几个月后,他写道:①"明年春天我可否回来结婚,住在您家里?可我既不愿意住在家里,又舍不得放弃我在这里的生意。您认为我能否找到一个愿意和我一起回到这里的人?希望您能尽快回答这个问题。"

11月,他收到母亲的回答,她恳求他回家来结婚并在法国安顿下来,之后他写道:②

> 我谈起结婚的时候,我总是想着要明确说明我打算继续自由旅行,在海外居住,甚至继续在非洲生活。我变得如此不适应欧洲的气候,如果要我重新习惯,那会十分困难。那时,我能找到什么样的工作?我要怎么建立生意上的联系?这又是另一个问题了。除此之外,还有一件事毋庸置疑:定居的生活对我而言是不可能的。我希望找到一个愿意陪着我一同流浪的人。

如果要结婚,他也一定要继续保持旅行的自由,去任何他想去的地方漫游,因为他对流浪的激情仍未燃烧殆尽。几年前,他就曾说过同样的话。③

> 别指望我性情中的流浪起止会有所减损,事实恰恰相反。如果有办法旅行,并且不需要在一个地方住下来工作以维持生计的话,你们就不会看到我在同一个地方住上超过两个月的时间。世界很大,满是神奇的地方,人就是有一千次生命也来不及一一造访。另一方面,我不喜欢做一个穷困的流浪者。我想有个几千法郎的收入,然后每年去两三个不同的地方,过着简单的生活,做一些小买卖来支付我的花费。我总感觉永远住在同一个地方是一件非常不幸的事。

---

① 1890年8月10日的书信,《兰波全集》,第491页。
② 1888年11月10日的书信,《兰波全集》,第491页。
③ 1885年1月15日的书信,《兰波全集》,第338页。

第五章　流放归来

在《地狱一季》中，兰波曾说："我还会回来，肢体如同生铁铸就，皮色黝黑，眼睛如狂如怒：人们从我的面具就能断定我是出自一个强悍的种族。我将拥有黄金。"（王道乾译）

但他的回归截然不同！

在他计划回家找一位妻子的第二年春天到来前，他病倒了。从2月开始，他的右膝盖反复感到刺痛，但他并没有感到焦虑，认为这不过是哈勒尔潮湿的冬天导致的风湿病带来的疼痛，温暖的春天会驱散一切。他一直听说，锻炼是治疗风湿病最好的办法，因此他采取了这种暴烈的方式来治疗他的腿。他习惯性地忽视身体上的不适，一贯轻视肉体上的疼痛，因此他继续自己的日常生活，每天都在粗糙的路面上行走二十到四十公里的路程，也会在高低不平的山路上长时间地骑行。然而，疼痛依然夜以继日地折磨着他，就像有人正用一把大锤敲击他的膝盖。[①]

后来，他开始注意到关节周围和下方的肿胀，但他把这归因于静脉曲张。在获得医用的弹性袜之前，他用绷带紧紧缠住关节，然后继续进行剧烈的运动。

然后，发热侵袭了他的身体；他只要看到食物就觉得恶心；每一天，他的腿都变得更加跛和无用。然而，他依然继续强迫自己骑马和走路。

于是，疾病扩散到了他的大腿，最终也蔓延到了小腿上。每一次翻身下马时，他都会以为自己再也不能用腿走路了。此时，他的血液循环受到了阻碍，疼痛遍布了从脚踝到髋部的每一根神经。

[①] 1891年2月20日的书信，《兰波全集》，第493页。

但当时的生意十分繁忙，他无法从工作中抽身；他试着去忘记腿的状况和那毫不留情地折磨着他的肿痛。他迅速地瘦了下去，一看见食物就会感到恶心的病况还在持续，这让他变得虚弱，也无法进食，持续的失眠让他在夜间也饱受折磨。

他挣扎着想要继续正常生活，六个星期后，他终于决定卧床休息，或者至少半坐在沙发上，看看持续休息是否能让他的腿有所好转。他让人把沙发抬进了办公室，放在办公桌和窗户之间；在这里，他可以看见院子里的动向，以及仆人们用秤给咖啡豆和麝香称重。这一切让他本就不堪重负的内心更加劳累，他不得不付钱请人来打杂，只为能躺在那里一动一动，同时，双眼焦虑地看着那些进进出出的人。

然而，他膝盖上的肿胀一天比一天严重，甚至到了无法弯曲关节的地步。在一个星期的时间里，他的整条腿都变得十分僵硬，大腿和小腿完全不能动，膝盖肿成平时的两倍大。

埃及驻军撤退后，哈勒尔再也没有能给他看诊的医生。在经历了几个星期躺着无法动弹、无法入睡的痛苦折磨后，他终于决定前往海岸地区，再从那里去亚丁。由于出发的时间非常紧迫，他不得不快速了结手上的生意，并因此承受了巨大的损失。

由于无法骑马，他找人定做了一副盖着帆布的担架，雇用了十六个人来把他抬去三百公里之外的泽拉港，途中一共花了两个星期的时间。他在沙漠中行进时所承受的折磨难以想象；我们从他写给妹妹的信中读到了关于这段旅程的描述，他也在自己那不加修饰的笔记里记录了这段向海岸地区的远征，这些笔记几乎成了一种强制性的习惯。

他在 1891 年 4 月 7 日离开了哈勒尔。工人们笨手笨脚的，旅途上的颠簸让他几乎难以忍受，高原的下坡路也给他带来了难以言喻的痛苦。当时一直下着暴雨，抬着他的人都光着脚，常常在碎石上滑倒。担架制作得很是粗糙，每次抖动都让他以为它快要断了。他认为也许骑行会更加舒适一些，于是把病腿固定在一根棍子上，再搭在骡子的颈部，尝试用这样的方式骑着骡子前进。但很快，疼痛就让他难以忍受，于是又一次回到了担架上。

4月9日，也是旅途的第三天，旅队被暴风雨冲散，负责抬他的工人们把其他工人和带着物资的骆驼落在了后面。他在三十个小时里没吃没喝；其中的十六个小时都是在热带暴雨中度过的，而他只能毫无遮蔽地躺在担架上淋着暴雨。他们一直等到能够发现骆驼的行踪。11日那天，他们终于和其他人取得了联络；旅队再一次集合在一起继续这场苦旅。

经历了一个星期的折磨，负责抬担架的工人们开始感到沮丧和疲劳。4月14日晚上休息时，他们愤怒地砸了担架，给病人带来了剧烈的疼痛；为了保持旅队的纪律，兰波不得不向他们收取罚款。

终于，他抵达了泽拉港，疼痛让他几乎失去了意识。那天有一艘发往亚丁的船，他让人把自己抬上了船。

在接下来的整整三天里，他躺在甲板的一个床垫上不能动弹，没有食物，也没有人照顾他，就这样一直到了亚丁。他被送进了欧洲人的医院，在那里，英国医生告知他，他的腿的情况十分严重，可能需要立刻截肢，但要先观察一下治疗的效果。于是，他接受了六天的治疗，也是六天的折磨；兰波躺在那里，他的腿被固定在天花板上，这样就能保证他不会动。亚丁已经进入了炎热的季节，这让他无法休息、不能入眠；他已经瘦得皮包骨头了，由于长久地以一个姿势躺着不动，又没人照看，他背上的皮肤全都擦破了。

由于治疗对腿的情况毫无帮助，医生终于决定嘱咐他立刻返回法国。一开始，他觉得兰波的情况已经无药可救了，但他不敢承担截肢的责任，生怕病人会因此而死；他更希望把他送到别人那里去治疗。[①]

出发前往法国之前，兰波首先和蒂昂结清了账目，卖掉了一切。他从中获得了大约一千五百英镑的现金；再加上别人欠他的几百英镑和他母亲七年前以他的名义投资在土地上的八百多英镑，这就是他十一年来在索马里海岸的地狱里度过的第二个"地狱一季"中获得的全部。

---

① 蒂昂致伊莎贝尔·兰波的书信，未发表，由马塔拉索安排引用。

一切都了结后，他向忠诚的贾米告别，他心里清楚，自己再也不会和他见面了。贾米恳求他允许自己继续陪伴在他身边；他已经准备好放弃一切——房子和家人——只为追随主人到天涯海角。兰波曾对伊莎贝尔说："他在我的脚下爬行。"① 但他不愿让这个年轻的男子和他的妻子和襁褓中的婴儿分离。② 于是，他搭上了前往马赛的船，但由于病情过于严重，他一抵达目的地就被送进了圣母医院。

> 我病得很重、很重[他在给母亲和妹妹的信里写道]，③疾病已经让我变得骨瘦如柴，右腿现在肿得巨大，看起来就像个南瓜。如果并发症不需要截肢，这一切会持续很长的时间。不管怎么样，我下半辈子都将在残疾中度过……生活已经变得令人无法忍受了！我是多么悲惨！我变得多么悲惨！我把36800法郎汇到了巴黎的国家贴现银行，但没有人能帮我去兑现支票，也没人能帮我做事。我身上也有很多钱，但我没办法看紧它们。我连床都下不来。我该怎么办？我的生活是多么悲惨！您能想办法帮帮我吗？

接下来，他发了一封电报，内容如下：④

> 今天，你或伊莎贝尔来马赛，坐快车。星期一早上，要给我截肢。有死亡危险。需处理重大事务。阿蒂尔。圣母医院。请回复。
>
> 兰波

他的母亲迅速行动起来，一收到他的电报，她就立即回了电报："我出发了。明天晚上抵达。勇气和耐心。"⑤

---

① 1891 年 4 月 30 日的书信，《兰波全集》，第 497 页。
② 伊莎贝尔·兰波的笔记，未发表，由马塔拉索安排引用。
③ 1891 年 5 月 21 日的书信，《兰波全集》，第 500 页。
④⑤ 1891 年 5 月 22 日的电报，《兰波全集》，第 500 页。

她抵达之后，后续的治疗依旧没有起色，兰波的右腿被截肢。

在哈勒尔流放的最后几年里，兰波常常思念母亲，焦急地期待着二人再次重逢的那天。他对母子之间的亲密关系抱有很大的期待；他已经把所有的任意妄为都抛诸脑后，准备好接受这样的观点：她早期对他的残忍对待也许并不完全是她的错误。但当他看到母亲依旧是过去那个——只是更年长、更死板了——让他的童年无比枯燥乏味的女人时，他的感情化为了苦涩。人是不会变的，尽管兰波夫人在认为有必要时有能力做出慷慨、富有同情心的伟大行动，但现在，她和过去一样，无法对自己的孩子表达感情，也无法用温暖的爱意包围自己所爱的人。阿蒂尔为此受到了极大伤害，手术十天后，她就返回了家中，留他一个人面对巨大的孤独和悲伤。当时他并不知道伊莎贝尔正在生病；她的病情不算严重，但足以让母亲认为自己需要回到她身边，因为她已经没什么可以为儿子做的事了；有其他人受雇照顾他，他们的职责就是尽心尽力地为他服务。除此之外，当时正值农忙，对于兰波夫人而言，她绝不会允许自己为感情而耽误工作和职责。她当时给伊莎贝尔写了一封信。①

> 我的行李已经准备好了，我打算明天出发，星期二下午两点。星期四晚上我才能到罗什。别让人来接我。我情愿独自一人回来。我本来打算今天就走，但阿蒂尔的眼泪触动了我；不过，如果我要留下来的话，那我至少要待上一个月：这怎么可能！我正努力把一切都做到最好；希望上帝的意志能够得到贯彻。不要再给我回信了。V. 兰波。

但在她走后，兰波为自己对母亲的厌恶感到十分悔恨，也为妹妹的情况而焦心。他给她写了一封信：②

---

① 1891年6月8日的书信，《兰波全集》，第524页。
② 1891年6月17日的书信，《兰波全集》，第501页。

你说的那些关于葬礼的故事是什么意思？不要这么害怕，拿出耐心来；照顾好你自己，勇敢起来。唉！我很想见到你，你能出什么事呢？生了什么病？时间和关爱会治好所有的病。不管发生什么，你必须顺应天意，不要绝望。

母亲离开我时，我很愤怒，因为我不明白她离开的理由。但现在我明白了。她应该和你在一起、照顾你。你可以请求她原谅我吗？替我向她问好。再见，但谁知道什么时候？

母亲离开他后，他陷入了巨大的悲伤中。除了那些关于他破碎人生的黑暗、阴沉的思绪外，他什么也想不到，身边也没有能慰藉他的朋友。但在他极度缺乏关爱和同情时，他和伊莎贝尔这个他几乎不了解的小妹妹之间产生了深厚情谊，尽管他们二人之间隔着一段距离。他最后的书信都是写给她的，他也只有对她才会发出对自己悲惨命运的哀号。

亲爱的妹妹 [他写道]，① 你一直没有给我写信。发生了什么事？你的上一封信让我害怕，我很想知道你的消息。我希望那不会给我们带来新的烦恼。我们都遭遇了那么多不幸。至于我，我只能日夜哭泣。我是个快死的人！终身残疾！我以为两个星期内就会痊愈，但即便那样，我也只能拄着拐杖才能行走。至于假肢，医生说我要等很长的时间——至少六个月。这么长的时间里，我在这个世界上能做什么呢？如果我回家，三个月内，甚至在更短的时间里，我就会被寒冷赶走。反正接下来的六个星期我都不能离开这里；我需要一些时间来练习挂拐；我要到七月底才能回家，但九月底又必须离开。

我一点儿也不知道该怎么办！这所有的忧愁，它们快把我逼疯了。在夜里，我就连睡着一秒钟都不可能。生命就只有悲惨的苦难，永无止境的苦难。我们为什么还要活着？

---

① 1891 年 6 月 23 日的书信，《兰波全集》，第 502 页。

第二天，他试着拄着拐杖行走，但截肢的位置过高，保持平衡变得异常困难。此外，他剩下的那条腿由于缺乏运动而变得无力，他时常感到刺痛，这感觉和另一条腿在哈勒尔时几乎一样。他对此念念不忘，为这个神秘的病魔侵扰而感到悲苦。于是，恐惧占据了他的心灵，尤其是在难以入眠的长夜；他会凭着记忆追溯病魔的每一个阶段，他还记得，右腿的毛病就是从刺痛开始的，之后就出现了失眠。

他会日夜不休地制订早日轻松活动的计划；这一需求对他的身体来说是一种折磨，在精神层面更是把他拉扯得四分五裂，让他比过去任何时候都心神不宁。他回想着要做这做那，要去这里和那里，但一切对他而言都是不可能实现的，因为他的行动面对着巨大的困难。他甚至无法在不把自己扭曲成一个可怖形状的情况下给自己穿衣服，因为他无法独立站起。此时，他已经学会如何在平地拄着拐杖行走，但他无法上下楼梯，并且，如果地面凹凸不平，他的拐杖会嵌进腋下，给他的肩膀带来无法忍受的疼痛。

> 如果有任何人处于和我一样的情况［他在给伊莎贝尔的信中写道］，[①] 并来寻求我的建议的话，我就会对他说，千万不要允许自己被截肢。如果这会带来死亡，那也是比失去一条腿活着好。比起被截肢，我宁愿在地狱里忍受一年的折磨。这就是结果！这就是现在的情形！你坐着，但是过了一会儿，你想要站起来。你可以用拐杖跳上几步，但很快你又不得不坐下。你的手握不住任何东西，走路的时候，你无法把眼睛从仅剩的一只脚和拐杖上移开。你的脑袋和肩膀都向前弓着，你的背脊弯曲得就像个驼子。你恐惧人们的眼光，生怕他们会把你推倒，伤到你剩下的那条残肢。看到你那样跳着，人们只会咧着嘴笑。坐下时，你的双手会抽搐，你的表情看起来像个傻子。于是，

---

① 1891 年 7 月 15 日的书信，《兰波全集》，第 512 页。

你被绝望控制住了。你依然坐着,全身麻痹,一边哭一边等待夜幕降临;夜晚来了,但它只会带来无休止的失眠,然后,比昨夜更加悲伤的早晨来临了,周而复始。

他曾经辛酸地回忆起五个月前的自己,那时的他充满了活力和精力。流浪的日子离他远去了,那时他骑在马背上翻越山岭、穿过沙漠,在旅途中渡过河流和海洋。现在,他面前的未来只属于一个悲惨的瘸子。

  多么无趣,多么疲倦,多么悲惨,我想起自己所有的旅行,五个月前的我是多么的有活力啊。那些穿山越岭的旅行去哪儿了?骑行,徒步,沙漠,河流,海洋,都去哪儿了?现在,我这一生就只是个缺了一条腿的瘸子。我开始意识到,什么拐杖、木头腿、假肢,它们都是胡说八道,它们只能让你拖着自己的残躯,什么都做不了。我不过才刚计划要在今年夏天回到法国结婚!永别了,婚姻!永别了,家庭!永别了,未来!我的人生已经结束了!我不过是一截动不了的树桩罢了!①

---

① 1891 年 7 月 10 日的书信,《兰波全集》,第 509 页。

第六章　回不去的春天

　　兰波在马赛的医院一直住到了7月底，之后他回到了罗什的家中；当时的他就像一只受伤的动物，寻求着能够保护他的地方，在那里躲藏起来。1879年的秋天，他穿着崭新的西装，带着崭新的希望，打算和生活和解，平静接受一切，建筑自己的未来——距离那时已经过去了十二年。但生活并没有接受他的顺从，把他扔回了家乡，他的肉体和精神都遍体鳞伤。他曾想过要衣锦还乡，并再一次回到知性和文学的世界里。但他这次归乡只为了逃避生活，他没有尝试联系年少时的友人，甚至也没有去找德拉艾，更不要说那群恳求他返回巴黎的新兴诗人了；直到他去世之前，他们都对他的归来一无所知。在马赛的医院里，他给伊莎贝尔写了一封信，他说道："在法国，除了你之外，我没有任何的朋友，没有熟人，谁也没有。"①

　　伊莎贝尔却带着爱和喜悦接纳了他。他不在家的期间，她已经从一个小女孩成长为一个女人，他上次离开时，她才刚满十九岁。在过去的十二年里，她时常想起这位充满历险精神的哥哥，她并不了解他，因为在她的记忆里他总是不在家，只有冬天才会回来。这波澜不惊的十二年本该是她一生中最快乐的日子，但她却和不苟言笑、一言不发的母亲生活在一起，母亲很少允许任何人进家门；在这漫长的日子里，远方的哥哥从索马里海岸寄来的信是伊莎贝尔生活中唯一的调味品，让她也能一尝历险和浪漫的滋味。她想象着和哥哥一起环游世界，与他的历险精神产生共鸣，为他的失望而伤心难过。② 在她心里，这位并不熟悉的哥哥就是她的偶像，现在

---

① 1891年6月24日的书信，《兰波全集》，第503页。
② 伊莎贝尔·兰波著《我的哥哥阿蒂尔》（*Mon Frère Arthur*），《圣物》（*Reliques*），第13页。

他回家了，需要她的关怀和温柔，而她把心中洋溢着的所有感情和之前无法找到出口的母性都奉献给了他。在这一过程中，她第一次找到了自我的表达，并摆脱了母亲的控制找到了属于自己的独立，并且让她心中那兰波家族特有的骄傲和苛刻得到了纾解。"我深深地依恋着他，就像要被神圣的艺术家倒进巨大的黄金雕像的铸模中的银色尘埃一样。"[①]

她为他准备好了家中最舒适的房间，用鲜花来装饰；他到家时，她的心因为喜悦而快要跳出来。他因为惊讶而在房门前停下了脚步，大声说道："天哪！这里简直就是凡尔赛宫！"从来没有人为了迎接他而用鲜花装饰过房间。

此时，家中只剩下了伊莎贝尔和她的母亲。弗雷德里克已经完全脱离了家庭，独自谋生。他是一个粗野的人，心里想着的只有和农民一起喝酒，对偏执的母亲和一本正经、至今未嫁的妹妹感到厌烦。古怪的是，兰波夫人过去曾对军官的妻子和孩子应该如何表现有过十分明确的观念，但如今的她完全回到了她那身为农民的祖先们的生活方式中。现在，她脑中所思所想的就只有攒钱和在罗什农场做能获利的工作。这份事业让她精疲力竭，她的女儿也是如此；过去寄托于孩子们身上的雄心，被她全部倾注在这份事业里，因为孩子们个个都叫她失望；尽管批评她的人总有偏见，但她确实曾对孩子们抱有温情，但此时这一切都被投注到了农民的事业中。兰波家族特有的固执和不懂变通也在这一点中有所体现。在这个法国北部的小村庄里，她和女儿全情投入到这种生活里，这和她的儿子在索马里海岸经历的苦难生活并无不同。十二年来，两位女性独自在农场工作，从未要求任何男人的帮助。1879 年，由于兰波夫人开出的条款过于严苛，之前的佃户拒绝和她续约。

从外人的眼光来看，对金钱的热爱似乎占据了兰波夫人的一生，她的心里似乎再也容不下其他的情感。她所表现出的冷漠深深地伤害了拖着病躯返乡的儿子，他渴求着同情和爱。在他六年的流浪者生涯里，经历磨难

[①]《圣物》，第 13 页，第 94 页。

后，他总会回到家里休养生息；他总是想念着家人，认为她们会张开双臂迎接他的归来；在哈勒尔时，他曾带着十足的向往和迫切，期待着回家的那一天。但此时，母亲的严厉、缺乏温情和同情心的态度打碎了他心里珍视的某种东西，在那最后几个月里，凡是在罗什见过他的人都会为他对母亲日渐增长的憎恨而感到吃惊。照看兰波的布迪耶（Beaudier）医生曾说，他对阿蒂尔生前最后一次返乡时最深刻的记忆，就是他对母亲展现出的漠然，就好像她的出现会引起他生理上的不适，让他不得不忍耐一样。有一天，医生在照顾他时，他的母亲在门口张望，他的脸立刻变得严厉、坚定起来；他粗鲁地对她说话，让她滚开。[①]

另一方面，他对妹妹的温情却与日俱增。他越发欣赏她所做的一切，并完全依赖于她，这种依赖让他们之间的感情变得愈发亲密。只有她在照顾着他，并且她把所有除了在农场劳作以外的时间都献给了他。她会陪他去任何他想去的地方；她帮助他上下楼梯，清除他面前的障碍，让他能够单腿蹒跚地行走；她陪伴着他，在乡间进行缓慢、辛苦的散步。她总是保持他房间的整洁，用花朵点亮整个空间；出于嫉妒，她拒绝让除她以外的任何人照顾他。

回到家后，兰波立刻在新房间里安顿了下来，仿佛在计划着久留此处。地上铺着他那几条粗糙的东方地毯，墙上挂着彩色的挂件，房间里到处都是他在流浪途中收集的小摆设，对他而言，这些都很珍贵。他希望让自己的房间看起来尽量像他在哈勒尔居住的房子。

他常常和伊莎贝尔谈起在阿比西尼亚的生活，说他很想再回去那里；命运让他逃离了那个地狱，但他开始感到后悔，并想起了它所有的好处。他知道，即便身患残疾，他在那里还是能找到某种工作，因为那里有许多对他评价很高的朋友，他们都愿意雇用他。

"我希望能够回到之前的地方，"他在早一些的时候说道，[②]"因为我在

[①] 高芬（Goffin）著《追寻兰波的踪迹》（*Sur les Traces de Rimbaud*），《兰波活着》，第47页。
[②] 1891年6月24日的书信，《兰波全集》，第503页。

那里有十年交情的朋友,他们会怜悯我的。和他们一起,我总能找到工作,过力所能及的最好的生活。"

伊莎贝尔从来不会对他关于在那里生活的描述感到厌倦,那个国家对她来说实在是难以想象。有时,他会开玩笑,把一切都说得妙趣横生,指出每一件事中的幽默之处,模仿那些与他萍水相逢的人的举止,他那种辛辣讽刺的小聪明里总有些令人无法抗拒的东西。但其他时候,他无法被任何事情逗乐,只是阴沉、安静地坐着,把头埋在手里,一言不发。

有时,他会突然被坐立不安的躁动所控制,他会让伊莎贝尔陪他一起出门,无论她当时在做什么,她都会放下手中的一切来陪伴他。星期天,不需要矮种马在农场里干活时,她就会驾着破旧的马车带他在乡间兜风。他尤其喜欢在假日和星期天被带去那些人群聚集的地方;他会停下马车,坐在那里用严肃、好奇的双眼观察人们的滑稽举动,并为在他生活在海外的十二年间乡村生活的变化而感到惊奇。

尽管他身患残疾,但他并没有放弃结婚的计划,希望能够带着妻子回到阿比西尼亚,但此时他已经降低了希望的标准。他害怕遭到资产阶级家庭的拒绝,因此计划从孤儿院里选择一个出身贫穷但诚实可信的女子,或者就娶一个信仰基督教的阿比西尼亚人。

尽管一直在静养,但他的健康并没有因为在家而有起色。一开始,他以为失眠、发烧和持续的疼痛仅仅是从马赛长途旅行归来、身体羸弱带来的结果。但失眠一直在继续,疼痛也一直没有减轻。他很快开始注意到被截肢的那条腿残留的部分开始肿大,同时,他的右边腋下开始出现难以忍受的疼痛,他的右臂不时会失去知觉。在布迪耶来照看他时,兰波会用冰冷、凌厉的目光看着他,他的眼中似乎失去了所有色彩,试着读出医生可能在对他隐瞒的真相。但他一直重复说,无论发生什么,他都不会再接受手术了,他已经决定要保留所有残留的四肢。

但毫不留情的疼痛在不断恶化。于是,医生给他开了安眠药,让他在夜间服用,这样可以多少保证一些睡眠。但比起医生的处方,阿蒂尔更喜欢用伊莎贝尔在花园里采集的罂粟籽做成的茶。喝了一杯这种饮料后,他就会进入半做梦的状态,让他完全放松、不再感受到任何限制。这会让他感受到一种在其他情况下无法感受到的自信,一种打开心扉的渴望。在这种状态下,他会关闭房间的门窗,即便在大白天,也会点亮灯和蜡烛,然后,在密闭、神秘的空间里,他会轻柔地弹起手摇风琴,或者拨动阿比西尼亚竖琴的琴弦;他会想起自己的人生故事,诉说过去的梦想和对未来的隐秘希望。他那缓慢、忧伤的声音在那时听起来似乎带着某种美妙的音调,他的言辞和平日里说话完全不同,充满了东方式的转折和东方的意象。在这些瞬间里,他生活在清醒的梦境中,回到了童年的视觉里,找回了被他深深埋藏了二十年的一切,现在,这一切都像燃烧的岩浆一样,穿过他粗糙的外表,奔涌而出。但有一次,当布迪耶对他说起他的诗歌和文学作品时,他做了一个厌恶的手势,冷漠地回答道:"就是这些东西。去他妈的诗歌。"但在那时,也就是1891年,兰波的名声在巴黎的文学界达到了巅峰,但在所有把他推上十九世纪最伟大诗人的宝座的人中,没有一个知道他们尊敬的这位诗人正在距离他们只有三个小时的地方,在半梦半醒间走到了生命的尽头。

有时,当天气暖和时,当夜晚来临,村里人会来到他的窗下,听兰波轻轻弹奏的竖琴和他高低错落的吟唱。他们以为他在东方发了疯,演奏音乐是为了舒缓他的情绪。晚些时候,在他睡着后,伊莎贝尔担心他会醒过来,需要她的照顾,所以会坐着看他睡觉。到了清晨,她会轻轻地离开,而在睡梦中微微醒来的他会感受到她离开时的凉意;他会在半梦半醒之间出声叫她,而她则会折返回来,为了可以继续照顾他而感到高兴。

由于反复饮用罂粟茶,他的幻觉状态开始持续。有一天夜里,他突然醒来,暂时忘记了自己有残疾;他从床上跳起来,想去追逐他想象中待在房间里的某种东西,却重重地摔在了地上。他的妹妹听到了他跌倒的动静,急匆匆地赶来帮助他,她发现他无助地躺在地上,神志不清。她把他扶回了床上;幸运的是,这次跌倒没有伤到他,但也把他从持久的梦境中拉回了现实。他开始担心自己在罂粟茶的影响下会展现出内心什么样的自己,于是拒绝再喝这种茶。自那以后,他也不肯接受任何鸦片类的药物,随着时间的推移，他的痛苦也与日俱增。

他尝试了所有的疗法，有的来自江湖郎中，有的基于科学的依据；有内服也有外用；有按摩也有锻炼的方法。内服的药毫无效果，还影响了他的消化功能；外用的药也没有任何用处，而按摩只让他的神经中枢受到了干扰，加剧了他的痛苦。

慢慢地，他几乎失去了整条右臂的知觉，但疼痛并没有停止。于是，他变得更加依赖于自己的妹妹。她会为他切好食物，一口一口地喂他，就好像他是个孩童一样，会把杯子和勺子送到他的唇边。但他似乎已经完全失去了食欲。失眠也变得更加顽固，几乎每一个夜晚，伊莎贝尔都要坐在他身边，为他弹奏钢琴，这样才能打发长夜里令人疲惫的时间，直到破晓苍白的光线爬上闭合的窗帘边缘。她只能弹奏出悲伤的乐曲，好像在为她内心那些没有流出的泪水而哭泣。只有在清晨来临时，阿蒂尔才能入睡；然后她就会悄悄走开，耳朵贴着门站在外面，等他再次醒来，随时准备好完成他所有的愿望。

随着健康的衰弱，他的精神也变得萎靡起来。他会突然暴怒，流下泪水，之后又回到悔恨、感伤的情绪里。他唯恐自己会全身瘫痪，到那时，他还能做什么呢？现在，他心甘情愿地接受一切；几个月甚至几年的可怕折磨，他会心甘情愿、带着喜悦忍受这一切，只要能让他留住双臂和唯一剩下的那条腿。

几个星期的时间很快地过去了，但他也变得越发阴沉易怒。罗什，这个一直被他称为"狼群之地"的地方，让他感到越来越深的恐惧。他无法继续使用拐杖，而在乡间粗糙的路上驾驶没有橡胶轮胎和弹簧的马车，对他而言是一种痛苦，他完全放弃了出门的意愿，只是坐在庭院里的栗子树下，说着过去的事，同时，眼泪会从他那深陷的脸颊上滑落。伊莎贝尔会试着安慰他，但她清楚地知道，命运女神再也不会对他微笑了；当她看着他的脸颊时，她很少掩饰自己的悲伤，每天早上，在她眼里，他的双颊似乎比前一晚更加干瘪，而他眼下的空洞也变得更深更黑。

那一年，大自然也很不友好，仿佛一切都联合在一起与他对着干。罗什位于法国北部，距离比利时边境不远，整个夏天都是伴随着雾气的雨季。即便在人们期盼的晴天，太阳也只会偶尔出现，展露最苍白无力的笑容。那里总是十分寒冷，人们在出门时总会遭遇暴风雨。8月10日，一场可怕的风暴在夜晚袭来，之后就结起了霜，在它们的肆虐之下，光秃秃的树木看起来就好像秋天已经来临了一样。庄稼都烂在了地里，或者由于过早的霜降而被杀死。兰波一向喜爱温暖的天气和阳光，这样恶劣的天气让他经受了无法忍受的折磨，他已经无法习惯这种寒冷。他曾想过逃离罗什，尽快回到哈勒尔去。他认为，如果能回到马赛这个通往东方的大门的城市的话，他的身体就一定会有所好转，因为在那里，他至少可以在温暖的天气里沐浴阳光。等他变得再强壮一点后，他就可以出发前往亚丁了。他的母亲通过常识和经验得知了他严重的病况，她试着说服他放弃这个计划。既然一定会死，为什么不在自己的家里，在家人围绕下死去呢？她用习惯性的暴烈态度强烈反对这一计划，但他依靠自己的顽固赢得了胜利；伊莎贝尔也支持他，她承诺会陪他一起去马赛。

1891年8月23日，距离他回家正好过去了一个月，他出发前往马赛，这也是他人生中最后一次旅行，这次旅行给他带来的痛苦，不亚于在阿比西尼亚的旅行和1887年前往绍阿的远征。

这次旅行从一开始就不太顺利。兰波感到万分焦虑，不希望出现任何耽误他上火车的事。尽管距离只有三公里，发车时间是6点半，但凌晨3点他就已经起床穿好了衣服，并要求家人立刻送他去火车站。在去火车站的路上，矮种马因为半夜被叫醒而感到恼怒，因此停在路中间，不肯继续前进。马车上没有马鞭，兰波于是解下来自己的皮带，通过抽打的方式让它动起来。等他们终于到达火车站时，他们发现火车两分钟前已经离开了。他该怎么办呢？马车一路上的颠簸让他倍感痛苦，他打算在火车站里等六个小时，直到下一班车出发；但清晨寒冷的雾气和没有暖气的候车环境让他不住地颤抖，他只得决定返回家中。

时间到了9点半，他又开始不耐烦起来；尽管提前了几个小时，他还是坚持要出发，生怕再一次迟到，甚至不愿意先吃了饭再走。然而，正当他要离开时,喜悦的心情突然低落了下来,他仿佛突然之间意识到,这可能是他最后一次看见家里的情形。他向四周望去,流下了眼泪,在这脆弱的瞬间,他高声叫喊着:"哦!上帝啊!我真的没有一块能够让我的头颅枕着休息的石头吗?我真的没有一个家,让我能在那里死去吗?我宁愿不要离开。我希望看见所有朋友都围绕在我的身边,把我所有的一切都分给他们。"①

他一边抱紧怀中的母亲和妹妹,一边哭泣。他言语中的绝望也触动了伊莎贝尔,她对他说道:"那就留下来吧!我们会好好照顾你的,我们绝不会离开你!留下来吧!"

但动摇的时刻已经过去了,他听到了农场仆从们的脚步声,他们要来把他抬上马车;于是,他重新振作,说道:"不!我必须努力康复!"

这一次,他们不得不在火车站等了两个小时后才盼到了火车到来。此时,尽管他疲惫不堪并受到疼痛的折磨,过去在哈勒尔的那个狡黠的兰波又出现了,他逗乐了妹妹,用尖酸刻薄的描述调侃着其他的乡村旅客,嘲笑火车站里窄小的花园——那可是站长的骄傲——花园里只有一朵颓败的大丽花,周围种着几株雏菊,被一圈沙土围在中间。

然后,他们听到了火车进站时发出的鸣笛声;火车停了下来,一个工人把兰波抬进了车厢。粗制滥造的短途火车不停地颠簸,对他来说是一种钻心的折磨。他无法找到能够休息的姿势;身体的每一寸都在忍受着疼痛。他充满痛苦地抓着自己的残肢,仿佛没有意识到自己在说话一样一遍遍重复着同样的话:"多么可怕的疼痛啊!多么可怕的疼痛啊!"

他们必须在阿马涅换车,需要等上二十分钟的时间。他们换乘的火车是前往巴黎的快车,车里十分拥挤,尽管有伊莎贝尔的悉心照顾,但他们还是不可能拥有只属于自己的车厢,兰波的痛苦也没能得到缓解。但此时,他已经精疲力竭,因此,他能够短暂地睡着一会儿。即便在睡着时,

---

① 关于这一场景,只有伊莎贝尔的文字可供参考。参见《兰波最后的旅程》(*Le Dernier Voyage de Rimbaud*),《圣物》,第113页。

420

他的双眼也似乎保持着半睁着的状态。病魔消瘦了他的脸庞，发烧在他的颧骨上留下了两片红晕。在妹妹看来，他的确已经病入膏肓。

去往巴黎的途中，人们拥挤着涌上火车；他们都是快乐的人，有正在玩耍的孩童，新婚的夫妇，还有出门度周末的人。兰波偶尔会睁开眼睛凝视周围，他的双眼迷茫而困惑，仿佛不知道自己身在何处；然后，他会再一次疲倦地闭上眼睛。

车窗外不断掠过城镇和村落；河流，花园，还有种着黄色玉米的田地。随处可见属于8月娱乐星期日的那种无忧无虑的节日氛围。在火车站、乡村小路和小城里，他们处处都能看见人们穿着节日服装，欢声笑语无所不在，只是无法抵达伊莎贝尔的心中。靠近巴黎时，他们看见河上的小舟和小型帆船，明亮的船帆在水中留下投影；随着火车开始减速，音乐和舞蹈的节拍从房屋的窗子里飘了出来。本该带着盎然的兴趣和好奇望向这些快乐景象的兰波，此时却坐在令人窒息的车厢里，窝在角落的座位上，用半睁着的双眼凝视着对面木质的隔墙。

他们在6点半抵达了巴黎，太阳已经落山了，天空中阴云密布。他们计划在再次动身前在巴黎住一晚，让病人能够得到充分的休息，但在他们离开巴黎东站时，天空开始飘起了雨；于是，兰波决定不中断旅途，并找了一辆出租车送他们去里昂车站。那个星期天的晚上，街道上几乎空无一人，因为人们已经回家，也没有商店还开着门，让一群群工作的人从里面走出来。人行道在潮湿的天气里闪光，雨水打在沟渠里，演奏着悲伤的乐曲。商店全都关着门；一切都是那么的黯淡！

到了里昂车站，他们不得不等到11点才坐上前往马赛的快车。伊莎贝尔认为在这样的现代卧铺车里，也许她的哥哥能够睡上一觉，或者至少得到一些休息。躺下来安顿前，他吃了一粒安眠药，但睡眠并没有如约而至。他承受着精神和肉体上的双重折磨；他感到虚弱、疲倦，也不吃东西——他从那天清早开始就没有吃过任何食物——这一切导致他开始发烧，使麻醉药无法发挥作用。一整个晚上，伊莎贝尔就是这辆开往马赛的快车上无言的观察者，她目睹着最悲伤、痛苦的情形，在她那波澜不惊的一生中，她从未想象过有一天会看见这样的场景。阿蒂尔仿佛没有意识到她的存在，在痛苦的绝望中，他把这次旅行和一个月前反方向的那次做了比较，那时，他还相对有些力气，而现在，他是如此的虚弱。一个月前，他还怀抱着有一天能够好起来的期望，现在，在内心深处，他知道这再也不可能了。伊莎贝尔没有想过让自己也睡一会儿；她弯曲着身体跪在车厢的墙壁和座位之间的狭窄空间里，这样就可以尽可能地挨着深受折磨的哥哥，尽力通过自身的存在给予他慰藉和支持。

到了早上，火车抵达了里昂，他们看见初生的太阳光芒照耀在罗讷河上方桥梁的金色星星装饰上，让它们看起来就像真正的星星一样。兰波被悲伤和痛苦折磨得筋疲力尽，他开始打盹，但比起真正的睡眠，这更像是一种昏迷的状态，很明显，是好几个小时处于恐怖现实中的经历才导致了这一状态。

随着火车不断向南，天气也开始变得越发炎热；他们在用软垫装饰的车厢里几乎无法呼吸；他们仿佛置身于炼狱中一间有衬垫装饰的牢房，插翅难逃。火车驶过了阿维尼翁、尼姆和阿尔勒，穿过孤寂的卡马格。下一站就是马赛了！

他们抵达马赛时已经是晚上了，兰波立刻被送进了圣母医院，他没能活着从那里走出来。

在这里，这个依旧渴望生存的男人翻开了他与死神之间那绝望的搏斗的最后一章。无论如何，他都想要活下去。

第七章　战败者

在马赛，医生诊断兰波患有癌症，但一些评论家认为，这也可能是他在哈勒尔罹患的梅毒发展到三期的结果。当时的诊断结果远比不上现在的完美，兰波本人也不太可能把膝盖上的肿瘤和他自以为十年前就已经治愈的早期疾病联系在一起，二者的症状也十分不同。但从现代医学的角度出发，根据伊莎贝尔写给母亲的信里的内容[①]，兰波的病况并没有出现足以排除癌症可能性的进展；恰恰相反，从症状上看，癌症似乎是最合理的诊断。

伊莎贝尔询问了医生的意见，她得到的回答如下："这个可怜的人，他确实病得很重，他的病情正迅速脱离我们可掌控的范围。他还剩下几个星期的时间，最多不超过几个月，如果有什么不可预见的并发症——这最终也不可避免，一定会出现——这只会让他走得更快些。关于康复，这压根就不在考虑范围内，根本没有实现的希望。"医生中最年长的是一位白发老人，他说，因为伊莎贝尔陪伴着哥哥远道而来，她应该陪着他直到最后。"现在离开他，这太过残忍了。"

这就是医生们告知伊莎贝尔的信息；但当面对兰波时，出于帮助他重拾信心的考虑，他们保证一定会治好他，并且每一天都努力让他相信自己的情况确实在好转。伊莎贝尔听着他们乐观的话语，感到十分迷惑，甚至无法分辨是否应该相信他们所说的话，因为他们在和哥哥说话时看起来是那么诚恳、充满信心，和之前他们对她说话时如出一辙。兰波向来希望能直面现实，绝不自欺欺人，他享受这种凌厉、野性的快乐，但此时，当面

[①] 1891年9月22日的书信，《兰波全集》，第553页。

临人生中最大的危机,事关他的生死时,他却完全被蒙蔽了。但是,医生们给他带来的希望似乎在一段时间里让他的情况有一定的好转。他的肤色变得更加正常,胃口也恢复了一些,同时他的内心也更为平静。

他的母亲还待在北部的罗什,在她的孩子正在距离她很远的地方等待死亡时,她没有寄来任何安慰、同情的只言片语。她的这种行为被指为用沉默来表达对兰波的厌恶,但这不过是一种揣测。她这时的行为确实令人费解,但她的个性和她的儿子一样,并不是那么简单直接、容易理解的。她给他们写过一次信,但内容过于简短——只询问了病人的情况——伊莎贝尔甚至以为她可能病倒了。她也没有回复女儿写来的长信,伊莎贝尔在信里写了医生告知她的信息。伊莎贝尔于是又写了一封信,这次,她十分悲伤:

> 亲爱的母亲[她写道],[①] 我恳求您给我回信,或者让别人替您给我写哪怕一张纸条也行。我每天都生活在焦虑中,我几乎失去了理智。我到底做了什么才让您对我如此的残忍?您病了吗?还是别的什么事让您不给我回信?如果是这样的话,您最好告诉我,我会立刻回来照顾您,尽管阿蒂尔恳求我在他死前都不要丢下他。您到底怎么了?哦!如果我能立刻回到您的身边该有多好!可我不知道您到底是不是病了,我不能丢下我那不幸的哥哥;他发了毒誓,说如果我丢下他,他就会想办法掐死自己。

她的母亲于是寄来了一条简讯,将迟到的回信归咎于农场上那些必须完成的工作,以及她与雇工和收割工人之间永无止境的矛盾。伊莎贝尔给她回信,为她提供了智慧又脚踏实地的建议,帮助她解决农场的工作,帮助她找到最经济的方式来处理库存、庄稼和乳制品。谁也不知道这是不是母亲希望收到的回信,毕竟她寄来的是那样一封言简意赅的简讯,里面只

---

① 1891年10月2日的书信,《兰波全集》,第553页。

424

有令人无法相信的借口。批评她的人总是指责她，认为她在儿子走向死亡时，依旧是那样的无情，只在意物质和斤斤计较的小事。也许事实恰恰相反，可能是她的女儿不够敏感，没有当真以为母亲希望她能相信这些借口；也许在她那些从未要求过善意或情感的信，对母亲来说过于粗糙、愚蠢和冷酷。也许此时的兰波夫人需要的，正是那些她不知道如何要求的温情和同情心。谁又能看进这个保守、辛酸的女人那饱受折磨的内心世界，去了解她在看似物质至上的外表下所隐藏的感情？她坚持度过每一天，手上总有工作要做；她用劳动麻痹自己，好让自己忘记其他一切；她会劳作到再也不能站起来为止；这就是这个严厉的农妇唯一明白的人生哲学。在孩子们面前，她从不放松，从不向他们展示自己的爱意和自豪；她给女儿的信①里没有任何对爱意和情感的表达；信的开头直截了当，"我的女儿"，结尾十分简洁，"你的母亲"。她从来都没有向儿女展示出自己人性上的弱点。自我表达的能力并不是那么容易习得的，此时的她也不可能突然之间一次性展露自己所有的感情，因为她害怕这会让她陷入完全无法自控的境地。要她束手无策地坐在一旁看着阿蒂尔死去，这很可能超过了她所能承受的范围；阿蒂尔是她所有的孩子中最好的一个，过去，她曾把自己的梦想全部倾注于他的未来，尽管过去曾感到失望，但后来，她又一次在他的身上看到了希望。他死后九年之后，她给伊莎贝尔写了一封信，她似乎早已忘记了多年以来他给她带来的担心和焦虑：②

> 我那可怜的阿蒂尔，他从来都不曾对我要求过什么，他通过自己的劳动、智慧和善举积累了财富，他从未欺骗过任何人，一切财富都来得光明正大；恰恰相反，是他们让他损失了一大笔钱，他们还欠着他；但这可怜的孩子，他是那样的仁慈，人人都知道这一点。

---

① 书信，《兰波全集》，第 527 页及之后。
② 1900 年 6 月 1 日的书信，《兰波全集》，第 531 页。

评论家们声称，她一直以来都憎恨着他，并且在他等待死亡的来临时也无法忘记自己心中的怨恨，但这并非事实。阿蒂尔在阿比尼西亚时，她总是为他而焦心；1889年，她很长时间没有收到关于他的消息——他的信没能寄到家里，她的信也无法抵达他的身边——于是她就给他的雇主塞萨尔·蒂昂写信询问儿子的消息。① 还有一次，由于他正在远征阿比尼西亚的途中，她没有收到关于他的消息，于是，她充满悲伤地写了一封信。②

> 阿蒂尔，我的儿子。你的沉默已经持续了很长一段时间，这是为什么？那些没有孩子的人真是快乐，还有那些有孩子但不爱他们或是不在乎他们死活的人也很快乐。

当时，他的信被延误了八个月的时间。终于，1891年3月，她收到了他的信，向她告知他的健康状况。她给他回信，信中充满了焦急的情绪，她告诉他该如何处置伤腿，还告知他，自己从医生那里拿到了一瓶药膏，也被她随信寄出了。③ 给伊莎贝尔的信也是如此；尽管她总是拒绝向非家庭成员的人提起他，但很明显，她始终挂念着他。因此，在他死后八年后，她能写出这样的文字：

> 当有人走进来，坐在我附近时，我依然跪在教堂里祈祷，我没有注意到那个人。然后门突然间开了，我的眼前出现了一副和可怜的阿蒂尔过去用的一模一样的拐杖。我转过头去，惊讶地发现那正是我可怜的阿蒂尔。和他一样高，一样的年纪，一样的脸庞，苍白的皮肤，没有络腮胡，但留着短小的唇须，也缺了一条腿；这个年轻的男子正带着极大的同情和温柔注视着我。我用尽全部的力气也无法止住眼泪，毫无疑问，那是悲伤的泪水，但还有一些我无法解释的东西。我

---

①③ 发表于《醉舟》的书信，1954年9月。
② 1887年母亲致兰波的书信，《兰波全集》，第415页。

知道，我深爱的儿子就在我的身边。在弥撒的过程中，我心里想着：我那可怜的阿蒂尔，他是不是在找我？我准备好了。我的女儿，我只是想提醒你，因为我将不会继续在这个人世间生存了。①

然而，兰波内心的平静并没有无止境地持续。在医生们欺骗性话语的影响下，他固执地希望能继续活下去。但他并没有意识到，即便能活下来，他也不得不面临全身瘫痪的情况。有时，当他发现自己无法移动四肢时，他会开始质疑医生所说的话；他认为他们在欺骗他，或者，他们对他的病情一无所知，没有充分的理解。但他最严重的情绪还是对未来的焦虑和关注，想着如果自己不能再次正常使用右臂的话该怎么办。

每天早上，伊莎贝尔来医院时都会觉得他的状况更加恶化，她尤其注意到不断加重的瘫痪。他似乎每一天都在变得更加瘦弱，他的眼下有深深的黑眼圈，双眼几乎凹陷到了脑袋里。现在，他每一天醒来时都会感到四肢变得无比僵硬，直到一夜不动带来的麻痹消除之后，他才能活动它们。

一天早上，伊莎贝尔提早来到了医院，他还没有醒来。她站了一会儿，看着沉睡中的他；他面色铁青，半睁着眼睛，呼吸短促地喘着；她问自己，怎么可能会有活人看起来如此接近死亡。

他的右臂此时已经完全不能用了，瘫痪开始侵袭他的左半身；他可以感觉到腿上轻微的神经抽搐，只能勉强半睁着左眼。他无法找到任何能够为残躯提供休息和舒适的姿势。

后来，他们尝试另一种新的、十分痛苦的治疗；对于一个在任何情况下都无法康复的不幸的人来说，这是一次毫无意义的折磨。但治疗至少能让他在白天有事可做，并重燃了他几近熄灭的希望之火。每天早上，一个电力仪器都会被送进他的病房，操作员会在他的右臂上进行二十五分钟的治疗。治疗期间，他的手会做出一些神经性的抽搐，这是通电造成的自动动作；但电流停止后，他的手又会回到无法动弹的无助状态。那时，他只

---

① 1899 年 6 月 9 日的书信，《兰波全集》，第 527 页。

能感受到手臂和手上剧烈的疼痛,却无法移动。这种治疗每天都会在双臂上重复几次,操作员声称,他对病人取得的进展感到满意。兰波此时愿意在白天的任何时候接受任何治疗——无论有多么痛苦——只要能让他重新使用手臂,并解除他的瘫痪。他依然梦想着能够康复到足以返回亚丁或奥博克的情况,因为他坚信自己到了那里就可以痊愈。由于伊莎贝尔也在马赛,他才没有立刻安排离开的计划,因为他不认为她会愿意陪他一起去红海海岸;此时他已经感到自己无法在没有她的情况下生活了。

一天,他的新假肢到了,那是一条用机械拼接而成的精密的假腿,他们在几个月前预定了它。假肢的设计意在能够让他轻松地行走和骑马,就好像他还拥有由血肉筑成的健康双腿一样。但此时,当假肢终于送到时,他却连试用的能力都没有,这让他瞬间崩溃了。"现在一切都完了!"他对和他在一起的妹妹大声叫喊道:"现在真的全完了,我知道,我一定会死!"

尽管他的痛苦与日俱增,他依然绝望地抓着生命不放,比任何时候都更渴望活下去。他忘记了自己曾忍受过的一切苦难——这一切都是他生命中的一部分,而他又是那么地渴望生命——他忘记了自己一直以来对人类存在的憎恨。他会望着窗外马赛美丽而澄净的天空,秋天的风景比任何时候都美,天空中几乎没有云,只有耀眼的太阳照亮一切。于是,在想象中,他看到了地中海,距离他是那样的近,海上有那么多的船只,它们准备好出发航向遥远的国度,但没有一艘船在等他。

"我会去到地底的黑暗中,"他对伊莎贝尔说道,"而你将依然在阳光下行走。"

但是,当下午医生来查房时,他还是带着急迫、热切的希望聆听了那些鼓励的话语。

但病魔没有停下脚步。此时,他的内脏和四肢都已经瘫痪。之后的一天,医生发现他被截肢一侧的腹股沟上出现了不断变大的外部增生,这让他十分沮丧。看到这一切时,他充满悲伤地摇了摇头,因为他知道自己距离死亡不远了。

只要医院允许她留在哥哥身边，伊莎贝尔整天都陪着他直到深夜。她为他擦洗身体，喂他吃饭，帮他整理床铺。烛火被点亮的夜晚是一天中对他而言最好的时间；那时，疼痛会相对减少，她会在闪烁的烛火下坐着和他说话或是听他说话，直到值夜的修女9点钟请她离开。每天晚上，他都试着让她尽可能地多留一会儿，当她站起身走向门口、准备离开时，他就会无休止地向她提一些无关紧要的问题，就算是片刻，他都希望能让她再留一会儿，好缩短永无止境的黑夜里漫长的时间。每天晚上，在向她道晚安时，他都觉得自己也许再也不会见到她了，也许第二天她回来时自己就已经死了。

对于伊莎贝尔而言，尽管她为即将到来的痛失亲人而感到悲伤，但在马赛医院里度过的时光是那么宁静，几乎让她感到幸福；她写给家里的信里似乎也并没有展现出过度的痛苦。她能够注意到医院的修女们对她的善意，并和她们相处得很好，这一切主要还是源于阿蒂尔的病情。她能够从她们的话语中察觉到微小的善意；因此，她那小小的自尊心和虚荣心还是得到了满足。

> 您必须到这里来［她在给母亲的信中写道］，① 亲眼看一看，亲身感受被尊重的感觉，获得您应得的尊严。这里的人们那么有教养，和罗什那些粗野的年轻人截然不同。

她自豪地告诉母亲，她和一位西班牙女士交了朋友，她和丈夫一起来马赛照顾住院的叔父，他也是医院里的病人。她向母亲吹嘘，说他们是富人，丈夫还有法国荣誉军团勋章。她有时间和空间来随意结交朋友。她曾用华而不实、矫揉造作的语气向母亲表达自己收到来自家里的信那个下午是多么快乐，她写道：② "我吻了它，我的泪水打湿了它。我被流放在此，身边只有我那可怜的病人。我已经很久没有像今天下午这样幸福了，因为

---

①② 1891年10月5日的书信，《兰波全集》，第556页。

我收到了这封宝贵的信。"

这是她生命中第一次能够全情投入地奉献自己，第一次被人需要和渴望，这似乎赋予了她一种完美的幸福和成就感，还有一丝对自己重要性的肯定。在她迄今为止的人生里，她在重重限制下无法正常地发展自己的情感。但现在，突然之间，她发现自己摆脱了母亲专制的控制，拥有了闲暇时间和友情；现在的她是有尊严、有责任的人，别人会考虑她的意见，她第一次获得了独立进行自我表达的能力。她写给母亲的信里没有展露过度的悲痛，这一点令人感到惊讶和困惑；她也没有展现无法承受的悔恨，尽管一般人如果站在兰波的角度上，想起他即将到来的死亡，通常会为他而不是为自己而感到无比悔恨；为他无法继续享受长寿的人生而悔恨，就算未来的日子里要遭受折磨，但至少他还能活着；为他无法在未来也许能重新找回自己的位置、走向真正的人生尽头而悔恨。后来，哥哥的死亡对她的人生并没有造成什么影响，毕竟她与他相处的时间还很短暂。但她珍视最后这几个月的时光，她全情投入地照顾他，在这段时间里，他依附于她，无比需要她；在《我的哥哥阿蒂尔》中，她写道：①

> 我知道这种名为奉献的谵妄，最重要的是，我感受到了无以言表的幸福，来自对自己手足的深爱，在喜悦、考验和不幸中我都爱他，我把自己的身心都奉献给他；在他遭受折磨和病痛时爱他，在他面对痛苦和死亡时爱他；永不示弱，帮助他。

这些文字读来更像出自一个感受着异常喜悦的人笔下，而不是一个饱受折磨的人；写下这些文字的是一个虚荣、骄傲、自尊心很强又有些麻木不仁的女性。

然而，她还没有完成那令她感到自豪的伟大任务；她的哥哥还没有走到那一步，还不需要她按自己的心愿亲手把他送到上帝身边。到目前为

---

① 《圣物》，第90页。

止，她所有让他转而相信宗教的努力都是白费。与她费心希望人们相信的相反，兰波直到生命的最后一刻都坚持激烈反对教权和天主教教义。在罗什负责照顾他时，布迪耶医生曾经多次听到兰波谈论宗教，因此十分明确地知道他的观点。高芬则听一个老农人说起，兰波曾对他破口大骂，还取笑他，只因为他每个星期天都会去教堂做弥撒。①

这时，当伊莎贝尔夜晚坐在兰波身边时，她会尽可能地转移话题，谈论弥撒、圣餐礼、忏悔和赎罪，以及它们所代表的伟大神性。她会向他描述自己在星期天和瞻礼日在医院附属修道院的礼拜堂里参加的大弥撒和赐福仪式。她说，自己已经很久没有参加歌声如此美妙的弥撒了，那里的小祭坛有种神圣的氛围——穿着天蓝色法衣的唱诗班男孩们还套着雪白的外袍，他们那纯净无瑕的歌声让她想起天使的吟唱。

她一点一点地卸下了他的防备，让他不再抵触；10月28日，她给母亲写了信，那时距离他的死亡还有不到两个星期的时间，她在信里说，一切都好，哥哥已经归信。

> 亲爱的母亲，上帝无尽地保佑着我们！[她写道。]② 星期天，我感受到了这个世界上最大的幸福。在我身边迎接死神的不再是一个悲惨的、受诅咒的灵魂；他现在是一个殉道者，一个圣人；是被上帝选中的灵魂。

伊莎贝尔·兰波的任务已告完成，她带着兰波式的骄傲和自大，把一个罪人变成了一个悔过自新、重拾尊严的殉道者和圣人，她把他交给了上

---

① 1891年10月28日的书信，《兰波全集》，第561页。
② 一些评论家，如高芬，声称这封信是后来帕泰尔纳·贝里雄所写；方丹（Fondane）称在看到邮戳之前，他一直不相信这封信的真实性，他还认为伊莎贝尔也可能是在信件注明的时间之后才写下这封信。但是并没有足够的证据来证实这种怀疑的观点。这封信的内容与之后所提及的事件在时间上吻合；有一些事实是无法由伊莎贝尔在之后想到再加进内容中去的。要伪造文字的氛围是很困难的。这封信藏于杜塞文学馆中，笔迹鉴定的结果显示，这封信的笔迹正是伊莎贝尔当时的笔迹，与之后她那与哥哥几乎一致、难以分辨的笔迹并不相同。

帝；上帝必须记住她的这一功劳。全知全能的上帝一定对她满意不已。

有许多研究都关注了兰波在临死前的这一转变。有些人，如克洛岱尔，认为这一点对《灵光集》做出了完整的解释，也为《地狱一季》画下了句号；有些人则质疑这一说法的真实性。然而，无论我们个人对他在临死前归信宗教的精神价值有怎样的看法，毫无疑问，兰波确实做出了这一转变。伊莎贝尔给母亲的信写于这一事件发生后很短的时间内，其内容应当具有很强的真实性。信中，她清晰地描绘了兰波内心的图景，这不太可能是她凭空捏造的；当时，她对他的作品一无所知，也没有读过《灵光集》。这一点和后来她在《天主教徒兰波》中所写的有很大的出入。①

兰波的内心一直以来都渴望着宗教，他也向往着坚定的信仰。《地狱一季》中的痛苦有一部分源于他心中理性与对信仰的渴望之间的斗争，他最终让理性赢得了胜利；他紧紧抓住了"良知架起的天使之梯"顶端的位置，并"在得救中保持自由"。然而，没有宗教信仰的他在余生中依旧是一具行尸走肉，被抽去了所有维持生命所需的器官。因此，他在生命的最后转而选择信仰的慰藉，这并不出人意料。

在他归信宗教前那一周，伊莎贝尔好几次恳求神甫去探望阿蒂尔，但他总因为病人展现出的疲倦和厌恶而不敢向他提起忏悔和死亡。终于，在一个星期六，伊莎贝尔请求所有修女在忏悔后为她哥哥的健康而祈祷。第二天早上，大弥撒后，神甫来找兰波，发现他变得更为冷静和顺从了。神甫问他是否想要忏悔，阿蒂尔同意了。于是，神甫听完他的忏悔后，赦免了他的罪，然后就离开了病房。在外面，他见到了焦急等待着的伊莎贝尔，他用充满感情的声音对她说："你之前告诉我什么，孩子？你的哥哥是有信仰的。他相信上帝。我很少遇见拥有他这样坚定信仰的人。"

我亲吻了地面！[伊莎贝尔充满狂喜地在给母亲的信里写道，她

---

① 1891年10月28日的书信，《兰波全集》，第561页。

432

更多是在表达自己的情感,而不是描述绝对事实。]①我一边哭,一边笑。哦!上帝!多么喜悦!多么喜悦!即便是死亡!即便要死亡!生与死,整个宇宙,还有整个世界中所有的欢乐,他们现在都不能触动我,因为他的灵魂得到了拯救!上帝减轻了他的痛苦!上帝帮助他背负起他的十字架!怜悯他吧!再多怜悯他一些!上帝是多么善良,多么善良!感谢上帝,感谢!

伊莎贝尔走进哥哥的病房时,她发现,他被完全触动了,但没有哭泣,尽管他看起来比以往她在任何时间见到的都要悲伤。他失去了一切对生存的希望。他用从未有过的方式看着她,说道:"你和我有相同的血缘,是一母同胞,你是相信上帝的,对吗?告诉我,你相信上帝!"伊莎贝尔答道:"是的!我相信上帝。那些比我更智慧的人也曾相信上帝,他们现在依旧相信。更重要的是,我现在更加确定了。因为我看到了上帝存在的证据。"

于是,兰波极为苦涩地答道:"哦!是的,他们都说自己相信上帝;他们假装自己已经归信,但这只是为了让人们去读他们写的书!"

也许他当时想起了魏尔伦短暂的归信宗教和他的诗集《智慧集》?

他依然专注地看着她,然后,他亲吻了她,说道:"也许我们拥有相同的灵魂,因为我们的血肉出自一母同胞。所以,你真的相信上帝?"

伊莎贝尔再次答道:"是的!我相信。人必须有信仰。"阿蒂尔叹了一口气,当时,他的心中充满了无尽的悲伤,因为他知道,投降的时候到了。他对精神食粮的渴望在生命的最后时刻必须得到满足,就算那并不是真正的食粮,只是精神鸦片也好。吗啡让他的肉体免于疼痛,那么为什么他不能给灵魂上无法忍受的痛苦开上一剂麻醉药呢?此时,他牺牲了自己最后一点骄傲;他终于躺在了上帝的怀抱中。兰波的归信中似乎有和著名的帕斯卡尔赌注相似的成分。如果上帝的存在有百分之一的可能性,那我

---

① 1891年10月28日的书信,《兰波全集》,第561页。

们就必须相信上帝,因为这才是唯一的理性选择。"如果你赢了,你就会应得一切;如果你输了,你也什么都不会失去。"①信仰上帝,也许我们什么都不会失去,但如果怀疑,我们也许会错失永恒。

他的归信可能最后一次对他的骄傲做出惩罚,是对他曾胆大包天地认为自己是和上帝并肩的神的惩戒。在失败和痛苦中,他也许曾向上帝呼救,问他这是否最终的惩罚,但上帝答道:"还不是!"对于兰波而言,直到他牺牲一切、放弃抵抗前,就没有最终的惩罚。

伊莎贝尔再次回答他:"是的!我相信。人必须有信仰。"兰波疲惫地说:"那该把房间准备好了。神甫会回来做圣礼的。你将目睹这一切。他们会拿来蜡烛和上好的蕾丝。到处都要盖上白布。我真的已经病得这么重了吗?"

然后,他再也不说亵渎的话,也再不咒骂了。他一直在祷告。

在《地狱一季》中,他曾写道:"祈祷,愿上帝赐予上界天使般的安宁——像古代的圣徒那样。——圣徒!"②那时,他还加上了一句:"无休止的闹剧!"(王道乾译)但现在,他拥有了这种安宁和力量。现在,在他即将离开这个世界的时候,心中那一直对他叫喊、让他必须不计代价保持个人自由的声音平静下来了。

在他束手投降之后,他坚硬的外壳也破碎了,他的阿比西尼亚面具和盔甲也化为碎片,让被囚禁的诗人得以逃脱;那是个仿佛已经枯萎死去的诗人,但他只是沉睡了二十年的时间,直到超越这个世界的光明拂上他的双眼,让他醒来;这束光似乎总是会照耀那些一只脚踏进坟墓的人。现在,他又一次拥有了《灵光集》时期的所有视觉,他允许自己再次享受它们。那时,在幻象出现时,他写道:"而当我从阴影一角转过身来,我看见了你们,我的姑娘!我的女王!"(何家炜译)③他再一次看见了它们的来临。在他生命结束之前,他置身于周围的人认为是一场梦的世界里。伊莎

---

① 《沉思录》,第3章。
② 《坏血统》,收录于《地狱一季》,《兰波全集》,第211页。
③ 《断句》,收录于《灵光集》,《兰波全集》,第128页。

贝尔·兰波坐在他的身旁，目睹着他的生命逐渐衰退，走向尽头；他告诉她自己看到了什么，用他之前曾经忘记的语言向她描述自己的幻象。他从阿比西尼亚寄出的信中没有任何这种语言的痕迹，在他直截了当地记录去拜访梅内利克王的远征时也没有用过这种语言。此时，他孩童时期的想象似乎回到了他的心中，他再次掌握了能描述这种经历的话语。"有时，他会变成一个通灵人，"伊莎贝尔这样说过，①"一个先知。在没有丧失意识的情况下，他能看见最奇妙的景象。他看见紫水晶做成的圆柱，大理石和木质的天使雕像；他看见美丽得无与伦比的国度，他会描绘这些奇妙、充满感染力的魔咒带来的感受和表达。"

在他死后几个星期，她惊讶地在之前从未读过的《灵光集》里发现了一模一样的幻象和梦境；据她说，病榻上兰波所描述的那些更有深度、更加细腻。令人遗憾的是，尽管她在陪伴等待死亡的哥哥时写下了许多文字，她却没有记录下他所说的这些话，她宣称，这些话让她着迷，深深地打动了她的心。否则，我们也许能够窥见兰波的内心世界，了解他在阿比西尼亚最后那几年的孤独生活中的思绪；那时，哈勒尔主教雅鲁索神甫认为他是一个可以与圣人比肩的人，并说他总是在阅读和写作。

一天晚上，他正躺在床上低声呢喃，描述着他眼中出现的幻觉，一个修女突然对伊莎贝尔说："您觉得他是不是又失去意识了？"但他听到了她的话，脸上泛起了红晕，突然之间，他安静了下来。修女离开病房后，他对伊莎贝尔说："他们觉得我疯了！但你不这么认为，对吗？"

有时，他会问医生能不能分享他的幻象，然后就会对他们描述眼中所见。说话时，他的眼睛会变得比从前任何时候都更加可爱和生动。他的脸上恢复了源于伟大精神信仰的美丽，在通灵人时期，他的脸庞也曾拥有过这样的美，但被在阿比尼西亚经历的一切苦难抹去了。伊莎贝尔在他弥留之际为他画的肖像②展现了一张带着难以言喻的悲伤的脸庞，因受尽磨难

---

① 《兰波书稿》，第181页。
② 展示于1936年7月巴黎举办的象征派展览中的兰波展柜。

而变得无形,它超越了肉体,进入了精神的领域。

此时,他已经几乎无法进食;他的四肢全都已经瘫痪,他只能一动不动地躺在行李箱边,就像仍挂在树上的枯枝一样,尽管已经枯萎,但还没有完全死亡。他的脸像被雕凿的大理石一样僵硬,在他的脸上——事实上,是在他的整个身体上——只有一双眼睛还能看出几分活气。

在最后的关头,这位阿比尼西亚人短暂地清醒了过来。他诉说着对哈勒尔的向往,说起他对那些依赖他而生存、让他慢慢喜爱起来的人的担忧。那年秋天,在哈勒尔地区发生了灾难性的饥荒,每天,城中都会有五六十个人因饥饿而死去。鬣狗无论黑夜白天都会爬过土垒进入城中,因为人们似乎没有时间埋葬尸体,任由它们腐烂发臭。罗伯奇·布里切蒂目睹并记录了城中可怕的场景,[1] 兰波的办事员索迪罗给他写了信,告诉他马科南公爵不得不对许多以自己的孩子和手足为食的加拉人处以极刑。[2] 兰波十分喜爱这些原住民,也对他们多有理解,他十分焦虑,希望他们不会受到伤害。他明白,即便是年长些的原住民也都只不过是一群孩子,他们是任性的孩童,需要爱意和关怀。他们对兰波也抱有感情。萨乌雷在给兰波的信里写道:[3] "马科南公爵不断地向我们提起你,说你是最诚实的人,你也常常向他证明,你确实是他的好伙伴。"

兰波死后,马科南公爵给伊莎贝尔写了一封亲笔信:[4] "你哥哥去世的消息让我悲痛万分,我的灵魂仿佛也离我而去了。"

临死前,兰波也想起了在索马里海岸和阿比西尼亚的法国同胞,他们所遭受的折磨并不比他少;当他意识到自己的病情有多么严重时,他把财产中的一部分无条件地寄给了在那里的朋友,他们都是生计艰难、生活简朴的商人。[5]

---

[1] 《奈尔》(*Nell*),收录于《哈勒尔》,第 124 页。
[2] 1891 年 7 月 10 日的书信,《兰波全集》,第 511 页。
[3] 未发表的书信,由马塔拉索安排引用。
[4] 伊莎贝尔未发表的笔记,由马塔拉索安排引用。
[5] 伊莎贝尔致无名收件人(可能是帕泰尔纳·贝里雄)的未发表书信草稿,由马塔拉索安排引用。

在他的幻梦中，或者是在那些他无法入眠的漫漫长夜里，他会对伊莎贝尔说起哈勒尔，那时，对他而言，他仿佛已经和她一起去到了那里，她是他生命中的一部分，陪伴着他一起走过了人生中所有的旅途。

> 我们在哈勒尔［她在给母亲的信中写道］，① 我们一直要离开那里，前往亚丁。我们必须找到骆驼、安排商队。在他的描述里，他可以戴着新的假肢轻松行走。我们会一起骑着戴漂亮缰头的骡子出去。然后，我们必须工作！快点！快点！他们在等我吗，我们必须收拾行李出发。为什么人们让他睡着，为什么我不帮他穿衣服？如果我们不能在说定的日子抵达，他们可指不定会说什么呢！再也不会有人相信他说的话了，再也不会有人信任他了！

他会长时间地对伊莎贝尔说起贾米的事。贾米是他的朋友，也是他唯一的朋友。有时，他会弄混这两个他最爱的人：妹妹和仆人，他会把伊莎贝尔错叫成贾米。他临死前最后的思念里也有这个哈勒尔男孩，他请求把遗产中的三千法郎寄给他。出于关爱之情，他要求人们通知贾米，让他明智地把这笔钱用在好的地方，不要辜负主人最后的愿望和指令；也许他可以把钱投资在一个诚信、谨慎的公司里，他可以从中获取利息，但他必须明白，这笔钱不应该是让他变得无所事事、挥霍无度的借口。② 但贾米本人没能收到这笔遗产；1936年在巴黎举办的印象派大展中，兰波的展台里展出了一份收据，签收人是哈勒尔的法国主教杜林·卡阿涅，以及贾米的继承人。贾米的去世应该和主人几乎在同一时间，很可能死于1891年的饥荒或某次野蛮人的袭击。

1891年11月9日，兰波在半清醒的状态下要求妹妹给一家蒸汽船公司写信，在信中，他说道："我已经全身瘫痪了，因此，我希望能尽早出

---

① 1891年10月28日的书信，《兰波全集》，第563页。
② 1892年2月19日伊莎贝尔致法国驻亚丁领事馆的书信，《兰波全集》，第568页。

发。请告知我需要被抬上船的时间。"①

在《地狱一季》中,他写道:"等到明天,黎明初起,我们凭着强烈的耐力的武装,要长驱直入,走进辉煌灿烂的都城。"(王道乾译)一天后,他去世了,距离他的三十七岁生日不到三个星期。只有伊莎贝尔陪在他的身边,母亲仍留在北部。

一切结束后,伊莎贝尔·兰波带着兰波的遗体回到了亚登省,她已经把他的灵魂交给了上帝。遗体抵达夏尔维勒后,兰波夫人在她希望举行葬礼的那一天早上9点去找了教区神甫,预定了早上10点的特级葬礼。吉耶神甫向她解释,在这么短的时间里准备好一切是十分困难的;他还说,他在学校时就是阿蒂尔的宗教导师,他希望能邀请一些他的同龄人和自己在学校的同事来参加葬礼。兰波夫人却不想考虑变更计划。"神甫,别再坚持了!"她尖锐地答道:"我已经下定决心了!"②

即便是在儿子已死的情况下,她依旧不能放下对他的朋友、老师和其他文人的仇视,在她眼中,他们都是导致儿子步入歧途、走向失败的原因,她仇视他们所有人。

早上10点,一场盛大的葬礼就此举行,包括了所有特级葬礼的装饰:绣着死者的姓名开头字母、缀着银色泪珠的深黑色挂布垂挂在教堂的门上,所有的丧钟都为他而鸣。葬礼上有五位主唱,还有一个由八个人组成的唱诗班,祭坛闪耀着光芒,由好几位神甫负责主持。布道结束后,覆盖着华丽垂坠布料的灵车装着要价八英镑的气派棺木,由头上装饰着羽毛的马拉着,开过了夏尔维勒市的街道,后面跟着庄严肃穆的队列:神甫们穿着祭袍,唱诗班的男孩们穿着法衣和外袍,还有二十个孤儿,每个人手上都拿着一根点燃的蜡烛。这一壮观的队列缓慢地向墓地前进,在他们身后跟着两个戴着黑纱的孤独人影:兰波夫人和她的女儿伊莎贝尔。③此时

---

① 《兰波全集》,第517页。
② 皮尔昆著《回忆录》,发表于《文学生活》,第149页。
③ 这一描述基于未发表的葬礼账单,由马塔拉索安排引用。所有条目均分开列出,例如,20个手持蜡烛的孤儿,每人2法郎,实收87法郎。祭坛上的蜡烛花费75法郎;教士费用30法郎。敲钟费用25法郎,教堂门上的条幅收费82法郎,等等。

此刻，兰波在巴黎声名远播，被看作这个时代最伟大的诗人，但在他的墓边，没有人为他做追思的演讲；在场没有一个人是童年时就与他相知相识、陪伴他成长的伙伴；甚至连魏尔伦都没能到场与他告别，兰波和他一起度过了人生中最重要、最激情的时光。回归大地时，兰波依旧孤身一身，他的一生从来如此。

兰波去世九年后，兰波夫人掘出了他的遗体，和当时已经离世超过二十年的女儿维塔莉一起重新安葬在一个新的地点，再也没有挪动过他们；她在那里立起了一座大理石纪念碑，充满了布尔乔亚式的坏品位，用于纪念家族的荣光。挖掘遗体时她本人也在场；阿蒂尔的棺木依旧完整，但维塔莉的已经腐坏了；母亲没有一丝不适，用一块干净的白色床单包裹起了女儿的尸骨，等待另一具棺木送过来。这个古怪、难以理解的女性给伊莎贝尔写了一封信，信中，她忠实地还原了这一幕的真实场景；伊莎贝尔深爱着自己的姐姐，她的离世让她感到十分孤独，也失去了家里唯一的伙伴。母亲描写了尸体的状况；她的头发依旧柔软，还保持着生前的金色，但身体已经不剩下多少了。"肉身已经完全腐烂了，就只有一些肋骨和骨头连着。"[1]

1901年，为纪念阿蒂尔逝世十周年，人们在他的家乡夏尔维勒的车站广场举行了兰波纪念碑的揭幕仪式，兰波夫人依然没有对文学释怀，因为她认为文学是给儿子带来毁灭的原因之一，因此，她拒绝出席典礼。据说，她甚至一次都没有来看过这座雕像，尽管她晚年所住的公寓距离广场只有不到六十码的距离。但当儿子的雇主阿尔弗雷德·巴尔代来到夏尔维勒参加揭幕仪式时，她十分高兴，并对他表示了热烈的欢迎。[2] 她心中的怨恨只为文学和文人而发酵。

她憎恨的不只是阿蒂尔的文学〔伊莎贝尔写道〕，[3] *她也憎恨每一*

---

[1] 1900年5月24日兰波夫人致伊莎贝尔的书信，《兰波全集》，第532页。
[2] A.巴尔代致兰波夫人的致谢信，未发表，由马塔拉索安排引用。
[3] 伊莎贝尔·兰波致帕泰尔纳·贝里雄的未发表书信，由马塔拉索安排引用。

篇不适合中等智力的十五岁孩子阅读的文学和科学作品。尽管我把阿蒂尔的作品放在她触手可及的地方，但她从来没有读过它们。不过她不了解这些也是好事，因为这种风格和创作灵感会引起她极端的厌恶。她对任何关于这些作品的问题都毫无兴趣，甚至对它们一无所知，她一直坚持着自己之前就下定的决心。

她那顽固、不懂变通的个性和儿子如出一辙，她和他一样没有做出妥协或让步的能力，她也从来没有在对她来说是原则性的问题上留有余地。没有任何人的话语和理念——也没有任何温情或怜悯——能让她偏离自己认定的正确道路。

结　语

　　从兰波的肉体在马赛离世，至今已经过去了七十年的时间；他的诗歌死亡的时间则更久，已经超过了八十年——这一死亡的意义更加深远。

　　1936年，法国庆祝了象征主义运动五十周年纪念，以及《灵光集》在《风行》杂志上发表五十周年纪念。在半个世纪的时间里，兰波作品的重要性和意义与日俱增。现在，几乎没有其他诗人能够在研究方面得到与他同等的热情和关注——即便是波德莱尔也无法与他匹敌。无论在哪个国家，所有的文学运动都自称以兰波的影响为起源，尽管他本人应该会拒绝认同他们的观点。今天，全世界的文学青年都从兰波那里学习表达对过去和传统的不耐烦、对既定标准和塑造我们今日世界的所谓文明的厌恶；他们抱有和兰波一样的对摧毁一切的渴望。兰波曾这样呐喊：[1]

　　　　什么与我们相干，我的心，染着血与灰烬的
　　　　桌布，还有成千次谋杀，以及狂怒的
　　　　冗长喊叫，整个地狱的呜咽倾覆着
　　　　一切秩序；还有凌厉的北风刮过废墟；

　　　　而一切复仇呢？没有！……——但，还是要，
　　　　我们要复仇！实业家，王子，参议员，
　　　　消灭！权力，正义，历史，打倒！
　　　　这是我们分内的事。血！血！金色的火焰！（何家炜　译）

---

[1]《眩晕》，《兰波全集》，第123页。

兰波的作品往往深奥难解，因此，对那些寻找文本来支持自己理论的人来说，它们也是蕴藏丰富的宝库。在兰波的作品中——《圣经》也是如此——能够找到几乎对每一种理论的确证，而他的作品也得到了和《圣经》一样的待遇：从中截取的只言片语被用于组成文学上的传业授道，有时需要动用丰富的想象力才能跟得上这种解释。

兰波在他的批评者和仰慕者眼中各有不同：他是流氓还是殉道者？是恶棍还是通灵人？是浪子还是最终成了一个圣徒？他远离原本的世界是否受到了召唤，因为法国不值得他的存在？① 但这些描述中没有任何一个能够单独对他做出全面的概括。艾田蒲（Etiemble）在发表于 1952 年的博士论文《兰波的神话》（*Le Mythe de Rimbaud*）中包括了他在二十年间充满耐心的详尽研究成果，他击破了每一个关于兰波的单个理论。

如果我们把兰波的人生当作一个整体来看待，就几乎无法把任何错误或邪恶归咎于他。根据传统的判断标准，他在巴黎和伦敦的生活不可不谓荒淫放荡；但他自己就不接受这些标准。"是的，在你们的光照下我只能闭上眼睛……"他在《地狱一季》里如此说道，② "但是我可能得救。"（王道乾译）他的堕落出于自愿，因为这是他哲学理念的一部分。当他认为这一切都是错误后，他选择了一种连沙漠中的隐士都无法相比的简朴生活。也有人认为他的同性恋取向是不道德的，甚至有很多人都认为这一点是他罪恶滔天的证明；但在这种关系中，他唯一为人所知的相关行为发生在十七岁时，并且还受到了一个比他大十岁、软弱、自我放纵、邪恶的男人的影响，后者更是在认识兰波前就已经有同性恋史。当时，兰波不过是一个不快乐的青少年，他在知性上过于早熟，但身体尚未发育完全，这段关系也让他感到罪恶和痛苦。现代心理学应该已经能够通过某种"声呐"来探究这一问题，并且尤其要考虑他当时的年龄。在一段短暂的时间里，他

---

① 这是帕泰尔纳·贝里雄的观点，参见《兰波生平》，第 254 页。
② 《坏血统》，收录于《地狱一季》，《兰波全集》，第 209 页。

曾在金钱上试着"吸血"他的朋友们，但这也只是半开玩笑的拙劣做法，并且很快就结束了。在生命中的最后几年，他在索马里海岸以一丝不苟的诚信和伟大的仁慈而闻名。他也十分珍惜自己的荣誉和好名声。他写给家里的书信证明了这一点；在临死前的幻觉中，他为自己也许不能周到、准时地完成被授予的任务和许下的承诺而感到焦虑。另一方面，关于兰波是圣徒和殉道者的理论也并不能令人信服。他曾有过想象自己已经成为和上帝并肩的神的时期，那时他愿意付出一切必需的代价、通过个人受苦来获得这一荣光；但他并不是以殉道者的身份，而是把自己当作一个神来承受痛苦。在此后的人生中，他选择了简朴和禁欲；他以仁慈、善意和慷慨来对待他所管理的人，并对他们怀有怜悯之心；但其中并没有真正属于圣徒的特质。他写给家里的信——这是我们唯一关于他在索马里海岸和阿比尼西亚的生活记录——证实了这一点。也许在他的阿比西尼亚面具和盔甲之下藏着一个虔诚的哲学思想家——甚至可能仍是一个诗人——但在这一生中他绝不是一个圣徒。

兰波的文学事业是一场对天才的悲剧性浪费。也许在没有这种浪费的前提下，他的作品永远无法达到现有的高度；也许这是我们为拥有兰波最精彩的作品所付出的代价。其中的神秘和天才般的手法无可估量，但这些的出现也许必须以兰波作品那流星一般的短暂为基础和前提。他就像一个口中吐火的不幸男子，他会烧毁一切他所接触的东西，将它们化为手中的灰烬。对他来说，有许多事都充满了潜力，但最终都只能沦为失望。学业上的胜利似乎向他许诺了一个作为杰出知识分子的未来，但这一切只让他感到索然无味，于是便抛弃了它们。他在诗歌上的天才本应让他跻身于当时最顶尖的文人之列；但他啃噬了诗歌金玉其外的果实，发现了其中的败絮，于是对其弃之不顾。他尝试过一天是一天，不去考虑明天，只等待一切发生的生活，但这和其他一切一样最终幻灭。

他最后的努力是过一种充满激烈行动的人生——探索和行商——这也是他最后的失败。失败是他的命运。他的人生是一场壮阔的失败，直到最后一刻，他依旧承受着"巨大的诅咒"。他一生都在地狱中度过。在神秘主义哲学中,"地狱"(enfer)这个词意味着"低级的世界",是天国的前厅,是充满考验的地方,因此,人间即地狱。[1] 对于兰波而言,人间确实是地狱,他被梦想中的天国放逐至此,他曾体会天国之美,因此,他不可能在人间的任何地方安定下来,获得幸福。他只能希望人生确实只是通往另一个世界的前厅,在那里,一切都已准备好,只为迎接他的到来。

兰波首先是一个冒险家。他的第一次历险是在书本里;然后,他逃往了吉卜赛人一般的流浪中,那是他第一次真正亲身体验的历险。最伟大的历险是对天国的探索,自那之后,一切都让他感到索然无味;自那之后,尘世变得如此渺小,再也无法让他满足。这是他亲口对妹妹所说的话。[2]

> 我希望漫游世界,毕竟这个世界也没有那么大;也许那时我会找到某个让我感到有那么一点满意的地方。

他在《回忆》中以象征的手法表达怀旧之情——这也许是他所有诗作中最美妙、最完美的一篇:[3]

> 这愁水中的玩物,我无法抓到,
> 哦,静止的小船!哦!胳膊太短!
> 纠缠我的黄花,灰水亲近的蓝花,
> 这花那花,我一朵都摘不到。
>
> 啊!翅膀从柳树上抖下的灰!
> 久遭折磨的芦苇上的玫瑰!
> 我的小船,总是不动;他的铁链
> 落在这无边的水底,——哪块泥土?(飞白 译)

---

[1] 参见巴朗什著《俄耳甫斯》,第28页。
[2] 1896年8月2日伊莎贝尔·兰波致帕泰尔纳·贝里雄的书信,《兰波全集》,第562页。
[3] 《回忆》,《兰波全集》,第122页。

他的失败不能全部被归咎于糟糕的运气，或者说，厄运（le guignon）[1]。波德莱尔认为，人所遭受的痛苦主要来源于其自身的脆弱：他无法追随自己心知肚明是最高尚的那些东西。兰波无法改变自己，尤其无法改变他强烈的骄傲，从而适应生活；这也让他自己不得不承受许多挫折。无论在精神层面，还是在物质世界，比起做出妥协或屈服于现状，他更愿意接受失败的代价。从童年开始，他就一直无法承受任何批评或训斥，即便这些大多是说者无心、听者有意的情况。他的骄傲也导致了他的幻想，认为自己与上帝肖似，因此可以免于那些加诸于普通的不道德之人身上的惩罚和代价。波德莱尔为自己的每一次放纵、欢愉和所有的弱点都付出了代价，他不得不流下代表着悔恨和痛苦的灼热之泪；在正义面前，他自愿付出代价。他已准备好让自己成为罪人；他清楚地知道，自己是一个可悲的罪人，他的骄傲也促使他对这一点有清醒的认识："虚伪的读者，我的同类，我的兄弟。"（辜振丰译）兰波没有能力获得真正的谦卑，他无法把自己放入低贱的位置。他绝不可能乞求怜悯、宽恕或慈悲。他确实认为自己是一个罪人——受到诅咒的罪人——但他的受诅咒是光荣的，他被全能的神的愤怒和复仇之火征服，上帝不得不尽其所能与他对抗，而在被火焰灼烧时，他还能讥讽正在毁灭他的上帝。然而，当他终于放弃抵抗、完全屈服时，正是这种骄傲和傲慢自大让他必须接受最终的惩罚。

他还有一个弱点：他受到了反复无常的诅咒。他无法贯彻任何事，不能走到任何事的终点，最后也没能真正地完全掌握任何东西。他总想要过于迅速地前进，从来都不能耐下心来夯实基础；对他而言，万丈高楼必须一夜之间建成，就好像有魔法的助力一样。确实，他无论做什么都依赖魔法多于他自身的努力。构思一旦完成，他就必须立刻达成目标；他能看见终点，却不知道抵达的方法，而且他从来没能学会节制和耐心的品质。"科

---

[1] 《厄运》（*Le Guignon*）也是波德莱尔的一首诗，收录于《恶之花》。——译者注

学进展过于缓慢，"他在《地狱一季》中说道，①"祈祷却在快步向前"（王道乾译）。他对速度的要求和不耐烦的个性让他的天赋过于早熟，又过早地萎缩，就像枯萎的果实一样被风从树上吹落。心理学家也许会找到某种原因来解释他这种割裂自我、掐灭自然的自我表达的行为。如果他能让自己杰出的才华缓慢地发展，并在恰当的季节完全成熟的话，他将会成就些什么呢？如果能知道这一问题的答案，那该是多么有趣。如果他能像波德莱尔那样接受屈辱和误解的话又能成就什么呢？这一点我们也不得而知。波德莱尔曾说："我的屈辱皆是上帝的恩典。"②兰波的骄傲和傲慢过于强大，让他永远都无法从失败中吸取教训。他缺乏酿成伟大天才所必需的一味材料——谦卑和质朴。

心理学家也许会认为，兰波缺乏耐心的个性在某种程度上来说象征了他内心的发育不良，因此，他直到生命的最后一刻都一直是一个孩童。只要有事物能吸引他的兴趣或喜爱，在他的想象中，这就是那独一无二的事物，能够让一切都变得明朗，并且为他过去的失望做出补偿。他会带着天性中的激情，花一段时间来追求这一事物；但只要他的兴头过了，又会迅速放弃。多少次，他在索马里海岸给家里的信中写道："我找不到期待的东西！我不会在这里久留！"又有多少次，他构思了一项计划然后展开实践，但几乎从来都没能贯彻到底，获得丰收！他曾在《渴之喜剧》中这样呐喊："啊！汲干所有的瓮！"（何家炜译）③为了不错过任何味道，他曾试着一次性饮下所有容器中的水。他是如此地渴望畅饮，他那样迅速地吞下这一切，但这只让他呛水，什么味道也品尝不到。

他从未能够接受外来的限制，也没能学会约束自己；直到最后，他的个性依旧处于迷失方向的反抗之中。他反抗一切：社会环境、公认的宗教、艺术，以及整个生活的状况。这种对自由的狂热渴望是他骄傲的又一个后果，它通过极端的表达，变成了一种病态。他无法忍受任何人把手放

---

① 《闪光》，收录于《地狱一季》，《兰波全集》，第 227 页。
② 波德莱尔著《我心赤裸》，第 115 节。
③ 《渴之喜剧》，《兰波全集》，第 127 页。

在他的肩膀上压制他，他宁愿自我毁灭。可悲的是，他最终明白——但已经太迟了——自由并不是生来就有的权利，恰恰相反，它是一件商品，和这个病态的世间的所有东西一样，必须支付代价才能获得；自由的代价是如此的昂贵，必须经历个人的奴役和苦涩的屈辱才能获得它。除非我们一开始就用顺从和许多痛苦的妥协购买了自由，除非我们痛苦地挣扎，终于抵达唯一能呼吸到空气的顶峰，否则就不存在完全属于我们的自由。兰波决定购买自由，但一切已经太迟了；自由的代价也比最初昂贵了太多。之后，在他正值壮年时，他本应享受一定的自由，但他狂热地——这是他对待一切的态度——以最痛苦的奴役和不甘的受苦为代价，购买着最昂贵的自由。

正如《地狱一季》里所表达的那样，在他那可悲的挣扎中，他向往全情投入宗教的怀抱，但他不愿付出任何牺牲个人自由的代价。他宁愿扑灭心中的渴望之火，并可悲地把这看作一种胜利。陀思妥耶夫斯基在《群魔》中描写了这样一个角色：他为了证明自己完全独立于上帝之外而自杀。[①] 兰波的做法与他相似，不过他杀死的是自己的精神，而不是肉体。

在兰波还是个男孩时，生活的丑恶让他震惊，自那以后，他再也不能接受生活本来的面貌；对他来说，生活的环境令他无法忍受，他憎恨生活，因为那并不是他想象中的情形，也不是他认为生活应有的面貌。他不愿也没有能力接受寻常的人性、他人的弱点和不值一提的卑微。面对这些配不上任何理想的人，他没有耐心或怜悯，只觉得他们可悲、令人厌恶。唯一能让他抱有温情和同情心的就只有那些原始的黑人，他的生活几乎与愚蠢的野兽一致，没有任何自我反思，只是耐心地承受重负。除了在生命即将结束时出现的偶然状况外，他没有波德莱尔那种对简单的人类境况的理解，也没有他对生存的反复无常所抱有的天才式的温情。在帕斯卡尔"人类的伟大与可悲"中，他只能看到"可悲"。他无法容忍那让他周遭的人们感到满足的琐碎的幸福，他回避一切能够让其他人的生活变得美好和

---

① 参见丹尼尔-罗普斯（Daniel-Rops）著《兰波》，第154页。

甜蜜的东西：平静、爱和单纯的劳作。他在自己的内心毁灭了这一切，当他为此悔恨时，一切都已经太晚了，他的心中什么也没有剩下，没有能够建筑任何其他的基础。他的人生从未能从他的经历中获得滋养；这些经历只能留下伤痕和被火焰灼烧过的印记。

最初，他曾以为自己能够创造生活的条件，通过自身改变一切，找到"真正的生活"。但在这一切都失败后，他不愿接受那些他会将其称为"蠢物"的东西，那些让人生的负担不那么沉重的东西——艺术和梦想——他抛弃了它们，因为它们并非最终的现实，因为它们不是绝对的完美。"应当时刻醉意醺醺。"波德莱尔曾这样说道，①"这就是全部所在。这就是唯一的问题。为了感受不到压垮您的双肩，压得您弯向地下的可怕的时间重负，就必须长醉不醒。可是，沉醉于什么呢？沉醉于美酒、诗歌还是德行呢，悉听尊便。反正要沉醉。"（李玉民译）兰波无法做到这一点，世界对他的伤害令他难以忍受——直到最后，他都保持着这种青少年时期就形成的能力，被永无休止地伤害着。最后，这"痛苦的生存"中再也没有一丝美感足以让它变得能够忍受。他从未找到一种有用的原则，也从未与生活和解。他得到的只有一种不甘的顺从，但那并不是拜伦式的和解。他曾经给家里写过一封信，描述他对未来的计划：②"好吧！最可能的情况是，人们总是去他们不想去的地方，做他们不想做的事情，他们的生死都与愿望相背离，对日后能获得补偿不抱任何希望。"

他所获得的唯一补偿，在他在哈勒尔的最后几年里，似乎就是他对自己管理的原住民所施行的一点善举。但他对这种善意的本质并没有抱有幻想，也不期望任何回报。

兰波在艺术潜力方面的自然天赋超越了法国文学史上任何一位诗人，但当他发现这种天赋并没有为他带来他渴求的理想时，他就抛弃了它。他无法接受作为一个普通基督徒的谦卑，同样地，他也无法接受自己仅仅只

---

① 《沉醉吧》(*Enivrez-vous*)，收录于《巴黎的忧郁》。
② 1885年1月15日的书信，《兰波全集》，第390页。

能做一个诗人。于是，他犯下了一个近乎悲剧性的错误，这是他所有错误中最严重的一个：对文学的放弃。在他的诗歌创作最为鼎盛的时期，那也是他人生中唯一能够或多或少感到快乐、喜悦和成就感的时期。他那习惯性的暴烈和不自信让他丢弃了他曾经最伟大的财产、他生而为人唯一的存在的理由，自那以后，他永远滞留在了地狱中。在《地狱一季》中，他曾问道：① "一个人甘愿自毁，那他就该下地狱，不是吗？"（王道乾译）他确实为自身施加了毁灭的诅咒。可悲的是，在生命的尽头，他意识到他浪费了自我和人生。这一诅咒既施加于他的精神，也施加于他的肉体：在哈勒尔，他拒绝面对自己的身体状况，把病痛的腿紧紧绑住，用剧烈的运动折磨自己。他用固执杀死了才华。

后来，他对诗歌的抛弃却不一定完全出于自愿。也许他只是无法继续写作了；也许，当诗歌无法成为象征绝对真理的意象时，他就再也无话可说了。他无法进行程式化的写作；丧失信仰后，也许他心中也不再剩下任何能够成就一位诗人的东西了。也许上天比我们想象的更为仁慈；也许这正是命运向他展现的慈悲，让他无法创作出低于其最伟大的杰作的作品，让他在成就的巅峰隐退。

鼎盛时期的兰波拓宽了诗歌的视野。1871年，当他在诗歌界冉冉升起时，帕尔纳斯派对逻辑和理性的理想仍处于巅峰状态，即便是波德莱尔这样的诗人都无法得到全盘认可。当时，从整体上来说，法国诗歌不过是描述性的图像，或是一系列通过高雅的语言组合成的智慧理念。波德莱尔提升了诗歌暗示性的力量，并让诗歌回归精神性的内容；但波德莱尔也因此而必须遵循逻辑、语法和句法；他笔下的文字可以望文生义，传达的是准确、易于理解的意义。兰波提升的则是诗歌令人产生联想的力量（the evocative power），这种力量独立于诗歌本身传达的意义；于他而言，文字不再需要表达字典上的意义；它们也不再被用于表达逻辑，或是进行描述；它们是魔法咒语的一种形式，用于激发思想和灵魂的某种状态。诗歌

---

① 《地狱之夜》，收录于《地狱一季》，《兰波全集》，第212页。

的本质并不由文字,而是由意象组成——无论这些意象有多么美丽——诗歌就是感觉本身,而这种感觉将被允许得到最佳的表达,就像喷涌而出的岩浆能为自己铺路一样。兰波抛弃了一切不必要的词语和连接,只保留最基础的幻象,而这一幻象并不总能轻易地被他人所窥见。对他来说,灵感的发生一开始就像燃烧着的激流,他从中淘洗出属于他的视觉精华,抛弃所有解释性、关系型的词语,那些并非绝对必要的部分。以触及不可知为目标,兰波在事实上赋予了诗歌一种令人产生联想的力量,几乎没有诗人能在这方面与他比肩。

兰波的诗歌证明——尽管这并不是他的目的——大量可用于艺术的丰富材料存在于潜意识和童年模糊的感官记忆中,这些感官在我们无法意识到它们的完整意义的情况下就被记忆存储了下来。这为文学打开了一片广阔的田地,我们可以说,兰波——至少在法国——开启了人性中潜意识层面的文学创作之先河。象征主义运动从他那里获益良多,他们渴望碰触无意识的世界,以抵达超越尘世生活的超验世界,但他们的做法与德国浪漫主义运动更为相近;后者没有受到兰波方法的影响,有意识地寻求对无意识的表达——他们更重视无意识,而不是潜意识的世界。但兰波应该不会认同象征主义运动的理想。确实,这些理念中有许多都受到了兰波的影响,但另一方面,它们受到波德莱尔的"忧郁"(spleen)和"厌倦"(ennui)的影响更深,远超过激进的反叛者兰波。兰波并没有像波德莱尔那样被"厌倦"那沉重的负担压到窒息。在他还是个孩子时,兰波曾这样呼喊道:"我是忍无可忍的造反者!"[①] 兰波感受到的是激烈的反叛和厌恶,而绝不是疲劳厌倦。在他哈勒尔时期的信里,当他描写自己的"厌倦"时,这一词汇的意义与波德莱尔的用意截然不同。波德莱尔感到自己在不断对相同的事物进行苦思冥想时,正由于疲劳沉闷而慢慢地消失:"永在的原罪所呈现的倦怠景观"(辜振丰译),而魏尔伦也曾哭泣着诉说"泪洒落在我的心上"(罗洛译);兰波由于恐惧和厌恶而举起双手,袭击

---

① 《公正的人》(*L'Homme Juste*),《兰波全集》,第 93 页。

他身边的一切，在他的脚边只有破损的碎片。他在自己亲手毁灭的梦境和理想的残躯上走完了人生。

兰波为诗歌开拓了许多新的道路，并大规模地清除了拦路的树丛；因此，当他在路边倒下时，后来者能够继续沿着这条新的道路，从走向不可知、超越"这个人沉陷的"地平线。没有兰波，也许超现实主义艺术就不会出现。安德烈·布勒东说，我们正是通过《灵光集》获得了与深层次的自我交流的力量，兰波也教会了我们，诗歌必须带领我们去向某处。① 超现实主义者认为诗歌是一种实体，承载着作者脑中浮动着的非理性思想，这些思想的形式是模糊的意象，作者往往对其没有意识，但如果借助特定的思想方法，这些意象是可以被揭示的。安德烈·布勒东对超现实主义的定义也受到了来自兰波诗歌理念的重大影响。

> 超现实主义是纯粹的精神无意识活动。通过这种活动，人们以口头或书面形式，或以其他方式来表达思想的真正作用。在排除所有美学或道德偏见之后，人们在不受理智控制时，则受思想的支配。超现实主义建立在相信现实、相信梦幻全能、相信思想客观活动的基础之上。②

超现实主义的艺术观与兰波的诗歌理论有许多相似之处。它以发现形而上与诗歌之间精确的关系为目标，致力于从文学和艺术中扫除一切道德禁忌。诗歌和诗人一样，必须超越善恶的判断。最后，超现实主义的艺术观寻求对民谣和匿名文学中至高无上的诗学品质的认可。兰波后期的许多韵诗都以简单、天真的民歌为模板写成。兰波似乎感知到了人民在民间文学中无意识写下的自我灵魂，而这正是无意识民谣象征主义的形式之一。

然而，对今天的我们而言，兰波作为诗人不仅在诗歌史上占有重要的

---

① 安德烈·布勒东（André Breton）著《迷失的脚步》（Les Pas Perdus）。
② 安德烈·布勒东著《超现实主义第一次宣言》，第46页。

地位，不仅是他所处的时代的重要象征，还为我们打开了通往另一个世界的大门。他的重要性甚至不需要这些成就就已经不言而喻：他的作品全集甚至是许多并不在意文学史和诗歌艺术的人的枕边爱书。人们阅读兰波，只为欣赏他在诗中直截了当传达的信息。

兰波的作品或许没有波德莱尔作品那样的深度，不能像他那样揭示成年人的体验，也没有对困扰人类灵魂的永恒问题作出反思。我们通过波德莱尔获得了对自身、人性和在善恶面前人类的软弱问题的认知，这一认识比之前更加完整、有意识。兰波有着敏锐的感性，强烈的直觉和热忱，但他很少留下时间来进行深刻的反思。但值得注意的是，在他停止写作时很可能还不满二十岁，那时的他还没有足够的时间来深刻地认识自己或他人。他的灵感来自绝妙的构思，他被野性的激情所控制，就像一个初次造访乡间的贫民孩童一样，他会在花丛中穿梭，一朵一朵地闻过去，然后把花朵丢在地上，任其枯萎，同时再飞奔去田野的尽头寻找下一朵——那似乎是最美丽的花朵。

兰波的文学创作处于一种两难的境地：尽管有些评论家不这么认为，但在他的作品中，他是一个无宗教信仰者——一个持神秘主义观点的无信仰者——在《地狱一季》的最后，他拒绝了信仰，却引领他人找回了信仰。这样的例子有许多——丹尼尔-罗普斯、里维埃和克洛岱尔——在兰波那里找到了他们对上帝的渴望和最终信仰的最完整表达。而他的行动，根据伊莎贝尔·兰波的说法，则是"把杰出的灵魂推向上帝"。克洛岱尔曾说，在阅读《灵光集》和《地狱一季》之后，他体会到了"对超自然最生动的印象，近乎具有物体上的精确性。"[1] 他还曾这样写道："是兰波指导并塑造了我。我的一切都归功于他。他不属于这个世界。"[2] 在没有正统的信仰的情况下，兰波通过对上帝的体验而达到了这样的状态：在没有信仰或不信、怀疑或反思的可能性，只有纯粹感官的条件下，神秘主义者追求

---

[1] 克洛岱尔著《我的归信》。
[2] 克洛岱尔致帕泰尔纳·贝里雄的信件，未发表，藏于杜塞文学馆。

的是极度的喜悦,并与全能的上帝合为一体。

今天,许多人都能在兰波的理念中找到与自己呼应的观点。他和他们一样,憎恨文明现有面貌,反感虚伪和装腔作势。在兰波眼里,普鲁多姆先生[1]是与基督同时降生的。他毫无保留地轻视那些被这个世界称为进步的事物,以及那些为此而感到非同寻常的骄傲的人。

> 低劣的种族包揽了一切——人民,正如人们所说的,理性;国家和科学。啊!科学!一切重新开始。为了灵魂和肉体,——临终圣体——,人们有了医学和哲学,——偏方草药,还有调弄得很好的民间谣曲。还有君主的娱乐消遣,还有他们严禁外传的游戏!地理学,宇宙结构学,力学,化学……科学,新贵族!进步。世界在前进!世界怎么会不运转?[2](王道乾 译)

在源于革命的忠诚信仰的现代民主形式面前,他只能感到厌恶。[3]和今天的许多人一样,只要有人想要,他宁愿用大甩卖的形式将其一次性全部抛售。[4]

在《灵光集》中,人类对精神层面的满足和美的渴求得到了前所未有的表达——也许只有圣十字若望的诗歌能与之相比。《地狱一季》代表了永远伴随我们左右的怀疑的地狱,那是天使与恶魔之间长久的较量,几乎没有作家可以用如此强烈、震撼人心的方式来表达我们心中痛苦的呼唤;在《醉舟》中,我们看到了所有对人性的思念,对逃离陈腐价值、航向新希望的憧憬和热切的渴望。《醉舟》承载着一个受伤的世界中的苦难、无边的疲倦及其周遭的一切;也承载着尘世中对逃离臭气熏天的港口、航向外海的热切盼望,希望能就此洗去一切玷污亵渎它的污秽,找到一个崭

---

[1] 普鲁多姆先生(M. Prudhomme)是亨利·蒙尼埃(Henri Monnier)创作的小说和戏剧中的人物,他是一个假扮虔诚的人,总是用浮夸的华丽辞藻说一些陈词滥调。
[2] 《坏血统》,收录于《地狱一季》,《兰波全集》,第207页。
[3] 参见《民主》,收录于《灵光集》,《兰波全集》,第196页。
[4] 参见《倾售》,收录于《灵光集》,《兰波全集》,第200页。

新、纯净的自我。这艘醉舟快速向前，航向遥远的海面；它仿佛航行于两片无垠的天空之间，一束光将它托举起来；愿它不会如兰波的人生之舟那样再次坠落，愿它不会成为兰波那艘"脆弱得像蝴蝶般的小船"——那艘脆弱的纸船载着一个悲伤的孩童在残酷的大海上航行，最终只能被毁灭性的波涛吞噬殆尽。

    可是我不再哭了！晨光如此可哀，
    整个太阳都苦，整个月亮都坏。
    辛辣的爱使我充满醉的昏沉，
    啊，愿我龙骨断裂！愿我葬身大海！（飞白　译）

附录一

伊藏巴尔对兰波诗作《受刑的心》的戏仿之作：

腐臭的缪斯

来我的心上吧，腐臭的缪斯，
像一对爱人那样轻声细语
只为嘲弄一切美学。
来我的怀中吧，腐臭的缪斯
我会让你患上轻微的佝偻，
触手冰冷，发绿又刺痛。
来我的怀中吧，腐臭的缪斯，
然后像一对爱人那样厮混。

来吧！你将看到被冒犯的资产阶级
他恐惧地紧紧抓住柜台，
就像附着在岩石上的软体动物。
来吧！你将看到被冒犯的资产阶级
还有他阴郁的眼，在一尊伊特鲁里亚花瓶的底部
他的手捏紧了鼻烟壶。
你将看到被冒犯的资产阶级，
他恐惧地紧紧抓住柜台。

看，腐烂的时代来临了，

麻风病人从传染病医院离开。
哦！丑陋的花朵闪着光，垃圾。
看，腐烂的时代来临了，
我们在果皮堆里觅食，
歌颂着猪猡们的和撒那！
看，腐烂的时代来临了，
麻风病人从传染病医院离开。

伊藏巴尔发表于《欧洲杂志》，1928 年 10 月。

附录二

Ces passions

Ces passions qu'eux seuls nomment encore amours
Sont des amours aussi, tendres et furieuses,
Avec des particularités curieuses
Que n'ont pas les amours certes! de tous les jours.

Même plus qu'elles et mieux qu'elles héroïques,
Elles se parent de splendeurs d'âme et de sang,
Telles qu'au prix d'elles les amours dans le rang
Ne sont que Ris et Jeux ou besoins érotiques,

Que vains proverbes, que riens d'enfants trop gâtés.
- "Ah! les pauvres amours banales, animales,
Normales! Gros goûts lourds ou frugales fringales,
Sans compter la sottise et des fécondités!"

- Peuvent dire ceux-là que sacre le haut Rite,
Ayant conquis la plénitude du plaisir,
Et l'insatiabilité de leur désir
Bénissant la fidélité de leur mérite.

La plénitude! Ils l'ont superlativement:

Baisers repus, gorgés, mains privilégiées
Dans la richesse des caresses repayées,
Et ce divin final anéantissement!

Comme ce sont les forts et les forts, l'habitude
De la force les rend invaincus au déduit.
Plantureux, savoureux, débordant, le déduit!
Je le crois bien qu'ils l'ont la pleine plénitude!

Et pour combler leurs voeux, chacun d'eux tour à tour
Fait l'action suprême, a la parfaite extase.
- Tantôt la coupe ou la bouche et tantôt le vase,-
Pâmé comme la nuit, fervent comme le jour.

Leurs beaux ébats sont grands et gais. Pas de ces crises:
Vapeurs, nerfs. Non, des jeux courageux, puis d'heureux
Bras las autour du cou, pour de moins langoureux
Qu'étroits sommeils à deux, tout coupés de reprises.

Dormez, les amoureux! Tandis qu'autour de vous
Le monde inattentif aux choses délicates,
Bruit ou gît en somnolences scélérates,
Sans même, il est si bête! être de vous jaloux.

Et ces réveils francs, clairs, riants, vers l'aventure
De fiers danmés d'un plus magnifique sabbat?
Et salut, témoins purs de l'âme en ce combat
Pour l'affranchissement de la lourde nature!

(Parallèlement)

附录三

追寻兰波的踪迹

所有的早期传记作家都说，1874年7月兰波离开伦敦后就去了苏格兰的一间学校任职。在他的友人侯安和布吉尼翁笔下[①]，他离开伦敦后就待在了苏格兰。卡雷教授从德拉艾那里得到了相同的信息，而伊莎贝尔的朋友梅莱拉夫人曾写道[②]，阿蒂尔在维多利亚站送走母亲和妹妹后，就带上了新衣服和口袋里的钱出发前往苏格兰任职，他在那里待了一年。这一说法中的错误显而易见。首先，兰波并没有在维多利亚站送走母亲和妹妹，因为他比她们更早离开了伦敦。第二，他并没有在苏格兰待上一年的时间，因为他在圣诞节就已经回到了夏尔维勒。很难找到一个合理的理由来解释兰波为什么要大清早就出发前往苏格兰——我们从维塔莉的日记中得知，他在凌晨4点半就离开了家。1874年7月并没有开往苏格兰的火车会这么早发车。但他也确实是在这个时间离开的家。早上6点以后才会有几趟发往苏格兰的火车。他最有可能搭乘的是两班快车：6点25分从尤斯顿站出发，下午5点抵达格拉斯哥，6点15分抵达爱丁堡；10点从国王十字站出发，这也是当天最好的一班车，晚上7点抵达爱丁堡，9点5分抵达格拉斯哥。如果兰波计划下午就抵达苏格兰的话，那么他应该会更愿意乘坐前一班车。但他为什么要4点半就出发？他的住所距离尤斯顿站步行只需要十分钟的时间。

我们询问了所有格拉斯哥和爱丁堡及周边的学校，但并没有发现任何

[①]《亚登和阿尔贡评论》，1897年9—10月。
[②]《兰波》(*Rimbaud*)，124页。

兰波的踪迹。他的确接受了一份互惠生的职位，但他的名字并没有包含在教师名单中。我们在苏格兰最主要的日报上发布了一则征集广告，询问是否有人记得1874年在苏格兰有一位名为兰波的年轻法国教师，但并没有收到任何回复。

接下来，我们的研究转向了兰波在广告初稿中留下的位于雷丁的地址，这篇初稿应该是在他和魏尔伦分道扬镳前草拟的。当时，外省地区的通讯录并不是每年都会发表的，大英博物馆也只有1869年和1877年的通讯录。1877年的通讯录中记录了国王路175号的住户：卡米耶·勒克莱尔，文学学士。但他的名字没有出现在1869年的记录中。这位卡米耶·勒克莱尔——很可能是法国人——应该和兰波有联系，但如果这份广告确实是由魏尔伦进行修改的话，那么兰波和这个人的联系应该发生在1872年或1873年。根据雷丁市政厅的记录，雷丁市国王路165号在1872年和1873年的住户是威廉·霍尔（William Hall）先生，而卡米耶·勒克莱尔是在1874年成为此地的住户的，并在那里一直住到了1880年。很可能霍尔先生把这栋房子的一部分转租给了勒克莱尔先生，因此，必须了解勒克莱尔先生究竟是谁。雷丁的公共图书馆中保存的一份城市指南中有一则广告，根据这则广告的内容，他在1877年曾在肯德里克学校（Kendrick School）任法语教师，但进一步的调查显示，这所学校创立于广告中的日期。我们研究了大英博物馆中保存的记录，正是他曾在1885年9月申请了一张读者证，署名为卡米耶·威廉·亨利·勒克莱尔。他的全名中有盎格鲁化的基督教名字，这说明他可能在英国取得了归化的公民身份。但我们在内政部的档案中进行了调查，发现这一点并非事实。尽管他应该一直住在英格兰，但他还是保留了法国国籍。我们对大学的记录做了研究，结果显示，他并非毕业于英国的大学，因此，他名字后面的文学学士头衔应该指的是他在法国取得的学士学位。

最后，我们研究了雷丁的本地报纸，终于发现了他的身份。1872年12月，卡米耶·勒克莱尔在《雷丁水星》（*Reading Mercury*）上发布了教授法国语言和文学的广告。

>法语。
>
>卡米耶·勒克莱尔先生,
>
>法国语言和文学教授,可在雷丁及周边的学校和家中教学。在住所提供私人授课。如需申请入学并了解详情,请访问勒克莱尔先生的住所。
>
>罗素地台8号,雷丁。

这一记录证明,1872年12月时他还没有住在国王路的地址。同样的广告每周都在1873年1月的报纸上发布,但那时已经换了新的地址:罗素广场31号。月底,广告突然消失了。我们并不知道勒克莱尔先生遇到了什么事——也许他获得了一个在校的职位。

1873年8月,广告再次出现,他的通信地址是一位帮助他转寄的书商。一直到9月底,这则广告一直在发布。之后广告又消失了,直到12月才再次出现。这时,魏尔伦和兰波已经分道扬镳了,魏尔伦在监狱中服刑。但是寻找依然在继续,因为比起威廉·霍尔这个令人肃然起敬的英国名字,卡米耶·勒克莱尔更可能是兰波的朋友。12月,勒克莱尔发布广告,称他即将开设新的法语课程。

>法语。
>
>卡米耶·勒克莱尔先生。
>
>法国大学毕业
>
>法国语言和文学教授
>
>有幸在此宣布,鉴于其在雷丁及周边地区业务增加,他将在雷丁永久居住。可进行私人授课。为学生提供不同场合所需法语能力的授课。授课地点为勒克莱尔先生的住所,条款和详情请在申请入学当场咨询。
>
>薇兰街37号,雷丁

到了1月，他在广告中加入了自己在学校任教的信息，这些学校分别是：位于温莎的圣马可学校，校长是史蒂芬·豪特利牧师（Rev. Stephen Hawtrey）；位于贝辛斯托克的王后学校，校长是F.拉特利牧师（Rev. F. Rutley）。

这则广告一直发布到1874年7月，其中的信息也变得越发重要。他同时也提供商务法语和针对女士的课程。所有的广告地址都是同一个：薇兰街37号，雷丁。终于，1874年7月25日，他修改了广告中的地址，说他将会以雷丁市国王路165号的蒙彼利埃之屋（Montpellier House）为永久地址。之后，每个星期都会发布如下广告。

卡米耶·勒克莱尔先生（法国大学毕业），法国语言和文学教授，可在学校和家中教学。可进行私人授课。课程时间为上午和晚间，授课地点为勒克莱尔先生的住所。开设资优生精修学校，将于1月18日开学。详情请询勒克莱尔先生的住所，蒙彼利埃之屋，国王路165号，雷丁。

在确定了卡米耶·勒克莱尔入住雷丁国王路的具体日期之后，我们就可以从以下两种可能性中进行考虑。其一，威廉·霍尔是和兰波有联系的人；其二，兰波的广告是在1873年7月和魏尔伦分道扬镳之后才起草的。第二种可能性似乎更合理，我们调查了1874年7月后，也就是卡米耶·勒克莱尔入住国王路之后的主要日报。终于，我们在1874年11月9日的《泰晤士报》上发现了这则广告。

我们无从得知卡米耶·勒克莱尔和兰波是在何时何地以及如何认识的，也不知道兰波前往雷丁的时间。重要的是，当兰波在寻找工作时，卡米耶·勒克莱尔正在1874年7月的《雷丁水星》上发布广告。勒克莱尔所住的蒙彼利埃之屋是一栋三层楼的高尚住宅，位于雷丁市极佳的位置。他不太可能把整栋房子都作住宅用。很可能，他计划把它变成一所法语学院，因为他在广告中提到，法语课都会在这里进行，他也需要其他教师来帮助他完成广告中提到的所有课程。他很可能是通过位于伦敦的一家中介找到的兰波，当时他正在《雷丁水星》上发布广告。

也许，兰波在1874年7月31日凌晨出发的目的地正是雷丁。他很可能不得不这么早离开，因为他本该在前一天就出发——我们知道他的出发确实是被耽搁了。如果要在9点前抵达雷丁，他必须在帕丁顿站乘坐6点的火车，或者在国王十字站乘坐6点23分的火车。第一班车6点55分抵达雷丁，第二班车则是7点45分到站。他更可能乘坐的是帕丁顿站出发的那一班车；如果他从亚吉尔广场出发，步行前往帕丁顿站的话，那么凌晨4点30分出发就不会太早。

参考文献

A

最全面——也是唯一完整的——兰波作品全集是由儒勒·穆凯（Jules Mouquet）和罗兰·德·勒内维尔（Rolland de Renéville）编纂的版本，于1946年由七星文库出版。这一版本中包括了所有兰波研究所需要的文本——包括了所有当时已知的手稿——自该书出版后又有新的手稿被发现——所有家庭资料，以及兰波为寄件人和收件人的所有书信。但其中没有包括《沛德雪夫勒男爵来信》(*Lettre de Baron de Patdechèvre*)，穆凯在1949年发现了这一作品，并将其归入兰波作品中。这首诗发表于苏珊娜·伯纳德（Suzanne Bernard）编纂的《兰波作品集》中，由加尼耶兄弟出版社（Garnier Frères）出版。

B

完全或部分研究兰波和他的作品的书目实在太多——且每一年都在增加。其中的主要作品如下。

Bouillance de Lacoste(H.): *Rimbaud et le Problème des Illuminations*, 1949.

Breton(A.): *Flagrant Délit*, 1949.

Briet(S.): *Rimbaud Notre Prochain*, 1956.

Carré(J. M.): *La Vie Aventureuse de Rimbaud*, 1926; *La Vie de Rimbaud*, 1939.

Chadwick(C.): *Étude sur Rimbaud*, 1960.

Chisholm(A.): The Art of Rimbaud, 1930.

Clarke(M.): Rimbaud and Quinet, 1946.

Clauzel(R.): Une Saison en Enfer, 1931.

Coulon(M.): *le Problème de Rimbaud*, 1923; *Au Coeur de Verlaine et de Rimbaud*, 1927; *La Vie de Rimbaud et de son Oeuvre*, 1929.

Daniel-Rops: *Rimbaud*, 1926.

De Graaf(D. A.): *Arthur Rimbaud et la Durée de son Activité littéraire*, 1948.

Delahaye(B.): *Verlaine*, 1919; *Rimbaud*, 1923; *Souvenirs Familiers*, 1925.

Delattre (J.): *Le Déséquilibre Mental d'Arthur Rimbaud*, 1928.

Dhôtel(A.): *L'Oeuvre logique de Rimbaud*, 1933.

Edmond-Magny(C.): *Rimbaud*, 1949.

Etimble & Gauclère: *Rimbaud*, 1936.

Etimble: *Le Mythe de Rimbaud*, Vol. I, 1952, Vol. II, 1954.

Fondane(B.): *Rimbaud le Voyou*, 1933.

Fontainas(A.): *Verlaine and Rimbaud*, 1931.

Fontaine(A.): *Le Génie de Rimbaud*, 1934; *Verlaine Homme de Lettres*, 1937.

Fowlie(W.): *Rimbaud*, 1946; *Illuminations*, 1953.

Gengoux(J.): *La Symbolique de Rimbaud*, 1947; *La Pensée Poétique de Rimbaud*, 1950.

Godchot(Col.): *La Voyance de Rimbaud*, 1934; *Rimbaud ne varietur I*, 1936; *L'Agonie du Poète*, 1937; *Rimbaud ne varietur II*, 1938.

Goffin(R.): *Rimbaud Vivant*, 1937.

Hackett(C. A.): *Le Lyrisme de Rimbaud*, 1938; *Rimbaud l'Enfant*, 1948; *Rimbaud*, 1957.

Hare(H.): Sketch for a Portrait of Rimbaud, 1938.

Izambard(G.): *Rimbaud à Douai et à Charleville*, 1927.

Jacquemin-Parlier(E.): *Jean-Nicolas-Arthur Rimbaud*, 1929.

Lepelletier(E.): *Verlaine*, 1907.

Méléra(M. Y.): Rimbaud, 1930; *Ébauches*, 1938; *Résonances autour de Rimbaud*, 1946.

Moore(G.): *Impressions and Opinions*, 1891.

Morrissette(B.): *The Great Rimbaud Forgeries*, 1956.

Mouquet(J.): *Rimbaud raconté par Verlaine*, 1931.

Noulet(E.): *Le Premier Visage de Rimbaud*, 1953.

Paterne Berrichon: *La Vie de Jean-Arthur Rimbaud*, 1897; *Arthur Rimbaud, le Poète*, 1912.

Petitfils(P.): *L'Oeuvre et le Visage d'Arthur Rimbaud*, 1949.

Porché(F.): *Verlaine tel qu'il fut*, 1933.

Renéville(R. de): *Rimbaud le Voyant*, revised edition, 1947.

Rickword(E.): *Rimbaud*, 1924.

Rimbaud(I.): *Reliques*, 1922.

Rivière(J.): *Rimbaud*, 1930.

Ruchon(E.): *Jean-Arthur Rimbaud*, 1929.

Silvain(R.): *Rimbaud le Précurseur*, 1945.

Starkie(E.): *Rimbaud in Abyssinia*, 1937; *Arthur Rimbaud*, 1938, revised edition, 1947; *Rimbaud en Abyssinie*, 1938; *Le Coin de Table by Fantin-Latour* (*The French Mind*), 1951, *Rimbaud 1854—1954*, 1954.

Vaillant(J. P.): *Rimbaud tel qu'il fut*, 1930.

Verlaine(Ex-Madame): *Mémoires de ma Vie*, 1935.

Wilson(E.): *Axel's Castle*, 1931.

C

以下列出的是一些关于兰波和他的作品的主要研究文章，本书对这些文章进行了评论。以下列出的只是那些提出了关于兰波的特定观点的文章，以及那些作者并没有在后续作品中引用的文章。

Archivum Linguisticum. F. Scarfe: *A Stylistic Interpretation of Rimbaud*, Vol. III, Fasc. II.

Bateau Ivre, Le: A. Adam: *Parade*, Sept. 1950; *Phrases*, Mar. 1951; *Génie*, June 1957.

Bulletin des Amis de Rimbaud: Rimbaud et la Caravane, No. 2, 1931; *Le Témoignage du Médecin de Rimbaud*, No. 6, 1937.

Durham University Journal: Meyerstein: *The Latinity of Rimbaud's Bateau Ivre*, Mar. 1940.

France et Asie: Guy-Luc: *Rimbaud à Java*, June-July 1946.

Mandrake III: Meyerstein: *Baudelaire and les Illuminations*, 1946.

Ma Revue: Les Droits d'Auteur de Rimabaud, No. 45, 1933. *Le Procès de Rimbaud*, No. 48, 1934; *La Dernière Maladie de Rimbaud*, No. 56, 1935; *La Rencontre de Verlaine et de Rimbaud*, No. 67, 1936.

Mercure de France, Le. Béraud: *Les Sources d'Inspiration du Bateau Ivre*, 17 Jan. 1922; Marmelstein: *Rimbaud à Stuttgart et aux Indes Néerlandaises*, 15 Jan. 1922; Coulon: *Les Vraies Lettres de Rimbaud arabo-éthiopien*, 15 May, 1935; Izambard: *Les sources du Bateau Ivre*, 15 Aug. 1935; Bouillane de Lacoste: *L'Evolution Psychologique de Rimbaud d'après son Ecriture*, 1 Nov. 1936; *Verlaine Editeur de Rimbaud*, 15 June 1937. Starkie: *Sur les Traces de Rimbaud*, 1 May 1947. Guiraud: *L'Évolution Statistique du Style de Rimbaud et les Illuminations*, Oct. 1954.

Nouvelle Revue Fran çaise, Thibaudet: *Mallarmé et Rimbaud*, 1 Feb. 1922.

Revue d'Ardenne et d'Argonne, Houin & Bourguignon: *La vie de Rimbaud*, Nov.-Dec. 1896; Jan.-Feb. 1897; May-June, 1899; Jan.-Feb. 1901; July 1901.

Revue de France. Prévost: *Sur les Traces de Rimbaud*, 1 Nov. 1929; Carré: *Rimbaud en Éthiopie*, 1 June 1935.

Revue de Littérature Comparée. V. P. Underwood: *Rimbaud et l'Angleterre*, Jan. 1955.

Revue de Sciences Humaines. Adam: *L'Énigme des Illuminations*, Oct.-Dec. 1950; De Graff: *Les Illuminations et la Date Exacte de leur Composition*, Oct.-Dec. 1950. *Deux Lettres d'Ernest Delahaye*, Oct.-Dec. 1951; Hackett: *Rimbaud et Balzac*, April-June 1955.

Revue Hebdomadaire. Acremont: *En Abyssinie sur les Traces de Rimbaud*, 27 Aug. 1932.

Revue de la Jeunesse. Claudel: *Ma Conversion*, 10 Oct. 1913.

Lingue Straniere, De Graff: *L'Auteur Véritable de Crimen Amoris*, July-Aug. 1957.